Die Zukunft ist jetzt
Science-Fiction-Kino als audio-visueller Entwurf von Geschichte(n), Räumen und Klängen

D1719751

Aidan Power / Delia González de Reufels / Rasmus Greiner/
Winfried Pauleit / Kommunalkino Bremen e.V. (Hg.)

Die Zukunft ist jetzt

Science-Fiction-Kino als audio-visueller Entwurf von Geschichte(n), Räumen und Klängen

Kommunalkino Bremen
www.city46.de

BERTZ+FISCHER

Bibliografische Information der Deutschen Nationalbibliothek
Die Deutsche Nationalbibliothek verzeichnet diese Publikation in der
Deutschen Nationalbibliografie; detaillierte bibliografische Daten
sind im Internet über <http://dnb.dnb.de> abrufbar.

Gefördert mit Mitteln der nordmedia Fonds GmbH in Niedersachsen und Bremen, der Deutschen
Forschungsgemeinschaft DFG und der Universität Bremen (Zentrale Forschungsförderung /
Zentrum für Medien-, Kommunikations- und Informationsforschung / International Office /
Institut für Kunstwissenschaft – Filmwissenschaft – Kunstpädagogik / Geschichte Lateinamerikas /
Institut für Geschichtswissenschaft / Geschichte Lateinamerikas / Institut für Geschichtswissenschaft)

nordmedia

ZeMKI

DFG

Redaktion:
Rasmus Greiner

Lektorat:
Tobias Dietrich, Rasmus Greiner

Übersetzungen:
Wilhelm Werthern

Layout:
Maurice Lahde

Fotonachweis:
Marc Bonner (135, 136), Internet (33, 34, 37, 38, 108, 138 unten, 160), Library of Congress Prints and
Photographs (59, 60, 61), Mely Morfín / archdaily.mx (133), Oliver Pron (137), Time Magazine (58), Paul
Virilio / Passagen Verlag (132 rechts), alle anderen Bilder: Screenshots oder Pressestills.
© Photographs: original copyright holders

Inhalt

Vorwort

Die Zukunft ist jetzt

Das Science-Fiction-Kino imaginiert bis heute zukünftige Welten, alternative Gesellschaften und fantastische Spektakel. Bereits seit Georges Méliès weckt es die Sehnsucht des Publikums, sinnlich zu erleben, welche Möglichkeiten die wissenschaftliche und die technologische Entwicklung bieten. Auch das zeitgenössische Science-Fiction-Kino spielt als vergnügliche Realitätsflucht, als Hort existenzieller Ängste und als Präsentation wissenschaftlicher und technologischer Entwicklungen eine bedeutende Rolle. Immer wieder stellt es dabei auch die Entwicklung des Films als Medium heraus – aktuell insbesondere die Möglichkeiten der Digitalisierung – oder konturiert Bruchstellen des sozialen und kulturellen Verfalls. Das Genre oszilliert zwischen Plausibilität und Weithergeholtem, unheimlich Bekanntem und verwirrend Fremdem und wird auf diese Weise durch inhärente Paradoxien bestimmt: Es ist einerseits analytisch zu erschließen und entzieht sich andererseits durch seine fantastische Weitschweifigkeit hartnäckig jeder Definition – und genau darin scheint seine besondere Wirkungsmacht zu liegen. Science-Fiction ist im Zwischenraum von Realität und Imagination angesiedelt und wird geprägt von Filmen, die uns laut Vivian Sobchack aus der gewohnten Wahrnehmung und Erfahrung herauslösen und in die Sphäre des Unbekannten entführen wollen, während sie sich der Narration, der Bedeutung und der Sachlichkeit zuliebe bemühen, die fremdartigen Bilder in vertraute Zusammenhänge einzubinden. Der Hang von Science-Fiction zur sozialen Allegorie macht diesen Widerspruch zwischen Vertrautem und Unbekanntem zu einem charakteristischen Merkmal.

Die Möglichkeit des Genres, zukünftige Welten zu imaginieren, gestaltet sich zudem häufig als eine Art »history in the making«. Diese Funktion einer populären »Geschichtsschreibung« ist jedoch selten perfekt: Nichts altert im Kino schneller als schlechte Science-Fiction. Andererseits gibt es Filme wie Fritz Langs METROPOLIS (1927), die heute als überragende Meisterwerke betrachtet werden, aber unmittelbar nach dem Zweiten Weltkrieg – zum Beispiel von Siegfried Kracauer – abgelehnt wurden, weil sie trotz aller Gesellschaftskritik von den politischen Strömungen ihrer Zeit geprägt waren. Dabei gedeiht Science-Fiction nicht nur in Zeiten sozialer Unruhen und politischer Krisen, wie das jüngste Beispiel 9/11 zeigt, sondern auch in unvermuteten Kontexten wie dem der DDR in den 1970er Jahren. Durch die zeitliche und geografische Neuverortung zeigt Science-Fiction alternative Denkräume auf und lässt Raum für Interpretationen, was sich als nützlicher Kunstgriff für Filmemacher erweist, die in einem restriktiven Umfeld arbeiten. Raum ist in diesem Kontext also nicht nur als Begriff von Bedeutung, sondern eröffnet auch eine geografische und politische Sphäre, in der die unterschiedlichen und mitunter konkurrierenden Ideologien und Geschichtsauffassungen entfaltet und diskutiert werden können. Durch die Imagination anderer Welten macht Science-Fiction zentrale Aussagen über gegenwärtige Realitäten – und zwar nicht nur auf Grundlage dessen, was repräsentiert wird, sondern auch gerade durch das, was nicht dargestellt wird. Das Genre spricht also konkrete gesellschaftliche Aspekte an und trägt daher auch eine besondere Verantwortung, deren es sich nicht immer bewusst ist. So hat sich der Science-Fiction-Film trotz seines marginalisierten Status selten differenziert und dezidiert mit den Kategorien »race« und »gender« auseinandergesetzt, um nur zwei besonders hervorstechende Beispiele zu nennen.

In jüngster Zeit blüht das Genre schließlich geradezu auf. Mit JURASSIC WORLD (2015; R: Colin Trevorrow), AVATAR (2009; R: James Cameron) und STAR WARS: THE FORCE AWAKENS (Star Wars:

Das Erwachen der Macht; 2015; R: J.J. Abrams) sind drei der vier bislang kommerziell erfolgreichsten Filme Science-Fiction-Produktionen, während Filme jenseits der oft irreführenden Erfolgslogik des Einspielergebnisses – wie PRE-DESTINATION (2014; R: Michael und Peter Spierig), SNOWPIERCER (2013; R: Bong Joon-ho) und UNDER THE SKIN (2013; R: Jonathan Glazer) – ein bitteres Urteil über historische Zusammenhänge abgeben. Gleichzeitig erweitern sich die geografischen Räume des Science-Fiction-Films, wie die steigende Bedeutung insbesondere afrikanischer und asiatischer Produktionen beweist. Die Eroberung neuer Räume ist ein geradezu elementarer Aspekt eines Genres, das historisch an die vorhergehende koloniale Expansion gebunden war und sich nun von den traditionellen Bollwerken Hollywoods sowie in schwächerer Ausprägung auch von Europa emanzipiert, um die Aufmerksamkeit auf die Bilder und Klänge einer wachsenden Anzahl von Gegenerzählungen zu lenken.

Diese Publikation widmet sich insbesondere drei Forschungsgebieten: Neben Untersuchungen zum Verhältnis von Science-Fiction-Filmen zu Geschichte und Räumen soll auch die Analyse auf der Ebene von Klängen und Ästhetik zur Erneuerung des Genreverständnisses beitragen. Die bisher auf die oftmals spektakuläre Bildlichkeit ausgerichtete Forschung wird damit um die Untersuchung des Filmtons erweitert, der nicht minder dem Science-Fiction-Genre einen spezifischen Ausdruck verleiht. Der vorliegende Band versammelt im Anschluss daran 16 aktuelle Beiträge, die darauf zielen, die bisherigen Diskurse der Science-Fiction-Studies zu aktualisieren sowie den Weg für zukünftige Diskussionen zu ebnen. Hierbei werden Schlüsselthemen des Science-Fiction-Films vom frühen Kino bis hin zu aktuellen Blockbustern und Experimentalfilmen aufgegriffen.

Ausgehend von Vivian Sobchacks Beitrag, der die Veränderung von Science-Fiction im Kontext des düsteren soziopolitischen Klimas in den USA nach 9/11 beleuchtet, thematisiert der erste Teil des Buches das Verhältnis von Science-Fiction

und Geschichte. Im zweiten Beitrag folgt David Seed den Spuren der filmischen Repräsentationen unseres Nachbarplaneten Mars – und zwar in einer Zeit, noch bevor Juri Gagarin mit dem ersten Raumflug eines Menschen in die Geschichtsbücher einging. Christian Pischel untersucht die zeitlichen Faltungen und Schichtungen des Science-Fiction-Films im Dienste des Staatssozialismus der DDR und zieht hierzu vor allem Kurt Maetzigs DER SCHWEIGENDE STERN (1960) heran. Delia González de Reufels befragt Science-Fiction-Filme wiederum vom Standpunkt der »Überbevölkerung« in US-amerikanischen Diskursen der 1970er Jahre, eines Jahrzehnts, in dem die populären Antworten auf das Phänomen des Bevölkerungswachstums immer hysterischere Züge annahmen. Dass die Mechanismen des Science-Fiction-Genres selbst einem Wandel unterliegen, thematisiert Sheryl Vint, indem sie den Modus des Dokumentarischen in ein Verhältnis zur Darstellung kontrafaktischer Geschichte stellt. Karin Harrasser charakterisiert schließlich die Hellsichtigkeit für gouvernementale Steuerungs- und Kontrolltechnologien, die einige Science-Fiction-Filme aus dem Bereich der künstlerischen Avantgarden auszeichnet.

Der zweite Teil des Buches beschäftigt sich mit der Bedeutung verschiedenster Konzeptionen des Raumes im Science-Fiction-Film. So bedient sich Aidan Power sowohl historischer als auch raumbezogener Ansätze, um der bisher kaum beachteten Relevanz des Science-Fiction-Films für das europäische Kino gerecht zu werden. Europa spielt auch im zweiten Beitrag dieses Kapitels eine zentrale Rolle, in dem Winfried Pauleit am Beispiel von Ken Hughes' TIMESLIP / THE ATOMIC MAN (Sieben Sekunden zu spät; 1955) die kinematografischen Verfahren und ihre Produktion von Zeitlichkeit im europäischen Science-Fiction-Kino vor dem Hintergrund von Archivdiskurs sowie der Institutionalisierung von Filmmuseen analysiert. Ivo Ritzer wechselt den Schauplatz, indem er postkoloniale Perspektiven und afrikanische Science-Fiction in den Blick nimmt und mithilfe von Neill Blomkamps CHAPPIE (2015) aufzeigt, wie sowohl Genrekonventionen als auch die Dominanz des

Nordens über den Süden durch aktuelle Filme erschüttert werden. Marc Bonner arbeitet wiederum heraus, auf welche Weise die Gestaltung und Gliederung des Raums im aktuellen Science-Fiction-Film durch bereits bestehende Architekturen geprägt wird, während Matthias Grotkopp analysiert, wie Science-Fiction-Filme die Grenzen nicht-menschlicher Natur sowie deren Überschreitung sichtbar machen und so die Wissenschaft in die Fiktion integrieren.

Während Fragestellungen zu einer spezifischen Bildlichkeit schon seit geraumer Zeit die Forschung zum Science-Fiction-Film beschäftigen, wurde der Filmton in diesem Zusammenhang noch nicht eigens untersucht. Der dritte Teil des Bandes beinhaltet daher neben Beiträgen zu ästhetischen Fragen auch dezidierte Untersuchungen der klanglichen Sphären dieses Genres. Den Anfang macht Brian Willems, der anhand von ausgewählten Beispielen nach der wissenschaftlichen Plausibilität der »Klänge des Alls« fragt. Der Ton steht auch im Mittelpunkt von Rüdiger Zills Studie über die entkörperlichte Stimme von Scarlett Johansson in Spike Jonzes Film HER (2013), während Rasmus Greiner die historische Dimension der Audiospur am Beispiel der Funktechnik in GRAVITY (2013; R: Alfonso Cuarón) untersucht. Tobias Haupts stellt anhand von Bong Joon-hos SNOWPIERCER heraus, wie die ästhetischen Ausformungen von Eis und Kälte aktuelle Dystopien prägen und die Bildräume des Science-Fiction-Genres spiegeln. Den Abschluss bildet Simon Spiegels Beitrag zu Jonathan Glazers UNDER THE SKIN, in dem er anhand der Prozesse der Naturalisierung und der Verfremdung die ästhetischen Konventionen und Zuschreibungen hinterfragt, die das Science-Fiction-Genre als solches erst konstituieren.

Dieser Band ist aus dem gleichnamigen Symposium hervorgegangen, das von der Universität Bremen in Kooperation mit dem Kommunalkino Bremen/ CITY 46 im Jahr 2015 veranstaltet wurde.

Aidan Power, Delia González de Reufels,
Rasmus Greiner und Winfried Pauleit

Abjekte Zeiten

Temporalität und der Science-Fiction-Film in Amerika nach dem 11. September 2001

Von Vivian Sobchack

»Nekrofuturismus ist [...] das Gefühl [...] unvermeidbaren Desasters, das alle unsere zeitgenössischen Visionen der Zukunft durchdringt. [Er ist] eine unerbittliche Verdoppelung der Schreckenswelt des Nekrokapitalismus und der permanenten Bedrohung, verbunden mit der felsenfesten Überzeugung, dass es keine Alternative gibt [...]. Dies ist das Herz des Nekrofuturismus: Es gibt keinerlei Hoffnung, den kollektiven Tod zu umgehen, denn die einzig mögliche Lösung des Problems ist genau dessen Ursache.«[1]

Gerry Canavan

Wir leben aktuell in abjekten Zeiten. Umgeben von Medienbildern, in denen lokale und globale Katastrophen unaufhörlich und ohne Pause aufeinanderfolgen, ist es extrem schwierig, wenn nicht gar unmöglich, sich die Zukunft positiv vorzustellen. Diese Schwierigkeit tritt am stärksten im zeitgenössischen Science-Fiction-Film hervor, einer Gattung, bei der es ja besonders darum geht, sich mögliche Formen der Zukunft vorzustellen. Deshalb werde ich mich an dieser Stelle darauf konzentrieren, jüngere Science-Fiction-Filme im Kontext der amerikanischen Kultur nach dem 11. September 2001 zu untersuchen, einer Kultur, in der, wie Canavan schreibt, »eine endlos wiederholte Landschaft von Tod und Desaster zeitgenössische Visionen der kommenden Jahrzehnte beherrscht«.[2] Allerdings werden diese Erkundungen notwendigerweise recht weitläufig. Zunächst ein-

mal führe ich drei Science-Fiction-»Zeitformen« oder -Chronotopoi ein, die Elena Gomel in ihrem Buch Postmodern Science Fiction and Temporal Imagination als historisch entscheidend für die raumzeitlichen Konfigurationen der Science-Fiction-Literatur bezeichnet, und setze sie in Beziehung zu Science-Fiction-Filmen.[3] Anschließend verfolge ich Veränderungen in einer historischen Postmoderne, die nach dem vom 11. September ausgelösten Trauma ihren zuvor privilegierten Status als Amerikas »kulturelle Dominante« zugunsten der Abjektion abgeben musste. Schließlich, und dabei verweise ich auf einige Mut machende Ausnahmen, betrachte ich die spezifischen chronotopischen Arten, wie die zeitliche Imagination der meisten Science-Fiction-Filme nach dem 11. September nicht nur nekrofuturistische Formen der Abjektion reflektieren, sondern eben auch in deren »endloser« Wiederholung partizipieren. Als »der Schlüsselfuturismus unserer Zeit«, schreibt Canavan, sei der Nekrofuturismus

»in amerikanischen Medienformationen hegemonial, die von apokalyptischen SF-Spekulationen zu ökologischen Jeremiaden reichten, bis hin zu bekannten Proklamationen in den Massenmedien über eine Generation, die, ›zum ersten Mal in der Geschichte Amerikas‹, ärmer und weniger sicher sein wird [...] als ihre Eltern«.[4]

Dem Nekrofuturismus und seiner verhinderten, zeitlichen Imagination in einer Reihe von Science-Fiction-Filmen, die in den Vereinigten Staaten seit dem 11. September entweder produziert oder gezeigt wurden, werde ich mich später wieder zuwenden. Lassen Sie mich aber mit den drei wichtigsten Science-Fiction-Chronotopoi beginnen, die die Grundlage für diese späteren Überlegungen bilden. Das Erste ist der Chronotopos oder die Zeitform der Zeitreise. Historisch gesehen wurde Science-Fiction im Kino mit Zeitreisen assoziiert. Nicht nur, dass H.G. Wells' The Time Machine 1895 – im Geburtsjahr des Kinos – veröffentlicht wurde, sondern auch das Kino selbst ist, wie viele Wissenschaftler angemerkt haben, ja eine Zeitmaschine. Sowohl Wells als auch das Kino verwendeten einen Mechanismus, der die Zeit verräumlichte und sich somit formal und narrativ vorwärts und rückwärts in dem bewegen konnte, was als ein objektives und lineares zeitliches Kontinuum von Vergangenheit, Gegenwart und Zukunft betrachtet wurde. Tatsächlich führte diese Verbindung von Mechanismus und Narrativ zu einer Reihe von englischsprachigen Zeitreisefilmen, und zwar lange vor der Hollywood-Verfilmung von Wells' Roman 1960. Allerdings »passierte« in den meisten dieser Filme die Zeitreise einfach ohne weitere Erklärungen, führte zu einer Beule am Kopf oder war von romantischem Begehren angetrieben – und keiner der Filme erklärte die zeitlichen Rätsel und Paradoxe, die für das Genre der Science-Fiction so entscheidend sind.[5]

In der Science-Fiction-Zeitreise strukturieren diese Rätsel und Paradoxe die Erzählung und entstehen aus einer Zeitform, die zeitliche Logik und räumliche Bewegung verbindet. Wie Gomel schreibt, »impliziert die Idee der Zeitreise eine Verräumlichung der Zeitlichkeit«, zudem werden »Zeit und Raum« miteinander verschmolzen und navigierbar »zu einer einzigen gefrorenen *Raumzeit*.«[6] Obgleich diese Zeitform das Reisen in alle Richtungen ermöglicht, ist sie auch deterministisch. Ihre Verräumlichung von Zeit verwandelt die Linearität der zeitlichen Logik in eine rekursive und dennoch geschlossene Struktur, da eine »prädestinierte« Zukunft immer zurückgeht und sich (wieder) an ihre Vergangenheit anschließt. Diese zeitliche Konfiguration hat ein explizites Äquivalent in der grammatikalischen Konfiguration von »Dies wird passiert sein«. Im Englischen wie im Deutschen heißt diese Zeitform (ganz ironiefrei) »Futur Perfekt«, obgleich es die Zukunft als etwas artikuliert, das immer schon vorweggenommen und unveränderlich ist. (Dies ist in jeder einzelnen Zeitschiene der Fall, sei sie parallel, Teil einer Vielfalt oder, am häufigsten, neu geschaffen, um »dieser« Vorwegnahme zu entkommen, indem sie für eine andere eingetauscht wird.) Daher wirft in so unterschiedlichen Science-

Fiction-Filmen wie DÉJÀ VU (2006; R: Tony Scott), HOT TUB TIME MACHINE (Hot Tub – Der Whirlpool ... ist 'ne verdammte Zeitmaschine; 2010; R: Steve Pink) und LOOPER (2012; R: Rian Johnson) das primäre Drama (und oft auch das Komödiantische) dieses Chronotopos Fragen des freien Willens und der menschlichen Handlungsmacht auf – während die Protagonisten des Films durch die Zeitreisen in einem räumlichen Kampf einer zirkulären Zeitstruktur zu entkommen oder jene zu verändern versuchen, die ja beides negiert – und möglicherweise selbst den Protagonisten! Wie ihr grammatikalisches Gegenstück »Dies wird geschehen sein« erschafft die rekursive Struktur dieser Zeitform hinsichtlich der zeitlichen Ursprünge des Seins, des Wissens und von Handlungen mit tatsächlich reellen Folgen ein kausales und ontologisches Paradox.[7]

In dieser Hinsicht ist der Zeitreisefilm PREDESTINATION (2014; R: Michael und Peter Spierig) exemplarisch. Es ist kein Zufall, dass in einer frühen Szene ein Barmann einen für die Erzählung wichtigen Gast bittet, ihm einen Witz zu erzählen, und dieser antwortet: »Was kam zuerst, das Huhn oder das Ei?« Der Barmann, tatsächlich ein »Zeitagent«, der mit einer Mission in die Vergangenheit geschickt wurde, die mit dem Gast zu tun hat, verdrängt das reale kausale und ontologische Problem der Ursprünge, das diese Frage im Rest des Films aufwirft, mit der Antwort: »Der Hahn.« Nichtsdestotrotz wird dieses Problem durch eine Nahaufnahme vom antiken Ring des Barmanns und einer Unterhaltung darüber auf den Punkt gebracht. Dieser Ring ist geformt wie der Ouroboros, die »Weltschlange, die ihren eigenen Schwanz frisst, ewig und ohne Ende«[8], und das jahrhundertealte Symbol von »Endlosigkeit«, »ewiger Wiederkehr« und einem »perfekt geschlossenen« und daher sprichwörtlich bösen Kreislauf ist. Wie eine Kritikerin über PREDESTINATION in der *New York Times* schrieb: »Dies ist eine Geschichte, die nicht nur ihren eigenen Schwanz schluckt, sondern sie frisst sich selbst gleich ganz auf.«[9] Bedingt durch ihre spezifische Konstruktion zehrt eine Zeitreise-

Erzählung nicht nur ihre eigene »Geschichte«, sondern auch ihre eigene Zukunft auf.

Der zweite Science-Fiction-Chronotopos ist der von *alternativen Welten* mit alternativen Geschichten, gesellschaftlichen Strukturen und Hoffnungen für bestimmte Arten von Zukunft. Gomel bezeichnet diese Zeitform als das Gegenteil des Zeitreisens, denn sie »geht von der endlosen Formbarkeit der Geschichte aus, der radikalen Unterscheidung zwischen Zukunft und Vergangenheit und der unbegrenzten menschlichen Fähigkeit, Veränderungen zu bewirken.«[10] Ein inzwischen klassisches Beispiel ist die STAR WARS-Serie, die zeitlich »vor langer Zeit in einer weit, weit entfernten Galaxis« spielt, 1977 begann und der immer noch neue Folgen hinzugefügt werden. Ein weiteres Beispiel ist die Reihe THE HUNGER GAMES (Die Tribute von Panem), die 2012 begann und (wahrscheinlich) 2015 abgeschlossen wird. Es ist kein Zufall, dass diese Zeitform besonders für eine lang laufende Serialisierung in Fortsetzungen und Vorläufern besonders geeignet ist (wie auch für Spin-Offs und Weiterführungen auf Medienplattformen außerhalb des Films). Indem sie zwischen Vergangenheit und Zukunft unterscheidet, diese aber durch eine aktionale Gegenwart verbindet, ist die Zeitlichkeit dieses Chronotopos sowohl grammatikalisch als auch narrativ am besten im Tempus »Present continuous« beziehungsweise erweitertes Präsens beschrieben: »Dies geschieht jetzt.«

Im Gegensatz zur Rekursivität und dem Determinismus von »Dies wird passiert sein« betont die Struktur dieser Zeitform eine andauernde Gegenwart, die von der Vergangenheit geprägt, aber auf die Zukunft ausgerichtet ist. Hier verbindet sich das »Jetzt« mit der progressiven Zeitlichkeit der Verbform »passieren«, um die Vergangenheit und Zukunft durch eine Gegenwart des verräumlichten Handelns mit Folgen zu vermitteln. Diese Gegenwart ist demnach nicht in der Zeit isoliert, sondern als Teil einer fortlaufenden Geschichte einer bestimmten, ungewissen Welt mit offenem Ende narrativiert. Sie lässt die Möglichkeit menschlicher Entscheidungen und

moralischer Optionen nicht nur in gegenwärtigen Situationen zu, sondern diese beeinflussen möglicherweise auch die Zukunft. Obgleich generische Konventionen beachtet werden, die häufig bestimmte Handlungsausgänge garantieren – beispielsweise die allgegenwärtige romantische Vereinigung eines heterosexuellen Paares –, sind die meisten alternativen Weltresultate wie auch die Entscheidungen und Handlungen, die zu ihnen führen, nicht vorherbestimmt. Vielmehr strahlen sie in ihren Implikationen nach außen, und ihre größeren beziehungsweise zukünftigen Konsequenzen bleiben im »Jetzt« der Gegenwart unsicher oder unbekannt. Die Geschichte kommt somit als sowohl offen als auch ungewiss ins Bild, und eine Vielzahl unterschiedlicher Arten von Zukunft erscheint möglich. Zwei jüngere (und nicht serialisierte) Beispiele sind die Filme ELYSIUM (2013; R: Neill Blomkamp), in dem die Handlungen des Protagonisten in der Gegenwart darauf ausgerichtet sind, einer historisch klassenmäßig höchst polarisierten Welt Gleichberechtigung zu bescheren, und THE GIVER (Hüter der Erinnerung; 2014; R: Phillip Noyce), in dem das gegenwärtige Handeln des Protagonisten darauf ausgerichtet ist, seiner Gesellschaft das Wissen um ihre komplett unterdrückte Geschichte zu offenbaren. Mit einem Wort, obwohl dieser Chronotopos wie die anderen von den Ereignissen des 11. September und deren Folgen der endlosen Katastrophe der Desillusionierung preisgegeben wurde, privilegiert er dennoch die Gegenwart als einen verräumlichten Ort des potenziell effektiven Handelns, nimmt Kontingenz enthusiastisch an, statt sie abzulehnen, und macht eine wünschenswerte Zukunft vorstellbar.

Nicht so der dritte wichtige Science-Fiction-Chronotopos: Apokalypse oder Endzeit. Dies ist die Zeitform, die am spektakulärsten »Tod und Desaster« ausdrückt – und jüngst auch Nekrofuturismus. Obgleich im Film wegen seiner großen Spektakel der Zerstörung geschätzt, betont Gomel, dass apokalyptische Science-Fiction »nicht nur eine Darstellung der Katastrophe *du jour* ist, sondern ein Komplex von narrativen Merkma-

PREDESTINATION (2014)

len, der das Ende der Zeit mit dem Kommen des Millenniums« verknüpft sowie mit »der Rettung der wenigen Erwählten und der Verdammung der abjekten Vielen«[11], sei dies nun säkular oder religiös begründet. Dramatisiert in kosmologischen, technologischen oder auch ökologischen »Weltende«-Szenarien, taucht dieser Science-Fiction-Chronotopos historisch als eine säkularisierte und techno-wissenschaftliche Version von theologischen Berichten und Vorhersagen über das Ende der menschlichen Geschichte und der Zeit selbst auf. Somit ist für Gomel die Apokalypse »die ideologisch potenteste und gefährlichste Zeitform – und die populärste«.[12]

Zeitgenössische, filmische Beispiele sind oft kommerzielle Blockbuster, die das Publikum mit, wie Susan Sontag es formuliert hat, »der Ästhetik der Zerstörung« und der Gelegenheit, an »der Fantasie teilzuhaben, nicht nur ihren eigenen Tod zu durchleben, sondern den Tod von Städten, und die Zerstörung der Mensch-

heit«[13], anlocken. In THE CORE (2003; R: Jon Amiel) verweist die katastrophale Verlangsamung der Rotationen des flüssigen Erdkerns und die daraus folgende geologische Zerstörung auf ihrer Oberfläche auf die »Zwickmühle« des gegenwärtigen Nekrofuturismus: Die verlangsamte Rotation wurde von geheimen Versuchen ausgelöst, globale Erdbeben zu schaffen und diese als Waffen einzusetzen, aber den Kern wieder intakt zu setzen, macht die Detonation einer Reihe von Atombomben notwendig. THE DAY AFTER TOMORROW (2004; R: Roland Emmerich) bietet uns die »Spezialeffekte« der Klimaerwärmung: Superstürme, ansteigende Meeresspiegel, Massenzerstörung und Tod führen zu einer neuen Eiszeit. Und in 2012 (2009; R: Roland Emmerich) hat eine enorme Sonneneruption katastrophale meteorologische und geologische Folgen. Angesichts des kosmologischen Ursprungs der Apokalypse, zusammen mit ihrer säkularen Techno-Wissenschaft, verweist die Handlung auch auf die mittelamerikanische »Endzeit«, und da die G8-Staaten (und China) im geheimen neun riesige »Archen« bauen, in denen zumindest ein Teil der Menschheit gerettet werden soll, wäre es schwierig, nicht an Noah zu denken und diese Apokalypse als eine alttestamentarische Strafe für die Sünden der Menschheit zu sehen.

Im Gegensatz zu den anderen Zeitformen ist die übergeordnete Struktur des apokalyptischen Chronotopos eine direkte und lineare Verbindung einer zutiefst direkten Gegenwart zu einer bevorstehenden und festgelegten Zukunft, die das Ende nicht nur der Menschheit, sondern sogar der Zeit selbst mit sich bringt. Im Science-Fiction-Film nimmt dieser Chronotopos zwei strukturell und grammatikalisch verschiedene Formen an. Die in ihrer prophetischen Kraft sicherste und absolute Variante, die in der einfachen Zukunftsform »Es wird geschehen« artikuliert wird, kann am besten anhand von 4:44 LAST DAY ON EARTH (2011; R: Abel Ferrara) veranschaulicht werden, in dem die letzten Reste der Ozonschicht genau um 4:44 Uhr (Eastern Standard Time) »evaporieren« sollen und tödliche Strahlen das Leben auf der Erde für immer beenden werden – einschließlich dem eines in einem New Yorker Loft lebenden Paares, das sich noch chinesisches Essen bestellt, während es wartet.

In ihrer zweiten Artikulation der Apokalypse schwächt die Zeitform die absolute Sicherheit der ersten chronotopischen Form etwas ab. Hier wird strukturell wie grammatikalisch geringfügig, aber dennoch bedeutsam »This will be the end« zu »This is going to be the end« umgewandelt. Beide Aussagen sind in der einfachen Zukunftsform und scheinen dasselbe zu bedeuten. Aber durch die veränderte Verbform von »will be« zu »is going to be« wird das erweiterte Präsens der alternativen Welt / alternativen Geschichte eingeschmuggelt und angedeutet, dass effektives menschliches Handeln gerade so noch die Apokalypse verhindern oder doch zumindest verzögern könnte. Diese zweite und häufigste chronotopische Form verändert somit die Gewissheit der Apokalypse in einen ungewisseren (und somit

spannenderen) Tempus des »Futur Konjunktiv«. Wie Gomel schreibt: Obwohl

> »die Apokalypse, wie auch die Zeitreise, deterministisch ist, ist sie dies nur in ihrem Ziel, aber nicht hinsichtlich der Mittel, dorthin zu gelangen. Mit anderen Worten [...] bestimmt die Zeitform der Apokalypse den Anfang und das Ende der Geschichte, lässt aber Raum für ungewisse Handlungen in der Mitte.«[14]

In seiner beliebtesten filmischen Form ist das Drama ein »Wettlauf gegen die Zeit«, um sie zu retten – zumindest für die wenigen Figuren, die übrig bleiben und einen neuen Tag erblicken können.

In ihrer Analyse der literarischen Science-Fiction zeigt Gomel, wie diese drei wichtigsten »Zeitformen« (ihr Begriff dafür) durch fortschreitendes wissenschaftliches Wissen und radikale Veränderungen in kulturellen Konzeptionen von Zeit historisch markiert und modifiziert wurden. Indem sie diese formalen narrativen Konfigurationen mit Geschichte und Kultur verbindet, bezieht sie sich auf den großen Literaturtheoretiker Michail Bachtin, der in seinem berühmten Aufsatz *Formen der Zeit und der Chronotopos des Romans: Untersuchungen zur historischen Poetik* schreibt: »Aus den realen Chronotopoi dieser darstellenden Welt gehen dann die widerspiegelnden und erschaffenen Chronotopoi der im Werk (im Text) dargestellten Welt hervor.«[15] Obgleich »zwischen der darstellenden realen Welt und der im Werk dargestellten Welt [...] eine scharfe und prinzipielle Grenze« verläuft, betont Bachtin, es sei unzulässig, sie »als eine absolute und undurchlässige Grenze aufzufassen«.[16]

In der Tat sind textliche und realweltliche Chronotopoi in einem dialekischen und historischen Prozess »ständiger Wechselwirkung unlöslich miteinander verbunden«.[17] Chronotopoi dienen somit als die raumzeitliche Währung zwischen den beiden unterschiedlichen Kategorien von Existenz und Narrativ, zwischen der Historizität und den ungewissen kulturellen Kräften der realen Welt und der erschaffenen Welt des fantasievollen Werks.

INTERSTELLAR (2014)

Bachtin merkt auch an, dass ein Großteil der Kraft der Chronotopoi darin liegt, dass sie in ihren »Urformen« und durch langdauernde künstlerische Verwendung »mit ›feststehenden Ausdrücken‹ und metaphorischen Denkmustern assoziiert werden«, und diese sind dann die Grundlage, um künstlerische Arbeiten in Gattungen zu gruppieren.[18] Aber angesichts ihrer inhärenten Historizität mutieren ihre raumzeitlichen Konstellationen in Übereinstimmung mit den Lebenswelten, deren Teil sie ursprünglich sind und die sie später beeinflussen könnten. Wie Bachtin schreibt, Chronotopoi (und ihre Motive) »können miteinander koexistieren, sich miteinander verflechten, einander ablösen, vergleichend oder kontrastiv einander gegenübergestellt sein oder in komplizierteren Wechselbeziehungen zueinander stehen«.[19]

Dafür gibt es in der Science-Fiction reichlich Beispiele. Bombastisch hinsichtlich seiner Reichweite, verwebt INTERSTELLAR (2014; R: Christopher Nolan) alle drei wichtigen Chronotopoi durch den ganzen Film hindurch miteinander – im ersten Teil, der auf einer entleerten, sterbenden Erde spielt, apokalyptisch; im zweiten, der sich mit der Möglichkeit alternativer Welten befasst und im Weltraum und auf anderen Planeten spielt; und im dritten Teil, der sich mit Zeitreisen befasst und in simultanen Zeitdimensionen spielt. Wir können auch Motive sehen, die in der Science-Fiction eine zentrale Rolle spielen und von anderen Gattungen geborgt sind. In einem Essay mit dem Titel *Seeking a Film for the End of the World* (der einmal *Science-Fiction: For the Cure of Depression* hieß) analysiert Kathleen McHugh eine erhebliche Anzahl der 2011 herausgebrachten »häuslichen Melodramen«, die Science-Fiction-Motive verwenden, um persönlicher Depression eine kosmische und zeitliche Größe zu verleihen, die sie auf die Ebene einer kollektiven Krankheit hebt.[20] MELANCHOLIA (2011; R: Lars von Trier) beispielsweise nimmt aus dem apokalyptischen Chronoto-pos das Motiv eines Planeten, dessen wachsende orbitale Nähe zur Erde eine psychisch als uner-träglich empfundene Zeit zu ihrem Ende bringt. ANOTHER EARTH (2011; R: Mike Cahill) borgt sich eine »parallele« Erde aus dem Chronotopos der alternativen Welt, um so die Erlösung einer stark depressiven Frau zu ermöglichen, deren frühere Fahrlässigkeit das Leben von jemand anderem zer-stört hat. Angesichts des hermetisch häuslichen Fokus dieser Filme wäre es trotzdem schwierig, sie genremäßig als Science-Fiction zu identifi-zieren. Chronotopische Elemente können auch von ihrem Zuhause in einem einzigen Genre mi-grieren und sich in mehreren anderen ansiedeln. Historisch mit abjekter (oder Sklaven-)Arbeit in Horrorfilmen assoziiert, sind Zombies heutzuta-ge genremäßig weit verbreitet. In der Tat hat in den letzten Jahren das amerikanische Fernsehen die »lebenden Toten« (ein Begriff, der auch für die rund um die Uhr aktiven, erschöpften Ameri-kaner verwendet wird) multipliziert und seriali-siert. Daher argumentiert Sherryl Vint, dass wir die Zombies sind, »erzeugt nur durch das blan-ke Leben der Existenz, keine vollständigen Men-schen [...].«[21] »Abjekte, posthumane Figuren [...] überleben, sind aber nicht wirklich lebendig und halten an einer Zukunft ohne Hoffnung fest, einer paradoxen Zukunft ohne Zukunft.«[22] In der Tat, Nekrofuturismus! Kurz gesagt, komplexe Bezie-hungen von Chronotopoi passieren nicht einfach so. Sie sind ein historischer wie narrativer Aus-druck kultureller Mutation.

Obwohl Gomels Analyse um ihre drei grundle-genden Zeitformen organisiert ist, die nicht chro-nologisch verfolgt werden, untersucht sie englisch-sprachige Science-Fiction von 1895 bis zur Mitte der 1990er Jahre mit besonderer Aufmerksamkeit auf die Arten, in denen dessen »zeitliche Imagina-tion« von sich verändernden wissenschaftlichen, technologischen und kulturellen Konzeptionen der Zeit geprägt waren. Daher ist es höchst problema-tisch, dass ihre ansonsten sehr informative und produktive Studie eine eigenartig unhistorische These vertritt. Trotz ihres breiten historischen

Kompasses argumentiert Gomel, Science-Fiction sei (und sei dies immer gewesen) ein postmoder-nes Genre – selbst bevor es die Postmoderne über-haupt gab.[23] So behauptet sie:

> »Historische Argumente beantworten nicht die Frage einer historischen Poetik. Wenn es SF tat-sächlich vor dem, was wir die Postmoderne nen-nen, gab und dennoch all die zentralen Merkmale ihrer künstlerischen und kulturellen Dominanten verkörpert, sollten wir vielleicht unsere Geschichts-bücher umschreiben.«[24]

Dieses Statement scheint Bachtins Argument in-frage zu stellen, dass die Poetik von chronotopi-schen Formen sich im ständigen Dialog mit den Prosarien der realweltlichen historischen und kulturellen Veränderungen befindet.

Gewiss lassen sich Chronotopoi und chronoto-pische Motive zeitlich sowohl vorwärts als auch rückwärts verfolgen, auch über mehrere Texte hinweg, aber was immer ihre weit gefassten in-tertextuellen Ähnlichkeiten auch sein mögen, sie zeichnen sich auch durch wichtige historische Un-terschiede aus. Was Susan Sontag 1956 im Amerika des Kalten Kriegs die »Fantasie des Desasters« in den apokalyptischen Filmen eines damals neuen filmischen Genres nannte, das geprägt war von nuklearen Ängsten, aber auch vom Glauben an den militärisch-industriellen Komplex, ist nicht dieselbe kulturelle Fantasie, die jetzt nach dem 11. September in der Science-Fiction »Wiederho-lungen« des Desasters produziert, das Canavan »Nekrofuturismus« nennt. Tatsächlich wäre es außerordentlich schwierig, den Kalten Krieg, die USA nach dem 11. September oder den amerika-nischen Science-Fiction-Film als ästhetisch oder hinsichtlich des Affekts postmodern zu bezeich-nen. Diese Bezeichnung wäre dann so allumfas-send, dass sie bedeutungslos würde.

Die Postmoderne war weder eine idealisierte Kategorie noch eine abstrakte kulturelle Logik, sondern ein historisches und zeitlich dynamisches Phänomen. Obwohl der Begriff schon früher ver-wendet worden war, erlangte er seine volle Kraft erst im amerikanischen, künstlerischen und kritischen Diskurs Mitte der 1980er Jahre, als in Ronald Reagans freier Marktwirtschaft der Kapitalismus räumlich expandierte und »Überstunden machte«, um multinational zu werden – wenn auch noch nicht ganz global (das wurde erst Mitte der 1990er Jahre durch den weitverbreiteten Internetzugang möglich). In seinem aus heutiger Perspektive grundlegenden Essay *Postmodernism, or The Cultural Logic of Late Capitalism* beschreibt Fredric Jameson das raumzeitliche und affektive Wesen der sich verändernden kulturellen Konfiguration dieser Ära als gleichzeitig desorientierend und begeisternd.[25] Zeit und Affekt waren entropisch aufgelöst: die Zeitlichkeit und Geschichte in die Simultaneität einer verräumlichten und somit erweiterbaren Gegenwart voller recycelter und rekombinanter Fragmente von Konsumschutt; der Affekt in freischwebende Formen des Schwindels beziehungsweise des ästhetischen Vergnügens in den ungewissen und häufig surrealen Konjunktionen von Alt und Neu. Diese neue, raumzeitliche und kulturelle Konfiguration erschien vielen Theoretikern und Kulturkritikern als »science fictional«, und somit wurde das Genre als die dominante Form des spätkapitalistischen »Realismus« privilegiert.

In dieser Hinsicht wurde BLADE RUNNER (1982; R: Ridley Scott) das filmische Beispiel, um in einer neuen Modalität die Zeit zu verräumlichen und den Raum zu verzeitlichen. Obwohl sich der übergreifende Chronotopos des Films mit alternativen Welten befasste, unterschied sich die Beziehung seines Charakters als »erweitertes Präsens« zu einer historischen Vergangenheit und einer möglichen Zukunft von der früherer Filme. Die Verbindung zur Geschichte lag ausschließlich in der konkreten Präsenz der Vergangenheit auf der Leinwand in einer ausdehnbaren Gegenwart – dies offenbart sich nicht nur im generischen Mash-up von früheren chronotopischen Motiven in der »Tech-*noir*«-Inszenierung, sondern auch in der additiven Architektur des Films oder in alten Familienfotos, die die »Authentizität«, die wir mit menschlicher Identität, Erinnerung und Subjektivität assoziieren, sowohl konstruieren als auch

widerlegen. Zudem war das Interesse der Figuren an weltveränderndem Handeln und etwas anderem als der direkten Zukunft unwesentlich und die Wirksamkeit menschlicher Handlungsmacht und moralischer Entscheidungsmöglichkeiten mehrdeutig – beides geschwächt vom Überangebot an simultanen Möglichkeiten in der exzessiv verräumlichten Gegenwart. »Klassische« Dialoge aus zwei »postmodernen« Science-Fiction-Filmen aus dem Jahr 1984 erzählen uns viel über die raumzeitliche »Logik«, die auf neue Weise den Chronotopos der alternativen Welt markierte: Der universalgelehrte Held von THE ADVENTURES OF BUCKAROO BANZAI ACROSS THE 8TH DIMENSION (Buckaroo Banzai – Die 8. Dimension; 1984; R: W.D. Richter) tröstet eine aufgelöste, junge Frau und sagt zu ihr: »Vergiss nicht, egal, wohin du gehst, du bist da«; und eine philosophische Figur (die auch ein wenig high ist) in REPO MAN (Repoman; 1984; R: Alex Cox) erklärt seinen Freunden: »Es gibt da dieses Gitter von Zufällen, das auf allem draufliegt«. 1984 umfasste dieses »Gitter der Zufälle« auch die Erstaufführung von THE TERMINATOR (1984; R: James Cameron) und das Erscheinen von Jamesons beschreibendem und dennoch auch bereits warnendem Essay über die Postmoderne.

In den späten 1990er Jahren begann die Begeisterung vieler Theoretiker, Kritiker und Künstler für die postmoderne Kultur allerdings abzukühlen. In einem Essay aus dem Jahre 1996 mit dem Titel *Obscene, Abject, Traumatic* bemerkt der Kritiker Hal Foster über diese Stimmungsverschiebung:

»Frühere Definitionen der Postmoderne evozierten [...] eine *ekstatische* Struktur des Fühlens, manchmal analog zur Schizophrenie. Für Fredric Jameson war das Hauptsymptom der Postmoderne in der Tat ein schizophrener Zusammenbruch von Sprache und Zeit, der ein kompensatorisches Investment in Bild und Raum provozierte [...]. In jüngeren Andeutungen der Postmoderne allerdings herrscht eine zweite, melancholische Struktur des Fühlens vor und manchmal, wie bei [Julia; Anm. V.S.] Kristeva, wird sie auch mit einer sich in einer Krise befindlichen symbolischen Ordnung assoziiert«,[26] wie auch mit »Horror« und »Verzweiflung darüber«.[27] Foster fragt dann: »Woher kommt diese Faszination für Trauma, dieser Neid auf Abjektion heutzutage?«, und er beantwortet seine eigene Frage, indem er nicht nur auf »eine Desillusionierung mit dem Feiern des Begehrens als ein offener Pass des mobilen Subjekts« verweist, sondern auch auf die wachsende »Verzweiflung über die anhaltende AIDS-Krise, [...] systemische Armut und Kriminalität, einen zerstörten Sozialstaat [und] in der Tat einen gebrochenen Gesellschaftsvertrag«, die alle zusammen »die aktuelle Beschäftigung mit Trauma und Abjektion antreiben«.[28] Hier ist allerdings auch anzumerken, dass ein bedeutender affektiver und raumzeitlicher Abstand zwischen »Faszination für«, »Neid auf« und »Beschäftigung mit« Trauma und Abjektion und der tatsächlich und konkret gelebten Erfahrung von beidem besteht.

Diese Erfahrung kam mit dem Millennium. Rückblickend lässt sich sagen, dass die Sorge der amerikanischen Kultur über das Jahr 2000 und den Datumssprung des *Millenium-Bugs*, dessentwegen ein weltweiter Zusammenbruch von Computersystemen befürchtet wurde, einen bedeutsamen kulturellen Wechsel signalisierte. Nach wenig mehr als einem Jahr allerdings wurde die früher einmal beglückende und nun besorgniserregende Vorstellung eines Zusammenbruchs der »symbolischen Ordnung« plötzlich real und entsetzlich. Ich meine, die Dominanz der Postmoderne als eine »kulturelle Logik« kam zu ihrem Ende in dem sehr kurzen Moment zwischen der Ironie einer imaginierten und (science-fictionalen) Katastrophe vor dem Jahrtausendwechsel, die nicht passierte, und dem Trauma einer unvorstellbaren (und allzu realen) Katastrophe nach dem Jahrtausendwechsel, die am 11. September tatsächlich stattfand. In der Folgezeit nach diesem kollektiven Trauma begann eine pausenlose – und vom Fernsehen übertragene – Plage von amerikanischen und globalen Katastrophen, die nicht mehr aufzuhören schienen: Kriege, die, statt »Schrecken und Ehrfurcht« zu verbreiten, nicht gewonnen werden konnten und an Amerikas Niederlage in

Vietnam erinnerten; verheerende Hurrikane in den USA und Tsunamis in anderen Ländern; eine gewaltige Rezession, die für 99 Prozent der Amerikaner auch heute noch nicht vorbei ist; Korruption und Zusammenbrüche im Finanzsektor, mit der Folge, dass den Menschen ihr Heim und ihre Altersvorsorge genommen wurden; und natürlich ein exponentielles Anwachsen des inneramerikanischen und globalen Terrorismus. Ob nun in natura erlebt oder durch zwanghafte Wiederholungen im Fernsehen, diese Ereignisse waren keine postmodernen »Vorahnungen der Zukunft« und das »Ende von diesem oder jenem«.[29] Vielmehr wurden sie zu Zeichen einer Jahrtausendwende-Apokalypse, die überwältigende »ständige Gefahr« ihrer Gegenwartsform sowohl ängstlich als auch begehrend auf das bevorstehende Ende der Zukunft selbst gerichtet.

Somit fand der Moment des 11. September, an dem bei der quälend langsamen, räumlichen Implosion der New Yorker Zwillingstürme »die Zeit stillstand«, sein phänomenologisches, psychisches und kulturelles Analogon in sowohl individueller als auch kollektiver Abjektion.[30] Traumatisiert brachen sowohl das individuelle Subjekt als auch der kollektive Staatskörper zusammen. In *Powers of Horror* beschreibt Julia Kristeva Abjektion als eine »brutale, dunkle [Revolte] des Seins, gerichtet gegen eine Bedrohung, die von einem exorbitanten Innen oder Außen auszugehen scheint, ausgeworfen über den Rahmen des Möglichen, Tolerierbaren, Denkbaren«.[31] Hervorgerufen durch das, »was Identität, System, Ordnung stört«[32], ist das Abjekte im Realen situiert, wo keine Trennung zwischen Ich und Umgebung besteht.[33] Vor allem zeichnet sich Abjektion durch Mehrdeutigkeit und ein Gefühl ständiger Gefahr aus.[34] Das Subjekt fühlt sich so überwältigt, dass es abgetrennt wird[35] – das heißt, gespalten zwischen Affirmation und Negation des Ichs, beziehungsweise es wird »zerschlagen in schmerzhafte Territorien, Teile, die größer als das Ganze sind«.[36] Somit erschienen sowohl die kritische Ironie als auch die desillusionierte Melancholie der historischen Postmoderne nach dem 11. September nicht nur als eine impotente, sondern auch verwerfliche Reaktion auf ein welterschütterndes Trauma und seine anschließende Gewöhnung als Abjektion.

Wie bereits angedeutet, sind alle drei grundlegenden Science-Fiction-Chronotopoi im Einklang oder auch im Dialog mit einer amerikanischen Kultur nach dem 11. September mutiert; einer Kultur, in der die Zukunft nun allgemein als stark verkürzt, wenn nicht als unvorstellbar erscheint und deren erschreckende Möglichkeiten überwältigend beziehungsweise unerträglich wirken. Somit verbindet der Nekrofuturismus die Inszenierung unserer Alltagsleben und unserer Bildschirme, seine »endlos wiederholte Landschaft von Tod und Desaster«, die nicht nur die psychischen Gründe kultureller Abjektion reflektiert, sondern sie auch mit konstituiert. Dieser Zusammenhang ist, wie Bachtin betont, als eine spezifische raumzeitliche »Welt« konfiguriert; ein gegebener Chronotopos »bestimmt in beträchtlichem Maße auch das Bild des Menschen [...]; dieses Bild ist in seinem Wesen immer chronotopisch«.[37]

Nach dem 11. September entstandene Zeitreisefilme markieren *das Bild des Menschen* als abjekt. Auch hier ist PREDESTINATION exemplarisch. Der Film hält rigoros an der Rekursivität des Chronotopos von »Dies wird geschehen sein« fest und negiert somit Handlungsmacht und freien Willen. Sowohl die zeitliche Struktur des Films als auch sein »zeitlicher Agent« sind hinsichtlich der Zukunft eindeutig abjekt. Was die Struktur angeht, verwendet PREDESTINATION formale Rückblenden sowie narrative Zeitreisen in die Vergangenheit. Abgesehen von einigen wenigen zeitlich mehrdeutigen Szenen ist der Film sowohl stilistisch als auch narrativ »retrofuturistisch«: Sein Protagonist (Ethan Hawke) reist zurück ins Jahr 1945 und in die Zu-

kunft zu einer »zukünftigen« Auflösung im Jahr 1975. Angesichts der Tatsache, dass der Film 2014 herausgekommen ist, ganz im Gegensatz zu der 1959 erschienenen Erzählung von Heinlein, liegt seine explizit narrative »Zukunft« immer schon bereits in der Vergangenheit.[38]

PREDESTINATION (2014)

Abjekter – in Kristevas Definition des Begriffs – ist der Protagonist des Films. Indem der Film die Zeit verräumlicht und fragmentiert, »zerschlägt« er auch buchstäblich seinen zeitlichen Agenten »in schmerzhafte Territorien, die Teile größer als das Ganze«. Mit einer Ausnahme erweisen sich alle Hauptfiguren in der Handlung als dasselbe Individuum: Er/sie ist sowohl männlich als auch weiblich, Mutter und Vater und Sohn und Tochter, sowohl ein Agent, der den wahnsinnigen »Fizzlebomber« verfolgt, als auch der verrückte Bomber selbst. Zudem trifft er sich im Verlauf der Zeit selbst beim Kommen und Gehen. So formuliert es ein Poster auf der Internet Movie Database:

»Wo sonst haben Sie schon mal einen Film gesehen, in dem Sie mit sich selbst Sex haben, sich selbst gebären, dann ins Jahr 1963 zurückgehen, um die Beziehung zwischen sich und sich zu beenden, und dann weiter in der Zeit zu sich als neugeborenem

Baby 1945 zurückgehen, und dann alles auf die Spitze treiben, indem Sie sich selbst umbringen, was Sie aber dann nicht davon abhält, Sie selbst zu werden?«[39]

Wenn das nicht Kristevas »Dissoziation« ist – die »Spaltung zwischen der Affirmation und Negation des Ichs«, dann weiß ich nicht, was es sonst sein sollte.

Der Film verbindet mittelbar auch die Dissoziation der Abjektion mit dem 11. September. In Form eines schizophrenen (und narrativen) Paradoxons bringt er sowohl die Kontingenz des Terrors als auch den Terror der Kontingenz in den Determinismus des Chronotopos ein. Das heißt, der wahnsinnige »Fizzlebomber« erzählt sich selbst als Zeitagenten, der im Begriff ist, ihn zu töten, dass er durch seine Terroranschläge tatsächlich Tausende von Leben gerettet habe, und zeigt ihm Zeitungsausschnitte von schrecklichen Katastrophen aus »der Zukunft, die niemals passiert ist« – wegen seiner Bombenanschläge. Die Einführung von Kontingenz destabilisiert die Mission des Agenten und offenbart einen Moment lang den Wahnsinn des Wunsches, die Zukunft zu »bergen« oder zu »umfassen«. Nichtsdestotrotz bestätigt der Chronotopos seine Struktur, wie es der wahnsinnige Bombenleger dem Agenten bestätigt, der im Begriff ist, ihn (sich selbst) zu erschießen. »Alles, was wir haben, sind wir beide. Wenn du mich erschießt, wirst du ich. Wenn du die Kette unterbrichst, wirst du ich.« Wie bei der logischen Zwickmühle des Nekrofuturismus scheint es keinen Ausweg zu geben – somit ist alles, was man tun kann (und was der Film tut), abjekt ein »Selfie« nach dem anderen aufzunehmen. Gewiss ist die deterministische Negation der Zeitreise von freiem Willen und Handlungsmacht grundsätzlich mit Abjektion verbunden, aber dieser weitreichende Fokus auf Selbstdissoziation ist relativ neu. Es gibt nun eine erhebliche Anzahl von nach dem 11. September erschienenen Science-Fiction-Filmen, in denen sich die Figuren, während sie sich durch die Zeit bewegen, zersplittern und in Konflikt mit »sich selber« geraten,

sei dies, wenn sie älter, jünger oder eben mehrere Personen sind. Dazu gehören PRIMER (2004; R: Shane Carruth), LOOPER (2012; R: Rian Johnson) und COHERENCE (2013; R: James Ward Byrkit), bei denen allen eine Form der »Selbstvernichtung« der Abjektion vorkommt.

Ebenso bedeutsam ist die Anzahl von nach dem 11. September erschienenen Zeitreisefilmen, in denen der Protagonist zeitlich zurückgeht und etwas noch einmal tun muss, nur anders. Zuvor waren dies meist romantische Komödien, und dabei waren üblicherweise keine Zeitmaschinen involviert, und es gab kaum eine Verbindung zum generischen Science-Fiction. GROUNDHOG DAY (Und täglich grüßt das Murmeltier; 1993; R: Harold Ramis) kommt uns da sofort in den Sinn, und ein jüngeres Beispiel wäre ABOUT TIME (Alles eine Frage der Zeit; 2013; R: Richard Curtis). Hier hat der Protagonist (Domhnall Gleeson) von seinem Vater die Fähigkeit geerbt, in die Vergangenheit zu reisen, wofür er nur einen dunklen Raum, geschlossene Augen und geballte Fäuste benötigt. Seit dem 11. September sind allerdings die meisten Filme, in denen der Protagonist zurückgeht und etwas noch einmal anders machen muss, Science-Fiction-Actionthriller, in denen eine Art von Techno-Wissenschaft die Protagonisten befähigt, eine Katastrophe, die bereits passiert ist, ungeschehen zu machen, indem sie in die Vergangenheit reisen und durch ihre Voraussicht der Ereignisse einer »alternative« Zeitlinie schaffen, in der die Katastrophe nicht stattfindet.

In DÉJÀ VU wird ein ATF-Agent[40] (Denzel Washington) mithilfe eines speziellen Computerprogramms in die Vergangenheit geschickt, um einen inländischen Terroranschlag zu verhindern: die Explosion einer Fähre, die US-Soldaten und ihre Familien nach New Orleans zum Mardi Gras bringt. Obwohl er bei der Unterwasserexplosion umkommt (die Fähre ist also gerettet), entfernt er sich von der Fähre und erscheint dann als sein »früheres« Ich in der alternativen Zeitschiene, die er geschaffen hat. Ahnungslos über die zukünftigen Ereignisse, die andernorts in der Vergangenheit liegen, untersucht er eine Katastrophe, die »um ein Haar« geschehen wäre. In SOURCE CODE (2011; R: Duncan Jones) wacht ein Pilot der US-Armee (Jake Gyllenhaal), der in Afghanistan gedient hat, in einem amerikanischen Pendlerzug auf und entdeckt dort in einem Spiegel, dass er nicht er selbst ist, sondern jemand anderes, und genau in diesem Moment fliegt der Zug in die Luft, wobei alle Passagiere sterben. Als er wiederum aufwacht, diesmal an ein experimentelles Zeitreise-Instrument angeschlossen, und wegen seiner Wunden aus Afghanistan dem Tode nahe ist, erfährt er, seine Aufgabe sei es, dieselbe morgendliche Pendlerzugfahrt zu wiederholen, bis er den Bombenleger findet und die Explosion verhindert. In EDGE OF TOMORROW (2014; R: Doug Liman) wird die Erde von Aliens überfallen, die dem Militär immer einen

EDGE OF TOMORROW (2014)

strategischen Schritt voraus sind. Ein unerfahrener Offizier (Tom Cruise), zuvor bei seinem ersten Einsatz gefallen, findet sich plötzlich in einer experimentellen Zeitschleife wieder, in der er wiederholt in die Vergangenheit zurückgeschickt wird, um den Tag seines Todes zu wiederholen und dem Militär jedes Mal mehr Informationen darüber zu geben, wie man die Außerirdischen besiegen kann. Der Werbeslogan des Films ist: »Lebe. Sterbe. Nochmal.« (»Live. Die. Repeat.«) Wie DÉJÀ VU enden beide Filme, indem sie eine neue Zeitschiene erschaffen, in der der Protagonist lebt und eine andere – wenn auch noch immer festgelegte – Zukunft hat.

Alle diese nach dem 11. September produzierten Filme wiederholen zwanghaft traumatische Ereignisse, und jedes Mal kehren sie zur Vergangenheit zurück, um – dieses Mal – die Katastrophe zu verhindern. Um Drama und Spannung zu erzeugen, muss die Rettung jedoch in sehr kurzer Zeit erfolgen. Auffallend dabei ist natürlich die Betonung des Terrorismus; in EDGE OF TOMORROW ist es ein Alien, ein »mit Tentakeln versehener« und mental »vernetzter«, fremder Feind, immer

einen Schritt von der Niederlage entfernt. Was noch mehr auffällt, ist, dass jeder der Protagonisten, die die Katastrophe »gerade noch rechtzeitig« verhindern, dabei stirbt (zwei davon immer wieder). Selbst wenn der Film so endet, als wäre er nicht gestorben – seine »neue« Zukunft wird in jeder alternativen (und früheren) Zeitschiene als der Anfang einer zuvor begonnenen heterosexuellen Romanze postuliert. Diese wenig überzeugenden Versuche, eine tragfähige Zukunft zu imaginieren, indem man auf wiederholte generische Konventionen zurückgreift, haben keine projektive Kraft. Zumal eine »neue« Zeitschiene die »alte« nicht ersetzt, in der die zeitreisende Figur nichts verhindert, was sowieso schon immer vorherbestimmt war, sogar ihren eigenen Tod nicht. Außerdem überwiegen hinsichtlich von Länge und Wucht die spektakulären und »endlos wiederholten Landschaft(en)« von Tod und Desaster«, von denen diese Filme beherrscht werden, die Kürze eines Endes, das im Vergleich nur wie Wunschdenken wirkt. Wie Hal Foster schreibt: »Wenn es überhaupt ein Subjekt der Geschichte für die Kultur der Abjektion gibt, ist es [...] die Leiche.«[41] Diese Filme, in denen in die Vergangenheit zurückgegangen und etwas verändert wird, sind jetzt voller Leichen, einschließlich der ihrer abjekten Helden.

Wie in den amerikanischen Abendnachrichten und in der Belletristik wird eine katastrophale

Zukunft in diesen Filmen, in denen etwas in der Vergangenheit Liegendes wiederholt und besser gemacht werden muss, psychisch vorweggenommen und vorbereitet, indem die katastrophale Vergangenheit in der Gegenwart immer wieder wiederholt wird. Der Medienwissenschaftler Richard Grusin nennt dies »Vorsatz« und meint, dass solche Wiederholungen Versuche darstellten, die Zuschauer gegen die Vorwegnahme von unerträglichem Schrecken zu impfen, indem dieser durch Gewöhnung in akzeptabel »niedrige Levels« von Angst verwandelt wird.[42] Allerdings führt ein solcher Vorsatz in seinem rekursiven Looping im Fernsehen und in Filmen zur »Präzession« – eine Zeitstruktur, in der Ursache und Wirkung sich jeweils gegenseitig vorangehen und so eine »mythische Zeit« schaffen, die keinerlei Ursprung hat, weil sie immer bereits gebildet ist.[43] Auch dies ist Nekrofuturismus, bei dem die Vorstellung einer positiven Zukunft in einer Zwickmühle ohne Ursache oder Ende ausgeschlossen ist, da jede Katastrophe die vorherigen Katastrophen verursacht zu haben scheint, und die vorherigen die, die auf sie folgen. Was kam zuerst, das Huhn oder das Ei? Nicht der Hahn, sondern der Zeitreisende!

Der Chronotopos der Apokalypse hat sich ebenfalls seit dem 11. September verändert. Wie zuvor angedeutet, wird die Gegenwart in einer solchen Zeitstruktur zum andauernden »Dazwischen« des mythischen Anfangs und Endes der Zeit. Der Anbeginn der Zeit ist bereits mythisch, und die Gegenwart ist nur auf ihr Ende ausgerichtet – entweder in religiöser und entrückender Erlösung von ständiger Angst und weltlichem Schrecken oder, wie in der Science-Fiction, in weltlichen und spektakulären Crescendos von massenhaftem Terror und Vernichtung. Seit dem 11. September allerdings ist ein deutlich spürbarer Rückzug hinsichtlich des narrativen und psychischen Umfangs in beiden Formen des apokalyptischen Chronotopos der Science-Fiction zu verzeichnen: Die Sicherheit des einfachen Futurs von »this will be the end« und seines etwas hoffnungsvolleren »this is going to be the end«.

Über Filme, in denen »die Zerstörung der Welt von vornherein feststeht«, schreibt der Kritiker Terrence Rafferty, dass »unsere Vision des Weltuntergangs im 21. Jahrhundert, so scheint es, fast gänzlich nach innen gerichtet ist«.[44] Wissenschaft und Technologie scheinen irrelevant zu sein. Wie McHugh meint, ersetzt eine Verschiebung weg vom Wissenschaftler hin zum Depressiven die instrumentale Vernunft mit unheimlicher und vorherwissender Verzweiflung als ein der Endzeit angemessenes Wissen, ein situierter Pessimismus, der, so sagen es die Filme aus, für diesen kulturellen Moment endemisch ist.[45] Exemplarisch für diesen Wechsel ist KNOWING (2009; R: Alex Proyas), in dem ein MIT-Wissenschaftler (Nicolas Cage) nach einer Weile die »instrumentale Vernunft« aufgibt, nachdem eine alte Zeitkapsel in der Grundschule seiner Tochter geöffnet wird, die ein rätselhaftes Zahlendokument enthält, das sich als die Daten, Zeiten und die Zahl der Todesopfer von sowohl vergangenen als auch zukünftigen Desastern herausstellt, einschließlich nicht nur des 11. September, sondern auch des bevorstehenden Endes des Lebens auf der Erde. In der Tat: »Vorherwissende Verzweiflung«!

»Intime« Filme wie MELANCHOLIA, TAKE SHELTER, SEEKING A FRIEND FOR THE END OF THE WORLD (Auf der Suche nach einem Freund fürs Ende der Welt; 2012; R: Lorene Scafaria) und 4:44 LAST DAY ON EARTH »repräsentieren etwas Neues« für Rafferty. In ihnen ist »die *Tatsache*, dass die Welt untergeht, [...] genau äquivalent zu dem *Gefühl*, dass die Welt untergeht«, und Rafferty findet ihr allumfassendes »Gefühl von betäubter Resignation [...] unheimlich«.[46] Eine solche Abjektion wird in den Figuren am deutlichsten. In 4:44 LAST DAY ON EARTH beispielsweise warten die Protagonisten (Shanyn Leigh, Willem Dafoe), ein Paar, einfach in ihrem New Yorker Loft auf das Ende. Sie sprechen mit Familie und Freunden über ihre elektronischen Geräte und bestellen chinesisches Essen, das ihnen in die Wohnung geliefert werden soll. In den Nachrichten sieht man, dass die Stadt extrem ruhig ist, nur von vereinzelten Plündereien, Protesten und Selbstmorden ist die Rede. Man kann nichts tun, warum also sollte man sich noch anstrengen? In der apokalyptischen Romanze SEEKING A FRIEND FOR THE END OF THE WORLD wird in Kürze ein Asteroid mit der Erde kollidieren. Trotz der direkt bevorstehenden Endzeit und der Tatsache, dass er gerade von seiner Frau verlassen wurde, geht der abjekte Protagonist (Steve Carell), ein Versicherungsvertreter, zunächst weiterhin jeden Tag zur Arbeit, obwohl es dort nichts zu tun gibt. Nachdem in dem fast leeren Büro ein Kollege aus dem Fenster in den Tod springt, bleibt er einfach zu Hause, bis eine jüngere Nachbarin (Keira Knightley) ihm neue Energie verleiht und die beiden sich ineinander verlieben. Manche Menschen begehen Selbstmord, aber die meisten nutzen die Endzeit aus, um Sex zu haben, zu trinken, ungeheure Mengen an Drogen zu nehmen und generell

4:44 LAST DAY ON EARTH (2011)

»bis zum Umfallen zu feiern«. Abjekte Resignation wird somit in der Fortsetzung von gewöhnlichem oder banalem Verhalten »normalisiert«, wie unpassend Ersteres und wie exzessiv Letzteres auch sein mögen. Das Paar erklärt sich seine Liebe, als die kosmische Kollision die Leinwand weiß ausbleicht. Man kann sonst nichts tun. Rafferty kritisiert den reduzierten Horizont dieser Filme folgendermaßen: »Eine gänzlich personalisierte Apokalypse ist eine Apokalypse, die, um es direkt zu sagen, einfach zu verdammt klein ist.«[47]

Nichtsdestotrotz gibt es seit dem 11. September in der amerikanischen Kultur eine Tendenz, sich in Zeiten großer Bedrohung »einzupuppen«, sich aus dem großen Staatskörper in die Intimität von Heim, Familie und Freunden zurückzuziehen. Dieser Rückzug findet auch in den spektakulären und mit Effekten aufgeladenen apokalyptischen Filmen nach dem 11. September statt. Obgleich zeitlich als das weniger gewisse »this is going to be the end« strukturiert, sind diese »großen« Filme ebenfalls viel persönlicher und »kleiner«,

als sie das einmal waren. Nicht nur sind Format und Ziele der Protagonisten enorm geschrumpft, trotz des großen Spektakels ist auch der narrative Fokus enger geworden. In früheren apokalyptischen Filmen waren institutionelle Autoritäten (Militär, Regierung, Wissenschaft oder Ähnliches) sehr prominent, und ebenso eine in Panik geratene Massenöffentlichkeit. Nach dem 11. September allerdings liegt die Betonung eher auf einer »gewöhnlichen« Figur, die nicht versucht, die Welt zu retten, sondern vielmehr nur ihre Familie oder eine kleine Gruppe von Freunden. So ist WAR OF THE WORLDS (Krieg der Welten; 2005; R: Steven Spielberg) hinsichtlich des Fokus und der Reichweite radikal anders als die 1953 produzierte Adaption von Wells' Roman. Einer der Werbeslogans für die 2005 erschienene Version des Films unterstreicht den engeren – und privateren – Fokus auf die Apokalypse: »Die Erde wird von dreibeinigen Kampfmaschinen überfallen, und eine Familie kämpft ums Überleben«. Rafferty argumentiert, angesichts unserer inzwischen absoluten Desillusionierung von Institutionen und einer sehr geringen Spezies-Solidarität sind wir allein.[48] Es ist also nicht die Apokalypse, die »zu verdammt klein« geworden ist; was deutlich kleiner geworden – wenn nicht ganz verschwunden – ist, ist der Glaube, dass bloße Menschen sie verhindern können. So haben Superhelden aus Comics und Bildromanen unsere Leinwände übernommen (und sie sind fast nie abjekt) – und ihre wachsende Zahl nach dem 11. September hat einen Großteil der generischen Science-Fiction in generische Fantasy verwandelt.

Bleibt noch der Chronotopos der alternativen Welt/Geschichte, dessen Zeitform »erweiterter Präsens« eine Zukunft ermöglicht und dessen »Bild des Menschen« ihre Umsetzung durch effektives menschliches Handeln und sozial motivierte moralische Entscheidungen erlaubt. In dieser Hinsicht ist eines der auffälligsten Merkmale der nach dem 11. September produzierten Filme mit einer alternativen Welt, dass die meisten der Handlungen aus Büchern für »junge Erwachsene« adaptiert wurden und somit ihre weltverändernden Protagonisten Teenager sind – dies ist beim sehr populären THE HUNGER GAMES der Fall, wie auch bei THE GIVER, DIVERGENT (Die Bestimmung – Divergent; 2013; R: Neil Burger) und ENDER'S GAME (2013; R: Gavin Hood). Hierfür gibt es ökonomische und demografische Gründe, aber die Tatsache, dass sich in jüngeren Science-Fiction-Filmen so wenige Erwachsene an der Veränderung oder am Aufbau der Welt beteiligen, stimmt nachdenklich. (Ich erinnere mich, dass ich anfangs ganz überrascht von dem älteren und anfangs abjekten Protagonisten von ELYSIUM war.) Stattdessen wird so oft vermittelt, dass Erwachsene in jeder Hinsicht »hoffnungslos« seien.

Zudem zeichnen die meisten dieser Filme eine Welt, in der eine High-Tech-Elite eine abgehobene Regierung kontrolliert, die sich wenig für ihre Bürger interessiert, während die Protagonisten mit kleineren Formen der sozialen Organisation assoziiert sind, die als Fundament die Familie, den Clan, Bezirk oder persönliche Charaktereigenschaften haben. Obwohl sie in ihre Regierungen eingebettet und von dieser auch überwacht werden, werden sowohl in THE HUNGER GAMES als auch in DIVERGENT diese kleineren Gemeinschaften als vergleichsweise vormodern und technisch nicht hochentwickelt dargestellt. Katniss Everdeens (Jennifer Lawrence) »District 12« evoziert

Appalachia, eine Region in den USA, die mit einem »natürlichen« und »primitiven« Lebensstil assoziiert wird. Ihre Waffen sind Pfeil und Bogen, und sie singt ein einfaches Lied, das sich auf die traditionelle Volksmusik der Gegend stützt.[49] Die gesellschaftlichen Trennungen in DIVERGENT gründen sich auf Charaktereigenschaften. Die rebellierende Protagonistin (Shailene Woodley) ist ursprünglich in »Entsagung« geboren, wo die Mitglieder schlichte Kleidung tragen und eine selbst auferlegte Form der Abjektion praktizieren, die gesellschaftlich als »persönliches Opfer« im Dienste anderer Menschen kodiert wird. Bei THE GIVER geht diese Vormodernität noch weiter. Die kleine, technisch nicht entwickelte und vollkommen isolierte Gemeinschaft (umgeben von dem, was einfach nur »Anderswo« genannt wird) wird von Dorfältesten beherrscht, die öffentliches Wissen über die früher moderne, technisch hochentwickelte und gewalttätige Geschichte unterdrücken. Obgleich diese Filme also auf Jugend und ihre Handlung auf eine »bessere Zukunft« ausgerichtet sind, scheint ihre Zukunft nostalgisch auf eine simplifizierte und mythische, vormoderne Vergangenheit zurückzublicken.

Früher betrachtete der Chronotopos der alternativen Welt die radikale Kontingenz und die von dieser generierten Möglichkeiten weniger als eine Bedrohung und vielmehr als eine Chance. Die narrative Betonung lag auf dem, was Bachtin »Abenteuerzeit« nennt; aufregende Begegnungen mit Neuheit und Alterität. Mit wenigen Ausnahmen dramatisieren die nach dem 11. September produzierten Filme dieser Zeitform das Kontingente als Bedrohung und nicht als Chance.[50] PROMETHEUS (2012; R: Ridley Scott) beispielsweise beginnt als eine spannende Suche nach den Ursprüngen des Menschen, aber die Kohärenz sowohl der Erzählung als auch der Figuren wird angesichts von radikaler Kontingenz fragmentiert und abjekt, und zur nekrofuturistischen Erkenntnis, dass es beim »Vor-seinen-Schöpfer-Treten« um den Tod geht und nicht um Ursprünge. Wieder sehen wir die chronotopische Einschränkung. Oder wie es der Protagonist von INTERSTELLAR (Matthew McConaughey) formuliert, als er sich nach Abenteuern sehnt und auf einer verschmutzen und sterbenden Erde steht, die an die amerikanische *Dust Bowl* der 1930er Jahre erinnert: »Früher haben wir in den Himmel geblickt und uns nach unserem Platz in den Sternen gefragt; jetzt schauen wir nur noch nach unten und sorgen uns um unseren Platz im Schmutz.«

Nur eine relativ kleine Zahl von jüngeren Filmen mit Alternativwelten machen sich radikale Kontingenz zu eigen und versuchen, einen Ausweg aus der Abjektion und dem Verstärken des »Nekrokapitalismus« und seiner »Welt der Schrecken« zu finden.[51] Einer dieser Filme ist der zuvor erwähnte ELYSIUM, der das komplett konstruierte Wesen dieser Schrecken dramatisiert. Seine terrestrische Welt übertreibt die heutigen Ungleichheiten von Niedriglohnarbeit und inadäquater Gesundheitsversorgung, während die Welt auf der Raumstation das manipulative und manikürte Äquivalent einer heutigen *Gated Community* darstellt, in der die Mächtigen und Reichen wohnen und beschützt werden. Niedergeschlagen von der Ungerechtigkeit, aber angefeuert durch materielle und psychische Notwendigkeit, kann der erwachsene Protagonist den Status quo vollkommen auf den Kopf stellen. Am Ende des Films hat er den abjekten und entrechteten 99 Prozent der Bevölkerung die gleichen Bürgerrechte verschafft, wie das privilegierte eine Prozent sie hat, und eine potenziell tragfähige Zukunft ermöglicht.

Besonders interessant sind allerdings zwei Alternativwelt-Filme, die die unvermeidbaren strukturellen Konsequenzen des heutigen Nekrokapitalismus in die Zukunft hinein dramatisieren, sie aber auch explizit chronotopisch auf die Zeit beziehen. In IN TIME (2011; R: Andrew Niccol), wird der Begriff »Zeit ist Geld« buchstäblich auf dem Unterarm jeder Person in Form einer in den Körper eingebetteten digitalen Uhr und eines digitalen Portemonnaies umgesetzt. Dies kann befüllt werden, aber für die meisten ist es immer fast leer, und der Besitzer lebt immer unter der Bedrohung, sein Zeitlimit zu erreichen. Die Zeit begründet nicht nur das Weiterleben,

sondern auch die gesellschaftliche Klasse: Manche Menschen haben kaum genug Zeit, um durch den Tag zu kommen (und tun dies dann auch oft nicht), während andere, die in einer elitären und von der Polizei beschützten »Zone« leben, so viel Zeit haben, dass sie sie zur Bank bringen oder (mit Zinsen) verleihen und Jahrhunderte leben können. Der Film dramatisiert die Konstruiertheit und Funktionsweise dieser Zeitökonomie und verweist wie ELYSIUM auf Ähnlichkeiten zu unserer nekrokapitalistischen Gegenwart. Hier dreht sich die gesamte Handlung ebenfalls um die Zerstörung des Status quo und dessen Ungerechtigkeiten sowie um die Anfänge einer »lebbaren« Zukunft für alle.

INTERSTELLAR unterstreicht ebenfalls Zeit in seinem Versuch, eine Zukunft sicherzustellen, die auf der ausgelaugten und immer weniger bewohnbaren Erde, deren Bevölkerung sich abjekt in ihr Schicksal ergeben hat, nicht mehr möglich ist. Wie zuvor erwähnt, verwebt der Film durchgängig alle drei Science-Fiction-Chronotopoi. Allerdings bietet er noch mehr. Sowohl auf der sterbenden Erde als auch bei der Suche nach einem bewohnbaren Planeten in einem anderen Sonnensystem wird die Zeit ganz wesentlich. Zeit als die Grundlage (und nicht nur das Maß) des menschlichen Lebens und seiner Zukunft zu erkennen ist das dringendste Projekt und Thema der Erzählung. Der Film dramatisiert nicht nur die Relativität der Zeit, sondern auch ihr Dahinschwinden und ihre Unumkehrbarkeit, und montiert dabei Szenen parallel, in denen die Gravitationszeitdehnung die zeitliche Distanz zwischen der Erde und interstellarem Weltraum sowie Vater und Tochter ausweitet. Der Protagonist, der keinen neuen Heimatplaneten finden und auch nicht auf die Erde zurückkehren kann, verweigert trotzdem jegliche nekrofuturistische Abjektion. Als er nichts mehr zu verlieren und möglicherweise alles zu gewinnen hat, macht er sich die radikale Kontingenz des Unbekannten zu eigen – die buchstäblich ein »schwarzes Loch« ist, in dem unzählige Momente aus Vergangenheit und Gegenwart koexistieren und Kommunikation über die Zeit hinweg möglich ist, die zur Realität einer menschlichen Zukunft führen wird. Am Ende des Films liegt diese Zukunft auf einer den Saturn umkreisenden Raumstation. Das Gras ist sehr, sehr grün, die Sonne scheint, Kinder spielen Baseball. Gewiss idealisiert und auch nostalgisch für eine nicht existierende und sehr saubere Vergangenheit, mag diese Vision der Zukunft durchaus problematisch sein – aber es ist eine Zukunft, und dort ist niemand abjekt. Von Anfang an wendet sich der Film gegen die abjekte Akzeptanz unserer bevorstehenden und kollektiven Auslöschung und artikuliert an mehreren Punkten Dylan Thomas' großartige poetische Ermahnung: »Geh nicht gelassen in die gute Nacht, / Im Sterbelicht sei doppelt zornentfacht.«

In *Powers of Horror* schreibt Kristeva über die Möglichkeit »einer Wiedergeburt mit und gegen Abjektion«.[52] Der traumatische Zusammenbruch der symbolischen Ordnung kann auch einen Durchbruch generieren, wie dies bei der Passage durch das Schwarze Loch in INTERSTELLAR der Fall ist, hier in einen »teilbaren, faltbaren und katastrophalen«[53] Raum, wo die »dunkle Revolte« der Negation durch die Affirmation von neuen und »anderen« Möglichkeiten des Seins infrage gestellt wird. Diese »freudige Revolte« umfasst nicht nur eine radikale »Infragestellung von Identitäten und Werten«[54], sondern auch die »symbolische Dekonstruktion, die symbolische Erneuerung, die aus der Erschaffung kommt – aus psychischer Erschaffung, ästhetischer Erschaffung, aus der Wiedergeburt des Individuums«.[55] Somit ist das »Gegengift« zum Nekrofuturismus nicht symbolische Wiederholung, sondern symbolische Erneuerung. Wie Kristeva schreibt:

»[W]ir wissen ganz genau, dass es an uns ist, die Wirklichkeit zu verändern, aber die Veränderung hängt von unserem mentalen Zustand und von den von uns angenommenen Diskursformen ab, und wenn unsere symbolische Disposition eher in Richtung [...] Optimismus tendiert, haben wir einen stärkeren Zugriff auf die Wirklichkeit, als wenn unsere Disposition eine des Klagens und

der Melancholie ist. [...][N]ur durch das Durchqueren der Trauer kann es eine Möglichkeit der Hoffnung geben.«[56]

Kristevas Worte könnten auch der Dialog in dem kürzlich erschienenen Film TOMORROWLAND (A World Beyond; 2015; R: Brad Bird) sein, in dem wir ihre Gedanken wiederfinden. Obwohl häufig als ideologisch konfus und übertrieben didaktisch kritisiert, weil er narrativ insistiert, dass wir weniger pessimistisch, sondern optimistischer und fröhlicher über unsere Zukunft denken sollten, ist der Film, trotz seiner Fehler, tatsächlich »ein unermüdliches Manifest der Hoffnung für Jung und Alt«.[57] Und im Kontext des Nekrofuturismus und unserer »endlos eingeübten Landschaft von Tod und Desaster«, die im Film mit einer Werbetafel für *ToxiCosmos 3* karikiert wird, ist ein Manifest vielleicht angebracht. So fasst es ein Kritiker zusammen:

»[F]ür diejenigen von uns, die Spaß an [...] Visionen von Apokalypse und Katastrophe haben, ist die Botschaft von TOMORROWLAND: ›Hört auf damit!‹ Und für diejenigen von uns, die sich etwas Besseres vorstellen können, lautet sie: ›Wacht auf und fangt an, zu träumen!‹«[58]

Fast 15 Jahre nach dem 11. September ist es an der Zeit, dass der Science-Fiction-Film diese Botschaften zu verstehen beginnt, aufhört, sich zu wiederholen, und kreativ seine Szenarien der Abjektion in Träume der Hoffnung verwandelt.

Übersetzung aus dem Englischen:
Wilhelm Werthern

Anmerkungen

1 »Necrofuturism is [...] the sense of [...] unavoidable disaster that permeates all our contemporary visions of the future. [It is] a relentless doubling-down on necrocapitalism['s] world of horrors [and ›perpetual threat,‹] coupled with the ironclad belief that there is no alternative [...]. This is the heart of necrofuturism: there is no hope of averting [...] collective death be-

cause the only possible solution to the problem is precisely the cause of it.« (Übers. W.W.), Gerry Canavan: »If the Engine Ever Stops, We'll All Die«: SNOWPIERCER and Necrofuturism. In: Mark Bould / Rhys Williams (Hg.): SF Now. Vachon Island, WA 2015, S. 47–54.

2 »[...] endlessly rehearsed landscape of death and disaster dominates contemporary visions of the coming decades.« (Übers. W.W.), ebenda, S. 41.

3 Elana Gomel: Postmodern Science Fiction and Temporal Imagination. New York 2010.

4 »[...] hegemonic in [American] media formations [...] from apocalyptic sf speculations to ecological jeremiads to familiar mass media proclamations about a generation to that ›for the first time in American history‹ will be poorer and less secure [...] than their parents.« (Übers. W.W.), Canavan 2015, a.a.O., S. 49.

5 Romantisches Begehren und Zeitreisen sind im Film bis zum heutigen Tage sowohl in Dramen als auch in Komödien miteinander verbunden. Ein jüngeres Beispiel für Ersteres ist THE TIME TRAVELER'S WIFE (Die Frau des Zeitreisenden; 2009; R: Robert Schwentke) und für Letzteres ABOUT TIME (Alles eine Frage der Zeit; 2013; R: Richard Curtis). Weiteres zu diesem Thema findet man bei René Thoreau Bruckner: Why Did You Have to Turn On the Machine? The Spirals of Time-Travel Romance. In: Cinema Journal 54:2, 2015, S. 1–23.

6 »The very idea of time travel implies spatialization of temporality« [...], »time and space become a single frozen spacetime.« (Übers. W.W.), Gomel 2010, a.a.O., S. 17.

7 Das Prädestinationsparadox (auch als »zeitliche Kausalitätsschleife« bekannt) und das ontologische Paradox (auch bekannt als »Aus-eigener-Kraft-Paradox«) sind unterschiedliche zirkuläre Formen der Verräumlichung der Zeit und der Verzeitlichung des Raums, und beide führen zu nicht zu beantwortenden Fragen über die »ersten Ursachen« oder Ursprünge von Menschen, Dingen, Informationen und Ereignissen. Das Prädestinationsparadox entsteht, wenn ein vergangenes Ereignis kausal für ein späteres Ereignis ist, aber durch Zeitreisen das spätere Ereignis zur Ursache des früheren Ereignisses wird. Die Zeit ist somit unveränderbar und die Geschichte kann nicht verändert werden, da Versuche, die Vergangenheit zu verändern, bereits in der Zeitschiene der Vergangenheit enthalten sind. Die Zirkularität des ontologischen Paradoxons legt die Selbstgenerierung von Personen, Dingen und Konzepten nahe, weil es keinen zeitlichen Ort gibt, an dem »erste Ursachen« oder »Ursprünge« lokalisiert werden könnten. In dieser Hinsicht werden Zeitreise-Erzählungen von etlichen Wissenschaftler/-innen als die simultane Verdrängung der Ursprünge des Protagonisten und der Suche nach ihnen betrachtet. Siehe beispielsweise Constance Penley: Time Travel, Primal Scene, and the Critical Dystopia. In: C.P. / Elisabeth Lyon / Lynn Spigel u.a. (Hg.): Close Encounters. Film, Feminism, and Science Fiction. Minneapolis 1991, S. 63–80; und David Wittenberg: Time Travel. The Popular Philosophy of Narrative. New York 2013, insbesondere Kapitel 6: Oedipus Multiplex, or, The Subject as a Time Travel Film: BACK TO THE FUTURE, S. 178–203.

8 »[...] world snake that eats its own tail, forever without end [...]« (Übers. W.W.), Robert A. Heinlein: All You Zombies–. In: Eric S. Rabkin (Hg.): Science Fiction. A Historical Anthology. Oxford 1983, S. 404.

9 »This is a story that doesn't just swallow its tail, it eats itself whole.« (Übers. W.W.), Manohla Dargis: When Traveling Through Time, Pack a Change of Identities. In: New York Times, 8.1.2015. In dieser Hinsicht nennt Wittenberg die 1959 erschienene Kurzgeschichte von Robert A. Heinlein, die als Vorlage für den Film diente, »die letzte Zeitreise-Erzählung«, meint dies aber nicht in »einem streng chronologischen Sinn, [...] sondern vielmehr in einem strukturellen oder theoretischen Sinn: ›zuletzt‹ als das am stärksten Selbstumschließende, das am fantasievollsten Selbstkopierende, das am übertriebensten Metaversale, oder, allgemeiner gesagt, das am treffendsten Narratologische« (Wittenberg 2013, a.a.O., S. 206.).

10 »[...] presupposes the endless malleability of history, the radical distinction between the future and past, and the unlimited human agency to effect change.« (Übers. W.W.), Gomel 2010, a.a.O., S. 17.

11 »[...] not merely a depiction of the catastrophe *du jour*; it is a complex of narrative features that links the cessation of time with the advent of the millennium [...] the salvation of the chosen few and the damnation of the discarded many.« (Übers. W.W.), ebenda, S. 18. Gomel konzentriert sich im weitesten Sinne auf die religiöse Grundlage der apokalyptischen Science-Fiction. Eine exzellente Geschichte der Verbindung zwischen religiöser Apokalyptik und Politik in Amerika findet man bei Matthew Avery Sutton: American Apocalypse. A History of Modern Evangelism. Cambridge, MA 2014.

12 »[...] the most ideologically potent and dangerous timeshape–and the most popular.« (Übers. W.W.), Gomel 2010, a.a.O., S. 18.

13 »[...] the aesthetics of destruction [...] participate in the fantasy of living through [their] own death and more, the death of cities, the destruction of humanity itself.« (Übers. W.W.), Susan Sontag: The Imagination of Disaster. In: Commentary, 1.10.1965, S. 44.

14 »[Although,] like time travel, apocalypse is deterministic, [it is so] only in its destination, not in the means of getting there. In other words, [...] the timeshape of apocalypse specifies the beginning and ending of history but leaves some room for contingent action in the middle.« (Übers. W.W.), Gomel 2010, a.a.O., S. 18.

15 Michail M. Bachtin: Formen der Zeit und der Chronotopos des Romans. Untersuchungen zur historischen
   Poetik. [Übersetzt von Michael Dewey]. Frankfurt a.M.
   2008, S. 191.
16 Ebenda, S. 191f.
17 Ebenda, S. 192.
18 Vgl. Michael V. Montgomery: Carnivals and Common-
   places. Bakhtin's Chronotope, Cultural Studies, and
   Film. New York 1993, S. 6.
19 Bachtin 2008, a.a.O., S. 190.
20 Siehe Kathleen McHugh: Seeking a Film for the End of
   the World. In: Science Fiction Film and Television, 8:3,
   2015, S. 297–319. Eine frühere Version mit dem Titel
   Science Fiction. For the Treatment of Depression wurde am
   11. April 2013 bei der 2013 Eaton Science Fiction Conference, University of California, Riverside, präsentiert. (McHughs wichtigste Filme sind Lars von Triers
   MELANCHOLIA, Miranda Julys THE FUTURE und Jeff Ni-
   chols' TAKE SHELTER [alle 2011].)
21 »[...] constituted only by the bare life of existence, not
   full human being [...]« (Übers. W.W.), Sherryl Vint:
   Abject Posthumanism. Neoliberalism, Biopolitics, and
   Zombies. In: Marina Levina / Diem-My T. Bui (Hg.):
   Monster Culture in the 21st Century. A Reader. New
   York 2013, S. 134.
22 »Abject posthuman figures, [...] surviving but not really
   alive, they persist in a future without hope, a paradoxi-
   cal future without a future.« (Übers. W.W.), ebenda.
23 Vgl. Gomel 2010, a.a.O., S. 13. Sie schreibt: »Ich werde
   nicht *postmoderne* SF als eine Untergruppe der Gattung
   erörtern, sondern vielmehr SF als ein *postmodernes Genre*, oder vielleicht noch ambitionierter, SF als Postmoderne.« (»I am going to discuss not postmodern SF as
   a subset of the genre but rather SF as a postmodern
   genre, or perhaps even more ambitiously, SF as postmodernism [...].« Übers. W.W.])
24 »Historical argument does not address the question
   of historical poetics. If, indeed, sf precedes what we
   think of as postmodernism and yet clearly embodies
   the salient features of its artistic and cultural dominant, perhaps we should revise our histories.« (Übers.
   W.W.), ebenda, S. 11f.
25 Siehe Fredric Jameson: Postmodernism, or The Cultural Logic of Late Capitalism. In: New Left Review 146,
   1984, S. 54–92.
26 »Early definitions of postmodernism evoked [an] ec-
   static structure of feeling, sometimes in analogy with
   schizophrenia. Indeed, for Fredric Jameson the primary symptom of postmodernism was a schizophre-
   nic breakdown in language and time that provoked a
   compensatory investment in image and space [...]. In
   recent intimations of postmodernism, however, [a] second, melancholic structure of feeling has dominated
   and, sometimes, as in [Julia] Kristeva, it too is associa-

ted with a symbolic order in crisis [...]« (Übers. W.W.),
   Hal Foster: Obscene, Abject, Traumatic. In: October 78,
   Herbst 1996, S. 121.
27 Ebenda.
28 »Why this fascination with trauma, this envy of abjection today? [...] disillusionment with the celebration
   of desire as an open passport of a mobile subject, [...]
   despair about the persistent AIDS crisis, [...] systemic
   poverty and crime, a destroyed welfare state, [and]
   indeed, a broken social contract, [...] have driven the
   contemporary concern with trauma and abjection.«
   (Übers. W.W.), ebenda, S. 122f.
29 Jameson 1984, a.a.O., S. 53.
30 Für eine faszinierende Erörterung der Zwillingstürme
   und Kristevas Arbeit siehe Inna Semetsky: Semanalysis
   in the Age of Abjection. In: Applied Semiotics / Sémi-
   otique Appliquée, 7:17, 2005, S. 24–38.
31 »[...] violent, dark [revolt] of being [...] directed against
   a threat that seems to emanate from an exorbitant outside or inside, ejected beyond the scope of the possible, the tolerable, the thinkable.« (Übers. W.W.), Julia
   Kristeva: Powers of Horror: An Essay on Abjection.
   [Translated by L.S. Roudiez]. New York 1982, S. 1.
32 »[...] what disturbs identity, system, order [...]« (Übers.
   W.W.), ebenda, S. 4.
33 Vgl. ebenda, S. 3f.
34 Vgl. ebenda, S. 9.
35 Vgl. Julia Kristeva: The Subject in Process. In: Patrick
   Grench / Roland-Francois Lack (Hg.): The Tel Quel Reader. London 1998, S. 152.
36 »[...] shattered into painful territories, parts larger
   than the whole.« (Übers. W.W.), ebenda.
37 Bachtin 2008, a.a.O., S. 8.
38 Hier ist anzumerken, dass Heinleins Kurzgeschichte *All
   You Zombies-* in den datierten »Logeinträgen« des »Zeitagenten« geschrieben ist, deren erster mit 2217 datiert
   ist und von Ereignissen in der Bar am 7. November 1970
   berichtet. Man muss zudem bedenken, dass die Erzählung ursprünglich 1959 im *Magazine of Fantasy and Science
   Fiction* (16:3, S. 5–15) erschienen ist und damals 1970 in
   der Zukunft lag – während im Film aus dem Jahre 2013
   und für die Zuschauer 1970 schon lang vergangen ist.
   Zudem werden in den wenigen Szenen des Films, die in
   einem absichtlich unmarkierten zeitlichen Raum spielen, spezifische Verweise auf zukünftige Jahrhunderte
   generalisiert und vieldeutig gemacht.
39 »Where else have you seen a movie which leads to
   you having sex with yourself, giving birth to yourself,
   then bringing yourself back to 1963 to break up the
   relationship between yourself and yourself, and ta-
   king yourself as a newborn baby back in time to 1945,
   and topping it all off by killing yourself, which will
   not prevent you from becoming yourself?« (Übers.
   W.W.), JÄnis Locis [Pseudonym]: Mindfuck at its fi-

nest. 23.11.2014. www.imdb.com/title/tt2397535/reviews?count=326&start=6.

40 »ATF« ist das Akronym für das U.S. Bureau of Alcohol, Tobacco, Firearms and Explosives.

41 »If there is a subject of history for the culture of abjection at all, it is [...] the Corpse.« (Übers. W.W.), Foster 1996, a.a.O., S. 123.

42 Vgl. Richard Grusin: Premediation. Affect and Mediality After 9/11. London 2010.

43 Für eine außergewöhnliche Erörterung der Beziehung zwischen »Vorsatz« und »Präzession« in Verbindung zum 11. September siehe Anna Caterina Dalmasso: L'avance de l'avenir. De l'image du temps après l'événement du 11-Septembre. In: Revue cités 62, 2015, S. 175–198. Zur Präzession und dem 11. September siehe auch Mauro Carbone: Être morts ensemble. L'événement du 11 Septembre. Genf 2013.

44 »[...] the destruction of the world is a foregone conclusion, [...] our 21st-century vision of Earth's doom is, it seems, almost entirely inward looking.« (Übers. W.W.), Terrence Rafferty: This is the Way the World Ends. SEEKING A FRIEND FOR THE END OF THE WORLD and Other Apocalyptic Movies. In: New York Times, 15.6.2012. www.nytimes.com/2012/06/17/movies/seeking-a-friend-for-the-end-of-the-world-and-other-apocalyptic-movies.html?_r=0. (Ich danke meiner Kollegin Kathleen McHugh für ihren Hinweis auf diesen Artikel.)

45 Vgl. McHugh 2015, a.a.O., S. 300.

46 »[...] represent something new. [...] the fact that the world is coming to an end is precisely equivalent to the feeling that the world is coming to an end, [...] sense of numbed resignation [...] eerie.« (Übers. W.W.), Rafferty 2012, a.a.O.

47 Ebenda.

48 Vgl. ebenda.

49 Für eine ausführliche Erörterung, wie im Film regionale Musik symbolisch eingesetzt wird, siehe Jon Fitzgerald / Philip Hayward: Mountain Airs, Mockingjays, and Modernity. Songs and Their Significance in THE HUNGER GAMES. In: Science Fiction Film and Television, 8:1, 2015, S. 75–89. Appalachia wird oft als ein Symbol für ein »widerborstiges (und weitgehend vormodernes) Hinterland/Brachland«, »ein »ländlicher [...] Nährboden für raue, widerstandsfähige Individuen und Gemeinschaften« und »ein Ort für traditionelle Lieder, Tänze und Handwerkskunst« eingesetzt (S. 76).

50 Die Bedrohung des Kontingenten ist der narrative Motor, der MINORITY REPORT (2002; R: Steven Spielberg) antreibt. Der Film handelt von der Precrime-Abteilung in einem zukünftigen Washington D.C., wo die Polizei mithilfe von zwangsverpflichteten sogenannten präkognitiven Menschen Mörder verhaftet, bevor diese ihre vorhergesagten Verbrechen verüben. Der Protagonist (Tom Cruise), der keinerlei Bedenken gegenüber dieser Art des Verhinderns kontingenter Handlungen hat, ist überzeugt: »Das, was unserer Sicherheit dient, dient auch unserer Freiheit.« Ein ethisch motivierter Andersdenkender antwortet allerdings: »Es ist nicht die Zukunft, wenn du sie verhinderst.«

51 Canavals Beispiel ist SNOWPIERCER (2013; R: Bong Joon-ho), und er legt dar, dass der Film durchgängig die Konstruiertheit seiner brutalen »Welt« dramatisiert: ein einzelner Zug, der endlos einen gefrorenen und unbewohnbaren Globus in einer räumlichen Version einer rekursiven Zeitschleife umkreist. Am Ende des Films wurden nicht nur der Zug und die »Schleife« zerstört, sondern es wurde auch eine narrative »Öffnung« für etwas – irgendetwas – anderes als die ewige Bewegung des Nekrokapitalismus (und Nekrofuturismus) geschaffen. Nichtsdestotrotz, wie andere bereits angemerkt haben, ist die spezifische »Öffnung« dieses Films nicht sehr vielversprechend, denn sie lässt eine junge Frau und ein Kind allein in einer gefrorenen Schneelandschaft zurück, und in der Ferne ist ein hungriger Eisbär zu sehen.

52 »[...] of rebirth with and against abjection.« (Übers. W.W.), Kristeva 1982, a.a.O., S. 31.

53 »[...] divisible, foldable, and catastrophic [...]« (Übers. W.W.), ebenda, S. 8.

54 »[...] questioning of identities and values [...]« (Übers. W.W.), Julia Kristeva: Joyful Revolt. Interview mit Mary Zournazi. In: Mary Zournazi (Hg.): Hope: New Philosophies for Change. Annandale 2002, S. 75.

55 »[...] symbolic deconstruction, the symbolic renewal, which comes from creation–psychic creation, aesthetic creation, rebirth of the individual.« (Übers. W.W.), ebenda, S. 76.

56 »We know perfectly well that it's up to us to transform reality, but the transformation depends on our mental state, on the forms of discourse we adopt, and if our symbolic disposition leans more towards [...] that of optimism, we have a stronger hold on reality than if our disposition is that of lamentation and melancholy [...]. It is only by traversing our grief that there can be any possibility of hope.« (Übers. W.W.), ebenda, S. 74f.

57 »[...] an unremitting manifesto of hope aimed at young and old alike.« (Übers. W.W.), Marjorie Baumgarten: TOMORROWLAND. In: Austin Chronicle, 22.5.2015. www.austinchronicle.com/calendar/film/2015-05-22/tomorrowland/.

58 »To those of us who groove on [...] visions of apocalypse and catastrophe, [...] ›Cut it out!‹ To those of us who can conceive something better, the message is: ›Wake up and start dreaming!‹« (Übers. W.W.), A. O. Scott: Review. TOMORROWLAND, Brad Bird's Lesson in Optimism. In: New York Times, 5.5.2015. www.nytimes.com/2015/05/22/movies/review-tomorrowland-brad-birds-lesson-in-optimism.html.

Unsere marsianische Zukunft

Visualisierungen des Roten Planeten zwischen den 1890er und den 1950er Jahren

Von David Seed

1967 erklärte die amerikanische Roman- und Drehbuchautorin Leigh Brackett: »Für einige von uns ist der Mars schon immer das ultimative Thule, die goldenen Hesperiden, das ständig lockende Land der unwiderstehlichen Faszination.«[1] Diese Faszination wuchs in den Jahrzehnten nach 1890 in beachtlichem Ausmaß, und zwar dank einer Kombination von Faktoren, die vor allem neue astronomische Entdeckungen, das Kino und die Verwendung von Belletristik als ein Medium für das Spekulieren über mögliche Formen der Zukunft umfassten. Reisen zum und vom Mars werden häufig auch als Zeit- und Raumreisen dargestellt, Reisen also in eine(r) mögliche(n) Zukunft. Diese Mutmaßungen verweisen immer auf Bildtechnologie, sogar bevor der Film sich fest als Medium etabliert hatte. Der amerikanische Naturalist Louis Pope Gratacap beispielsweise sah den Mars als einen Ort des geistigen Transfers für die Seelen der Verstorbenen, und der Vater seines Erzählers stützt sich sogar auf die Fotografie, um das Licht von den Monden dieses Planeten zu erklären:

»Ein wunderschönes weißes Licht, ganz unwirklich, wie ihr Sterblichen sagen würdet, fiel auf Baum und Wasser, Klippe, Hügel und Dörfer. Die Wirkung war dem Moment in der Fotografie ähnlich, wenn die Platte bei der Entwicklung die Silhouetten ihrer Gegenstände in blendendem Silber zeigt, bevor die Halbtöne hinzugefügt werden und das Bild in einen ununterscheidbaren Schatten zurückfällt.«[2]

Diese Passage weist darauf hin, dass der Mars wahrhaft visionär erlebt wurde.

Dieselbe Betonung prägt auch die Darstellung vom Mars als bewohntem Planeten in Gustavus W. Pope *Journey to Mars* (1894), die höchstwahrscheinlich wiederum Edgar Rice Burroughs' *Barsoom*-Serie beeinflusste. Ein amerikanischer Marineoffizier wird in einem Raumschiff von einem Wesen mit ungewöhnlicher Erscheinung zum Roten Planeten gebracht. Sobald er auf dem Mars angekommen ist, wird der Reisende auf dem Planeten herumgeführt. Die episodische Handlung pausiert immer wieder, damit der Protagonist die unterschiedlichen Anblicke genießen kann, wie die folgende Beschreibung einer künstlichen Höhle in einem Berg zeigt. Die erzählende Vergangenheitsform wird nun vorübergehend zu einer quasi filmischen Gegenwartsform, sodass der Beobachter sich umsehen kann:

»Eine Szene von unvergleichlicher Erhabenheit eröffnet sich dem Blick. Der gesamte Umfang des Sees ist von stupenden Felshängen umgeben, zwischen sechshundert und tausend Fuß hoch. Und nun kracht das vereinigte Donnern von drei großen Wasserfällen ins Ohr [...] Ungefähr zwei Meilen dahinter wird die senkrechte Wand der Barriere von oben bis unten in einer halbrunden Schlucht ausgehöhlt, senkrecht wie der Schacht einer Zeche.«[3]

Schiere Größe und enormes Ausmaß spielen bei Popes Beschreibungen der erhabenen Anblicke auf dem Mars eine wichtige Rolle. Die oben zitierte Passage erinnert an eine Naturbeschreibung, aber hier ist alles künstlich. Somit wird hier die Verbindung zu göttlicher Erhabenheit, die man in älteren Passagen über das Erhabene finden würde, nun auf den Fleiß der Marsianer umgeleitet. Solche Passagen werden von Pope durch die

Verwendung von Schlüsselbegriffen wie »Szene«, »Spektakel« und »Anblick« markiert, die den Zwischentiteln im Stummfilm ähneln.

Der erstaunliche Fortschritt der Kultur auf dem Mars wird aus der Luft dramatisiert, wenn der Erzähler über eine »lineare« Stadt fliegt, die er als ein »riesiges Panorama von zahllosen Dächern, Reihen von prachtvollen Gebäuden – alle in einem auf der Erde unbekannten Architekturstil und brillant beleuchtet mit einer Unzahl von vielfarbigen Lichtern« beschreibt. Über den Straßen und Kanälen segeln »Vergnügungsboote, Schwärme von kleinen Luftschiffen und entzückenden Luftkutschen«. Und über die ganze Fläche sind »helle Netze aus Gitterwerk gespannt, die riesigen Bändern aus feuriger Spitze ähneln [...] getragen von erhaben hohen Säulen.«[4] Ohne diese Perspektive aus der Luft wäre es unmöglich, das schiere Ausmaß dieser Stadt zu vermitteln – nicht weniger als 20.000 Meilen lang ist sie. Abgesehen von ihrem schieren Ausmaß erstaunt die Stadt den Besucher mit ihrer elektrischen Verkabelung, ihrem für ihn neuen Stil und dem evolutionären Durcheinander fliegender Maschinen. Pope schmückt seine Beschreibung mit Verweisen auf die vom Astronomen Schiaparelli identifizierten sogenannten »Doppelkanäle« aus und positioniert so seine Fiktion als ein mögliches Weiterdenken von neuen wissenschaftlichen Entwicklungen.

Dieser Roman ist wegen seiner freundlichen Darstellung des Planeten Mars ungewöhnlich, dessen Bewohner in jeder Hinsicht außer ihren Namen menschlich zu sein scheinen und die sich nur durch ihre gelbe, rote und blaue Hautfarbe von uns unterscheiden. Sie sind, kurz gesagt, Variationen aus demselben Stamm. Tatsächlich sind die Marsianer ihrem Besucher so wohlgesinnt, dass sie bei einer Flottenparade das *Star-Spangled Banner* spielen. Die Moral jeder Episode ist klar: »In all den die großen Elemente, Kräfte und Phänomene der Natur betreffenden Wissenschaften, wie auch in allen mechanischen und nützlichen Künsten, sind die Marsianer uns tausend Jahre voraus.«[5] Nicht nur beobachten marsianische Astronomen die Erde schon seit Jahren, die Marsianer haben auch eine Technologie entwickelt, die sie »Eidolifery« nennen, also die Bildübertragung über riesige Distanzen. Noch viel wichtiger ist, dass sie riesige, von einer Form von Elektrizität angetriebene Luftschiffe perfektioniert haben, von denen eines die Besucher von der Erde durch einen elektrischen Sturm und über weitere künstliche Wunder transportiert. Teilweise nimmt Pope hier seine Leser auf eine fantastische visuelle Revision des Mars mit, wo sich angeblich natürliche Landschaften als künstlich herausstellen. Trotz seiner leicht zu erkennenden Fortschrittlichkeit ist der Mars allerdings eine dem Untergang geweihte Welt, denn auf den Planeten rasen riesige Meteore zu.

Die Wahrnehmung des Mars als ein alter Planet mit einer entwickelten Zivilisation wurde vor allem vom amerikanischen Astronomen und Populärwissenschaftler Percival Lowell und dem französischen Astronomen und Romancier Camille Flammarion propagiert. Im Flammarions Roman *Urania* (1890) erfahren wir, dass Marsianer ein Gerät zum Aufzeichnen der Geschichte entwickelt haben,

> »eine Art tele-fotografischer Apparat, in dem eine Rolle aus Stoff ständig das Bild unserer Welt aufnimmt, und deren Unveränderlichkeit ihr eingeschrieben wird, während sie sich entrollt. Ein riesiges Museum, den Planeten des Sonnensystems gewidmet, erhält all diese fotografischen Bilder, für immer in ihrer chronologischen Reihenfolge fixiert.«[6]

In seinem späteren Roman *Omega* (1894) beschreibt Flammarion die Kultur auf dem Mars als noch weiter entwickelt, man ist dort in der Lage, eine »fotofonische Nachricht« an die Erde zu schicken, und zur zukünftigen Entwicklung der Erde gehört ein internationales Videoübertragungssystem namens Telefonoskop.[7]

Während Flammarion in seinen Romanen den Fokus auf die technologischen Zeichen der Fortschrittlichkeit auf dem Mars legt, konzentriert sich Percival Lowell auf das, was er als das

»nicht natürliche Phänomen« der von Giovanni Schiaparelli in den 1870er Jahren identifizierten Kanäle bezeichnet. In seiner 1906 erschienenen Studie *Mars and Its Canals* versucht Lowell, über einzelne fotografische Bilder hinauszugehen, indem er eine Serie von Momenten sammelt, die, so sein Argument, die Wirkung auf den Blick des Beobachters besser wiedergeben würde. Die zeitliche Dauer sollte dieser Darstellung eine quasi filmische Qualität geben, und dann würde sich zeigen, dass die Kanäle »Veränderungen unterworfen sind, das heißt, sie nehmen einen filmischen Charakter an.«[8] Lowell zeichnete seine Darstellungen auf Kartuschen, also auf Bandrollen. Die marsianischen Kanäle waren das Schlüsselelement in Lowells Argument, denn sie waren »genau solche Markierungen, wie sie eine Intelligenz gemacht haben könnte«.[9] Obgleich Lowell seine Darlegungen als wissenschaftlich verstanden wissen wollte, untermauerte er sie ständig mit Analogien zur Erde, und einmal verwendet er sogar Luftaufnahmen von London, auf denen die Wege im Hyde Park zu sehen sind. Die zweite Fotografie versah er mit dem Hinweis, sie zeige »künstliche Markierungen der Erde, vom Weltraum aus gesehen.«[10] Lowell spricht davon, der Mars würde verdursten, als wäre dieser ein Organismus, und illustriert zudem *Mars as the Abode of Life* mit Bildern von Fossilien von der Erde. Kurz gesagt lautet seine Argumentation, dass wir, wenn wir den Mars beobachten, unsere eigene Zukunft sähen. Im Zusammenhang mit der Beschreibung der Wüsten auf dem Mars erklärt er: »Diesen Zustand muss die Erde selbst erreichen.«[11] Wie Robert Crossley gezeigt hat, ging Lowells Fürsprache für den Mars ständig über die Grenzen des Faktischen hinaus, indem er Hypothesen über ein planetarisches Bewässerungssystem und somit eine entwickelte Kultur aufstellte. Unbewusst war er ein Beispiel für die Tendenz, »dass Menschen unvermeidbarerweise Bilder von sich und ihrer eigenen Welt konstruierten, wenn sie Bilder vom Mars und von Marsianern konstruierten.«[12]

Zu Beginn des 20. Jahrhunderts ging man unter anderem dank Lowells Bemühungen davon aus, der Mars sei bewohnt. 1908 konnte man in einem Zeitungsartikel Folgendes lesen:

> »Jedes Beweisstück, dass unserem Wissen hinzugefügt wurde, untermauert die Theorie, dass eine Rasse von intelligenten Wesen den Mars bewohnt, und die marsianischen Kanäle scheinen zu zeigen, dass diese uns in den mechanischen Künsten überlegen sind. Der kleine Graben in Panama wäre für marsianische Ingenieure ein Kinderspiel.«[13]

Der Astronom Mark Wicks folgte in seiner »astronomischen Erzählung« *To Mars via the Moon* (1911) explizit Lowells Beispiel. Hier entwickeln zwei Erfinder ein Luftschiff, das sie schließlich zum Mars bringt, wo sie entsprechend überrascht von der hoch entwickelten Kultur sind, der sie dort begegnen. Es ist höchst praktisch, dass die Sprache auf dem Mars zufälligerweise mit dem Englischen identisch ist. Eines von Wicks' Hauptanliegen war es, die Landschaft weit über Lowells Formulierungen hinaus zu visualisieren, vor allem die berühmten Kanäle:

> »Was wir tatsächlich sahen, war dies: nicht einen einzigen weiten Kanal, sondern eine Reihe von vergleichsweise engen Kanälen, parallel zueinander angeordnet, mit jeweils einem sehr breiten Grünstreifen dazwischen. Üblicherweise waren die Kanäle paarweise durch kleinere Zwischenkanäle miteinander verbunden, die abwechselnd diagonal von einem Kanal zum anderen führten. Dies waren die Bewässerungsgräben. Von einem der einem Paar zugehörigen Kanäle zweigte ein Bewässerungsgraben im Winkel von ungefähr 55 Grad ab und führte zum zweiten Kanal. Weiter oben, auf derselben Seite, verlief ein zweiter Graben vom zweiten Kanal in einem ähnlichen Winkel in den ersten Kanal, und so weiter – *ad infinitum*.«[14]

Mit diesem perspektivischen Bild das gesamte Netzwerk zu überblicken ist für den Beobachter eine Herausforderung – und es gelingt ihm in der Tat nicht. Das entfernte Zusammentreffen der Kanallinien ist somit vor allem ein visueller Effekt, der die Fähigkeit der Marsianer symbolisiert, ihre Technologie in eine offene Zukunft zu projizieren. Die »Bedingungen des Sehens« der Reisenden werden als eine Schwäche in ihrer Fähigkeit betrachtet, das Ganze konzeptuell zu erfassen.

To Mars via the Moon tritt mit seinen Karten und Grafiken als ein quasi wissenschaftliches Buch auf. Gleichzeitig verkündet das Buch auch sein Spiel mit dem Visuellen mit einem von Wicks gezeichneten Titelbild einer »Ansicht aus einem Luftschiff von den Kanälen und Städten von Sirapion«. Dieses aus einem hohen Blickwinkel betrachtete Bild des marsianischen Kanal- und Straßennetzes wird durch das dortige, raffinierte Luftverkehrssystem ermöglicht, das wiederum in andernfalls unmöglichen, visuellen Effekten resultiert. Die vielen Luftschiffe selbst bieten den Reisenden eine Show und simulieren einen Regenbogen sowie andere visuelle Effekte wie ein »Luftkaleidoskop«.[15]

Bereits hier können wir einen Prozess sehen, wie der Mars neu imaginiert und die angebliche Ikonografie des Planeten weiterentwickelt wird. 1913 wandte der erste britische Science-Fiction-Film A MESSAGE FROM MARS (R: Wallet Waller) dieses Verfahren auf die Einwohner statt auf die Landschaft an.[16] Der Film lehnt sich an die Handlung von Charles Dickens' *A Christmas Carol* an. Ein Marsianer wird auf eine Mission geschickt, um einen selbstbezogenen, wohlhabenden jungen Mann zu bessern. Obwohl die Marsianer über eine Technologie der Teleportation verfügen, die im Film als ein opaker Globus dargestellt wird, ist ihre Kleidung neu-mittelalterlich, und ihr Regime erinnert an einen feudalen Hof. Abgesehen von ihrer Tracht sind sie den Menschen vollkommen gleich und nehmen einen grundsätzlich freundlichen Eingriff ins menschliche Leben vor.

Bei Gustavus Pope wird der Mars als eine Utopie des technologischen Fortschritts präsentiert, ein Thema, das man auch in anderen frühen Darstellungen des Roten Planeten finden kann. Ein besonders ausgeprägtes Beispiel dieses Motivs findet sich in dem dänischen Film HIMMELSKIBET (Das Himmelsschiff; 1918; R: Hol-

Drawn by M. Wicks

VIEW FROM THE AIR-SHIP, OVER THE CANALS AND THE CITY OF SIRAPION

To Mars via the Moon (1911)

ger Madsen), wo ein Raumschiff namens *Exelsior* durch glückliche Fügung auf dem Mars landet. Dessen Bewohner tragen weite Roben und haben Blumen in den Haaren, was ja einem, wie es heißt, »Planeten des Friedens« gut ansteht. Glücklicherweise gibt es kein Sprachproblem, denn sie kommunizieren telepathisch, und ihre hoch entwickelte Technologie zeigt sich schon darin, dass sie die Erde bereits seit Jahrhunderten beobachten. Diese christliche Utopie hat Gewalt und Konflikt fast abgeschafft, und überraschenderweise speichern sie ihre Geschichte »des Tötens mit Feuer und Eisen« auf Videogeräte, die den Reisenden dann als eingefügte Filmaufnahmen gezeigt werden. Diese Kultur wird genutzt, negative Kommentare über die Gesellschaft auf

Illustration von Warwick Goble für Wells' *The War of the Worlds* (1911)

der Erde abzugeben – so frisch nach den Schrecken des Ersten Weltkriegs.

Die utopische Verwandlung in HIMMELSKIBET ist die Abschaffung des Kriegs, während sich der russische Film AELITA (1924; R: Jakow Protasanow) nach dem Roman von Alexei Nikolajewitsch Tolstoi mit dem Problem der Lohnsklaverei auseinandersetzt. Der Film spielt 1921 in Moskau. Er beginnt mit dem Empfang einer geheimnisvollen Radiobotschaft, ähnlich denen, die Nikola Tesla in den 1890er Jahren beschreibt, möglicherweise vom Mars. Der idealistische Ingenieur Loss (Nikolai Zereteli) stellt sich vor, wie das Leben auf dem Mars wohl sein könnte, und fungiert als Verbindung zwischen den beiden Orten des Films. Die-

ser Wechsel konstituiert einen expliziteren Dialog zwischen Gegenwart und spekulativer Zukunft, als wir das in den meisten Marsfilmen finden. Das Leben auf diesem Planeten imaginiert Loss in weiträumigen Kulissen mit Treppen, die sich ins Innere erstrecken. Sie sind wuchtig eingekapselt, wie auch das Regime, dessen Macht einen technologischen Ort im »Turm der Radioenergie« zugewiesen bekommt. Die politische Symbolik des Turms wird im Machtkampf zwischen Aelita (Julija Solnzewa) und dem Ältestenrat über die Frage deutlich, wer Zugang zu dessen Kräften bekommt. Nachdem er zum Mars geflogen ist, beteiligt sich Loss an dieser Auseinandersetzung und hilft, eine Arbeiterrevolution anzuführen. Bisher unsichtbar im Film, weil sie unter der Oberfläche arbeiteten, übernehmen die Arbeiter plötzlich die Räume des Regimes, behaupten ihre zentrale Rolle und führen den Prozess der jungen Russischen Revolution weiter.

In deutlichem Gegensatz zu den oben beschriebenen utopischen Beispielen wird H.G. Wells' *The War of the Worlds* (1898) generell als eine umgekehrte Parabel des Imperialismus gelesen, in der die imperialistische Macht das Schicksal kolonialistischer Unterdrückung erleidet. Erst in jüngerer Zeit wurde auch die visuelle Raffinesse des Romans bemerkt. Das langsame Tempo vom ursprünglichen Auftauchen des Marsianers aus einem Zylinder ermöglicht es, dass unsere Aufmerksamkeit nach und nach auf eine Reihe von Eigenschaften gelenkt wird, von seinem riesigen Kopf bis hin zu den tropfenden Lippen und den sich bewegenden Tentakeln. Der Effekt lässt an einen Kraken denken, aber mit einem Unterschied: »Mit seinen zwei großen, dunkelgefärbten Augen blickte das Geschöpf mich unverwandt an.«[17] In diesen Augen bündelt der Erzähler seine Furcht vor den vermuteten Absichten des Eindringlings. Der Marsianer scheint Eigenschaften von irdischen Organismen zu haben, aber gleichzeitig verkörpert er die physischen Veränderungen, die Wells in seinen Essay *The Man of the Year Million* (1893) vorausgesagt hatte. Hier prophezeit er eine enorme Erweiterung des Gehirns und eine Verkümmerung unserer Gliedmaßen. Ohne es zu wissen, blickt also der Erzähler auf eine Form der Menschheit aus einer weit entfernten Zukunft.

Die erste physische Beschreibung der Marsianer gibt uns kein Gefühl für ihre Kraft. Durch einen Großteil des Romans sehen wir sie nur in ihre Maschinen eingeschlossen, die problemlos auf riesigen Beinen das Terrain durchschreiten, wie dies in Warwick Gobles ursprünglichen Illustrationen der Zeitschriftenversion des Romans von 1897 zu sehen ist, wo die Augen auf der mechanischen Haube platziert sind. Die wichtigste Waffe der Marsianer ist ein Hitzestrahl, der seine Opfer plötzlich in Flammen aufgehen lässt. Als das Flaggschiff der britischen Marine den Marsianern gegenübersteht, wird es ebenfalls in die Luft gejagt: »Mit einem heftigen Getöse und unter blendenden Blitzen flogen ihr Deck und ihre Rauchfänge in die Luft.«[18] In solchen Szenen, wie der folgenden, sieht Keith Williams »quasi filmische Visualisierungen« durch tiefe Perspektiven, Nahaufnahmen und sogar eine Sequenz von Luftaufnahmen:

> »Wenn einer an jenem Junimorgen in einem Ballon in dem strahlenden Blau über London geschwebt hätte, dann hätte er jede Straße, die aus dem unendlichen Straßenknäuel nach Norden oder Osten führte, von dahinströmenden Flüchtlingen schwarz übersät erblickt, jeder Punkt eine menschliche Agonie von Schrecken und körperlichen Elend.«[19]

Williams meint, das Wesen der Eindringlinge bestimme die beschreibende Methode: »Die schiere Größe, das Tempo und die Stärke der marsianischen Maschinen, die über die Landschaft verfolgt werden, bestimmen die panoramaartige Beschreibung der Geografie.«[20] Allerdings experimentierte Wells mit filmischen Beschreibungen in anderen Romanen aus dieser Zeit, wie beispielsweise When the Sleeper Wakes (als Serie von 1888 bis 1903 erschienen), wo es futuristische Videoaufnahmen gibt.

In The War of the Worlds verschiebt sich die visuelle Perspektive oft rasch, da sowohl der Erzähler als auch andere in Beziehung zu den Marsianern neu positioniert werden. Viele Kritiker haben die Verbindung zwischen The War of the Worlds und den Invasionserzählungen nach dem Krieg zwischen Frankreich und Preußen erkannt, aber in diesen Werken verschiebt sich das Schlachtenglück zwischen möglicher Niederlage und einem Wiederaufleben.[21] Wells' Roman dagegen dramatisiert nüchtern die ultimative Hilflosigkeit Großbritanniens angesichts der Invasoren. Die Unterwerfung Londons geschieht in einer raschen Montage von Szenen der Niederlage und Zerstörung. Panoramaartige Szenen wie der oben zitierte Blick von einem Ballon haben oft eine zusammenfassende Funktion und reduzieren die menschlichen Figuren auf bloße Punkte. Dies passt zu den diversen Wendungen im Roman, die die britische Selbstzufriedenheit mit ihrer technologischen und militärischen Macht untergraben sollen: Die Menschen haben die Planeten beobachtet, während sie selbst vom Mars aus beobachtet wurden. So wie der Erzähler von den Augen der Marsianer fasziniert ist, konzentriert sich sein Blick (wie auch der der Opfer) auf ihre wichtigste Waffe, die durchaus filmisch wirkt. An einer Stelle, an der ein Marsianer außer Gefecht gesetzt ist, führt er seine Bewegungen automatisch aus:

> »Der enthauptete Koloß [sic!] wankte wie ein betrunkener Riese. Aber er stürzte nicht. Wie durch ein Wunder gewann er sein Gleichgewicht wieder. Nichts war mehr da, das seinen Lauf zügelte, und der Generator, der den Hitzstrahl abfeuerte, blieb hocherhoben. So raste er polternd auf Shepperton los.«[22]

Ohne sein Steuerungssystem wurde der Marsianer auf reinen Mechanismus reduziert. Auffallenderweise verbindet Wells Angriff mit Aufnahme, als würden die Invasoren versuchen, ihre Opfer visuell zu erobern.

Kaum war The War of the Worlds publiziert, kamen auch schon Nachahmungen und Fortsetzungen auf den Markt. Eine nicht autorisierte Version von Wells' Roman erschien 1898 unter dem Titel

Fighters from Mars. The War of the Worlds in and near Boston in der *Boston Evening Post*. Hier wurde die Handlung einfach nach Boston und Umgebung verlegt, und sehr früh wird ein Concord-Astronom eingeführt, der die Ereignisse kommentiert. Innerhalb von Monaten, nachdem diese Raubversion herauskam, erschien eine Replik von dem Astronomen Garrett P. Serviss. *Edison's Conquest of Mars* (als Serie 1898 erschienen, als Buch 1947) präsentiert den Erfinder als Retter der Menschheit, vor allem, weil er die Quelle der von den Marsianern genutzten Energie entdeckt.[23] Er entwickelt dann eine Gegenwaffe, den »Desintegrator«, der Objekte zum Verschwinden bringt. Serviss ersetzt somit das Drama des Feuers mit visueller Auslöschung. In komplettem Gegensatz zum Chaos der Briten in Wells' Original und dem der Amerikaner in der Raubversion stellen die führenden Nationen der Welt eine Flottille von »elektrischen Schiffen« zusammen, angeführt von den USA, die sich in einer Parade präsentieren, die stark an Gustavus Pope erinnert.

Während bei Wells die Marsianer wirklich fremd sind – und weil sie sich nicht in einer bekannten Spezies verorten lassen, sind sie umso Furcht einflößender –, positioniert Serviss sie näher am Menschen und verkörpert ihre Bedrohlichkeit vor allem durch Größe. Er belebt die Höhenmetapher, die sich im Begriff »überlegen« befindet, und er befolgt eine vollkommen andere Strategie als Wells, wenn er die Erscheinung der Marsianer beschreibt. In *The War of the Worlds* sieht man, wie ein einzelner Außerirdischer langsam aus seinem Zylinder auftaucht. In *Fighters from Mars* bemerkt der Erzähler an diesem Punkt: »Ich glaube, jeder erwartete, dass ein Mann auftauchen würde.«[24] Bei Serviss allerdings findet die erste Begegnung von Menschen mit Marsianern auf einem der Monde des Planeten statt und nicht auf dem Schlachtfeld für die letzte Konfrontation, und er visualisiert die Begegnung, als wäre sie mit einer immer näher kommenden Kamera aufgenommen:

»Je näher wir kamen, desto schrecklicher war die Erscheinung der riesigen Kreaturen, die auf der kleinen Welt vor uns fuhren wie schiffbrüchige Seemänner auf einem Eisblock. Wie Menschen und doch auch nicht wie Menschen kombinierten sie in ihrer Erscheinung Mensch und Biest, und man brauchte starke Nerven, um sie überhaupt anschauen zu können. Wenn wir um ihre Bösartigkeit und ihre Kraft, Böses zu tun, nicht schon gewusst hätten, wäre die Sache anders gewesen, aber in unseren Augen schien ihr moralisches Wesen durch ihre körperliche Erscheinung durch, und machte sie deshalb schrecklicher, als sie uns vielleicht sonst vorgekommen wären.«[25]

Obwohl die Marsianer offensichtlich gefährlich sind, erleichtert doch die Tatsache, dass dies so deutlich zu sehen ist, etwas vom Schrecken, den der Erzähler hier zu fühlen behauptet. Die Illustrationen zur Serie zeigen ein Wesen mit einem großen Kopf, hervortretenden Augen, aber einem deutlich erkennbaren, wenn auch reduzierten menschlichen Körper. Obwohl Serviss' Erzähler scheinbar viel Aufhebens um die Spezies-Identität der Marsianer macht, werden diese praktisch als ein gefährlicher militärischer Gegner menschlich gemacht, der mit dem notwendigen technischen Know-how und Einfallsreichtum besiegt werden kann. Bei Wells erlebt die britische Marine während eines Sonnenuntergangs eine totale Niederlage, und dieser Sonnenuntergang scheint das mögliche Ende der Menschheit selbst zu symbolisieren.

Wie gefährlich die Marsianer auch sein mögen, ihre systematische Kultivierung ihres Planeten beeindruckt die Reisenden als ein prachtvolles, beispielloses Panorama. Dieses Panorama wird wieder als eine Ansicht aus der Luft beschrieben, was nur bestätigt, wie unzureichend astronomische Bilder auf der Erde gewesen waren, und wieder einmal sind die Kanäle von zentraler Bedeutung:

»Von der Erde waren ungefähr ein Dutzend der Hauptkanäle wahrgenommen worden, aber wir sahen Hunderte, nein, Tausende von ihnen! Es war ein doppeltes System, das sowohl der Bewässerung als auch dem Schutz diente, und in seiner

Gänze sehr viel wunderbarer, als die fantasievollsten unserer Astronomen je sich vorzustellen ge-
wagt hätten.«[26]

Das Netzwerk wird als ein Emblem für die schiere Reichweite der technologischen Fantasie der
Marsianer angesehen. Wie Pope und Burroughs
verwendet Serviss weitreichende Farb- und Grö-
ßeneffekte. Nicht nur sind marsianische Bäume
riesig; die Vegetation und sogar der Boden des
Planeten präsentieren sich als Variationen von
Rot: »Es gab keine grünen Bäume, und es gab kein
grünes Gras. Beides war rot, aber nicht von einer
gleichen roten Farbe, sondern in einer riesigen
Palette von Rottönen, die eine höchst brillante
Wirkung hatte und unsere Augen blendete.«[27]

Die Besichtigung von Panoramen ist allerdings
nicht der Hauptzweck der Expedition. Es gibt Mi-
litärisches zu erledigen, und sobald die Schlacht
mit den Marsianern beginnt, beschreibt Serviss
ein komplett anderes, wechselndes Spektakel, das
sich praktisch der Organisationsfähigkeit des Erzählers widersetzt:

»Ich habe nur eine verwirrte Erinnerung an blinkende Lichter unten und einen großen dunklen
Bogen aus Wolken oben, aus denen von allen Seiten Schiffe herunterzufallen schienen, und dann
brach der Kampf um uns herum aus, und kein Mann
konnte irgendetwas richtig sehen oder wahrnehmen, nur durch halbverstandene Blicke.«[28]

Die Lichteffekte sind sowohl verwirrend als auch
bedrohlich, da sie von der hoch entwickelten
Fähigkeit der Marsianer zeugen, »elektrisches
Feuer« zu ihrer Verteidigung zu erzeugen. Eine
Weile sieht es so aus, als könnte die Armada von
der Erde scheitern, aber das Kriegsglück wendet
sich ironischerweise, weil eine der wichtigsten
Schöpfungen der Marsianer gegen sie angewen-
det wird. Die Tore des riesigen Kanalsystems
werden geöffnet, und eine enorme Flut führt zu
ihrer Niederlage.

Es heißt, Edison habe gezögert, Serviss zu erlau-
ben, seinen Namen im Titel zu verwenden, aber 1910

Edison's Conquest of Mars (1911)

produzierte er tatsächlich einen Kurzfilm namens
A TRIP TO MARS (R: Ashley Miller); die Hauptfigur
ist ein Wissenschaftler, der sich versehentlich mit
einem geheimnisvollen Puder bekleckert. Plötzlich
fliegt er durch den Weltraum zum Mars. Nach seiner Ankunft findet er sich in einem Dschungel von
Bäumen wieder, die statt Ästen Arme haben – Edi-
sons Geste in Richtung der Fantasievegetation des
Planeten. In Popes Journey to Mars bemerkten wir
einen Verkleinerungseffekt durch die Technologie
dieses Planeten: »Alle diese großen Verbesserun-
gen werden mithilfe riesiger und starker Maschinen erreicht, im Vergleich zu denen die stärksten
Mechanismen unserer Welt nur Kinderspielzeug
sind.«[29] Edison verfolgt in der zweiten marsiani-

Titelblatt von Burroughs' *A Princess of Mars*

Bisher haben wir Werke behandelt, die sich innerhalb eines Spektrums zwischen utopischer Faszination für eine hoch entwickelte Kultur und Angst vor der Bedrohung durch Außerirdische und ihre Technologie verorten lassen. Von Anfang an benutzt die Buchreihe *John Carter vom Mars*, auch bekannt als die *Barsoom*-Geschichten, von Edgar Rice Burroughs den Mars als fantastische Szenerie, in der Konflikte zwischen unterschiedlichen Rassen und Spezies im »Kampf ums Überleben auf einem sterbenden Planeten«[30] ausgefochten werden. Es war Burroughs' Plan, das Fremde mit dem relativ Bekannten zu kombinieren. Wie er über die Arbeit am ersten Buch der Serie *A Princess of Mars* berichtet, wollte er seinen Helden »unter die wilden, grünen Menschen dieses Planeten wie auch unter die hoch entwickelte und wissenschaftliche Rasse der dominanten Marsianer [platzieren], die abgesehen von der Farbe den Bewohnern der Erde stark ähneln«.[31] Burroughs' Held, und mit ihm der Leser, befindet sich zwischen den primitiven, tierähnlichen Grünen Marsianern, die eine evolutionäre Vergangenheit verkörpern, und den hoch entwickelten Roten Marsianern, zu deren Kultur beispielsweise Radiumtechnologie gehört.

Von Anfang an erlebt John Carter den Mars visuell. Er kommt in einer Landschaft von »gelblicher, moosartiger Vegetation« zu sich, die sich kilometerweit erstreckt. Nachdem Burroughs eine exotische Grundlage geschaffen hat, bringt er uns dann zu den ersten marsianischen Wesen in einer glasbedeckten Brutstätte. Carters Blick konzentriert sich auf ihre Augen: »Die Iris der Augen ist blutrot, wie bei Albinos, während die Pupille dunkel ist. Der Augapfel ist sehr weiß, wie auch die Zähne.«[32] Ohne ein Transfermittel wie ein Raumschiff, das »dem Zuschauer signalisiert, dass er einen Film sieht, der nicht in der Gegenwart spielt«[33] – müssen die Dinge, die Carter sieht, Details enthalten, die auf das Außergewöhnliche hinweisen. Gleichzeitig müssen sie eine Verbindung zum menschlichen Maßstab haben – wie der Einsatz von Zähnen als traditionelles Zeichen von Wildheit im vorherigen Zitat. Während Carter die technologische Fortschrittlichkeit der Kultur der

schen Episode seines Films eine ähnliche Strategie, in welcher der Wissenschaftler – wie Gulliver bei den Brobdingnagianern – als ein winziges Wesen in der Hand einer riesigen, humanoiden Kreatur mit spitzen Ohren sitzt, die ihn sadistisch auslacht. Das Wesen bläst ihm Rauch entgegen, der ihn kurz in eine Frau verwandelt und dann in eine formbare, tonähnliche Masse. Daraufhin fliegt er zurück zur Erde. Es handelt sich hier nur um einen kurzen Film, aber Edison setzt sich kurz mit zweien der Hauptthemen in der Visualisierung des Mars auseinander: das Fantastische seiner Vegetation und die Grenzen der Wissenschaft. Der Protagonist scheint durch einen Zufall zum Mars zu fliegen, und dort findet er sich buchstäblich in der Hand eines Wesens wieder, das sehr viel mehr Macht hat als er.

Roten Marsianer kennenlernt, sieht er Instrumente, die so hoch entwickelt sind, dass sie »auf eine Leinwand ein perfektes Bild von dem projiziert, was auf einem ganz anderen Planeten gerade geschieht.«[34] Martin Willis beschreibt das Gerät als ein »ideales Teleskop«, obgleich es auch die Fähigkeit zur Projektion hat, möglicherweise eine Art von kinetischer Darstellung.[35] Er hat ganz gewiss recht, dass Burroughs von astronomischer Beobachtung extrapoliert, und in diesem Zusammenhang ist es wichtig, dass visuelle Technologie eines der wichtigsten Zeichen für Fortschritt ist und dass – wie zu Anfang von *The War of the Worlds* – der astronomische Blick von der Erde weg umgedreht wurde. Tatsächlich hat er sich in einen Zustand der kosmischen, visuellen Zugänglichkeit erweitert.

A Princess of Mars wurde 1912 mit dem Titel *Under the Moons of Mars* serialisiert. Nur drei Jahre später erkundigte Burroughs sich nach Möglichkeiten, Filmoutlines zu schreiben und die Filmrechte für seine Tarzan-Geschichten zu verkaufen. 1915 gab ihm ein Agent der Selig Polyscope Company folgenden Rat: »Die Hauptsache bei einem Szenario ist, so viel Action in eine Filmspule zu bekommen wie möglich, und jede Spule muss einen ordentlichen Knaller enthalten, die alle zu einem letzten Höhepunkt führen.«[36] Burroughs war bereits daran gewöhnt, Serien zu schreiben, aber der Rat hat ihn sicher in seinem Gefühl bestätigt, dass es wichtig ist, bei den Ereignissen ein gewisses Tempo aufrechtzuerhalten. Am Ende seiner Kapitel beispielsweise fügt er plötzlich ein visuelles Detail ein, das dann im folgenden Kapitel weiterentwickelt wird. Trotz einigen Erfolgs mit Filmprojekten, darunter auch Versionen seiner Tarzan-Geschichten, sollte es bis 1936 dauern, bis ein Projekt für den Trickfilm von *John Carter of Mars* mit dem Zeichner Bob Clampett und Burroughs' Sohn Mark in Gang kam.[37] Clampett machte einige Probeaufnahmen, aber schließlich entschied sich MGM zugunsten von Tarzan gegen dieses Projekt. Man sieht in diesen kurzen Testaufnahmen, wie Carter über die Marsoberfläche rennt, und auch ein vierarmiges, grünes Wesen (ein »Thoat«).

Burroughs verwendet den Mars als eine Fantasiefläche, wo er Wesen aus unterschiedlichen evolutionären Perioden zusammenbringen kann. Dabei wird die Belastbarkeit seines Helden Carter immer wieder erprobt. Auf eine viel unbeschwertere Art integriert der amerikanische Trickfilmzeichner Max Fleischer den Mars in einer seiner Serien namens *Out of the Inkwell*, nämlich TRIP TO MARS (1924; R: Dave Fleischer), in der Koko der Clown mit einer Rakete auf diesen Planeten fliegt. Dort wird er von Humanoiden in die »Mars-U-Bahn« gejagt, wo die Passagiere an einer sich bewegenden Schiene hängen. Als Nächstes rast er auf einer »Taxikrabbe« durch die Gegend, einem Vehikel, das sich auf vier Beinen fortbewegt. Nachdem ihm auch sein Konstrukteur in diesem Fantasiefahrzeug Gesellschaft geleistet hat, werden sie wieder zurück auf die Erde geschossen. In UP TO MARS (1930) geht es um eine ähnliche Schlemihlfigur (Pechvogel), diesmal heißt sie Bimbo, die feststellt, dass sich der Planet nicht so sehr durch Fortschritt auszeichnet, sondern vielmehr durch Umkehrungen. Ein Räuber gibt ihm Geld, ein Mann sägt mit einem Holzstück eine Säge durch statt umgekehrt. Später findet Bimbo sich eingereiht zwischen marschierenden Soldaten wieder, die aber wie in einer Revueshow tanzen. Dies ist eine Reflexion darüber, wie geläufig der Mars in der Populärkultur der 1920er und 30er Jahre war, und dass der Planet eingesetzt wird, um komische Variationen gesellschaftlicher Situationen darzustellen, die für die betreffenden Figuren kaum bedrohlich sind.

Der Mars fungiert als der zentrale Ort in JUST IMAGINE (1930; R: David Butler), dessen spekulativer Titel auch auf Amerikas urbane Zukunft verweist. Die Anfangsszene spielt in New York im Jahr 1880, direkt gefolgt von einer Szene, die in der Gegenwart des Films spielt. Ein Zwischentitel lautet: »Stellen Sie sich nur mal das New York von 1980 vor!«[38], und es beginnt eine Szene, die an METROPOLIS (1927; R: Fritz Lang) erinnert, mit futuristischen Wolkenkratzern, erhöhten Bürgersteigen und ständigem Lufttransport in alle Richtungen.[39] In dieser *schönen, neuen Welt* werden

JUST IMAGINE (1930)

Menschen mit Zahlen identifiziert und Eheschließungen von den Behörden reguliert. Allerdings bildet diese Dystopie den Rahmen für die Reise der Hauptfiguren zum Mars, der als eine Art verlagerter Broadway fungiert. Die exotische Vegetation und der Palast, an dem die Reisenden ankommen, erinnern an die Kulissen in einer Show, zunächst von der marsianischen Königin Looloo (Joyzelle Joyner) und König Loko (Ivan Linow) geleitet, die durch Gesten mit ihnen kommunizieren. Sie werden zu einer Show mit affenähnlichen Wesen gebracht, aber dann von den »dunklen Zwillingen« des Königs und der Königin angegriffen. Die Ordnung wird mit einer anderen Show wieder hergestellt, dieses Mal ein spektakuläres Tableau von tanzenden Mädchen. Man hat behauptet, das Ziel von JUST IMAGINE sei gewesen, »die Prohibition zu verspotten«, aber der Film dramatisiert auch das Theatralische und die Ambivalenz der damaligen Vorstellungen vom Mars.[40] Es ist ein Ort des Spektakels, aber auch der Bedrohung.

Zwei Comicstrips waren in den 1930er Jahren besonders populär. Ihre Protagonisten waren die Raumfahrthelden Buck Rogers und Flash Gordon, und beide schafften es auch in den Film. Ein Kurzfilm wurde produziert, um ihn auf der Weltausstellung von 1933/34 in Chicago zu zeigen: BUCK ROGERS IN THE 25TH CENTURY: AN INTERPLANETARY BATTLE WITH THE TIGER MEN OF MARS (1934; R: Harlan Tarbell), der sich auf die Bekanntheit der

Figuren aus dem Comicstrip stützt. Buck Rogers selbst wird als der »Kommandeur der interplanetarischen Schlachtflotte der Erde« eingeführt, bereit für den Ernstfall. Die Geschichte beginnt mit dem Wissenschaftsgenie Dr. Huer (Harlan Tarbell), der ein Modell einer Rakete streichelt, die, wie er sagt, die Kriegsführung revolutionieren wird. Eine Warnung blitzt über den Weltraum, dass die Tigermänner vom Mars zum Angriff bereit sind, und dies ist der Einsatz für Buck (John Dille junior), die Erdflotte in Bewegung zu setzen. Grundsätzlich stellt der Film eine einzige Episode dar – eine Schlacht im Weltraum. Den Mars sieht man kurz durch den »Radiofernseher« des Wissenschaftlers, aber ansonsten tritt er nur als eine Quelle der Aggression auf. Mit ihrem »Blitzstrahl« wehrt Bucks Flotte die Außerirdischen ab, die sich daraufhin auf den Rückzug machen. Obwohl er der Protagonist ist, übernimmt Dr. Huer die Rolle des Kommentators aus dem Off und erklärt das Drama, das wegen der hölzern agierenden Schauspieler und der plumpen Spezialeffekte nicht recht rüberkommt.

Der zweite Weltraumheld, Flash Gordon, wurde entwickelt, um dem Erfolg von Buck Rogers etwas entgegenzusetzen. Man hat auch versucht, *John Carter of Mars* in einen Comic zu übersetzen, aber der Plan wurde fallen gelassen, weil man sich nicht verlässlich mit Burroughs einigen konnte. Also erschien die erste Flash-Gordon-Geschichte 1934, und ein als Serienfolge angelegter Film mit dem Titel FLASH GORDON'S TRIP TO MARS (R: Ford Beebe, Robert F. Hill, Frederick Stephani) wurde 1938 produziert. Der Spielfilm FLASH GORDON: THE DEADLY RAY FROM MARS bekam den neuen Titel MARS ATTACKS THE WORLD (1938; R: Ford Beebe, Robert F. Hill), um sich an den Erfolg von Orson Welles' Radiosendung *The War of the Worlds* anzuhängen, die, wie Keith Williams gezeigt hat, mehrere »Live«-Reportagetechniken einsetzte.[41]

Wieder fungiert ein Lichtstrahl vom Mars als Auslöser der Handlung, denn er beschädigt die Erdatmosphäre und bringt Flash Gordon (Buster Crabbe) und sein Team dazu, loszufliegen. Von dem Strahl beschädigt, stürzt ihr Raumschiff auf dem Mars ab, wo sie in den Saal der Königin Azura (Beatrice Roberts) gebracht werden. Sie wird deutlich als eine der transgressiven Figuren auf diesem Planeten identifiziert, denn sie hat ihre Macht dazu verwendet, eine ganze Rasse von Menschen in Tonfiguren zu verwandeln, die sie zur Kriegsführung einsetzt. Die Kleidung und die Rituale im Palast der Königin sind neu-mittelalterlich, und die Königin teilt sich die Macht auf dem Mars mit Ming dem Gnadenlosen (Charles Middleton), der bei seinem ersten Auftritt im Film von Flammen umzüngelt wird. Die Handlung folgt der von Burroughs' *Barsoon*-Romanen, Gefangenschaft und Freilassung wechseln sich ab, und Flashs Gruppe muss eine Reihe von Konflikten mit unterschiedlichen Gegnern bestehen – eine moralisierte Geschichte von Gut gegen Böse. Flash wird von den Tonmenschen als ihr Fürsprecher und Vorkämpfer angesehen, aber Pläne für eine Revolte gegen Azura werden von Ming vereitelt. Eine Intrige folgt der nächsten, und die Handlung hält ein ordentliches Tempo aufrecht, wobei die meisten Szenen sich um zwei Antagonisten drehen.

In diesem Film ist der Mars ein hybrides Konstrukt, in dem monarchischer Feudalismus mit futuristischer Technologie gepaart wird. Mings »Nitronstrahl« steht für Letzteres, mit ihm beginnt der Film bei dem Angriff auf die Atmosphäre der Erde. Sobald die Raumfahrer auf dem Mars landen, gibt es visuelle Gesten in Richtung einer Wüstenlandschaft, aber die Metropole von Ming ähnelt mit ihren riesigen Gebäuden, den geräumigen Interieurs und deren vergrößerten, elektronischen Komponenten Everytown in THINGS TO COME (Was kommen wird; 1936; R: William Cameron Menzies). Obwohl Azuras Macht mit Zauberei verglichen wird, wird sie von Flash entzaubert, als er ein elektrisches Gerät rekonstruiert, das die Tonmenschen in ihre ursprüngliche menschliche Form zurückverwandelt. Ähnlich kann auch Licht ein Merkmal von positivem, marsianischem Fortschritt sein, beispielsweise im Falle der begehbaren »Lichtbrücken«, die die Dächer der Stadt miteinander verbinden. Mings Regime steht ein Videobeobachtungsnetzwerk zur Verfügung, das

FLASH GORDON: THE DEADLY RAY FROM MARS (1938)

es ihm ermöglicht, Flash und seine Freunde ständig zu überwachen. Das Ende des Films bietet einen symbolischen Abschluss der Handlung, denn Ming wird nicht nur getötet, sondern auch sein Nitronstrahl wird zerstört.

In *The War of the Worlds* gleicht Wells die Fremdheit seines Themas mit kurzen Zusammenfassungen von Nachrichtenberichten der Landungen aus, und natürlich verstärkte Orson Welles in seinem berühmten Radiohörspiel von 1938 das Element der Reportage noch erheblich. Im selben Jahr zeigte die Eröffnungssequenz von FLASH GORDON: THE DEADLY RAY FROM MARS erfundene Nachrichtenbilder von zusammenbrechenden Gebäuden und dramatischen Überflutungen, als wäre die gesamte Erde bedroht. Die Sequenz endet mit der Titelseite einer Zeitung, die am Rand dunkel ist, als wäre sie angesengt, mit folgender Überschrift: *World's last hope! Noted Scientist leaves in rocket ship to combat sinister forces menacing this Earth!* Zeitungsschlagzeilen werden häufig dazu verwendet, das Drama des interplanetaren Kontakts authentisch und explizit zu machen. So wurden bei der Premiere von RED PLANET MARS (1952; R: Harry Horner) die Reaktionen auf außerirdische Funksprüche auf einem Werbeposter präsentiert, das eine Zeitungsseite mit folgender Schlagzeile zeigte: *Terror from Mars throws World into panic!*[42] Die Überraschung in diesem Film ist die Offenbarung, dass die Botschaften in Wirklichkeit von einem geheimen, sowjetischen Sender in den Anden gesendet wurden. Das Thema des Films ist also überhaupt nicht der Mars.

Während RED PLANET MARS sein Thema mit einem ausführlichen Vorwort zur astronomischen Beobachtung kontextualisiert, gibt FLIGHT TO MARS (1951; R: Leslie Selander) sofort ein Tempo für die Action vor: Der Film beginnt mit einem startbereiten Raumschiff, dessen Crew auch einen Journalisten und einen Fernsehproduzenten umfasst. Vor dem Start gibt es eine Diskussion über die Geheimhaltung dieses vom Pentagon unterstützten Projekts. Als das Raumschiff auf dem Mars landet, ist das zunächst eine Enttäuschung. Die Marsianer sind abgesehen von ihren bunten Raumanzügen identisch mit den Astronauten, und der Premier des Marsrats (Morris Ankrum) erklärt: »Wir haben viele Gemeinsamkeiten.« Der Mars scheint ein Vorbild für Gastfreundschaft und Ungezwungenheit zu sein, aber dann rückt die traditionelle Eigenschaft des Mars als ein sterbender Planet wieder in den Vordergrund und löst eine marsianische Verschwörung aus, die darauf abzielt, das Raumschiff zu übernehmen und auf der Erde Zuflucht zu suchen. Es ist geradezu vorhersehbar, dass die Verschwörung vereitelt wird, aber der Film nimmt abermals eine ambivalente Haltung gegenüber dem Mars ein. Die Marsianer sind technologisch überlegen und empfangen seit Jahren Funksprüche von der Erde, und doch löst die Begegnung mit den Astronauten einen Konflikt aus.

Der von George Pal produzierte, klassische Film THE WAR OF THE WORLDS (Kampf der Welten; 1953; R: Byron Haskin) folgte anderen amerikanischen Versionen von Wells' Roman und lässt die Handlung wieder in Amerika spielen, diesmal in der Gegend um Los Angeles. In seinem Artikel über den Film bemerkt Pal, dass abgesehen von dem praktischen Vorteil der Nähe zu Hollywood

> »unsere Entscheidung auch von den vielen Geschichten über fliegende Untertassen in den letzten Jahren beeinflusst wurde, die angeblich vor allem im Westen der Vereinigten Staaten gesichtet wurden. Unser Publikum könnte durchaus glauben,

dass eine solche marsianische Invasion an diesem Ort stattfinden könnte.«[43]

In einem noch vor der Titelsequenz gezeigten Vorspann präsentiert der Film eine Montage von Szenen aus den Weltkriegen, bevor er unsere Aufmerksamkeit auf den Mars lenkt, eine Welt, so erklärt eine Stimme aus dem Off, »in den letzten Phasen der Erschöpfung«. Nachdem so die Notwendigkeit zur Emigration einmal etabliert wurde, zeigt der Film, wie etwas, das wie ein flammender Meteor aussieht, in der Nähe einer kleinen kalifornischen Stadt landet, in deren Kino gerade Cecil B. DeMilles SAMSON AND DELILAH (Samson und Delilah; 1949) läuft. Dieser beiläufige Verweis ist kein Zufall, denn 1925 verkaufte Wells die Filmrechte zu *The War of the Worlds* an Paramount Pictures, in der Hoffnung, dass DeMille eine Bearbeitung vorlegen würde, und tatsächlich kündigte im nächsten Jahr das Studio einen Film an, aus dem dann aber nichts wurde.[44] Das Detail dieser Anspielung ist symptomatisch für Pals Selbstreflexivität. Die Zuschauer werden an die Radiosendung von Orson Welles erinnert, denn zunächst wird von den Landungen im Radio berichtet. Selbst nachdem die marsianischen Hitzestrahlen die Elektrizitätsversorgung haben zusammenbrechen lassen, macht ein Kommentator in Los Angeles Aufnahmen der Ereignisse »für die zukünftige Geschichtsschreibung – falls es eine gibt«.

Pals Marsianer unterscheiden sich deutlich von ihren Prototypen. Die Enden ihrer ausfahrenden Röhren ähneln dem Kopf einer Kobra, und ihre fliegenden Maschinen erinnern an deren Nackenschild, was ihren hybriden Status als sowohl organisch als auch metallisch unterstreicht. Wenn der Protagonist, der Nuklearphysiker Clayton Forrester (Gene Berry), eine ihrer ausgefahrenen Objektive abbricht, gibt es einen Kurzschluss, und Blut läuft heraus. Wells' Wesen, die Dreibein-Stativen ähnelten, repräsentierten zu ihrer Zeit zweifelsohne einen Triumph der spätviktorianischen Ingenieurskunst. In Pals Film allerdings sind die Marsianer nicht erdgebunden, vielmehr schweben sie durch die Luft. Ihre Waffe ist immer noch ein Hitzestrahl, der ihre Ziele in glühende Silhouetten verwandelt, bevor sie in Asche verwandelt in sich zusammenfallen. Die Kritik tendierte dazu, die Bedeutung des Films zu einer antikommunistischen Parabel zu verflachen; tatsächlich scheinen die Marsianer aber Nukleartechnologie angewandt zu haben, und ihre Landung in der kalifornischen Wüste erinnert an das Atombombentestgebiet in New Mexico.[45] Allerdings spielt die erste Hälfte des Films mit der vielschichtigen Symbolik der Farbe Rot, die weit über den Kommunismus hinausgeht – hin zu dem Feuer, dem Dämonischen und generell der Gefahr. Der Film nutzt zudem unsere Erinnerung

THE WAR OF THE WORLDS (1953)

an den Roman. Nach der Analyse von marsianischem Blut erklärt ein Wissenschaftler: »Sie mögen metallene Giganten sein, aber nach unseren Maßstäben müssen sie sehr primitiv sein.« Es ist eine weitere Ironie des Films, dass das einzige Mal, wenn wir Menschen die Innenperspektive einer marsianischen Maschine einnehmen, der Marsianer bereits tot ist.

Die Marsianer im Film, wie auch im Roman, erweisen sich als unbesiegbar. Die Gewalt, die gegen sie angewandt wird, wird ständig gesteigert und kulminiert in der Zündung einer Atombombe, die von einem Nurflügler abgeworfen wird, dem damals größten Flugzeug der amerikanischen Luftwaffe. Aber auch das ist zwecklos. Bald nachdem der ursprüngliche, marsianische Zylinder aufgeschraubt wird, nähern sich drei lokale Anwohner mit einer weißen Fahne, werden aber vom Hitzestrahl sofort zu Asche verbrannt. Die verkohlte Silhouette ihrer Leichen erinnert an die Schatten, die sich am Ground Zero in Hiroshima in die Erde gebrannt haben – und es entbehrt nicht einer gewissen Ironie, dass jetzt eine Superwaffe gegen die USA gerichtet ist. Als Forrester und seine Bibliothekarsassistentin (Ann Robinson) in einem

Holzhaus in der Wüste Zuflucht suchen, ist ihre kurze häusliche Idylle schnell vorbei: Ein marsianisches Fluggerät fliegt in das Haus hinein und zerstört es fast. Die Episode zeigt en miniature die grundsätzliche Verwundbarkeit von Menschen im Angesicht von futuristischen Technologien und antizipiert die spektakuläre Zerstörung von Los Angeles, während die Marsianer über die Stadt schweben. Die Montage der Evakuierungsszenen muss das Publikum 1953 an die damaligen Zivilschutzübungen erinnert haben. Das Ideal dieser Übungen waren Ruhe und Ordnung, während die Evakuierung im Film in Plünderungen und Gewalt endet.

Der Film folgt Wells und gibt den Marsianern ein Gerät, das eine Doppelfunktion als visueller Scanner und als Projektor ihres Hitzestrahls innehat. Während er vorübergehend Zuflucht in der Wüste findet, gelingt es Forrester, dessen schlangenartigen »Kopf« abzuschneiden, den er zur Analyse nach Los Angeles bringt. Hier konstruieren Wissenschaftler eine Nachahmung der marsianischen Linse und projizieren auf einen Bildschirm, wie die Marsianer die Menschen sehen. Das Ergebnis ist verzerrt und leicht verdoppelt, aber für

Kann Inhaltsangabe de Film.

ein paar Augenblicke bekommen die Zuschauer die marsianische Perspektive zu sehen. Aber die Simulation des marsianischen Sehens gibt den Wissenschaftlern keine Mittel zum Widerstand an die Hand, und es ist ironisch, dass die einzige Aufnahme von einem Marsianer am Ende des Films zu sehen ist, nachdem die irdischen Bakterien ihre Opfer gefordert haben.

Sobald Los Angeles menschenleer ist, sehen wir Forrester, wie er durch die Straßen rennt, als wäre er der letzte Überlebende. Doch als er die Kathedrale erreicht, findet dort ein Gottesdienst statt. Hier sehen wir einen der Hauptunterschiede zwischen Film und Roman. Wells' Pfarrer ist eine groteske, von Panik getriebene Figur, während der Pfarrer im Film versucht, mit einem Marsianer zu kommunizieren, und seinem weltfremden Mut zum Opfer fällt. Als die Verteidigung von Los Angeles zusammenbricht – und somit wohl unausgesprochen die der ganzen Menschheit –, steigt der Stellenwert von Religion allmählich, denn die Mikroben, an denen die Marsianer sterben, sind Teil der gottgegebenen natürlichen Ordnung. Es ist strategisch bedeutsam, dass die Szenen, die den Zusammenbruch der Marsianer zeigen, der Szene gegenübergestellt werden, in der Forrester aus der Kathedrale kommt. Der Film strebt auf ein inspirierendes, letztes Tableau von Überlebenden zu, die voller Dankbarkeit gen Himmel blicken, während das Kirchenlied im Soundtrack einen donnernden Höhepunkt erreicht.

Der Film von George Pal verändert Wells' ursprüngliche Erzählung hinsichtlich Ort, Technologie und der skeptischen Einstellung zu militärischer Technologie. Tatsächlich weist die Geschichte der Mars-Narrative wiederholte Wechsel zwischen unterschiedlichen Medien und eine sich ständig verändernde Perzeption zwischen dem Mars als Bedrohung oder als futuristische Utopie auf. Als Ort für Spekulationen wurde der Mars immer wieder neu erfunden – als ein Instrument zur Kommentierung von Tendenzen in der britischen und amerikanischen Gesellschaft. Durch einen immer wieder erneuerten Dialog von Bildern diente der Mars als ein Zerrspiegel für das Leben auf der Erde,

bis das US-Raumfahrtprogramm unsere Wahrnehmung von interplanetaren Reisen in Richtung einer greifbaren Möglichkeit verschoben hat.

Übersetzung aus dem Englischen:
Wilhelm Werthern

Anmerkungen

1 »[...] to some of us, Mars has always been the Ultima Thule, the golden Hesperides, the ever-beckoning land of compelling fascination.« (Übers. W.W.), Leigh Brackett: The Coming of the Terrans. New York 1967, S. 1.

2 »A beautiful white light, most unreal, as you mortals might say, fell on tree and water, cliff, hill, and villages. The effect was not unlike that instant in photography when a developing plate shows the outlines of its objects in dazzling silver before the half tints are added, and the image fades away into indistinguishable shadow.« (Übers. W.W.), Louis P. Gratacap: The Certainty of a Future Life in Mars. New York 1903, S. 162f.

3 »A scene of unparalleled grandeur opens to view. The whole circumference of the lake is surrounded by stupendous precipices from six hundred to a thousand feet high. And now the united thunders of three great cataracts burst on the ear [...] About two miles beyond, the upright wall of the barrier is hollowed out from top to bottom in a semicircular gorge, straight as the shaft of a mine.« (Übers. W.W.), Gustavus W. Pope: Journey to Mars. Rockville 2006, S. 227.

4 »[...] linear city [...] vast panorama of countless roofs, rows of magnificent buildings [...] all in a style of architecture unknown on earth, and brilliantly illuminated with myriads of many coloured lights. [...] pleasure boats, flocks of little air ships and quaint looking aerial chariots. [...] bright meshes of lattice work resembling immense ribbons of fiery lace [...] supported by countless rows of lofty pillars [...]« (Übers. W.W.), ebenda, S. 192.

5 »In all those sciences which appertain to the great elements, powers and phenomena of Nature; as well also in all mechanical and useful arts, Martians are thousands of years in advance of us.« (Übers. W.W.), ebenda, S. 298.

6 »[...] a kind of tele-photographic apparatus, in which a roll of stuff constantly receives the picture of our world, and is impressed by it unalterably as it unrolls. An immense museum, devoted especially to the planets of the solar system, preserves all these photographic pictures, fixed forever in chronological order.« (Übers. W.W.), Camille Flammarion: Urania. Boston 1890, S. 237.

7   »Das Telefonoskop verbreitete unverzüglich die wichtigsten und interessantesten Nachrichten. Eine Komödie, die in Chicago oder Paris gespielt wurde, konnte in jeder Stadt der Welt gehört und gesehen werden« (»The telephonoscope disseminated immediately the most important and interesting news. A comedy played at Chicago or Paris could be heard and seen in every city of the world [...]« [Übers. W.W.], Camille Flammarion: Omega. The Last Days of the World. Lincoln 1999, S. 197).

8   »[...] show themselves to be subject to change. That is, they take on a kinematic character.« (Übers. W.W.), Percival Lowell: Mars and Its Canals. New York 1906, S. 281.

9   »[...] just such markings as intelligence might have made.« (Übers. W.W.), Percival Lowell: Mars as the Abode of Life. New York 1908, S. 188.

10 »[...] showing Artificial Markings of Earth as seen from Space.« (Übers. W.W.), ebenda, S. 148.

11 »[...] to this condition the Earth itself must come.« (Übers. W.W.), ebenda, S. 135.

12 »[...] that in constructing images of Mars and Martians, human beings inevitably constructed images of themselves and their own world.« (Übers. W.W.), Robert Crossley: Imagining Mars. A Literary History. Middletown 2011, S. 82f.; für wichtige Kommentare über Lowells visuelle Herleitungen siehe Martin Willis: Vision, Science and Literature 1870–1920. Ocular Horizons. London 2011, S. 57–113.

13 »Every bit of evidence that has been added to our knowledge strengthens the theory that a race of intelligent beings inhabits Mars, and the evidence presented by the Martian canals would seem to demonstrate that they are our superiors in the mechanical arts. The little ditch at Panama would be child's play to the Martian engineer.« (Übers. W.W.), anonym: Are All The Planets Inhabited? In: Chicago Sunday Tribune, 9.8.1908. www.erbzine.com/mag14/1445.html; ebenso veröffentlichte H.G. Wells 1908 seine vorsichtige Erörterung von Lowells Theorien unter dem Titel *The Things that Live on Mars*, wo er die Schlüssigkeit von Lowells Argumenten lobt, über mögliche Formen von Marsianern spekuliert und dann schließlich ausruft: »Wie wild und extravagant sich das alles liest!« (»How wild and extravagant all this reads!« [Übers. W.W.], David Y. Hughes / Harry M. Geduld [Hg.]: A Critical Edition of »The War of the Worlds«. H.G. Wells's Scientific Romance. Bloomington, IN, 1993, S. 304).

14 »What we actually saw was this: not a single wide canal but a series of comparatively narrow canals, running parallel to each other, with a very wide strip of vegetation between each. Usually the canals were linked together in pairs by smaller cross canals running diagonally from one canal to the other in alternate order. These were the irrigation trenches. Thus from one of a pair of canals an irrigation trench would branch out at an angle of about fifty degrees, and enter the second canal. Higher up, on the same side, another trench would run from the second canal at a similar angle, and enter the first canal, and so on–*ad infinitum*.« (Übers. W.W.), Mark Wicks: To Mars via the Moon. London 1911, S. 196.

15 Ebenda, S. 287.

16 Nach dem 1899 erschienenen Theaterstück von Richard Ganthony; eine Romanfassung von Lester Lurgan (das ist Mabel Winifred Knowles) erschien 1912 und wurde 1921 mit Fotos aus dem Film neu aufgelegt (vgl. British Film Institute: First Ever British Sci-Fi Feature Film Released. 2015. www.bfi.org.uk/news-opinion/news-bfi/announcements/first-ever-british-sci-fi-feature-film-released).

17 H.G. Wells: Krieg der Welten [1898]. Zürich 1974, S. 36.

18 Ebenda, S. 203.

19 Ebenda, S. 188.

20 »[...] the sheer size, speed and power of the Martian machines tracked across the landscape dictate the panoramic treatment of geography.« (Übers. W.W.), Keith Williams: H.G. Wells. Modernity and the Movies. Liverpool 2007, S. 140.

21 Vgl. I.F. Clarke: Voices Prophesying War. Future Wars 1763–3749. Oxford 1992 (2. Aufl.), S. 84ff.

22 Wells 1974, a.a.O., S. 113.

23 Für einen ähnlichen Einsatz eines Erfinders in einer solchen Handlung siehe Weldon J. Cobb: To Mars with Tesla. Or, The Mystery of Hidden Worlds. In: New Golden Hours, 1901.

24 »I think everyone expected to see a man emerging [...]« (Übers. W.W.), anonym: Fighters from Mars. The War of the Worlds in and near Boston. Part 1. In: Boston Evening Post, 9.1.1898, Kapitel 3. www.war-of-theworlds.co.uk/fight_3.htm.

25 »The nearer we got the more terrifying was the appearance of the gigantic creatures who were riding upon the little world before us like castaway sailors upon a block of ice. Like men, and yet not like men, combining the human and the beast in their appearance, it required a steady nerve to look at them. If we had not known their malignity and their power to work evil, it would have been different, but in our eyes their moral character shone through their physical aspect and thus rendered them more terrible than they would otherwise have been.« (Übers. W.W.), Garrett P. Serviss: Edison's Conquest of Mars. Los Angeles 1947, S. 61.

26 »From the earth about a dozen of the principal canals crossing the continent beneath us had been perceived, but we saw hundreds, nay, thousands of them! It was a double system, intended both for irrigation and for protection, and far more marvellous in its completeness than the boldest speculative minds among our astronomers had ever dared to imagine.« (Übers. W.W.), ebenda, S. 106.

27 »There were no green trees, and there was no green grass. Both were red, not of a uniform red tint, but presenting an immense variety of shades which produced a most brilliant effect, fairly dazzling our eyes.« (Übers. W.W.), ebenda.

28 »I have simply a confused recollection of flashing lights beneath, and a great, dark arch of clouds above, out of which our ships seemed dropping on all sides, and then the fray burst upon and around us, and no man could see or notice anything except by half-comprehended glances.« (Übers. W.W.), ebenda, S. 117.

29 »All these great improvements are accomplished by gigantic and powerful machinery, compared with which the strongest mechanisms of our world are but as children's toys.« (Übers. W.W.), Pope 2006, a.a.O., S. 299.

30 »[...] struggle for existence upon a dying planet.« (Übers. W.W.), Edgar Rice Burroughs: John Carter of Mars. The Collection. Milwaukee 2010, S. 21.

31 »[...] among the ferocious green men of that planet as well as with the highly developed and scientific race of dominant Martians, who closely resemble the inhabitants of Earth, except as to colour.« (Übers. W.W.), Irwin Porges: Edgar Rice Burroughs: The Man Who Created Tarzan. New York 1976, S. 29; dieser Band enthält eine Einführung von Ray Bradbury, der Burroughs' Einfluss auf die Literatur über den Mars beschreibt.

32 »[...] yellowish, mosslike vegetation [...] The iris of the eyes is blood red, as in Albinos, while the pupil is dark. The eyeball is very white, as are the teeth.« (Übers. W.W.), Burroughs 2010, a.a.O., S. 11.

33 »[...] signals to the viewer that he is watching a film which does not take place in the present [...]« (Übers. W.W.), Vivian Sobchack: Screening Space. The American Science Fiction Film. New Brunswick 2001, S. 68.

34 »[...] throw upon a screen a perfect image of what is transpiring upon any planet.« (Übers. W.W.), Burroughs 2010, a.a.O., S. 33.

35 Vgl. Willis 2011, a.a.O., S. 70.

36 »The chief purpose of writing a scenario is to get as much action in each reel as possible and each reel is to contain a strong punch, all leading up to a final climax.« (Übers. W.W.), Porges 1976, a.a.O., S. 365.

37 Vgl. Jim Korkis: Lost Cartoons. The Animated John Carter of Mars. In: ERBzine, 0934, 2003. www.erbzine.com/mag9/0934.html.

38 »*Just Imagine* the New York of 1980« (Übers. W.W.).

39 Zu den Verbindungen zu METROPOLIS siehe J.P. Telotte: Just Imagine-ing the Metropolis of Modern America. In: Science Fiction Studies, 23:2, 1996, S. 161–170.

40 Vgl. James Chapman / Nicholas J. Cull: Projecting Tomorrow. Science Fiction and Popular Cinema. London 2013, S. 18.

41 Vgl. Williams 2007, a.a.O., S. 147.

42 Die Vorlage für diesen Film war das 1932 erschienene Theaterstück *Red Planet* von John L. Balderston und John Hoare.

43 »[...] also influencing our decision were the many, stories of flying saucers in the last few years which have emanated from the western part of the United States. Our audiences might well believe that such a Martian invasion could take place in such a locale.« (Übers. W.W.), George Pal: Filming *War of the Worlds*. In: Astounding Science Fiction, 1953, S. 100–111. www.rogerrussell.com/war/war.htm#mag1953.

44 Vgl. John L. Flynn: War of the Worlds. From Wells to Spielberg. Owings Mills 2005, S. 56; der Film wurde später Orson Welles angeboten, aber er lehnte ab, und DeMille wurde die Rolle des Erzählers für den Film 1953 angeboten, aber er lehnte ebenfalls ab (vgl. ebenda, S. 57, 65). Mitte der 1920er Jahre ließ sich der Chef für Spezialeffekte Roy Pomeroy von Science-Fiction-Schundliteratur inspirieren und schlug eine marsianische Invasion vor, »um schöne Frauen zu finden, mit denen sie eine gemischte Mars-Erde-Rasse züchten wollen« (»[...] to find beautiful women with whom they plan to breed and propagate a mixed Martian-Earth race [...]« [Übers. W.W.], Chapman/Cull 2013, a.a.O., S. 44). Der Vorschlag wurde abgelehnt.

45 Zur Verbindung zum Kommunismus siehe Eric S. Rabkin: Mars. A Tour of the Human Imagination. Wetsport 2005, S. 149; es gibt einen deutlichen Unterschied zwischen dem Überlebensmotiv der Marsianer in THE WAR OF THE WORLDS und ihrer Praxis in INVADERS FROM MARS (Invasion vom Mars; 1953; R: William Cameron Menzies), wo sie Implantate in ihre menschlichen Opfer einsetzen, damit diese eine in der Nähe liegende Raketenforschungsstation sabotieren. Dort sind die Invasoren grüne Humanoide, während ihr Vordenker einen riesigen Kopf mit einem verkümmerten Körper hat.

Geschichten nach der Geschichte

Die zeitlichen Faltungen und Schichtungen des Science-Fiction-Films im Dienst des Staatssozialismus

Von Christian Pischel

1. Genre vs. Staatsauftrag?

»... und der Zukunft zugewandt«, dichtete Johannes R. Becher in der ersten Strophe der Nationalhymne der Deutschen Demokratischen Republik (DDR). Der Zukunftsoptimismus war rhetorisch und ideologisch fest verankert, doch nur etwa eine Handvoll Filme hat die staatliche Filmproduktion der DDR in die Kinos gebracht, die aus heutiger Sicht dem Science-Fiction-Genre zuzurechnen sind. Dabei, so könnte man meinen, wäre eine Wahlverwandtschaft zwischen dem sozialistischen Staatsprojekt und der fiktiven Ausgestaltung der Zukunft doch im Bereich des Möglichen gewesen, denke man nur an die propagandistische Regeneration und Mobilisierung utopischer Potenziale. Faktisch aber blieben die Versuche, im Staatsauftrag eine Zukunft zu entwerfen, sporadisch – zu sporadisch vielleicht, um mit dem Genrebegriff westlicher Prägung zu arbeiten. An diesem Maßstab gemessen, erscheint der Befund ernüchternd, wie Michael Grisko nahelegt. Harsch urteilt er über die einschlägigen Filme der Deutschen Film AG (DEFA) wie DER SCHWEIGENDE STERN (1960; R: Kurt Maetzig), SIGNALE – EIN WELTRAUMABENTEUER (1970; R: Gottfried Kolditz), EOLOMEA (1972; R:

Herrmann Zschoche) oder IM STAUB DER STERNE (1976; R: Gottfried Kolditz): »Am Ende der 25jährigen Auseinandersetzungen müssen die Chancen und Möglichkeiten, einen eigenständigen Beitrag zum Genre des SF-Films zu liefern, als gescheitert betrachtet werden.«[1] In einzelnen Filmen seien etwa tricktechnische Leistungen, spannungsgeladene Inszenierungen oder sozialphilosophische Obertöne zu verzeichnen. Allerdings sei es nicht gelungen, die Spannung zwischen dem Möglichkeitssinn des Genres und der politischen Verpflichtung des DEFA-Kinos aufzulösen. Wenn die einschlägigen Filme als Genreprodukte defizitär erscheinen, wie stellen sie sich umgekehrt unter der Maßgabe eines sozialistischen Kinos dar? Wie ist die Zukunft verfasst, wenn sie ausdrücklich im Staatsauftrag entworfen wurde?

Ich werde mich hier vor allem auf Kurt Maetzigs DER SCHWEIGENDE STERN aus dem Jahr 1960 konzentrieren, da diese Verfilmung des Romans *Astronauci* von Stanisław Lem der erste von der DEFA mitproduzierte Film ist, der die Zukunft in den Mustern des utopischen Genres inszenierte. Zweitens, und das ist hier wesentlich, fällt seine Produktion in eine Zeit, in welcher der Staatsauftrag, der an die DEFA erging, weitgehend anerkannt war und bedient wurde. Während die nachfolgenden Filme zum Teil von den kulturpolitischen Liberalisierungen Anfang der 1970er Jahre profitierten, stand DER SCHWEIGENDE STERN unter weitaus stärkerer politischer Beobachtung, die sich noch aus der ungebrochenen Instrumentalisierungsabsicht des sozialistischen Staatsapparats herleitete.

Seit Wladimir I. Lenin damit zitiert wurde, das Kino ins Zentrum der sowjetischen Künste gestellt zu haben – also faktisch seit dem stalinistischen Zugriff auf die Künste –, wurden nach und nach nicht nur Produktionsmittel verstaatlicht und Kontroll- und Zensurinstanzen geschaffen. Bekanntlich herrschten zeitweilig ästhetische und ideologische Verbindlichkeiten, die beispiellos waren. Für die sowjetische Filmgeschichte können wir in grober Vereinfachung von der Mitte der 1930er Jahre bis zur Entstalinisierung nach Nikita S. Chruschtschows Geheimrede 1956 sprechen; für die DEFA stellt sich das Bild etwas anders dar: Seit ihrer Gründung im Jahr 1946 bestand zwar ein Staatsauftrag zur demokratisch-humanistischen Erziehung des Publikums, der Zugriff auf Fragen der Ästhetik wurde aber erst durch antiformalistische Kampagnen Ende der 1940er Jahre initiiert, als die weitgehend konstruktive Haltung der Filmschaffenden zum sozialistischen Regime erstmals bröckelte. Anfang der 1950er Jahre erfuhr der filmpolitische Staatsauftrag eine harsche, offen stalinistische Neujustierung, die den sozialistischen Gesellschaftsaufbau und die entsprechende Bewusstseinsbildung ganz oben auf die kulturpolitische Agenda setzte und beide Aspekte über die von den Sowjets übernommene Realismusdoktrin verklammerte. Während der nächsten Jahre wechselten mehrfach strikte und liberale Konjunkturen; mehrfach wurde das Verhältnis zwischen der Produktionsorganisation der DEFA und Kontrollmöglichkeiten der Partei neu strukturiert.[2] Die Verpflichtung auf den Staatsauftrag war strikt, nichtsdestotrotz erlaubte sie eine große Spannbreite von politisch-ästhetischen Interpretationen, die von stark persuasiven Produktionen wie Kurt Maetzigs THÄLMANN-Epen Mitte der 1950er Jahre bis hin zu formal innovativen Auseinandersetzungen Anfang der 1960er Jahre reichten. Als dann die Hardliner der Sozialistischen Einheitspartei Deutschlands (SED) auf dem elften Plenum des Zentralkomitees im Jahr 1965 eine bis dato beispiellose Sündenbockkampagne inszenierten, in deren Zug ein knappes Dutzend Filme dem Publikum vorenthalten wurde, war der Glaube an eine eigenständige politische Artikulationsmöglichkeit des Films vollends erschüttert.[3] Durch diese kulturpolitische Unterwerfung des Films verlor der Staatsauftrag einen großen Teil seines Möglichkeitshorizonts.

Obwohl die Hochphasen der filmpolitischen Indoktrinierung in der Sowjetunion und der DDR etwas versetzt liegen, beziehen sie sich jedoch auf die gleichen rhetorischen Ressourcen, auf ähnliche Konzeptualisierungen des Verhältnisses von Film, Publikum und gesellschaftlicher Realität.

Für diese Phasen werde ich im Folgenden vom »Sozialistischen Realismus« sprechen. Jenseits der offiziellen Rede von Typisierung, Parteilichkeit und Optimismus ist dieser Ausdruck, insbesondere was die Filmästhetik anbelangt, problematisch. Wie unter anderem Daniela Berghahn konstatiert, ist das Filmkorpus sehr heterogen[4] – zu heterogen, um die jeweiligen Poetiken etwa unter einem Genrebegriff zu subsumieren. Stattdessen beziehe ich mich mit diesem Terminus – in Anlehnung an Jacques Rancière – auf ein bestimmtes Identifizierungsregime der Kunst, als historische Funktions- und Ortszuweisung der Bildproduktion innerhalb einer Gemeinschaft. Als »ethisches Regime« begriffen, definiert der Sozialistische Realismus mit der Bewusstseinsbildung die alleinige Zwecksetzung der Bilder, analog zur rigiden Bilderpolitik in Platons *Politeia*.[5] Parteikontrolle und ästhetische Verbindlichkeiten sind in erster Linie von dieser politischen Funktionsbestimmung abgeleitet.

Der Fokus auf die utopischen Filme der DEFA hat unter dieser politischen Maßgabe einen radikalen Perspektivwechsel zur Folge. DER SCHWEIGENDE STERN wird weniger in die Geschichte des Genres eingeordnet, weder die des Films noch der Literatur[6], um aus dem Fall kein deviantes Exempel zu machen. Entsprechend werde ich auch systematische Genredefinitionen[7] außen vor lassen, um die spezifisch historischen Zugkräfte nicht zu überdecken. Stattdessen werde ich den Staatsauftrag insofern ernst nehmen, als ich Kurt Maetzigs Film in die Fluchtlinie politischer Geschichtskonzepte stelle. Genauer gesagt geht es um die Frage, welche Temporalstrukturen er ausbildet und wie diese zur eigentlich konkurrenzlosen Besetzung des utopischen Ortes durch den Kommunismus selbst stehen. Ich frage nach der Lesbarkeit eben dieser politisch-ästhetischen »Doppel-Belichtung« der Zukunft.

Zu diesem Zweck werde ich zunächst klären, was ich mit Temporalstrukturen meine, denn es wird in diesem Zusammenhang sowohl um die Verschiedenartigkeit von Geschichtskonzepten als auch um deren Spannung zu inszenatorisch modulierten Zeiterfahrungen auf der Ebene der Filmästhetik gehen. Wie beide Ebenen hier zueinander in Beziehung gesetzt werden müssen, wird der dritte Teil erörtern, der das Augenmerk auf die Analyse von DER SCHWEIGENDE STERN legt und die Schichtungen, Faltungen und Überlagerungen der Temporalstrukturen herausarbeitet. Zum Schluss gilt es, die Ergebnisse vor dem Horizont des Sozialistischen Realismus zu rekapitulieren und die Genreproblematik gegen Pseudoevidenz eines Alltagsverständnisses abzusichern.

2. Temporalstrukturen

Ich werde ein wenig ausholen, denn das, was sich an »Zukünften« im utopischen Film unter staatssozialistischer Ägide herausarbeiten lässt, wird erst richtig greifbar, wenn man die vorherrschenden Temporalstrukturen, und damit meine ich eben Reflexionsformen der Geschichte, selbst historisiert. Denn Maetzigs DER SCHWEIGENDE STERN inszeniert, wie ich zeigen werde, Zeitschichtungen und -faltungen, die ganz wesentlich auf Bewegungsbegriffe wie »Fortschritt«, »Entwicklung« oder »Beschleunigung« angewiesen sind und die geprägt wurden, um bestimmte geschichtliche Erfahrungen zu erfassen. Die dazu notwendige Historisierung der Geschichte und ihrer Begriffe orientiert sich stark an Reinhart Kosellecks Ausführungen zur Genese der modernen Geschichtswissenschaften im 18. Jahrhundert, wie er sie in *Vergangene Zukunft* ausgearbeitet hat.[8]

Die Zukunft in dem Sinne, wie wir sie heute verwenden, fußt auf einem Geschichtsverständnis, das sich erst langsam in der späten Neuzeit entwickelt hat. Zuvor war die geschichtliche Zeitstruktur zum einen von Naturzyklen dominiert, zum anderen lag sie im Bann des eschatologischen Charakters des christlichen Zeithorizontes. Über lange Zeiträume hinweg war die Zukunft gleichbedeutend mit dem Ende der Zeit, mit dem Ende *aller* Zeiten. Und auch wenn die Prognosen, die in der frühen Neuzeit grassierten, sämtlich gescheitert sind, die apokalyptischen Ankündigungen, schreibt Koselleck, waren das Maximum dessen,

was sich an fundamentaler Neuerung ereignen konnte. Nicht, dass es keine Veränderungen gab, aber diese gingen entweder mit langsamen, kaum merklichen Modifizierungen des Erfahrungsraumes einher oder wurden von der typologischen beziehungsweise figuralen Interpretation der Vergangenheit oder auch von politischen Wiederholungsstrukturen wie beispielsweise den Verfassungszyklen in der Nachfolge Aristoteles' absorbiert. Für die Historie bedeutete dies, dass ihre Geschichten durchaus als moralische oder theologische Lehren funktionierten – *Historia Magistra Vitae* –, allerdings stets in einem exemplarischen Sinne, immer als ein Muster vergangener oder zukünftiger Begebenheiten. Das änderte sich Ende des 18. Jahrhunderts, als nach und nach die Vielzahl aufeinander applizierbarer Historien vom Kollektivsingular »der Geschichte« ersetzt wurden. Koselleck schreibt:

> »Es war schließlich ›die Geschichte selbst‹, die einen neuen Erfahrungsraum zu öffnen begann. Die neue Geschichte gewann eine ihr eigentümliche zeitliche Qualität, deren verschiedene Tempi und wechselnde Erfahrungsfristen einer exemplarischen Erfahrung die Evidenz nahm.«[9]

In diesem Zusammenhang ist es nicht so erheblich, welche politischen, sozialen und technologisch-wirtschaftlichen Umbrüche wir im Einzelnen verantwortlich machen – wichtig ist, dass sie eine Verzeitlichung des Geschichtsbegriffs bewirkten. Eine solche Geschichte erlangte in ihrer Beispiellosigkeit eine genuine Erfahrungsdimension, in der Beschleunigung und Verzögerung, geschichtliche Übermacht, also Eigenläufigkeit wie auch Planbarkeit miteinander konkurrierten. In diesem Sinne erbte das 19. Jahrhundert ein Denken in geschichtlichen Bewegungskoeffizienten, das sich in Begriffen wie »Fortschritt«, »Entwicklung«, »Beschleunigung« oder auch »Revolution« auskristallisierte. Und folgt man Koselleck, tragen auch sämtliche politische Lagerbegriffe wie Liberalismus, Konservatismus oder Sozialismus inhärente Bewegungsindizes. Der Horizont einer politisch offenen Zukunft war aufgestoßen, und die Traditionslinie der marxistischen Theoriebildung kultivierte bekanntlich diese Ressource. Wesentlich in dieser Zeitmatrix war die Subjektivierung der Geschichte im Proletariat, das sich gegenüber allen anderen Klassen auf einen Zeitvorsprung seiner ideologischen Verfassung berufen konnte. Schließlich entstehe unter den modernsten Produktionsverhältnissen auch das fortschrittlichste Bewusstsein. Radikal modifiziert wurde dieses Konzept, sobald Lenin die Partei-Avantgarde ganz vorne auf den Zeitpfeil der Geschichte setzte; dieses sei notwendig, zumal die Massen zur Spontaneität neigen, zum vorschnellen Vorpreschen wie etwa im Terrorismus oder Anarchismus. So schließt Lenin in *Womit beginnen?* aus dem Jahr 1901:

>»Wir müssen unseren Weg gehen, unsere systematische Arbeit unbeirrt tun, und je weniger wir mit Überraschungen rechnen, um so größer ist die Wahrscheinlichkeit, daß uns keinerlei ›historische Wendungen‹ überrumpeln werden.«[10]

Während die Masse zur Eigendynamik tendiert, schiebt die Partei dieses Drängen auf, verbreitert und rationalisiert es. Sie verwaltet gewissermaßen die Zeit bis zum Revolutionsereignis, indem sie die Bewegungsimpulse des Proletariats mit denen des Geschichtsverlaufs zu synchronisieren versucht.

Aber auch nachdem die bolschewistische Partei 1917/18 den Staatsapparat unter Kontrolle gebracht hatte und die Rote Armee als Sieger aus dem anschließenden Bürgerkrieg hervorgegangen war, wurde der historische Bewegungskoeffizient nicht obsolet. Wenn wir den Blick auf die sowjetischen Künste verlagern, wird deutlich, wie gerade die ästhetische Avantgarde ihre Arbeit in Temporalstrukturen begriff. Folgen wir Boris Groys, habe die Avantgarde sich nicht nur an die Spitze der Erneuerung setzen wollen. Sie habe vielmehr in ihrer Fixierung auf das Absolute, auch das Nichts und die reine Konstruktion, die modernistische Geschichtsbewegung, ja den

Fortschritt selbst suspendieren wollen. Durch ihren transgressiven Impuls sei die russische Avantgarde von ihrer affinen, aber gesonderten Beziehung zur Revolution abgewichen und in eine für sie gefährliche Konkurrenzsituation zur Politik getreten. An die Stelle der tradierten Aufteilung von Kunst und Politik tritt das, was Groys schließlich als »Gesamtkunstwerk Stalin« bezeichnet: die Konzentration der gesellschaftlichen Gestaltungsansprüche auf den autonomen Künstler-Demiurgen.[11] Die sowjetische Massenkultur gibt diesem totalen Konstruktionswillen Ausdruck, sofern sie den von der Avantgarde geerbten Glauben an die »Plastizität des Menschen«[12] als Gesellschaftsprojekt programmierte. Der Sozialistische Realismus habe in diesem Sinne nicht auf die tatsächlichen Geschmackspräferenzen der 1930er und 1940er Jahre reagiert. Vielmehr richte er sich an den Sowjetmenschen der Zukunft: »Der Zuschauer des Sozialistischen Realismus war als Teil des Kunstwerks gedacht – und gleichzeitig sein eigenes Produkt«.[13]

Ende der 1950er Jahre, zur Entstehungszeit von DER SCHWEIGENDE STERN, lag die kommunistische Revolution bereits weit in der Vergangenheit – von den Verwerfungen des Weltkrieges ganz zu schweigen –, aber die leninistische Avantgarde-Rhetorik hatte auch in der SED wieder Fuß gefasst. Nach der Zwangsvereinigung von der Kommunistischen (KPD) und Sozialdemokratischen Partei Deutschlands (SPD) war auf der ersten Parteikonferenz im Januar 1949 ganz selbstverständlich die Rede vom Zentralkomitee als der »bewusste[n] Vorhut der Arbeiterklasse«[14]. Dieser zeitliche Vektor aus dem Traditionsbestand des Sozialismus wurde nach der Zerstörung und Niederlage Deutschlands unter dem Stichwort »Aufbau« wieder revitalisiert und propagandistisch ausgebaut.

3. DER SCHWEIGENDE STERN

Kommen wir zu Kurt Maetzigs DER SCHWEIGENDE STERN. Die deutsch-polnische Koproduktion, die am 26. Februar 1960 ihre Premiere im Berli-

DER SCHWEIGENDE STERN (1960): Der Fund des Artefakts

ner *Colosseum* hatte, entstand unter sowohl kulturpolitisch als auch geopolitisch sensiblen Rahmenbedingungen. Über Jahre hatte die DEFA um Kooperationspartner im Ausland geworben und versucht, eine internationale, möglichst prominente Besetzung zu bewerkstelligen; zahlreiche Drehbuchfassungen kursierten, und nicht weniger als sieben Autoren waren letztendlich an der Produktion beteiligt – Stanisław Lem nicht mitgezählt. Der in sogenannter »Totalvision« und Vierkanalton gedrehte Film sollte die bis dahin teuerste DEFA-Produktion werden. Mit Kurt Maetzig war zudem ein Regisseur betraut worden, der Gründungsmitglied der DEFA war und sich nicht zuletzt durch staatstragende Produktionen ausgewiesen hatte. Im Vergleich zu den Genreproduktionen im westlichen Sinne war DER SCHWEIGENDE STERN einem völlig anderen Erwartungsdruck und Relevanzanspruch ausgesetzt, wie Stefan Soldovieri anhand des internen Schriftverkehrs herausgearbeitet hat.[15]

Der Film beginnt mit dem Bild eines gigantischen Tagebaubaggers. Eine männliche Kommentatorenstimme informiert uns in den nächsten anderthalb Minuten über den Fund eines außer-

irdischen Artefakts in der Wüste Gobi. Wir sehen mehrere Einstellungen eines modernen Labors und dann den Schwenk über ein Bergpanorama, auf dessen Hang eine Expeditionsgruppe klettert. Anschließend erscheint ein vollbesetzter Hörsaal, in dem ein Wissenschaftler Formeln an der Tafel notiert. Er wird uns als der sowjetische Professor Arsenjew (Michail Postnikow) vorgestellt – der Mann, der als Erster den Fuß auf den Mond gesetzt habe. Arsenjew ergreift das Wort und richtet es gleichermaßen an das innerdiegetische Publikum wie auch an die Filmzuschauer*innen und erklärt den venusianischen Ursprung des sonderbaren Artefakts.

Der Einstieg ist programmatisch: Er rafft die Orte und Zeiten, betont die globale Relevanz und unterstellt sie der Deutungshoheit der sowjetisch geführten Wissenschaft. Die erste Hälfte des Films, die auf der Erde spielt, ist dominiert von einem statischen, sehr klaren Bildaufbau, der die bedeutungsvollen Gruppierungen und Umgruppierungen der Protagonisten akzentuiert, die mit nahezu deklamatorischen Stil ihre Dialoge sprechen. Die Szenen, die häufig nur aus wenigen Einstellungen (manchmal gar nur einer) bestehen, erzählen uns

DER SCHWEIGENDE STERN: Der Beginn der Venusmission

DER SCHWEIGENDE STERN: An Bord des Kosmokrators

von der Erde des Jahres 1970. Das Publikum erfährt von der internationalen Venusmission, die unter sowjetischer Führung die besten Wissenschaftler der Erde versammelt hat, in inszenatorischen Formeln der Berichterstattung, die manchmal die didaktische Bedächtigkeit eines dokumentarischen Lehrfilms annimmt und dann wieder die Muster einer Fernsehübertragung bedient. Exponiert ist diese Publikumsadressierung in den Auftritten der Intervision-Korrespondentin (Eva-Maria Hagen), die wiederholt vom Startplatz berichtet, oder den vielfältigen Presseauftritten und Verlautbarungen, mit denen sich die Mitglieder der Mannschaft an die Öffentlichkeit richten.

Die Adressierung der Zuschauer*innen ist im ersten Teil unvermittelt, das heißt, der Inszenierungsmodus spricht sie als fiktive Medienöffentlichkeit des Jahres 1970 an. Dabei wird die diegetische Zukunft als medial geteilte Jetztzeit einer direkten Nachrichtenübertragung inszeniert, in der wiederholt die historische Dimension der Mission beteuert wird: Die Zukunft ist jetzt, und das sozialistische Publikum ist ihr Zeuge.

Auch im zweiten Teil, als die internationale Crew im sowjetischen Raumschiff, dem »Kosmokrator«, auf dem Weg zur Venus ist, um das Rätsel des Artefakts zu lösen, ist dieser Inszenierungsmodus präsent. Er wird leicht modifiziert, wenn der deutsche Pilot Brinkmann, gespielt vom Thälmann-Darsteller Günther Simon, wiederholt zum Diktiergerät greift, um die Ereignisse für die Nachwelt festzuhalten. Immer wieder alterniert das ursprungslose Erzählen eines Weltraumabenteuers mit Brinkmanns dokumentierendem Audiokommentar. Dieser legt sich nicht einfach über die Bilder, sondern wird manchmal sogar als Enunziationsinstanz dieser Bilder markiert, wenn etwa ein Schwenk die menschenleere Kommandobrücke präsentiert.

Noch während des Flugs klärt sich die Natur des gefundenen Artefakts. Es handelt sich nicht um eine Nachricht der Venusianer an die Erde. Vielmehr ist es eine Datensammlung zur Vorbereitung eines interplanetarischen Vernichtungsangriffs. Das Rätsel, vor dem die Wissenschaftler des Kosmokrators nun stehen, lautet, warum der Angriff nicht stattgefunden hat. Während ihrer Expedition auf der bizarren Venusoberfläche, die zwischen postapokalyptischem Ödland und Urzeitlandschaft changiert, werden die Kommentare Brinkmanns seltener. Die Aufklärung über die Geschichte der Venuszivilisation verteilt sich auf zahlreiche Episoden, die nun einer weitaus dynamischeren Inszenierung folgen und die Zuschauer*innen in die anonyme Position eines von der filmischen Diegese abgetrennten Publikums setzen. Hatte zuvor das Publikum per Fernsehübertragung noch Anteil am historischen Moment, drängt sich nun die Eigenzeit der filmischen Geschehnisse in den Vordergrund. In einer Höhle stößt Brinkmann schließlich auf kleine, roboterartige Spinnen, die Klarheit bringen: Es handelt sich um Aufzeichnungsgeräte der Venusbewohner, die den Fehlschlag ihrer Aggression und die atomare Selbstzerstörung dokumentiert haben. Mehr und mehr Indizien werden zusammengesetzt: Was wie ein abgestorbener Wald aussieht, entpuppt sich als immer noch funktiontüchtige Megawaffe, welche die Mannschaft schlussendlich unter Einsatz ihres Lebens entschärft.

DER SCHWEIGENDE STERN: Auf der Venusoberfläche

Jede Etappe der Erkundungen erschließt weitere Teile der apokalyptischen Venusgeschichte, gleichzeitig aber betreiben die Kosmonauten so etwas wie die Archäologie einer potenziellen Zukunft. Dieser außerirdische Geschichtsverlauf, den die Wissenschaftler am Ende aufgedeckt haben, hat keine faktische Relation zur Menschheitsgeschichte. Jener ist nichts hinzuzufügen, da sie sich unter der Doktrin friedlicher Koexistenz in einen utopischen *Steady State* verwandelt hat. Stattdessen kehrt die Crew mit einer Geschichte zurück, die nunmehr einen typologischen Charakter erhält: Sie kann gleichermaßen als alternative Geschichtslinie oder mögliche Zukunft gelesen werden, wenn man sie aus der Perspektive des Publikums von 1960 betrachtet. Gleichzeitig bezieht sie sich auf eine faktische Vergangenheit, bedenkt man die Analogie zwischen Venuskatastrophe und Hiroshima, die der Film ikonografisch herausarbeitet. Wie wir sehen, ist das, was von den Venusianern übrig geblieben ist, nur noch ein Schatten des Atomblitzes an der Wand.

Ich habe argumentiert, dass im Fall von DER SCHWEIGENDE STERN die Frage nach dem Genre nur begrenzt erhellend ist, sofern sie isoliert vom Sozialistischen Realismusgebot gestellt wird. Natürlich können wir die offizielle Bezeichnung »utopischer Film« synonym setzen mit Science-Fiction-Film und ihn in die entsprechenden filmhistorischen Traditionslinien einordnen. Aber es ist offensichtlich, dass wir keinen systematischen Genrebegriff in ein historisches Terrain setzen können, in dem erstens die Marktmechanismen suspendiert sind, die auf einen erfolgreichen Film einen ähnlichen folgen lassen. Zweitens zielte die

Filmpolitik der DDR der 1950er Jahre noch auf eine scharfe ideologische und ästhetische Abgrenzung zur Spartenunterhaltung des Westkinos. Aufschlussreich ist die Rede von Hermann Axen *Über die Fragen der deutschen fortschrittlichen Filmkunst*, die er 1952 auf einer Konferenz des Zentralkomitees der SED in Berlin hielt:

> »Gerade weil der kapitalistische Film einen niedrigen Ideengehalt hat, nicht den positiven, sondern vielmehr den negativen Helden ›verherrlicht‹, gerade deshalb muß er die Zuflucht nehmen zu formalen Effekten, zu einem ununterbrochenem Bilder- und Szenenwechsel; nicht zur Darstellung des Menschen, der guten schöpferischen Tat, sondern zur Häufung der Sensationen, Katastrophen und Abenteuer usw.«[16#]

1960, als DER SCHWEIGENDE STERN in die ostdeutschen Kinos kam, waren diese Parolen gegen filmische Attraktionswerte nicht mehr tagesaktuell, dennoch mussten Prestigeproduktionen wie diese sich einem langwierigen Kontrollverfahren ihres »Ideengehalts« unterziehen, das besonders den historischen Index betraf, wie die diegetische Zeit auf einer gesellschaftspolitischen Entwicklungsstufe zu verorten sei.[17] Eine ganz und gar mythische Zeitlosigkeit oder ungefähre Zukunft, wie sie in westlichen Science-Fiction-Produktionen gang und gäbe sind, waren unter dem Regime des Sozialistischen Realismus nicht möglich. Erst zehn Jahre später, mit SIGNALE – EIN WELTRAUMABENTEUER und EOLOMEA, nahm die DEFA sich wieder des utopischen Films an. Der erste Film inszeniert mit aufwendiger Tricktechnik eine Rettungsaktion im Weltall, dessen Handlung tatsächlich derart in sich geschlossen ist, dass keinerlei direkte Referenz zur politischen Geschichte besteht. Noch weiter geht EOLOMEA, der zum Schluss eine Raumschiffflotte ins Ungewisse, nämlich zum titelgebenden Planeten fliegen lässt. Ist die Weite des Weltraums in westlichen Genreproduktionen standardmäßig eine offene Zukunft, irritiert EOLOMEA mit dieser Figur, denn sie kann entweder als Flucht vor dem antizipatorischen Anspruch der Partei gelesen werden oder als utopisches Ende der Geschichte, an dem der »Neue Mensch« selbst in den größten kosmischen Abenteuern »nur« seine Freiheit genießt.

4. Fazit

Statt mit Genrekategorien zu operieren, habe ich versucht, Maetzigs Film im Horizont seines sozialistischen Staatsauftrags zu betrachten. Der Sozialistische Realismus – und das muss hier leider thetisch bleiben – ist nicht einfach Ausdruck des Verfügungsanspruchs auf die Künste, noch geht er in der Darstellung der »Wirklichkeit in ihrer revolutionären Entwicklung« auf, wie der Chefideologe Andrei A. Schdanow 1934 auf dem ersten Unionskongress der Sowjetschriftsteller formulierte.[18] In erster Linie handelt es sich um einen ästhetischen Erfahrungsmodus sozialistischer Geschichtlichkeit. Inszenatorisch geht diese aus einem eigenen Affektbereich hervor, nämlich dem Pathos, das vom Publikum als Teilhabe an der Geschichte realisiert wird; als ein Aufgehen in ihrer Dynamik. Entsprechend inszenierten die DEFA-Filme, vor allem zwischen 1949 und 1966, die Episoden des Klassenkampfes in affektintensiven Formeln der Bewusstwerdung, Ermächtigung und Selbstakklamation. Hier sind natürlich die Massenaufmärsche und Parteiversammlungen, die Revolutionskämpfe und Ansprachen zu nennen, die in den Auftragsfilmen der Partei zentral sind, man denke an: ERNST THÄLMANN – SOHN SEINER KLASSE (1954; R: Kurt Maetzig), DIE UNBESIEGBAREN (1953; R: Arthur Pohl) oder LIED DER MATROSEN (1958; R: Kurt Maetzig / Günther Reisch). Das Publikum des Sozialistischen

Realismus wird dazu aufgefordert, sich im Sieg der Geschichte selbst zu erkennen und zu genießen. Für den Fall von DER SCHWEIGENDE STERN ist diese Art der Adressierung des Publikums in die medienreflexiven Formeln der Nachrichten-Zeugenschaft transponiert.

In dieser Fluchtlinie ist es möglich, in DER SCHWEIGENDE STERN eine Staffelung homologer Zeitfolgen zu identifizieren. Zum einen gibt es die Gegenwart von 1960, die dem DDR-Publikum als Bedrohungsszenario atomarer Konfrontation geläufig ist und auch vom Film als solche aktualisiert wird. Zum anderen ist die Zeitebene der 1970er Jahre als sozialistisch dominierte Zukunft vorgestellt. In der Zeitspanne von zehn Jahren hat sich Geschichte gewissermaßen entschleunigt, die politische Eskalation ist einer friedlichen Koexistenz unter sowjetischer Führung gewichen und hat einen kalkulierten technologischen und sozialen Fortschritt ermöglicht. Robotik und biochemische Verfahren haben Hunger und Arbeit als geschichtswirksame Kräfte gezähmt. Der Inszenierungsmodus des ersten Teils gibt dieser unter Kontrolle gebrachten Menschheitsgeschichte filmästhetisch Ausdruck, indem er die Echtzeit der Nachrichtenübertragung als das Maximum irdischer Zukunft qualifiziert. Die Zuschauer*innen werden als Zeugen dieser Zukunft in einen Modus der Geschichtlichkeit versetzt, in der sich der zeitliche Horizont schließt, da sich die Zukunft bereits vollständig auf die Gegenwart abgebildet hat. Auf der Venus eröffnet sich eine weitere, eine dritte Geschichtslinie, die aufzuklären das Ziel der Mission war. Diese Geschichte fächert sich auf – und hier wechselt der Kollektivsingular in den Singular des Exemplarischen – in eine Geschichte von der Venusvergangenheit, die gleichermaßen die Geschichte einer möglichen Menschheitszukunft darstellt, in der sich wiederum die Geschichte vom Atombombenabwurf Ende des Zweiten Weltkriegs spiegelt. Natürlich haben die Helden die Welt gerettet, indem sie die Doomsday-Maschine der Venusianer entschärft haben. Was aber viel wichtiger ist: Sie haben dem Kinopublikum eine Geschichte zurückgebracht, die nicht die Menschheitsgeschichte verändert, sondern immer nur ihr Muster bestätigt, dass die Geschichte außerhalb der kommunistischen Verfügung zur Aggression beziehungsweise Selbstzerstörung neigt. *Historia Magistra Vitae* – DER SCHWEIGENDE STERN, so möchte ich behaupten, schließt auf der Oberfläche an den offiziellen Zukunftsoptimismus des Sozialismus an, der die wissenschaftlichen und technologischen Verheißungen der Moderne realisiert. Darunter kommt allerdings eine andere Temporalstruktur zum Vorschein: Der Sozialismus überblickt einen historischen Raum, einen kontrollierten Zeithorizont, in dem wieder der exemplarische Charakter der Einzelgeschichten gilt und damit die Zukunft ihrer Entzeitlichung entgegengeht – »[e]ine Welt, in der das Morgen schon Geschichte ist«.[19]

Anmerkungen

1   Michael Grisko: Zwischen Sozialphilosophie und Actionfilm. Grenzen und Möglichkeiten des Science-Fiction-Genres bei der DEFA. In: Ralf Schenk / Erika Richter (Hg.): apropos: Film 2002. Das Jahrbuch der DEFA-Stiftung. Berlin 2002, S. 120.

2   Vgl. Dagmar Schittly: Zwischen Regie und Regime. Die Filmpolitik der SED im Spiegel der DEFA-Produktionen. Berlin 2002, S. 39–100 sowie Ralf Schenk: Mitten im Kalten Krieg. 1950–1960, in: R.S. (Hg.): Das zweite Leben der Filmstadt Babelsberg. DEFA-Spielfilme 1946–1992. Berlin 1994, S. 9–49.

3   Vgl. Ralf Schenk: Die Falken und die Tauben. Skizzen zu Vorfeld und Nachwirkung des SED-Verbotsplenums im Dezember 1965. In: Hans-Michael Bock / Jan Distelmeyer / Jörn Schöning (Hg.): Kunst unter Kontrolle. Filmzensur in Europa. München 2014, S. 88–100.

4   Vgl. Daniela Berghahn: Hollywood Behind the Wall. The Cinema of East-Germany. Manchester, New York 2005, S. 33ff.

5   Vgl. Jacques Rancière: Die Aufteilung des Sinnlichen. Die Politik der Kunst und ihre Paradoxien. Berlin 2006, S. 35–49.

6   Zur Geschichte der Science-Fiction-Literatur in der DDR siehe Sonja Fritzsche: Science Fiction Literatur in East Germany. Bern u.a. 2006.

7   Vgl. zum Beispiel Simon Spiegel: Die Konstitution des Wunderbaren. Zu einer Poetik des Science-Fiction-Films. Marburg 2007.

8   Reinhart Koselleck: Vergangene Zukunft. Zur Semantik geschichtlicher Zeiten. Frankfurt a.M. 2013.

9   Ebenda, S. 46.

10 Wladimir Iljitsch Lenin: Womit Beginnen? [1901]. In: W.I.L.: Werke. Bd. 5. Berlin 1959, S. 13.

11 Vgl. Boris Groys: Gesamtkunstwerk Stalin. Die gespaltene Kultur in der Sowjetunion. München 1988.

12 Boris Groys: Die Massenkultur der Utopie. In: B.G. / Max Hollein (Hg.): Traumfabrik Kommunismus. Die visuelle Kultur der Stalinzeit / Dream Factory Communism. The Visual Culture of the Stalin Era. Ostfildern 2003, S. 24.

13 Ebenda.

14 Aus der Entschließung der ersten Parteikonferenz der SED (28. Januar 1949).

15 Vgl. Stefan Soldovieri: Socialists in Outer Space. East German Film's Venusian Adventure. In: Film History, 10:3, 1998, S. 382–398.

16 Hermann Axen: Über die Fragen der deutschen fortschrittlichen Filmkunst. Berlin 1953, S. 35.

17 Vgl. Soldovieri 1998, a.a.O., S. 384 und S. 391ff.

18 Vgl. Andrei Schdanow: Rede dem I. Unionskongreß der Sowjetschriftsteller 1934. In: A.S.: Über Kunst und Wissenschaft. Berlin 1951, S. 9.

19 So lautet nicht der Titel eines utopischen Romans oder Films, es handelt sich um den Titel eines Reiseberichts durch die stalinistische Sowjetunion, den Julius Fučík in den 1930er Jahren verfasste (Julius Fučík: Eine Welt, in der das Morgen schon Geschichte ist. Leipzig 1950. [Übers. von Günther Jarosch]). Gerd Hauswald adaptierte den Titel 1957 für eine Auseinandersetzung mit der utopischen Literatur: »Die Zukunft heißt für uns nicht Utopia, sondern Sozialismus, und wir sind in der glücklichen Lage, aus unserer Zukunft selbst lernen zu können, nämlich von der Sowjetunion, ›in der das Morgen schon Geschichte ist‹.« (Gerd Hauswald: Propheten dringend gesucht. Eine Betrachtung über den Zukunftsroman. Sonntag, 52, 1957, S. 8).

Das Ende des *American Way of Life*

Überbevölkerung und ihre Folgen in SOYLENT GREEN und LOGAN'S RUN

Von Delia González de Reufels

Einleitung

Ansichten einer überbevölkerten Welt tauchen in Science-Fiction-Filmen oft als visuelles, dystopisches Beiwerk auf. Hierzu gehören menschenüberflutete Straßen und Städte, Inszenierungen von Hunger, Entbehrung und materiellem Mangel sowie von bedrückender Enge.[1] Nicht nur ein ästhetischer Gemeinplatz, sondern maßgeblicher Teil des Argumentes des Films sind die Darstellungen von Überbevölkerung hingegen in drei Hollywood-Produktionen der 1970er Jahre: Z.P.G. – ZERO POPULATION GROWTH (ZPG – Die Erde stirbt; 1972; R: Michael Campus)[2], SOYLENT GREEN (Jahr 2022 ... die überleben wollen; 1973; R: Richard Fleischer)[3] und LOGAN'S RUN (Flucht ins 23. Jahrhundert; 1976; R: Michael Anderson)[4]. Alle drei Spielfilme können dem *New Hollywood Cinema* zugeordnet werden und beschäftigen sich explizit mit den Folgen von anhaltendem demografischem Wachstum für Gesellschaft und Umwelt.[5] Innerhalb von vier Jahren führten sie ein neues Thema in das Genre des Science-Fiction-Films ein, mit dem zeitgenössische Zuschauer bereits durch Diskussionen in Politik und Wissenschaft vertraut waren: Sie setzen inhaltlich und visuell um, was auf die Detonation der sogenannten »Bevölkerungsbombe« folgen könnte, vor der Paul Ehrlich

in seinem 1968 erschienenen Buch *The Population Bomb*[6] nachdrücklich gewarnt hatte.

Dabei weisen diese Filme untereinander zahlreiche Ähnlichkeiten, aber auch bedeutende Unterschiede auf: Z.P.G. – ZERO POPULATION GROWTH und SOYLENT GREEN stellen beide Versorgungskrisen als Ergebnis von Überbevölkerung in den Mittelpunkt und behandeln die Zerstörung der Erde sowie das Ende von Menschlichkeit; die Überbevölkerung und ihre Folgen müssen hier noch bewältigt werden. LOGAN'S RUN bildet indessen eine Gesellschaft ab, die sich in Reaktion auf eine folgenreiche Überbevölkerungskrise neu formiert und das krisenauslösende demografische Wachstum vermeintlich gut und vor allem dauerhaft überwunden hat. SOYLENT GREEN und LOGAN'S RUN stellen insofern zwei unterschiedliche filmische Aneignungen und Umsetzungen der Überbevölkerungsthematik dar, die zudem verschiedene Diskussionspunkte der Überbevölkerungsdebatte markieren. Sie sollen deshalb hier im Mittelpunkt stehen.

Seitens der Geschichtswissenschaft hat bislang keiner dieser Spielfilme Aufmerksamkeit erfahren.[7] Das ist umso erstaunlicher, als die Zeitgeschichte sich jüngst vermehrt mit der Debatte über die Ursachen und Folgen des anhaltenden, weltweiten Bevölkerungswachstums beziehungsweise der Bewegung des *Population Control* beschäftigt hat.[8] In diesem breiteren Zusammenhang ist Film als Medium bereits ins Blickfeld gerückt[9], jedoch spielen Spielfilme in der historischen Analyse ansonsten keine Rolle. Und auch die Filmwissenschaft hat diese Produktionen kaum und vor allem nicht aus dieser thematischen Perspektive beachtet. So ist für SOYLENT GREEN mehrfach das von Vivian Sobchack konstatierte Verfahren der »visuellen Subversion vertrauter Bilder« herausgestellt und genauer analysiert worden, während LOGAN'S RUN vor allem hinsichtlich der darin vertretenen Ideen und der »konservativen Angst vor Technologie« untersucht worden ist.[10]

Im Rahmen dieses Aufsatzes sollen beide Spielfilme hingegen als populärkultureller Ausdruck der Debatte um Überbevölkerung untersucht werden.

Als massenwirksame visuelle Umsetzung dieser Debatte waren diese Filme zugleich – so eine der hier gemachten Annahmen – eine weitere Arena neben Politik und Wissenschaft, in der über Bevölkerungszukunft nachgedacht werden konnte. Neo-malthusianische Bevölkerungsbewegung und US-amerikanische Science-Fiction-Filme der 1970er Jahre standen im engen Austausch, was auch den Traditionen und Zielen beider so unterschiedlicher Felder geschuldet war: Bevölkerungswissenschaft ist immer auf die Beschreibung einer möglichen Zukunft hin angelegt, die auf der Grundlage empirischer Daten plausibel erscheint.[11] Sie stellt wahrscheinliche Entwicklungen vor und entwirft immer wieder neue Zukunftsszenarien. Hieran konnte die neo-malthusianische Bevölkerungsbewegung anknüpfen. Sie entwarf nach 1945 katastrophale Szenarien, die unweigerlich auf das Scheitern ihrer Bemühungen folgen würden. Science-Fiction-Filme entwarfen schließlich ihrerseits Zukunftsszenarien, die sowohl Problemlagen der Vergangenheit als auch der Gegenwart aufgriffen.[12] So konnten in den 1970er Jahren in Science-Fiction-Filmen die Gewinne und Verluste einer auf Zwang und staatlichen Eingriff beruhenden Bevölkerungspolitik ebenso kritisiert werden wie die möglichen Folgen eines *laissez faire* in der Bevölkerungspolitik. Das macht ihren Wert und Reiz für die historische Untersuchung in diesem Zusammenhang aus.

Die von Susan Sontag identifizierte Lust an der Katastrophe des frühen Science-Fiction-Films spielte bei den hier betrachteten *Überbevölkerungsfilmen* ebenfalls eine Rolle, denn: »Im Science-fiction-Film [sic!] wird die Katastrophe nicht intensiv, sondern stets extensiv erlebt. Hier geht es um Quantität und Einfallsreichtum.«[13] Und nur wenig dürfte extensiver sein als die Folgen der »Bevölkerungsbombe«. Darüber hinaus gab es in den 1970er Jahren gleich mehrere sehr erfolgreiche »disaster movies«, die einerseits zum »interessanten, widersprüchlichen und verstörenden« neuen Hollywood-Kino gehören, das Genre neu fassten und Genre-Grenzen überwanden.[14] Andererseits waren sie profitable Produkte einer Industrie, die

nationale und internationale Märkte gleichermaßen bediente. Die genannten Überbevölkerungsfilme dürften folglich auch als kommerziell interessante Projekte bewertet worden sein, die dem »Zeitgeist« zu entsprechen schienen.[15]

Weil der Science-Fiction-Film schließlich »vollständiger als jede andere Kunstform« die existenziellen Ängste der 1970er Jahre wiedergibt[16], bietet er einen besonderen Zugang zur US-amerikanischen Geschichte dieses Jahrzehnts. Somit wird hier ein aktueller Forschungsstrang aufgenommen, der die Populärkultur verstärkt zur historischen Deutung dieser Jahre nutzt. Im Zusammenhang der hier untersuchten Filme ist die Populärkultur zugleich ein Spiegel und kritischer Kommentar der *Population Control*-Bewegung und ihrer Diskussionen. Zugleich schöpften die genannten Filme – wie hier gezeigt werden soll – aus einem bereits existierenden »Reservoir« an Bildern und Vorstellungen, die zitiert und immer wieder neu zusammengesetzt werden konnten. Geliefert wurden sie durch die neo-malthusianische Bevölkerungsbewegung selbst, die mit ihren Kampagnen und Schriften im öffentlichen Raum sehr präsent waren. Dieses gemeinsame Bild- und Ideenreservoir von Bevölkerungsbewegung und Science-Fiction-Film gilt es für die USA und die westlichen Staaten genauer zu untersuchen und für die historische und filmwissenschaftliche Analyse zu nutzen.

Neue Zukunftsvorstellungen, Science-Fiction und die US-amerikanische Erfahrung der »langen« 1960er und 1970er Jahre

In den USA und in anderen Teilen der westlichen Welt hatten sich die Zukunftserwartungen seit dem Ende des Zweiten Weltkrieges rasant verändert. Neben der Angst vor erneutem Krieg und massenhaftem Sterben war vor allem die Frage beherrschend, ob es angesichts der bewiesenen Zerstörungskraft der Atombombe überhaupt noch eine Zukunft für den Menschen geben könne.[17] Die »totale Waffe«, deren Einsatz zu millionenfachem Tod und zur

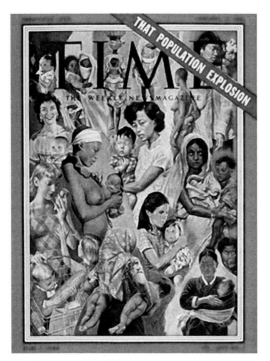

Time Magazine, 11.1.1960

litikern und Soziologen, die als Ergebnis des weltweiten demografischen Wachstums verschiedene »Bevölkerungszukünfte« voraussahen. Auch diese Zukünfte waren beeinflussbar und sollten durch gezielte Eingriffe wenn nicht verhindert, so doch aktiv gesteuert werden. Vor einer neuen, nicht minder bedrohlichen »Bombe« wurde nun gewarnt: der »Bevölkerungsbombe«; und auch sie galt es zu »entschärfen«.[21] Sie war Ergebnis der Fertilität des Menschen und der fortlaufenden Innovationen in Medizin, der Pharmazie und Landwirtschaft und damit sowohl der menschlichen Natur als auch dem wissenschaftlichen Fortschritt geschuldet. Dabei war die Vorstellung, dass der Mensch selbst die ultimative Gefahr für die Menschheit bedeutete, sehr viel älter. Sie ging auf das späte 18. Jahrhundert und die Ideen des englischen Predigers Thomas Malthus zurück. Erweitert um die Ansätze der Eugenik und die neue wissenschaftliche Theorie des demografischen Übergangs, passte die »Bevölkerungsbombe« allerdings hervorragend zu den anderen Gefahren des Kalten Krieges und konnte schlüssig an die Seite der atomaren Bedrohungsszenarien treten.

In den USA wurde die neo-malthusianisch inspirierte Bewegung des *Population Control* politisch und gesellschaftlich auch deshalb so bedeutend, weil die Umweltbewegung ihre Vorstellungen aufgriff und die Diskurse beider Bewegungen sich in der *Counter Culture* miteinander verbanden und weiter verdichteten.[22] Die Umweltbewegung, die das Verhältnis zwischen dem Menschen, seinem Verhalten und der Umwelt neu fasste, ergänzte auch die Argumente der neo-malthusianischen Bewegung passgenau. In pointierter Weise wurden hier die Vernichtungslogik des Kalten Krieges fortgeführt und dessen apokalyptischen Vorstellungen abgerundet. Heraus kam ein vielschichtiges Zukunftsszenario, welches die Sorge um die irreversible Zerstörung der Umwelt durch Industrie und Konsum und die Bedrohung durch zu viele Menschen intrinsisch miteinander verband. Das hatte Auswirkungen auf Science-Fiction-Literatur und -Film, die ihrerseits bevorzugt dystopische Erzählungen vorlegten.[23]

Zerstörung der Welt führen würde, erwies sich als Apotheose der Moderne:[18] Menschen waren zwar fähig, eine derart mächtige Waffe zu entwickeln, aber kaum in der Lage, ihre Folgen vorauszusehen oder zu begrenzen. Neue wissenschaftliche Disziplinen wie die Zukunftsforschung fassten Vorstellungen von der Zukunft neu:[19] Ausschlaggebend war das Bewusstsein, in einer Zeit zu leben, die stets mehrere Optionen zukünftiger Entwicklung bereithielt. So erlangten die Simulation beziehungsweise das Szenarium zur Imagination von Zukunft eine herausragende Bedeutung, weil beide es erlaubten, mögliche Situationen im wahrsten Sinne des Wortes »durchzuspielen« und gegeneinander abzuwägen.[20] Zukunft erschien plan- und steuerbar; an die Stelle einer Zukunft war nun eine Bandbreite an möglichen zukünftigen Entwicklungen im Sinne von »Zukünften« getreten.

Diese neue Perspektive floss auch ein in die Weltsicht und die Aussagen von Demografen, Po-

Nachdem die Science-Fiction-Literatur Mitte des 19. Jahrhunderts als »Spekulation über noch nicht technisch-wissenschaftlich Realisiertes«[24] begonnen hatte, wurde sie nach 1945 von einem »katastrophischen Imaginären«[25] geprägt. Sie wurde zu einem Genre, das bevorzugt das Ende von Fortschritt, Technik und Wissenschaft behandelte.[26] Auch stellte es, um mit Kingsley Amis zu sprechen, »neue Landkarten der Hölle« bereit.[27] Die Science-Fiction-Literatur drückte so ein zutiefst erschüttertes Vertrauen in die moderne Industriegesellschaft aus und zog die Nachhaltigkeit der Hochmoderne in Zweifel. In den USA griff sie ab den 1960er Jahren auch die Angst vor schnellem weltweitem Bevölkerungswachstum auf, wie eine beeindruckende Zahl an »population pulp novels« zeigt.[28]

Diese Romane belegen nicht nur den Reiz des Themas für Science-Fiction-Autoren, sie zeigen auch zahlreiche personelle Verbindungen zwischen neo-malthusianischer Bevölkerungsbewegung und Science-Fiction-Literatur beziehungsweise -Film auf. Diese Verbindungen sind bislang erstaunlicherweise übersehen worden, sodass die Tatsache, dass H.G. Wells nicht nur Science-Fiction schrieb, sondern auch Neo-Malthusianer war, unbeachtet geblieben ist. Wells nahm an den maßgeblichen Konferenzen teil und pflegte Freundschaften zu Persönlichkeiten wie Julian Huxley, während beispielsweise Paul Ehrlich Science-Fiction-Literatur herausgegeben und Carl Djerassi, einer der sogenannten »Väter der Pille«, später selbst Science-Fiction verfasst hat.[29] Die besondere Affinität zwischen beiden Feldern und die persönlichen Kontakte zur neuen Bevölkerungsbewegung wirkten sich auch auf die Themen von Literatur und Film aus, welche die unerwünschten Folgen von technischem Fortschritt und neuen wissenschaftlichen Erkenntnissen prominent behandelten.[30] Gegen Ende der 1960er Jahre konnte dies gar als »normale US-amerikanische kinematografische Sicht der Zukunft«[31] gelten.

Wenn die Filme das »Sich-zu-Tode-Fortpflanzen« inszenierten, nutzten sie bekannte Bilder und Vorstellungen und entwickelten diese zu-

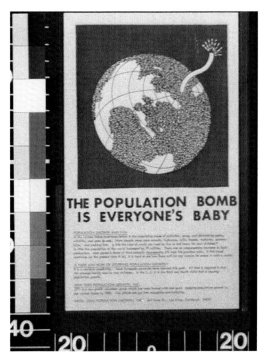

Yanker Collection: *The Population Bomb is Everyone's Baby,* Library of Congress Prints and Photographs Division

gleich weiter.[32] Welche Vorstellungen dabei unter anderem eine Rolle spielten, verdeutlicht das auflagenstarke *Time Magazine,* das am 11. Januar 1960 einen Leitartikel zum Thema Bevölkerungsexplosion veröffentlichte und auf seinem Titelbild drangvolle Enge zeigte. Damit ähnelt das Cover den Abbildungen auf den Plakaten und Handzetteln der von Paul Ehrlich gegründeten Organisation *Zero Population Growth*[33], die sich als Grassroots-Bewegung verstand.[34] Das Werbematerial der Organisation von Ehrlich zeigte Überbevölkerung ihrerseits vor allem als Verlust von Lebensraum. Während beim *Time Magazine* die amerikanische Standardfamilie infolge des demografischen Wachstums in der Dritten Welt – wenn man der Bildmetapher folgt – zunehmend an den Rand gedrängt wird, macht die Überbevölkerung auf den Flyern von ZPG aus

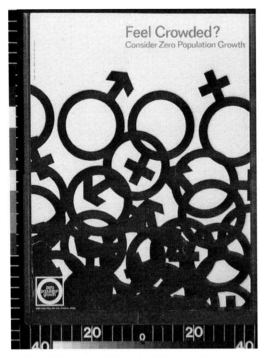

Yanker Collection: *Feel Crowded?*, Library of Congress Prints and Photographs Division

der schematisch abgebildeten Erde eine wortwörtlich zu nehmende Bombe. Hier führt das Bevölkerungswachstum ferner dazu, dass die Menschen nur noch durch Symbole für weibliche und männliche Individuen repräsentiert werden, während auf einem anderen zeitgenössischen Poster mit dem Titel *The Squeeze is on* die Menschen wie Ankleidepuppen aus Papier übereinanderliegen. Der Platz für Individualität und für menschliches Leben ist in den hier betrachteten Abbildungen nicht nur endlich, sondern bereits aufgebraucht.[35] An diese Vorstellungen und mediale Repräsentationen von Überbevölkerung konnte ein Spielfilm wie SOYLENT GREEN unmittelbar anknüpfen.

Im Gegensatz dazu stellt der Spielfilm LOGAN'S RUN als Antwort auf diese Vorstellungen absichtlich menschenleere und aufgegebene Räume aus, die dadurch entstanden sind, dass die Überbe-

völkerung tiefgreifende Konflikte ausgelöst hat, in deren Verlaufe die Menschheit nahezu ausgelöscht worden ist; in der Gegenwart des Spielfilmes ist die Überbevölkerung endgültig überwunden. Damit unterläuft dieser Film auch die unmittelbare US-amerikanische Gegenwartserfahrung der 1970er Jahre: Dass es in den Großstädten im wortwörtlichen Sinne »enger« wurde, gehörte hier seit den 1960ern zur Alltagserfahrung. Dieses »lange« Jahrzehnt schloss 1968 kinematografisch mit dem Aufbruch des Science-Fiction-Kinos und Stanley Kubricks Spielfilm 2001: A SPACE ODYSSEY (2001: Odyssee im Weltraum), aber auch mit weltweiten Protesten von Studentinnen und Studenten.[36] 1968 war außerdem ein *annus horribilis* mit der gescheiterten TET-Offensive in Vietnam, der Ermordung von Martin Luther King junior sowie den gewaltsamen Zusammenstößen anlässlich der *Democratic Convention* in Chicago und den Rassenunruhen in Washington, D.C. Die 1970er mit ihren nicht abreißen wollenden Bildern von technischen Katastrophen, politischen Skandalen, ökonomischen Krisen und menschlichen Tragödien waren eingeleitet.[37]

Erinnert werden die 1970er heute überwiegend als die Zeit eines vielschichtigen Versagens, in dem nicht zuletzt »schlechte Frisuren, schlechte Kleidung, [...] schlechte Ökonomen [...] und eine Menge schlechter Ideen« vorherrschten.[38] Was die Medien nahezu täglich in die US-amerikanische Öffentlichkeit trugen, schien geradewegs Science-Fiction-Filmen zu entstammen. Unter anderem konnten nordamerikanische Fernsehzuschauer im April 1970 das Scheitern der Weltraummission Apollo 13 an den Bildschirmen verfolgen und unmittelbar erleben, wie hilflos die Männer vor den blinkenden Anzeigen und Knöpfen im Kontrollzentrum der NASA in Houston wirkten. Die hoffnungsvollen Bilder eines Natur und Technik beherrschenden Menschen, die noch die Apollo-11-Mission geprägt hatten, schienen der Vergangenheit anzugehören. An dieses Bildrepertoire konnte die dystopische Welt in LOGAN'S RUN ihrerseits anknüpfen, denn Kommandozentralen, blinkende Anzeigen und grüne Computerbildschirme wurden nun nicht mehr vorbehaltlos mit Fortschritt verbunden.

Darüber hinaus waren die 1970er Jahre auch das Jahrzehnt des Misstrauens gegenüber Politikern und dem Staat, der als korrupt und verlogen empfunden wurde und der folglich in den dystopischen Spielfilmen seinerseits prominent auftaucht. Hierfür war nicht zuletzt der Watergate-Skandal des Jahres 1972 ursächlich, der zwei Jahre später im Rücktritt des Präsidenten Richard Nixon kulminieren sollte.[39] Daneben nährten die Ölkrise, der »Globalisierungsschock«, die tiefe wirtschaftliche Depression des Jahres 1974 und der große Kaufkraftverlust des Dollars ein Lebensgefühl, das von der nahenden Katastrophe ausging.[40] Wenn die 1970er Jahre ethnischen und religiösen Minderheiten, Frauen und Homosexuellen mehr Rechte brachten, so waren diese Jahre auch geprägt durch eine neue Erfahrung materieller Verluste und Engpässe. Den langen Warteschlangen an den Tankstellen in Zeiten der *Energy Crisis* haftete zudem etwas Surreales und letztlich »Unamerikanisches« an.[41] In den Ereignissen in Vietnam kam schließlich mannigfaches Versagen in politischer, menschlicher und militärischer Hinsicht zusammen, das besonders die US-amerikanische Jugend bewegte und die *Counter Culture* befeuerte. Alle diese Ereignisse führten zu einer neuen Erfahrung der politischen, wirtschaftlichen und sozialen Realität, in welche die hier untersuchten Science-Fiction-Filme eingebettet sind. Die Gefahren, die mit dem raschen Wachstum der Weltbevölkerung und ihren möglichen Folgen in Verbindung gebracht wurden, wurden seit den 1960er Jahren breit diskutiert, in den 1970er Jahren waren sie zugleich aber Teil der neuen Realitätserfahrung. Letztgenannte konnte von den Spielfilmen leicht aufgegriffen und filmisch gestaltet werden.

Überbevölkerung und das Ende des *American Way of Life* in SOYLENT GREEN

Bevor der Film die Zukunft inszeniert, blickt SOYLENT GREEN bildmächtig zurück. Der Film ist im

Yanker Collection: *The squeeze is on*, Library of Congress Prints and Photographs Division

Jahre 2022 und damit weiter in der Zukunft angesiedelt als der 1966 erschienene Roman von Harry Harrison,[42] der die Drehbuchvorlage bildet.[43] Anders als der Roman inszeniert der Film bewusst eingangs die US-amerikanische Geschichte, die mittels rasch aneinandergereihter Fotografien als ein Idyll dargestellt wird, von dem sich die Filmgegenwart des Jahres 2022 umso dramatischer absetzen wird.[44] SOYLENT GREEN lotet auf diese Weise ein bekanntes *Master Narrative* der nordamerikanischen Geschichtsschreibung aus, gegen das bald ein neues Narrativ gesetzt wird. Nachdem die Exposition die fortlaufende Bewegung von Menschen und Gütern als Teil einer teleologischen, zukunftsgewandten historischen Entwicklung konstruiert hat, folgt unmittelbar die zunehmende Konzentration von Menschen. Dabei werden zum Beispiel Fotografien des Fabrikhofs von Henry Ford und der Sieg der Massen-

SOYLENT GREEN (1973): New York im Smog

produktion umgedeutet zu einer bedrohlichen Überproduktion, welche den Bildrahmen sprengt. Als der Vorspann schließlich die Gegenwart des Kinobesuchers des Jahres 1973 erreicht, verlässt der Film die Vereinigten Staaten mehrfach und nimmt eine globale Perspektive ein: Es gibt Ansichten der bevölkerten Chinesischen Mauer und des Markusplatzes in Venedig, auch werden im Split-Screen-Verfahren die Aufnahmen eines Tokioter U-Bahnhofs und die Bilder von New Yorker Straßen nebeneinander gesetzt. Dass sich die US-amerikanischen Geschichtsläufe verändert haben, wird nicht nur visuell gezeigt, sondern ist auch deutlich zu hören. So unterstreicht die Tonspur mit einer schneller und lauter sowie disharmonisch werdenden Musik die neue Meistererzählung der nordamerikanischen Geschichte, an deren Ende eine katastrophale Zukunft mit zerstörter Umwelt steht: Einer dem zeitgenössischen Beobachter mutmaßlich bekannten Aufnahme des morgendlichen Smogs über New York und einer Supertotalen von oben auf die Stadt folgt das fiktive, überfüllte New York von SOYLENT GREEN in der Eröffnungsszene des Films. Die Fremdheitserfahrung der Zukunft knüpft nahtlos an eine vertraute Gegenwart an, die durch den schnellen Schnitt hinreichend dystopisch erscheint, um besondere Verfahren der Bildbearbeitung überflüssig zu machen. Mit dem Klang von Sirenen und von urbanem Chaos wird diese Fremdheit weiter intensiviert und die Filmhandlung eingeleitet. Die vertraute Stadt wird visuell und akustisch als bedrohlich

markiert, auch können sich ihre Bewohner – so hielt ein Kritiker zum Kinostart des Films fest – nur nach der Stadt des Jahres 1973 zurücksehnen.[45]

Gleich zu Beginn wird damit die von der Romanvorlage vorgenommene wichtige Anpassung des Überbevölkerungsdiskurses bildlich umgesetzt, indem hier nicht eine Region der Dritten Welt im Mittelpunkt steht, sondern die USA. Deren größte Stadt beherbergt nun noch mehr Menschen: Die eingangs eingeblendete Schrift gibt die Einwohnerzahl mit 40 Millionen an, auch setzt der Spielfilm gleich in den ersten Einstellungen das Diktum vom »standing room only« um und greift damit eines der wichtigsten Szenarien der neo-malthusianischen Umweltbewegung auf.[46] In der Zukunft drohen Platzmangel und einfache Wohnverhältnisse, weshalb die Hauptfigur des Films, Inspektor Thorn (Charlton Heston), in seinem Apartmentgebäude auf dem Weg zur Haustür über schlafende Menschen springen muss. Diese in der Untersicht gefilmte Szene kann für den heutigen Rezipienten unfreiwillig komisch sein, allerdings muss sich diese Komik dem Kinobesucher des Jahres 1973 nicht unbedingt erschlossen haben. Immerhin waren ihm derlei Inszenierungen von Enge von zeitgenössischen Plakaten und Handzetteln her gut bekannt. Und im öffentlichen Raum dieses New Yorks der Zukunft sind überall Menschen zu sehen: Überbevölkerung – so wird hier deutlich – bedeutet den Verlust von persönlichem Eigentum, von persönlichem Raum und führt zum Ende eines menschenwürdigen Lebens.

Im Spielfilm existiert der durchschnittliche New Yorker – wie auf den Plakaten von Zero Population Growth – nur noch als gesichtsloses Massenwesen. Die Stadtbewohner der Zukunft tragen einfache Einheitskleidung in gedeckten Tönen, sodass Überbevölkerung für die Mehrheit gleichbedeutend ist mit dem Verlust von Individualität und Kreativität.[47] In den modisch »bun-

Charlton Heston springt als Inspektor Thorn auf dem Weg durch das Treppenhaus über schlafende Menschen

Joseph Cotten im weitläufigen Wohnzimmer im elektrisch blauen Anzug mit Leigh Taylor-Young

ten« 1970er Jahren dürfte diese Abwesenheit von Farbe besonders auffällig gewesen sein und einen starken Kontrast zur ästhetischen Alltagserfahrung gebildet haben.

Im markanten visuellen und akustischen Gegensatz zur durchschnittlichen Bevölkerung stehen in SOYLENT GREEN die reichen Bewohner der Stadt: Sie tragen hochwertige Kleidung in leuchtenden Farben und leben in weitläufigen Wohnungen, die beispielsweise über fließendes Wasser verfügen. Dank eigener Generatoren, die Aufzüge und Klimaanlagen betreiben, herrscht hier trotz der schwülen Hitze des Sommers 2022 angenehme Kühle. Bezeichnenderweise entsprechen diese Wohn- und Lebensstandards mehr oder weniger denen der US-amerikanischen Mittelschicht der 1970er Jahre,[48] Denen hier allerdings das Signum der Exklusivität verliehen wird. Hinzu kommt außerdem der Luxus der Stille. So sieht das Leben der vermögenden Minderheit der Zukunft nicht nur anders aus, es klingt auch anders: Unaufdringliche, gedämpfte Musik und die Geräusche eines Videospiels sind hier zu vernehmen. Da es die Elite auch in Zeiten des Bevölkerungswachstums vermag, sich das Leben angenehm einzurichten, könnte das Ausmaß von Ungleichheit, das hier deutlich wird, nicht größer sein. Im thematischen Zusammenhang der Überbevölkerung wird somit ein weiteres wichtiges Thema der 1970er Jahre – Egalität – verhandelt und sein Ende durch demografisches Wachstum vorausgesagt.[49]

Damit bedroht die Überbevölkerung einen wesentlichen Aspekt des US-amerikanischen Gesellschaftsentwurfes, der auch Gleichheit beinhal-

tete. Zudem hat die Mobilität aller, die ebenfalls zu den Vorstellungen der egalitären Gesellschaft gehörte, im Jahre 2022 ihr Ende gefunden. Der alltägliche Verkehrskollaps der Großstadt New York ist in SOYLENT GREEN einem völligen Stillstand gewichen, und es mutet ironisch an, dass ausgerechnet die bessergestellten Bewohner der Stadt mit ihren Familien in Autos leben, die nicht mehr bewegt werden können.[50] Wenn der amerikanische Traum auch ein Traum vom eigenen Automobil und von Privatheit in den eigenen vier Wänden war, so ist er in SOYLENT GREEN ausgeträumt und das Auto als Ikone des Fortschritts, der Selbstverwirklichung und des allgemeinen Wohlstandes endgültig dekonstruiert.

Schließlich wurden allgemeine Prosperität und Gleichheit lange auch als die Abwesenheit von Hunger im Leben aller Menschen gefasst. Im Film ist dieses Versprechen längst gebrochen, denn neben der Umweltzerstörung werden hier immer wieder die begrenzten Versorgungsmöglichkeiten einer wachsenden Bevölkerung gezeigt. Menschen müssen für Lebensmittel anstehen, was den Rezipienten des Jahres 1973 ansonsten nur aus dem real existierenden Sozialismus oder von Aufnahmen

Familie im Auto mit Besucher

humanitärer Krisen her bekannt war. Das New York der Zukunft ist – im politischen Jargon der Zeit – gekennzeichnet durch »food insecurity«, was in der Welt von SOYLENT GREEN nahezu täglich zu gewaltsamen Protesten der Bevölkerung führt, denen die Ordnungskräfte mehr oder weni-

Leigh Taylor-Young mit offenem Haar und in blauem, tief ausgeschnittenem Umhang

ger hilflos gegenüber stehen.[51] Das wird unter anderem dadurch ironisierend ins Bild gesetzt, dass die Polizei gegen die Massen ihre Schaufelbagger einsetzt. Diese zukünftige Gesellschaft trägt totalitäre Züge, und Menschen- sowie Frauenrechte sind in Vergessenheit geraten, wie SOYLENT GREEN anhand zweier weiblicher Figuren zeigt.

Frauen sind die eigentlichen Verliererinnen der überbevölkerten Welt, was hier insofern von besonderem Interesse ist, als die Bewegung des *Population Control* ihrerseits den Frauen besondere Aufmerksamkeit schenkte und in ihnen »natürliche« Verbündete im Kampf gegen steigende Geburtenzahlen sah. In SOYLENT GREEN haben die Frauen alle die in der Vergangenheit mühsam erkämpften Rechte nicht nur eingebüßt, sondern gar vergessen. Mittels der Figuren der Shirl (Leigh Taylor-Young) und der Martha (Paula Kelly) legt der Film einen vollständigen Gegenentwurf zum Frauenleben des Jahrzehnts der 1970er Jahre vor. Hier ging es unter anderem um weibliche Berufstätigkeit, gleiche Bezahlung bei gleicher Arbeit und das Recht auf die Fortführung des Nachnamens auch nach der Eheschließung.[52] Im Film hingegen tragen die weiblichen Figuren nur noch

Vornamen – in der US-amerikanischen war diese Praxis afroamerikanischen Sklaven vorbehalten – und sind zurückgeworfen auf eine existenzielle Abhängigkeit von den männlichen Figuren. Deren Ausmaß wird erst im Verlaufe des Spielfilms ersichtlich, so zum Beispiel, als beiläufig erklärt wird, dass die die attraktive Shirl ein »furniture« im Apartment eines vermögenden männlichen Mieters ist. Sie kann wie ein Möbelstück bei der Neuvermietung übernommen oder abgelehnt werden und ist allzeit verfügbar. So lebt Shirl als Konkubine in einer Gesellschaft, in der Lebensalter und Aussehen den Zugang zu echten Lebensmitteln und sicheren Wohnverhältnissen eröffnen. Und auch die Figur der Afroamerikanerin Martha lebt in Abhängigkeit von ihrem Partner; ihr Objektstatus wird unterstrichen durch die körperbetonte Kleidung, in der sie – ebenso wie Shirl – gezeigt wird. Gänzlich namenlos bleiben schließlich die Frauen, die Kinder haben, materiellen Mangel leiden und schäbige Einheitskleidung tragen. Sie haben kein Obdach und sterben unbeachtet; die Familie ist als gesellschaftliche Institution verschwunden, und es gibt allenfalls noch Schicksalsgemeinschaften wie die des Polizisten Thorn zu seinem älteren Kollegen Sol (Edward G. Robinson).

So ist der Film eigentlich eine Erzählung über den Untergang des Mittelschichtsamerikas infolge der Überbevölkerung. In der Vergangenheit, der Gegenwart des Kinozuschauers also, wurde nichts gegen das Bevölkerungswachstum unternommen und dessen Konsequenz nicht erkannt, sodass im Jahre 2022 der Staat und die Gesellschaft unter der Last der Menschen zusammenbrechen. SOYLENT GREEN inszeniert ferner das Ende des Wohlstands der breiten Masse in Zeiten der Überbevölkerung; für sie gibt es das Versprechen von Egalität nicht mehr. Der Film wird auf diese Weise zur Bestandsaufnahme einer an ihrem demografischen Wachstum gescheiterten Gesellschaft, die ihre grundlegenden Werte abgelegt und darüber hinaus eine zivilisatorische Rückentwicklung durchlaufen hat: Der hier konsumierte Lebensmittelersatz »Soylent Green« wird in industrieller Produktion aus Leichen hergestellt. Von den Massen bezeichnenderweise bevorzugt verzehrt, gibt diese Ersatznahrung dem Spielfilm den Titel und ist seine eigentliche Provokation. Die Menschen, die regelmäßig wegen der Knappheit von »Soylent Green« randalieren, wissen nicht, dass sie zum Kannibalismus herabgewürdigt werden. Sie sind bereit, der Werbung zu glauben, und lassen sich bereitwillig täuschen von Unternehmern, die »Soylent Green« herstellen und mit dem Wissen korrupter Politiker vertreiben. Daher verhallt die Anklage des tödlich verletzten Polizisten Thorn ungehört, als er gegen Ende des Films seine blutverschmierte Hand hochhält und »Soylent Green is people« schreit. Die überbevölkerte Welt von SOYLENT GREEN lebt mit einer Lüge, und dem *American Way of Life* ist angesichts der Menschenmassen jedwede Grundlage entzogen.

LOGAN'S RUN (1976): Die Lebensuhr in der Handfläche eines Neugeborenen

Der verordnete Tod und die Dekonstruktion der *National Mall* in LOGAN'S RUN

Auch LOGAN'S RUN beruht auf einem Roman, der zu einer ambitionierten, neuen Spielart der Science-Fiction-Literatur gezählt wird.[53] Der Roman seinerseits erschien in der zweiten Hälfte der 1960er Jahre und beschreibt das Leben in einer Zukunft, in der die Lebensspanne der Menschen auf 21 Jahre begrenzt ist. Eine wortwörtlich zu nehmende biologische Uhr, die in der Handfläche eines jeden Individuums durch Farbwechsel dessen Lebensalter markiert, ist das äußere Zeichen dieser umfassenden biopolitischen Beobachtung des Menschen der Zukunft.[54] Im Spielfilm wird diese Lebensuhr schon zu Beginn anhand einer die Leinwand füllenden Aufnahme der Hand eines Neugeborenen ins Bild gerückt. Diese Uhren symbolisieren den biologischen Zugriff des Staates auf die Menschen der Zukunft, deren Lebenszeitspanne hier allerdings 30 Jahre beträgt. Das ist möglicherweise als Konzession an das Alter des männlichen Hauptdarstellers Michael York zu deuten, diese Veränderung gegenüber der Romanvorlage war vielleicht aber als ironisches Echo jener geflügelten Redewendung der *Counter Culture* gedacht, nach der man niemandem über 30 trauen solle.[55]

Auch in diesem Film leben die Menschen nach der Detonation der Bevölkerungsbombe. Im 23. Jahrhundert sind sie jedoch – wie eine eingangs eingeblendete Texttafel erklärt – die Nachfahren der Überlebenden von Überbevölkerung, Krieg und Umweltverschmutzung. Im Jahre 2472 leben sie in einer nicht näher benannten Stadt unter Glaskuppeln und sind von der Umwelt abgeschirmt. Ihre Stadt befindet sich im ökologischen Gleichgewicht, auch kennen die Menschen weder Pflichten noch Sorgen: »[...] die Menschheit lebt nur zum Vergnügen und wurde durch die Servomechanismen befreit, sie bieten ihr ... alles«.[56]

Der Spielfilm stellt sodann den hedonistischen Lebensstil der Zukunft aus, zu dem auch der Konsum von Drogen und eine ausschweifende Sexualität gehören. Er wirkt indessen wie ein bösartig überzeichnetes Bild der 1970er Jahre mit ihrer Hinwendung zum Individuum, der steigenden Bedeutung von Drogen und einer beständig wachsenden Porno-Industrie, die nicht nur von konservativen US-Amerikanern mit Besorgnis betrachtet wurde.[57] So sind die Welt von LOGAN'S RUN und die Erde nach dem Ende der Überbevölkerung kein zukünftiges Elysium, wie der Filmton bereits während des Vorspanns und in der Eröffnungsszene verdeutlicht. Dieser Szene ist zunächst ein rhythmischer und durchdringender, pulsierender Ton unterlegt, dessen Ursprung nicht weiter erklärt wird. Er verweist darauf, dass hier eine artifizielle Welt vorgeführt wird, deren wesentliche Charakteristika und Zusammenhänge unsichtbar bleiben. Es folgt ein Musikstück, in dem der durchdringende Klang von Trompeten dominiert. Diese Instrumentierung schreibt dem Blick von oben und von außen auf die Kuppeln der Stadt eine bedrohliche Qualität zu, die beim Blick nach innen intensiviert wird, als die sich langsam annähernde Kamera die wabenartige Außenhaut der Stadt durchdringt. Vor dem Zuschauer liegen futuristische Gebäude, ein See und großzügige Grünanlagen, die unmittelbar als trügerisch enthüllt werden. Erneut erinnert der Ton mit einem Klangteppich verschiedenster elektronischer Geräusche, deren Herkunft sich einem nicht erschließt, daran, dass hier eine durch Technik geschaffene Umwelt betrachtet wird. Sie ist potenziell bedrohlich und dem Zuschauer auch deshalb so fremd, weil sie in LOGAN'S RUN in Reaktion auf die nicht weiter ausgeführte »Überbevölkerungskrise« der Vergangenheit entstand. Die gesellschaftlichen Logiken und Regeln beziehen sich auf einen Kontext, der dem Rezipienten unbekannt bleibt. Die »Krise« scheint nun überwunden, obschon – wie sich schnell zeigen wird – die hier gefundene Lösung den Menschen seines Menschseins beraubt.

Anders als im New York der Zukunft herrschen hier Ordnung und Sauberkeit, sind materieller Mangel und Enge unbekannt, auch können sich die Bewohner mühelos fortbewegen. So erscheint die Stadt von LOGAN'S RUN als urbanes Gegenprogramm, in dem die Menschen in grellen psychedelischen Farben gekleidet sind und unbekümmert auftreten.[58] Allerdings haben die Maß-nahmen, welche die Bewohner im Gleichgewicht mit den Möglichkeiten ihrer Versorgung halten, umfassende Folgen für das Miteinander: Beziehungen zwischen männlichen und weiblichen Figuren sind auf oberflächliche, sexuelle Kontakte reduziert, dauerhafte Zuneigung ist nicht erwünscht. Jeder Stadtbewohner kommt ferner planvoll zur Welt, wie sich nicht zuletzt daran zeigt, dass alle Figuren Namen tragen, die Ordnungsnummern enthalten. Als *Francis 7*, *Jessica 5* oder *Logan 6* sind sie der »Ersatz« für *Francis 6*, *Jessica 4* und *Logan 5* und austauschbar. Nachnamen sind auch hier unbekannt, weil die Familie als gesellschaftliche Institution unbekannt und auch nicht mehr erforderlich ist; ihre biologischen Eltern kennen die Bewohner nicht, offenbar werden sie zudem gezielten, eugenischen Eingriffen unterworfen. Diese Eingriffe spielen in der filmischen Erzählung keine weitere Rolle, stattdessen werden die Ergebnisse eines bio-politischen Regimes vorgeführt: In der perfekten Stadt der Zukunft leben nur Menschen, die keinerlei körperliche oder seelische Beeinträchtigungen haben. Alle sind gesund und scheinbar sorglos. Auch finden sich hier weder Afroamerikaner noch Asiaten oder hispanisch aussehende Individuen, sondern ausschließlich hellhäutige, großgewachsene Menschen. Auf diese Weise zeichnet der Film auch ein pointiertes Gegenbild zu den USA der 1970er, die das Jahrzehnt des »browning« und der demografischen und nachfolgenden kulturellen Umwälzungen waren.[59]

Im Mittelpunkt dieses Spielfilms steht erneut der Betrug des Individuums durch das Staatswesen, in dem es lebt: Wenn die Lebensuhr rot zu blinken beginnt, ist die Lebenszeit abgelaufen. Es folgt die »Erneuerung«, die inszeniert ist als ein frenetisch gefeiertes, hysterisches Massenritual, welches das Versprechen eines neuen Lebens mit weiteren 30 Jahren birgt. Tatsächlich handelt es sich hierbei jedoch um eine öffentlich vollzogene Ermordung, die durch das Ritual verschleiert wird und deren Sinn es ist, die Einwohnerzahl der Stadt im Gleichgewicht mit den Möglichkeiten ihrer Versorgung zu halten. Da dieses Ritual im Mittelpunkt des gesellschaftlichen Gegenentwurfes der Zukunft steht, wird es im Film ausführlich gezeigt. Die Figuren, die sich ihm unterziehen, sind durch weiße Umhänge, Masken und rot-weiße Ganzkörperanzüge unkenntlich gemacht und ihrer Individualität ebenso wie ihres Geschlechtes beraubt. In der aufwändig gefilmten Szene steigen die Figuren schwerelos hinauf zum Dach der Arena, an deren höchstem Punkt sie ein greller Blitz trifft. Gleich explodierenden Feuerwerkskörpern lösen sich die Individuen in einem Lichterregen auf, während die Zuschauer immer wieder »Erneuerung!« skandieren. Was hier bejubelt wird, ist der ästhetisch beeindruckend gestaltete, sichere Tod der Anderen, der negiert wird. Auffällig ist hier, dass die in dieser Szene ver-

Washington, D.C. und die *National Mall*

wendeten Spezialeffekte die Botschaft des Films visuell besonders eindrücklich vermitteln: In dieser Welt ist nichts, was es scheint. Wer sich der Erneuerung zu entziehen versucht, wird durch spezielle Polizeikräfte mit Tötungsauftrag – den Sandmännern – »eliminiert«, sodass auch dieser Mord sprachlich vertuscht wird. Besonders ausgestattete Reinigungsfahrzeuge vernichten den toten Körper anschließend rückständelos noch an Ort und Stelle. Die sterile Sauberkeit der Zukunft – so wird schnell deutlich – kündet vom rücksichtslosen Vorgehen gegen den Einzelnen. Letztlich bleibt denjenigen, die sich im Dissens mit dieser Gesellschaft befinden, nur die sogenannte »Zuflucht«, deren Wirklichkeit unerklärt bleibt: Die rettende Gegenwart gibt es nicht, das Leben unter der Glaskuppel ist alternativlos.

Auch hier ist der Mensch letztlich ein Massenwesen, lediglich die Sandmänner sind als Ordnungsmacht des Staates privilegiert. Sie überwacht alle Bereiche der in Planquadraten unterteilten Stadt von einem großen Kontrollzentrum aus, dessen Ausstattung und Atmosphäre eher an das Hauptquartier der NASA in Houston denn an einen lückenlosen staatlichen Überwachungsapparat erinnern. Geführt und geordnet wird diese Gesell-

schaft von Computern; das eigentliche Herz des Kontrollzentrums ist mit interaktiven Computern und großen flachen Bildschirmen ausgestattet, die im Jahre 1976 jedoch eine Revolution in der elektronischen Datenverarbeitung vorwegnahmen. Alle Annehmlichkeiten der Stadt entspringen ferner besonderem Wissen und technischer Innovation, deren Umfang der Filmzuschauer erst erahnt, als der Sandmann Logan 5 (Michael York) in den ansonsten nicht sichtbaren »Maschinenraum« der Stadt eindringt, der an eine Unterwelt erinnert. LOGAN'S RUN stellt so eine Zukunftsgesellschaft aus, die auf umfassendem technologischem Fortschritt beruht. Dieser wird von den Stadtbewohnern weder verstanden noch beherrscht und trägt tatsächlich ein Staatswesen, das es im Sinne von Michel Foucault vermag, »leben zu machen und sterben zu lassen.«[60] Indessen befähigt dieser Fortschritt die Menschen nicht dazu, über sich selbst oder ihr Menschsein zu reflektieren. Sie werden vielmehr großzügig versorgt und unterhalten, aber davon abgehalten, nachzudenken.

Das Staatswesen der Zukunft hat kein Interesse an selbstständig denkenden Wesen, auch duldet es keinen Widerspruch. Seinen totalen Kontrollanspruch vermag es unmittelbar durchzusetzen, indessen endet die Macht über die Körper der Menschen unmittelbar außerhalb der Glaskuppeln. Als der Sandmann Logan 5 und seine Begleiterin Jessica 6 (Jenny Agutter) die Stadt verlassen, erlöschen deren Lebensuhren, inmitten einer unbekannten Landschaft. Schnell zeigt sich, dass die beiden Menschen der Zukunft jedoch nicht aus der künstlichen Welt der Stadt in eine unberührte, ursprüngliche Natur geflohen sind. Sie erreichen vielmehr eine von sumpfigem Land umgebene und völlig überwucherte Stadt, in der dennoch Washington, D.C. mit der *National Mall* zu erkennen ist:

Die *Mall*, die als Schaukasten der Nation angelegt worden war und sich mit ihren zahlreichen Denkmälern zu einem begehbaren Geschichtsbuch der Vereinigten Staaten entwickelt hatte, erfüllt in diesem Spielfilm eine besondere Funktion: Sie repräsentiert mit ihrem Verfall den Untergang des idealen Amerikas und seiner Vergangenheit. Die *Federal City* war geplant als eine »Maschine, in der viele in Verbindung stehende Teile sich bald in Bewegung setzen würden«.[61] Im Spielfilm stellt sie nicht mehr eine in Raumplanung und Architektur greifbar werdende neue politische Ordnung dar; hier stoßen Logan 5 und Jessica 6 vielmehr auf das mit Efeu überwachsene Lincoln Memorial, mit dem sie nichts verbinden. Es regt sie nur zu der Frage an, ob so Menschen über 30 ausgesehen haben mögen. Staunend und ratlos stehen sie in einer von oben gefilmten Szene vor der überlebensgroßen Statue des US-amerikanischen Präsidenten, die am 28. August 1963 noch die Kulisse der Rede Martin Luther Kings, *I Have a Dream*, gewesen war. Eine entscheidende Station des *Civil Rights Movements* und des Marsches auf Washington verband sich seither mit dem Lincoln Memorial, dessen semantische Aufladung mit der Sehnsucht nach einer harmonischen amerikanischen Gesellschaft und dem Kampf um Bürgerrechte und Chancengleichheit im Film zitiert wird. All dies hat die Welt der Zukunft hinter sich gelassen, sodass die *Mall* in ihrer Bedeutung dekonstruiert wird, sie ist für die Menschen der Zukunft irrelevant. Überbevölkerung wird auch in diesem Spielfilm als ursächlich für das Verschwinden von Werten dargestellt: Wenn Jessica 6 und Logan 5 alte Grabsteine und Aufschriften wie *Mein geliebter Ehemann* oder *Meine geliebte Ehefrau* verständnislos bestaunen, zeigt sich LOGAN'S RUN als grundlegend konservativer Film, der den Verlust von Familienwerten, Rechten und his-

torischer Erinnerung beklagt. Auch hier sind es wieder die Frauen, die mittels der Figur Jessica 6 als diejenigen inszeniert werden, welche die eigentlichen Verluste zu tragen haben. Jessica 6 vermisst dauerhafte Bindungen, Nähe sowie Kinder und damit die traditionelle Rollenaufteilung. Die überregulierte Gesellschaft verweigert ihr ein Lebensmodell, das der Grundpfeiler des konservativen Amerika ist und das sich hier als das eigentliche, »richtige« Amerika präsentiert. Den Katastrophen der Vergangenheit – und unter ihnen auch der Überbevölkerung – ist in LOGAN'S RUN das gesamte amerikanische System zum Opfer gefallen, das durch ein völlig verfallenes Kapitol versinnbildlicht wird. In ihm lebt ein alter Mann (Peter Ustinov) mit seinen Katzen inmitten der Porträts nunmehr vergessener US-amerikanischer Präsidenten und rezitiert Gedichte von T.S. Eliot. Diese Szene ist eine Gelegenheit, den Schauspieler Ustinov als schrulligen alten Mann zu zeigen, aber auch das Amerika der Zukunft und der Vergangenheit aufeinandertreffen zu lassen und diese dadurch miteinander zu versöhnen. Als Logan 5 und Jessica 6 sich entschließen, fortan als Ehemann und Ehefrau miteinander zu leben, kehren sie aber nur scheinbar zu den ordnenden Prinzipien der Gesellschaft vor der Überbevölkerungskrise zurück. Das zeigt sich auch an dem eher lakonischen denn enthusiastischen Kommentar der Figur Logan 5. Auf die Frage, ob er so leben wolle, erwidert Logan 5: »Warum nicht?«

Die »Zuflucht«, von der die Menschen der Zukunft träumen, ist das Kongressgebäude nicht, auch ist seine Bedeutung vergessen. Die Stadt der Zukunft erlebt gegen Ende des Spielfilms eine Explosion, weil die Aussagen von Logan 5 den Zentralcomputer überfordern, der ein Verhör dieser Figur durchführt. Dass es keine andere Welt und keine »Zuflucht« gibt, kann nicht verarbeitet werden und führt zum Zusammenbruch des Systems. Der totale Ausfall der Technik entlässt die Menschen der Glaskuppel in eine ungewisse Freiheit und den Filmzuschauer mit der Botschaft, dass ein kompromissloser Kampf gegen die Überbevölkerung zum Verlust von Rechten und zu Repression führen kann. Die Werte, die in diesem Kampf aufgegeben werden, lassen sich kaum mehr wiederbeleben, auch wenn der Spielfilm sich zumindest bemüht, mit einem hoffnungsvollen Ausblick zu schließen.

Fazit

Im Jahrzehnt der 1970er lebten über 200 Millionen Menschen auf dem Staatsgebiet der Vereinigten Staaten von Amerika, während die Bevölkerungszahl der Erde die angenommene Marke von vier Milliarden erreicht hatte.[62] Damit war eine Marke überschritten worden, die bislang in demografischen Katastrophenszenarien, nicht aber in realen Zensuserhebungen von Bedeutung gewesen war. Die Ursachen des weltweiten Bevölkerungswachstums standen angesichts dieser neuen Zahlen ebenso im Mittelpunkt einer breiten öffentlichen Diskussion, in der auch über die Folgen dieser Entwicklung spekuliert wurde. Befeuert durch die Debatte in Politik und Wissenschaft und durch die neue Umweltbewegung erreichte das Narrativ einer in Zukunft bedrohlich überbevölkerten Welt den Science-Fiction-Film des *New Hollywood Cinemas*. Diese Filme wollten unterhalten, nahmen aber dessen ungeachtet sich selbst und ihren Gegenstand ernst. So waren sie Teil einer breiten Diskussion über die Folgen von Überbevölkerung, deren Geschichte auch die hier genannten Hollywood-Produktionen einbeziehen sollte.

Denn die Spielfilme boten die Gelegenheit, visuelle und akustische Szenarien der Überbevölkerung mit ihren Konsequenzen zu entwerfen. Auch konnten sie fragen, wie wohl eine Gesellschaft aussehen könnte, der es gelänge, die eigene Bevölkerung im Gleichgewicht zu halten. Die beiden hier untersuchten Filme entwarfen ein wenig erstrebenswertes Amerika der Zukunft, in dem Demokratie eine Farce und die Grundlagen der Gesellschaft umfassend zerstört sein würden. Wenn die 1970er den Siegeszug der Individualisierung bedeuteten, so zeichnen diese Filme das Ende von Selbstbestimmung und persönlicher Freiheit als Folge der Überbevölkerung.

Zugleich dekonstruieren SOYLENT GREEN und LOGAN'S RUN die Ikonen des Fortschritts und Wohlstands des Mittelschichtsamerikas, dessen Werte sich in der überbevölkerten Welt nicht mehr aufrechterhalten lassen: Autos, die nicht länger der Fortbewegung dienen, Wohnraum, der knapp ist, und Computer und Klimaanlagen, die aufgrund von Strommangel nutzlos geworden sind, künden vom Niedergang des *American Way of Life*. Aber auch Computer, die nicht verstehen, dass etwas nicht existiert, dessen Wahrhaftigkeit sie in Zahlen und Algorithmen ausdrucken können, vermögen kaum mehr als Zukunftssymbol herzuhalten. Wo Familienwerte verlorengehen – so stellen SOYLENT GREEN und LOGAN'S RUN übereinstimmend heraus –, sind vor allem die Frauen benachteiligt. Eine Botschaft, die in Zeiten der starken Frauenbewegung und ihren Forderungen nach neuen weiblichen Rollen erstaunlich ist und die auch eine Aussage über den Überbevölkerungsdiskurs trifft, der vermehrt auf die Frauen als mögliche Partnerinnen und Multiplikatorinnen im Kampf gegen demografisches Wachstum zielte.

Wer nichts gegen das Bevölkerungswachstum unternimmt – so eine Aussage von SOYLENT GREEN –, nimmt die Verarmung der Mehrheit und einen Rückfall in die Barbarei billigend in Kauf. Feige und korrupte Politiker tragen hierfür die Hauptverantwortung, zumal sie in der Zukunft ihren Wählern das Ausmaß der ökologischen Katastrophe verheimlichen und nicht eingestehen, dass die Versorgung der Menschheit nicht mehr gelingen kann. LOGAN'S RUN stellt hingegen die Zwiespältigkeit der neo-malthusianischen Bevölkerungs- und Umweltbewegung sowie ihren potenziell autoritären Charakter heraus. Damit kommentieren beide Spielfilme in sehr eindeutiger Weise die in den 1970er Jahren geführten Diskussionen über mögliche Konsequenzen von Bevölkerungspolitik vor dem Hintergrund der allgemeinen US-amerikanischen Entwicklungen. Die Überbevölkerungsfilme sind daher bedenkenswerte Beiträge zu einer Debatte, deren populärkulturelle Dimension bislang zu wenig Aufmerksamkeit erfahren hat.

Anmerkungen

1   Siehe beispielsweise stellvertretend für viele andere Filme BLADE RUNNER (1982; R: Ridley Scott).

2   Der Regisseur war bis dahin unbekannt, das Drehbuch schrieben Max Ehrlich und Frank de Felitta.

3   Das Drehbuch schrieb Stanley G. Greenberg.

4   Das Drehbuch schrieb David Zelag-Goodman.

5   Vgl. zum Begriff des *New Hollywood Cinema* Alexander Horwath: The Impure Cinema. New Hollywood 1967–1976. In: Thomas Elsaesser / A.H. / Noel King (Hg.): The Last Great American Picture Show. New Hollywood Cinema in the 1970s. Amsterdam 2004, S. 10.

6   Paul R. Ehrlich: The Population Bomb. New York 1968.

7   Das verspricht der Historiker Jesse Olszynko-Gryn (University of Cambridge) in Kooperation mit dem Filmwissenschaftler Patrick Ellis (University of California, Berkeley) zu ändern. Sie arbeiten gegenwärtig gemeinsam an einem Aufsatz über die Filme Z.P.G. – ZERO POPULATION GROWTH und SOYLENT GREEN, der 2016 erscheinen soll.

8   Siehe zum Beispiel Matthew Connelly: Fatal Misconception. The Struggle to Control World Population. Cambridge, MA, 2008; Thomas Robertson: The Malthusian Moment. Global Population Growth and the Birth of American Environmentalism. New Brunswick, NJ, 2012; Alison Bashford: Global Population. History, Geopolitics and Life on Earth. New York 2014.

9   Vgl. Manon Parry: Broadcasting Birth Control. Mass Media and Family Planning. New Brunswick, NJ, 2013.

10 Vgl. Vivian Sobchack: Screening Space. The American Science Fiction Film. New Brunswick, NJ, London 2004, S. 132 (Übers. D.G.R); hieran knüpfen an: Philippe Mather: Figures of Estrangement in Science Fiction Film. In: Science Fiction Studies, 29:2, 2002, S. 186–201, hier besonders S. 188f.; Simon Spiegel: Die Konstitution des Wunderbaren. Zu einer Poetik des Science-Fiction-Films. Marburg 2007, S. 206; S.S.: Things Made Strange. On the Concept of Estrangement in Science Fiction Theory. In: Science Fiction Studies, 35:3, 2008, S. 375f. Zu LOGAN'S RUN vgl. Michael Ryan / Douglas Kellner: Technophobia. In: Annette Kuhn (Hg.): Alien Zone. Cultural Theory and Contemporary Science Fiction Cinema. London 1990, S. 58–65. Siehe auch J.P. Telotte: Science Fiction Film. Cambridge 2001, S. 40ff.

11 Für die deutsche Geschichte hat das gleich in mehreren Arbeiten der Zeithistoriker Thomas Etzemüller überzeugend herausgearbeitet. Siehe Thomas Etzemüller: Ein ewigwährender Untergang. Der apokalyptische Bevölkerungsdiskurs im 20. Jahrhundert. Bielefeld 2007.

12 Vgl. unter anderem James Chapman / Nicholas J. Cull: Projecting Tomorrow. Science Fiction and Popular Cinema. London 2013.

13 Susan Sontag: Die Katastrophenphantasie. In: S.S.: Kunst und Antikunst. 24 literarische Analysen. München, Wien 2003, S. 283.

14 Vgl. Drehli Robnik: Allegories of Post-Fordism in 1970s New Hollywood. Countercultural Combat Films and Conspiracy Thrillers as Genre Recycling. In: Elsaesser u.a. 2004, a.a.O., S. 346.

15 So waren SOYLENT GREEN und LOGAN'S RUN kommerziell erfolgreiche Filme, die anders als Z.P.G. – ZERO POPULATION GROWTH auch an der Kinokasse überzeugten.

16 Vgl. John Baxter: Science Fiction in the Cinema. New York 1970, S. 13: »[…] phenomena like sf film may one day be seen to represent more completely than any other art form the *angst* of this decade.« Wobei »Angst« in seiner englischen Verwendung, anders als im Deutschen, eine grundlegende, existenzielle Angst meint.

17 Siehe John Lewis Gaddis: The Cold War. A New History. London, New York 2005, S. 5–47.

18 Vgl. Eva Horn: Die Zukunft als Katastrophe. Frankfurt a.M. 2014, S. 83, 87f.

19 Vgl. Elke Seefried: Zukünfte. Aufstieg und Krise der Zukunftsforschung, 1945–1980. Berlin, Boston 2015.

20 Vgl. ebenda, S. 59f.; dabei kamen der Spieltheorie und dem mathematisch-statistischen Methodenkanon eine besondere Bedeutung zu, die von der Entwicklung der elektronischen Datenverarbeitung profitierten.

21 Das Bild von der Bevölkerungsbombe ist tatsächlich deutlich älter als das Werk von Ehrlich und war als Bild gut eingeführt (vgl. Bashford 2014, a.a.O., S. 336). Durch Ehrlichs Buch wurde die Bevölkerungsbombe im Jahre 1968 jedoch ubiquitär. Zeitgenössische Arbeiten machten die Entschärfung der Bevölkerungsbombe gar zum Titel: Michael Eugene Endres: On Defusing the Population Bomb. Cambridge 1975.

22 Siehe J.R. McNeill: The Environment, Environmentalism, and International Society in the Long 1970s. In: Niall Ferguson / Charles S. Maier / Erez Manela u.a. (Hg.): The Shock of the Global. Cambridge, MA, London 2010, S. 263–278; vgl. auch Robertson 2012, a.a.O., S. 152–200.

23 Auch hier spielte die Atombombe eine bedeutende Rolle. Siehe Jerome F. Shapiro: Atomic Bomb Cinema. The Apocalyptic Imagination on Film. New York 2002. Siehe auch Scott C. Zeman / Michael A. Amundson: Atomic Culture. How We Learned to Stop Worrying and Love the Bomb. Boulder 2004. Vgl. auch H. Bruce Franklin: War Stars. The Superweapon and the American Imagination. Amherst 2008.

24 Michael Salewski: Science Fiction und Geschichte. Anmerkungen zu einer merkwürdigen Quellengattung. In: Joachim H. Knoll / Wolfgang Schirmacher (Hg.): Von kommenden Zeiten. Geschichtsprophetien im 19. und 20. Jahrhundert. Stuttgart 1984, S. 296.

25 Horn 2014, a.a.O., S. 231.
26 Vgl. David Pringle: Science Fiction. The 100 Best Novels. An English-Language Selection, 1949–1984. London 1985.
27 Vgl. Kingsley Amis: New Maps of Hell. A Survey of Science Fiction. London 1961.
28 Vgl. Lionel Shriver: Population in Literature. In: Population and Development Review, 29:2, 2003, S. 153–162, hier besonders S. 157.
29 Diese Querverbindungen wären noch genauer aus wissenschaftshistorischer und soziologischer Perspektive zu untersuchen. Siehe zu den persönlichen Netzwerken von Wells zum Beispiel Bashford 2014, a.a.O., S. 2. Vgl. auch Telotte 2001, a.a.O., S. 71. Zu der von der Organisation *Zero Population Growth*, der Ehrlich vorstand, herausgegebenen Science-Fiction-Literatur siehe Robert Sauer (Hg.): Voyages. Scenarios for a Ship Called Earth. New York 1971. Der Band erschien als Taschenbuch in der Serie der *Zero Population Growth / Ballantine Books*. Zu Werken von Carl Djerassi siehe unter anderem Carl Djerass: The Bourbaki Gambit. Athens, GA, 1994.
30 Vgl. Steven L. Goldman: Images of Technology in Popular Films. Discussion and Filmography. In: Science, Technology and Human Values, 14:3, 1989, S. 278.
31 »By the late 1960s, visions of doom and decay had become the normal Anglo-American cinematic view of our possible future [...]« (Bruce H. Franklin: Don't Look Where We're Going. Visions of the Future in Science-Fiction Films, 1970–1982. In: Science Fiction Studies, 10, 1983, S. 70; Übers. D.G.R).
32 So fasste zumindest der Titel einer sehr bekannten Arbeit von Lader die eigentliche Problematik der »Bevölkerungsbombe« zusammen: Lawrence Lader: Breeding Ourselves to Death. New York 1971. Der Band erschien mit einer Einführung von Paul Ehrlich. Die Langlebigkeit sowohl der Metapher als auch der Ideen bezeugt die Neuauflage des Werkes im Jahre 2002.
33 Vgl. hierzu unter anderem Elaine Tyler May: America and the Pill. New York 2011, S. 44f.
34 Der private Sammler Gary Yanker übergab seine Sammlung ab 1975 der Library of Congress, welche die gesammelten Poster und Handzettel über die *Prints and Photograph Division* zugänglich macht. Yanker sammelte Plakate zu politischen und gesellschaftlichen Themen wie Frauenrechten, der Bürgerrechtsbewegung oder Umweltthemen und dem Krieg in Vietnam. Er sammelte neben Postern der Organisation *Zero Population Growth*, die außer ihrem Namen mit dem Film Z.P.G. – ZERO POPULATION GROWTH nichts gemein hatte, auch Poster der International Planned Parenthood Federation und anderer NGOs. Der Schwerpunkt liegt auf den USA, es finden sich aber auch Plakate aus anderen Ländern. Die Sammlung umfasst über 3000 Stücke.
35 Dabei werden auch Abstraktionen verwendet wie die übereinanderliegenden Symbole für das weibliche und das männliche Individuum, die an die Stelle einer konkret abgebildeten Person treten; siehe das Plakat: *Feel Crowded? Consider Zero Population Growth*. Mögliche »Lösungen« wie die Zwei-Kind-Familie oder der von *Zero Population Growth* propagierte Verzicht auf Kinder finden sich auf den Plakaten ebenfalls, jedoch in geringerer Zahl.
36 Zu den langen 1960er Jahren und den Protesten 1968 gibt es inzwischen eine breite Forschungsliteratur (vgl. hierzu zum Beispiel Philipp Gassert / Martin Klimke (Hg.): 1968. Memories and Legacies of a Global Revolt. Washington, D.C. 2009.
37 Einen zuverlässigen Überblick bieten Jürgen Heideking / Christof Mauch / Michael Wala: Geschichte der USA. Tübingen 2008.
38 Siehe die Aussage des Schriftstellers Joe Queenan, zitiert nach Thomas Borstelmann: The 1970s. A Global History From Civil Rights to Economic Inequality. Princeton, Oxford 2012, S. 2 (Übers. D.G.R).
39 Borstelmann schreibt hierzu: »The ultimate message embedded in Watergate and also in the deceptive Vietnam policies of the Johnson administration was simply not to trust government–ultimately a conservative attitude [...]« (ebenda, S. 45f.).
40 Vgl. Daniel J. Sergeant: The United States and Globalization in the 1970s. In: Ferguson / Maier / Manela 2010, a.a.O., S. 49–64.
41 Die Ölkrise enthielt den Amerikanern das vor, was Bruce Barton als den »Saft des Jungbrunnens« der US-Amerikaner bezeichnete (vgl. Bruce Barton, zitiert nach Borstelmann 2012, a.a.O., S. 57). Borstelmann betont, dass niedrige Energiepreise von US-Amerikanern quasi als ihr Geburtsrecht angesehen wurden und als Symbol für nordamerikanische Unabhängigkeit und Unverletzbarkeit ein wichtiger Teil der eigenen Identitätskonstruktion waren.
42 Dessen Autor hatte sich eingehend mit demografischer Forschung und politischen Diskussionen beschäftigt und belegt in seinen Erinnerungen die Faszination, die auf ihn das Bevölkerungsthema ausübte.
43 1966 erschienen, fasste *Make Room! Make Room!* von Harry Harrison sein Thema bereits im Titel zusammen: Es geht um den mangelnden Platz für die Menschheit in einer überbevölkerten Welt der Zukunft. Der Roman nimmt seinen Anfang am 9. August des Jahres 1999 inmitten einer Hitzewelle, welche die von 35 Millionen Menschen bewohnte Stadt New York seit mehreren Tagen plagt, und endet mit der Begrüßung des neuen Jahrtausends und der Ankündigung des neuen US-amerikanischen Zensus, der eine Gesamtbevölkerung von 344 Millionen Bürgern verzeichnet (siehe Harry Harrison: Make Room! Make Room! Garden City, NY,

1966, S. 12, 213). Wie er das Thema für sich entdeckte, legte Harrison 1975 offen (vgl. H.H.: The Beginning of an Affair. In: Brian W. Aldiss / H.H. [Hg.]: Hell's Cartographers. Some Personal Histories of Science Fiction Writers. London 1975, S. 76–95). Mit der filmischen Umsetzung seines Romans war er allerdings nicht einverstanden.

44 Die verwendeten Aufnahmen machen die Verbindung der Fotografie zur nordamerikanischen Landschaftsmalerei sinnfällig, die vor allem die unbesiedelten Weiten zelebrierte und die Bewegung und das Ausgreifen der Zivilisation durch die Besitzergreifung des Raumes feierte.

45 Vgl. Jörn Piontek: »There Was a World Once, You Punk«. Visual Subversion in Fleischer's SOYLENT GREEN. In: Sonja Georgi / Kathleen Look (Hg.): Of Bodysnatchers and Cyberpunks. Student Essays on American Science Fiction Film. Göttingen 2011, S. 41.

46 So bereits der Titel des Werkes von Edward Alsworth Ross: Standing Room Only? [1927]. New York 1977.

47 An dieser Stelle wird zum Selbstverständnis von New York als Stadt der Mode und der Luxuswaren ein geradezu karikaturistisch anmutendes Gegenbild gesetzt.

48 Wer Strom für den Betrieb eines Fernsehers oder einer Glühbirne möchte, muss ihn selbst durch Muskelkraft erzeugen, wobei einem alten Mann wie Sol hierbei biologische Grenzen gesetzt sind. Die Zukunft ist anstrengend und für Ältere besonders beschwerlich.

49 Zu Egalität als Thema der 1970er Jahre vgl. Borstelmann 2012, a.a.O., S. 73–121; Carl Guarneri: America in the World. United States History in Global Context. Boston 2007.

50 Als Richard Fleischer den Film drehte, konnte niemand ahnen, dass viele der US-amerikanischen Bürger, die im Zuge der Subprime Crisis des Jahres 2008 ihre Häuser verloren, tatsächlich in ihre Autos umziehen würden. Hier markierte der Verlust der eigenen Immobilie das Ende des amerikanischen Traumes.

51 Von »food security« war im 20. Jahrhundert gehäuft im Zusammenhang mit drohenden Hungerkatastrophen in Asien und ist bis heute in entwicklungspolitischen Zusammenhängen die Rede (siehe zum Beispiel Bashford 2014, a.a.O., S. 196f.; Nick Cullather: This Hungry World. America's Cold War Battle Against Poverty in Asia. Cambridge 2010, S. 265).

52 Bezeichnenderweise war die vom Time Magazine zur Person des Jahres 1975 gekürte Person die US-amerikanische Frau (siehe hierzu auch Gail Collins: When Everything Changed. The Amazing Journey of American Women from 1960 to the Present. New York 2009).

53 William F. Nolan / George Clayton Johnson: Logan's Run. New York 1967.

54 Sowohl die Uhr als auch die Tatsache, dass das Leben der Menschen mit 21 Jahren endet, wird gleich auf den ersten Seiten des Romans thematisiert (vgl. ebenda, S. 4).

55 Michael York wurde 1942 geboren, zum Kinostart des Films war er 31 Jahre alt.

56 »[...] mankind lives only for pleasure, freed by the servo-mechanisms which provide ... everything« (Übers. T.D.), siehe LOGAN'S RUN, DVD Warner Brother's Home Entertainment, Minute 00:00:24.

57 Zu diesen Entwicklungen siehe unter anderem Borstelmann 2012, a.a.O., S. 162ff.; zur Bedeutung der 1960er Jahre für diesen Wertewandel siehe David Farber (Hg.): The Sixties. From Memory to History. Chapel Hill 1994.

58 Vgl. Telotte 2001, a.a.O., S. 127.

59 Vgl. Borstelmann 2012, a.a.O., S. 103ff.

60 Michel Foucault: In Verteidigung der Gesellschaft. Frankfurt a.M. 2001, S. 284.

61 Scott W. Berg: Grand Avenues. The Story of Pierre Charles L'Enfant, the French Visionary Who Designed Washington, D.C. New York 2008, S. 162 (Übers. D.G.R).

62 Zur Bevölkerungszahl der USA in dieser Zeit siehe Borstelmann 2012, a.a.O., S. 22.

Die Zukunft als Geschichte

Kontrafaktische Science-Fiction

Von Sherryl Vint

»Science-Fiction, so lange schon der fruchtbare Boden für eine fantasievolle Umwandlung des Lebens, wie wir es kennen, scheint jetzt nur ein düsterer Kommentar über das Leben, wie wir es führen müssen; nicht mehr Fantasie, sondern Dokumentation.«[1]

Susan Squier

Auf den ersten Blick mag es merkwürdig erscheinen, Science-Fiction im Kontext der Geschichtswissenschaft zu erörtern. Schließlich erzählt Science-Fiction von der Zukunft, während die Geschichtsschreibung sich auf die Vergangenheit konzentriert. Gleichzeitig zeigt die Orientierung auf die Zukunft bei der Science-Fiction, dass sie, genau wie die Geschichtsschreibung, ein Interesse an Momenten kultureller Veränderung und Transformation hat und daran, wie man von einer Art gesellschaftlicher Ordnung zu einer anderen gelangt. Somit, meint Edward James,

> »geht es bei Science-Fiction ebenso sehr um Geschichte wie um Wissenschaft. Science-Fiction-Autoren müssen von unserer Welt oder von anderen Welten neue Geschichten konstruieren, um ihr Novum [...] in einen Kontext zu setzen und dessen [...] Auswirkungen auf Individuen und die Gesellschaft insgesamt zu erörtern«.[2]

Das »Novum« ist Darko Suvins Begriff für die Sache in der Science-Fiction, die deren Welt als

anders als unsere Welt markiert; die »neue Sache«, die Science-Fiction, wie er schreibt, zu einer »Reflexion über die Realität« macht, was sie von der »Reflexion der Realität« im Realismus unterscheidet.[3]

Suvin behauptet, dass Science-Fiction, richtig verstanden, diese kritische und politische Rolle wegen ihrer Technik der »kognitiven Entfremdung« einnehmen kann, ein darstellerischer Modus, der uns abverlangt, unsere Realität auf eine neue Art zu sehen, die uns aus unseren gewohnten Wahrnehmungen und Ideologien herausholt. Eines der Subgenres, das auf dem Gebiet von entscheidender Bedeutung ist, nämlich die alternative oder *kontrafaktische* Geschichtsschreibung, spielt häufig in der Vergangenheit oder Gegenwart – aber eben in einer Vergangenheit oder Gegenwart, die merkwürdig anders ist als die, die wir kennen. Solche kontrafaktischen Fiktionen bringen die Anliegen, die im Moment ihrer Entstehung aktuell sind, in einen schärferen Fokus. Diese Technik ist nicht so verschieden von der Geschichtsschreibung als narrative Praxis, die mit den Worten Hayden Whites die Vergangenheit mit Blick auf die Anforderungen der Gegenwart formt.[4]

Ich möchte einige der Implikationen dieser Verbindungen zwischen Science-Fiction und Geschichte durchdenken und sie spezifisch mit dem Science-Fiction-Film in Verbindung bringen, indem ich eine Reihe von kontrafaktischen Filmen bespreche, die Science-Fiction mit Dokumentarischem verschmelzen. Diese Kopplung mag noch unwahrscheinlicher erscheinen als die von Science-Fiction und Geschichte: Populär wird der Dokumentarfilm als ein Genre betrachtet, das sich mit der realen Welt auseinandersetzt, mit der Wahrheit, während Science-Fiction ein Genre ist, das sich seine Welten und seine Erzählungen selbst erschafft. Warum also haben sich einige Filmemacher dokumentarischen Formen zugewandt, um Science-Fiction-Filme über kontrafaktische Geschichte zu machen? Und was für eine Art von kultureller Arbeit können diese Filme leisten?

Um diese Fragen zu beantworten, möchte ich zunächst über den Hintergrund der Verbindung von Science-Fiction zur utopischen Tradition nachdenken. Mein Epigraf hier aus Susan Squiers *Liminal Lives* deutet an, dass Wirklichkeit und Science-Fiction sich aneinander annähern – eine Perspektive, die von vielen Kritikern mit Verweis auf genmanipulierte Nahrungsmittel, Umweltzerstörung und posthumane Körper als von der neoliberalen Globalisierung zum Leben erweckte Ikonen aus der Science-Fiction geteilt wird. Squier schlägt vor, diese Annäherung als die Verwandlung des Dokumentarischen zur Science-Fiction zu sehen, eine Position, die ich noch ein bisschen über die von ihr verwendete Metapher hinaus weiterführen möchte. Was würde es bedeuten, wenn man Science-Fiction als eine kritische Praxis denkt, die in die Gegenwart eingreift, ähnlich wie die politische Praxis des Dokumentarfilmemachens?

In seinem kürzlich erschienenen Buch *The Future*[5] argumentiert Marc Augé, wir hätten die Fähigkeit verloren, über die Zukunft als einen Ort der hoffnungsvollen Transformation nachzudenken, und erlebten sie nunmehr nur als das unvermeidbar apokalyptische Resultat zeitgenössischer Ereignisse. Er fordert eine erneuerte kritische Auseinandersetzung mit möglichen Formen der Zukunft und die Wiedereinführung eines kritischen Blicks »auf Gebiete, die uns natürlich erscheinen«, auf Konfigurationen, deren Geschichte wir nicht kennen und deren Ordnung wir daher auch nicht als kontingent erkennen können. Kontrafaktische Konstruktionen sind ein Weg, wie man den kritischen Blick in eine Welt einführt, die unveränderbar erscheint, und es ist meine These, dass die Dokumentartechniken in den Filmen, denen ich mich hier widmen will – BORN IN FLAMES (In Flammen geboren; 1983; R: Lizzie Borden), C.S.A.: THE CONFEDERATE STATES OF AMERICA (2004; R: Kevin Willmott), DEATH OF A PRESIDENT (2006; R: Gabriel Range) und schließlich PUNISHMENT PARK (Strafpark; 1971; R: Peter Watkins) – kontrafaktische Geschichte nicht nur einsetzen, um unser Gefühl der Unvermeidbarkeit der Gegenwart zu verfremden, sondern uns auch dazu anregen, die Gegenwart aus der Perspektive der Zukunft zu betrachten, also einen Science-Fiction-Blick »zurück« auf unseren zeitgenössischen Moment zu werfen. Dies führt dazu, dass wir die Dystopie eben nur als eine von mehreren möglichen Zukunftsformen betrachten, die sich aus diesem Moment entwickeln könnten.

Diese Art, über die kontrafaktische Mischung von Science-Fiction- und Dokumentarfilm nachzudenken, befolgt die von Fredric Jameson in einem einflussreichen Aufsatz beschriebene Argumentation, die Funktion der Science-Fiction sei es nicht, uns Bilder von der Zukunft zu geben, sondern »vielmehr, unsere Erfahrung unserer eigenen Gegenwart zu verfremden und umzustrukturieren«.[6] Das Genre entstand Jameson zufolge zu einem Zeitpunkt, als die menschliche Beziehung zur Geschichte sich grundsätzlich veränderte, und zwar dahingehend, dass die Gegenwart nicht mehr so leicht für intellektuelle Reflexion zugänglich war; sowohl wegen ihrer immensen und nicht totalisierbaren Komplexität als auch – noch bedeutsamer – weil »die Dichte unserer privaten Fantasien« und die »um sich greifenden Stereotype einer Medienkultur, die jede entfernte Zone unserer Existenz durchdringt«[7], die »echte« Gegenwart verdecken. Jameson machte sich Sorgen, dass diese Unfähigkeit, sich die Zukunft vorzustellen und sogar die Gegenwart vollständig wahrzunehmen, ein Zeichen für die Verödung der utopischen Fantasie ist.

Denselben historischen Zeitpunkt beschreibt Jean Baudrillard mit den Simulakren; eine Ära einer verschwommenen Wirklichkeit und Darstellung, sodass die Unterscheidung zwischen Original und Kopie, Wirklichkeit und Zeichen keine Bedeutung mehr hat. In *Simulacra and Science-Fiction*[8] identifiziert er drei Ordnungen von Simulakren: erstens natürliche, zweitens produktive, die er mit Science-Fiction assoziiert, und drittens hyperreale, die er als den Einbruch des Realen in die Fiktion identifiziert. Er sieht J.G. Ballards *Crash* (1973) als den Inbegriff dieses neuen Modus. Seit aber das Hyperreale alltäglich geworden ist, scheint mir die Unschärfe zwischen Science-Fiction und dem Dokumentarischen besser in der Lage zu sein, uns von der Gegenwart zu entfremden, als dies das Surreale könnte. Die Vermittlung von Wirklichkeit ist für uns natürlich geworden; der kontrafaktische Science-Fiction-Dokumentarfilm leugnet diese Tatsache nicht und widersteht ihr auch nicht, sondern benutzt unsere vermittelte Erfahrung als Ausgangspunkt für seine Kritik.

Um diesen Punkt deutlicher zu machen, möchte ich kurz ELYSIUM (2013; R: Neill Blomkamp) erörtern – als einen exemplarischen Text für unsere Unfähigkeit, die Zukunft zu imaginieren. Ja, der Film spielt in der Zukunft, im Jahre 2154 in Los Angeles, aber diese Zukunft ist lediglich eine Steigerung unserer Gegenwart. Es ist die Zukunft als Projektionsfläche für unsere aktuellen Sorgen und Anliegen: vom wachsenden wirtschaftlichen Gefälle (das hier als die Distanz von der Erde zu einem sie umkreisenden Satelliten dargestellt wird) über

ELYSIUM (2013)

die abnehmende Hegemonie der Weißen in den USA (was sich in der Besetzung zeigt) sowie die (im US-amerikanischen Diskurs) uneingestandene Spannung zwischen den Zielen des globalen Kapitals und den Zielen des Nationalismus (Weiße wohnen in der *Gated Community*, aber sie sind nicht notwendigerweise Amerikaner) bis hin zu Ängsten vor Entmenschlichung und Verlust von Arbeit (der Unfall, der Max [Matt Damon] verstrahlt, und seine Unterhaltung mit seinem automatisierten und unflexiblen Bewährungshelfer spielen hier eine Schlüsselrolle).

Der Film ist auch ein utopischer Film. Seine gesamte Handlung dreht sich um den Wunsch, das »System zu rebooten« und allen Bürgerrechte zu gewähren – und ich denke, es ist vielsagend, dass der Horizont der utopischen Erwartungen hier zutiefst biopolitisch ist: Es geht um den Zugang zur Gesundheitsversorgung statt irgendeines abstrakten Ideals von Freiheit. Trotz sei-

ner Plumpheit artikuliert der Film einen echten, utopischen Impuls, aber er hat keine politische Wirkung, denn er kann weder die Zukunft imaginieren noch uns einen verfremdeten Blick auf die Gegenwart gewähren: Keine seiner Einsichten über Ungleichheit und Ungerechtigkeit sind neu, und die imaginierte Lösung erweitert einfach nur dasselbe System auf einen breiter gefassten Kreis von Menschen. Der Film gibt uns keine Werkzeuge an die Hand, mit denen wir unsere Gegenwart auf neue Art begreifen könnten.

Um dieses Argument zu formulieren, hätte ich mir hier etliche zeitgenössische Science-Fiction-/Action-Filme aus Hollywood vornehmen können, von denen die meisten ein ähnliches affektives Investment in die Ideale menschlichen Wohlergehens haben. Ich habe mir ELYSIUM ausgesucht, weil er sich enttäuschend von Neill Blomkamps früherem – und ebenso unvollkommenen, aber meiner Meinung nach dennoch besseren – Film DISTRICT 9 (2009) unterscheidet. DISTRICT 9 wurde für seine Untersuchung von systematischem Rassismus gelobt, die er mit der bereits bekannten Parallele zwischen Aliens und marginalisierten Ethnien vornahm, was nicht besonders neu war. Warum also wurde der Film positiv aufgenommen? Die Mischung von dokumentarischen und erzählerischen Formen ist, so denke ich, entscheidend für den Erfolg dieses Films, denn er ließ ein Element der Selbstreflexivität und dramatischer Ironie zu, das ELYSIUM fehlt.

Während wir von DISTRICT 9 beunruhigt waren und über die Auswirkungen von den Ereignissen im Film wie beispielsweise die Inhaftierung von Fundiswa Mhlanga (Mandla Gaduka) nachdenken, der einzigen farbigen Person in dem privaten Sicherheits- und Militärunternehmen *Multinational United* (MNU), die umgesiedelt werden sollte, bleiben wir bei ELYSIUM in einer geschlossenen Schleife: Wir beginnen und enden damit, dass Max als Kind über *Elysium* nachdenkt, mit dem aus dem Weltraum aufgenommenen Bild der Erde in seinem Amulett. Übereinstimmende, runde Darstellungen werden dabei verwendet, um zu unterstreichen, dass beide Orte und ihre Menschen gleich sind. Ich meine damit hier, dass auf den zweiten Blick die Verbindung zwischen dokumentarischen und Science-Fiction-Formen stark ist. Beide interessieren sich für eine Mischung aus Wahrheit und Wirklichkeit, und sie wollen Geschichten über die Welt erzählen und sie darstellen, und zwar auf eine Art und Weise, die uns dazu bringt, diese Welt in einem neuen Licht zu sehen. Man könnte sie also als die extremen Pole eines Kontinuums sehen, bei dem die Herausforderung für Science-Fiction immer schon ist, ihre populäre Rezeption als unvermittelte Fakten zu verhandeln. Diese Parallelen sind wahrscheinlich im Science-Fiction-Film noch stärker als in der belletristischen Tradition: Es ist nicht nur so, dass Science-Fiction und Dokumentarfilm das politische Projekt teilen, die Wirklichkeit zu kommentieren, um so Veränderungen herauszufordern, sondern sie setzen auch häufig dieselben ästhetischen Techniken ein. In ihrem grundlegenden Buch *Screening Space* verweist Vivian Sobchack darauf, dass der Science-Fiction-Film sich durch die Spannung zwischen seiner irrealen Erzählung und einer filmischen Form auszeichnet, die »in der Anmutung und im Stil dokumentarisch ist«.[9]

Die dokumentarische Tradition hat auch mit dieser Beziehung gerungen und hinterfragt, wie ihre Form »Wahrheit« transportiert und beispielsweise darüber diskutiert, welche Rolle das Nachstellen historischer Ereignisse mit Schauspielern im Vergleich zu Aufnahmen historischer Ereignisse und Dokumente spielt. Mockumentaries (fiktive Dokumentarfilme) und andere Experimente mit der dokumentarischen Form wie I'M STILL HERE (2010; R: Casey Affleck) offenbaren und hinterfragen, inwieweit Wahrheit und Wirklichkeit technisch transportierte Effekte sind. Der Dokumentarfilm manipuliert so viel wie jede andere Form des Films auch. Aber genau wie die Science-Fiction Kritik übt, indem sie unsere Wahrnehmung verfremdet – eine Reflexion über die Wirklichkeit, nicht von der Wirklichkeit –, so kann auch das Dokumentarische selbstreflexive Strategien einsetzen, um die Zuschauer darauf aufmerksam zu machen, wie Wirklichkeit und Autorität durch ihre Werkzeuge konstruiert sind.

Jetzt möchte ich mich meinen Beispielen von kontrafaktischen Science-Fiction-Dokumentarfilmen zuwenden, um die spezifischen Arten zu zeigen, die das politische Versprechen sowohl von Science-Fiction als auch Dokumentarfilm vermischen, um etwas Neues zu erreichen. Mein erstes Beispiel, Lizzie Bordens feministischer Independent-Film BORN IN FLAMES, ist gewissermaßen ein Dokumentarfilm aus der Zukunft, der vor allem zeigen soll, wie wenig sich verändert hat. Dieser Film vermischt Dokumentarisches und Science-Fiction, um das Problem anzusprechen, das Jameson identifiziert hat: Unsere Unfähigkeit, uns die Zukunft als einen Ort des radikalen Unterschieds vorzustellen.

Der Film gibt vor, eine Nachrichtenreportage zu sein, die auf die zehn Jahre seit der sozialistischen demokratischen Revolution in den USA zurückblickt. Er konzentriert sich dabei vor allem auf die Arbeit, die noch notwendig ist, um die Gleichberechtigung der Frau zu erreichen. Auch dieser Film mischt eine Reihe von Formen, die alle bereits in der kurzen Anfangssequenz deutlich werden: die Nachahmung einer Nachrichtenreportage, zu der man am Ende des Films zurückkehrt, einschließlich einer Serie von Aufnahmen, die zeigen, wo

BORN IN FLAMES (1983)

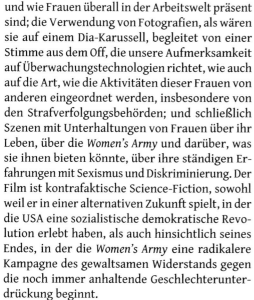

und wie Frauen überall in der Arbeitswelt präsent sind; die Verwendung von Fotografien, als wären sie auf einem Dia-Karussell, begleitet von einer Stimme aus dem Off, die unsere Aufmerksamkeit auf Überwachungstechnologien richtet, wie auch auf die Art, wie die Aktivitäten dieser Frauen von anderen eingeordnet werden, insbesondere von den Strafverfolgungsbehörden; und schließlich Szenen mit Unterhaltungen von Frauen über ihr Leben, über die *Women's Army* und darüber, was sie ihnen bieten könnte, über ihre ständigen Erfahrungen mit Sexismus und Diskriminierung. Der Film ist kontrafaktische Science-Fiction, sowohl weil er in einer alternativen Zukunft spielt, in der die USA eine sozialistische demokratische Revolution erlebt haben, als auch hinsichtlich seines Endes, in der die *Women's Army* eine radikalere Kampagne des gewaltsamen Widerstands gegen die noch immer anhaltende Geschlechterunterdrückung beginnt.

Indem diese diversen filmischen Formen miteinander vermischt werden und durch den Fokus auf eine Anzahl von Figuren, deren Arbeit in den Medien entscheidend für ihre Politik ist – die Poetry-Slam-Künstlerin Isabel (Adele Bertei), die Radio-DJ Honey (Honey), die Redakteurinnen der Parteizeitung *Socialist Youth Review* (u.a. Kathryn Bigelow) – alle von Frauen gespielt, die später Filmregisseurinnen wurden –, unterstreicht der Film, dass Politik von Repräsentationen – mittels Medientechniken und Vermittlung – konstruiert wird. In einem auffallenden Beispiel sehen wir,

wie die *Women's Army* eine Frau, die um ein Haar vergewaltigt wird (Merián Soto), verteidigt, und später wird dieser Vorfall in den Fernsehnachrichten so berichtet: »Eine Bande von Frauen [...] greift Männer auf der Straße an.« Obgleich der Nachrichtensprecher zugesteht, dass diese Angriffe als Reaktion auf das Benehmen der Männer geschahen, betont der Bericht die offizielle Verurteilung von Selbstjustiz und bittet um Informationen über diese Frauen – um »vielleicht sogar ihre Telefonnummern«, so sagt der Nachrichtensprecher mit einem Zwinkern und einem anzüglichen Grinsen.

Die wichtigste Botschaft des Films ist die noch nicht abgeschlossene Revolution, die sich nur auf den Klassenkampf konzentriert hat, ohne dabei Ethnizität, Gender oder Orientierung mit einzubeziehen, und zeigt, wie diese Revolution von einer Rückkehr zu patriarchalischen Werten untergraben wird, die Jobs den Männern vorbehält und versucht, Frauen mit »Lohn für Hausarbeit«-Programmen abzuspeisen. Der Film thematisiert die Verwandlung von weißen, der Mittelschicht angehörenden Redakteurinnen von einer Position der Parteiloyalität zur radikalisierten Intervention. Zunächst betonen diese Redakteurinnen die Notwendigkeit von Solidarität und rufen Frauen dazu auf, die in einer sozialistischen Demokratie erforderlichen Opfer zu akzeptieren. Aber nachdem Adelaide Norris im Polizeigewahrsam stirbt, unterstützen sie die Partei nicht mehr und realisieren, dass Politik auch außerhalb der offiziellen Strukturen vorangetrieben werden muss. Am Ende des Films kehren wir zum Nachrichtensprecher vom Anfang zurück, der die rhetorische Frage stellt: »Sind wir zu weit gegangen?«, und der sich um einen Wohlfahrtsstaat sorgt, der wirtschaftliche Herausforderungen nicht meistern kann. »Wenn wir unsere Ideale überleben wollen«, so beginnt er, »müssen wir ihre Implikationen sorgfältig bedenken ...« – aber bevor er weitere, Reagan'sche Rationalisierungen bezüglich der Notwendigkeit von Kürzungen bei Sozialprogrammen von sich geben kann, wird seine Sendung von einer von der *Women's Army* gezündeten Bombe unterbrochen. Der Film beantwortet somit die Frage seiner diegetischen Nachrichtensendung selbst ganz anders: Weit davon entfernt, zu weit zu gehen, sind wir noch nicht weit genug gegangen. Diese Schlussfolgerung klingt natürlich für ein Publikum, das die Anschläge vom 11. September 2001 erlebt hat, deutlich anders als für das Publikum bei Erscheinen des Films – hier hat die Geschichte selbst interveniert. Die Zukunft, die anzusprechen dieser Film imaginiert, ist inzwischen kontrafaktisch geworden, während die Dystopie des Überwachungsstaats, vor dem er warnen wollte, inzwischen »natürlich« geworden ist.

Kevin Willmotts C.S.A.: THE CONFEDERATE STATES OF AMERICA gibt ebenso vor, eine Fernsehsendung zu sein, aber hier vermeidet der Filmemacher deutlicher jegliche Hinweise, dass wir seinen Film sehen und nicht den BBC-Dokumentarfilm über die CSA, der er zu sein vorgibt. Nach einem kurzen Vorspann beginnt der Film mit einer Fernsehwerbung (für die Lebensversicherung *Confederate Life Insurance*), welche den Zuschauer in eine kontrafaktische Welt eintauchen lässt, in der der Süden den amerikanischen Bürgerkrieg gewonnen hat. Der ganze Film ist so strukturiert, dass man das Gefühl hat, eine Fernsehdokumentation in dieser Gegenwart zu sehen, die durchaus so hätte sein können. Die »Geschichte« des Siegs der Südstaaten wird noch einmal nachgezeichnet, ebenso die Zeit bis hin zur Gegenwart, unterbrochen von Fernsehwerbung, die uns einen weiteren Einblick in diese kontrafaktische Welt gibt.

Das Hauptanliegen des Films liegt darin, uns zu zeigen, wie wenig verändert werden müsste, damit diese kontrafaktische Welt entsteht. Gleichzeitig versucht er – mal mehr, mal weniger erfolgreich – uns zu zeigen, dass systemischer Rassismus ebenso Teil der Vereinigten Staaten war und ist, wie er auch die *Confederate States* definiert – um diese alternative Welt letztlich auch zu persiflieren. Diese beiden Ziele sind nicht im Einklang, und der Film ist uneinheitlich, aber er vertritt doch einige interessante Standpunkte. Man könnte dies die Science-Fiktionalisierung der dokumentarischen Form nennen, bei der standardmäßige Techniken des Fernsehdokumentarfilms eingesetzt werden. Dazu gehören beispielsweise Historiker und Experten, die aus dem Off kommentieren, Aufnahmen zeitgenössischer Dokumente und Ausschnitte aus zeitgenössischen Medien, um zu zeigen, wie manipulativ diese Formen sein können. Der Film erfindet also die »Dokumente«, die er dann präsentiert. In diesem Fall bekommen wir auch Versionen von kommunismusfeindlichen Filmen aus dem Kalten Krieg zu sehen, in denen nun rassistische Motive eine Rolle spielen, sowie ein Melodram mit großen Ähnlichkeiten zu GONE WITH THE WIND (Vom Winde verweht; 1939; R: Victor Fleming), in dem daran gearbeitet wird, die gespaltene Nation zu versöhnen und die Kultur der Verliererseite zu romantisieren. Der Film stellt die Idee eines »ausgewogenen« Berichtens nach und macht sich gleichzeitig darüber lustig, indem Kommentare von zwei unterschiedlichen, diegetischen Historikern verwendet werden: Sherman Hoyle (Rupert Pate), ein weißer Südstaatler, der das offizielle Selbstbild der CSA verkörpert, und Patricia Johnson (Evamarii Johnson), eine Schwarze aus Montreal, die eine Außenperspektive auf die CSA vertritt.

Auffallender aber ist die Mischung aus realer und kontrafaktischer Geschichte. Beispielsweise wird die Emanizipierungsproklamation als Instrument interpretiert, mit dessen Hilfe Ressourcen aus den Südstaaten abgezogen wurden, und nicht als idealistisches Statement menschlicher Solidarität. Auch die Aufzählung bestimmter his-

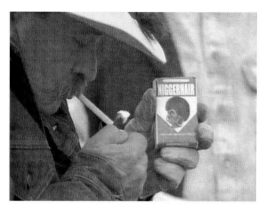

C.S.A.: THE CONFEDERATE STATES OF AMERICA (2004)

torischer Tatsachen, die den USA mit den CSA gemein sind, wird einfach uminterpretiert – die Gründungsväter waren Sklavenbesitzer, die Wirtschaft stützte sich auf Sklaven, der Genozid an den Ureinwohnern, der gegen Asiaten gerichtete Rassismus sowie deren Inhaftierung. In dieser kontrafaktischen Geschichte werden oft echte historische Dokumente und Aufnahmen verwendet, aber anders kontextualisiert – eine Technik, die unsere Aufmerksamkeit auf die fest verwurzelte Geschichte des systemischen Rassismus in den USA lenkt. Besonders verstörend gelingt dies in einem Segment, das echte Fotografien von gelynchten Körpern verwendet, deren Mörder daneben posieren – als Artefakte einer Welt, in der die Südstaaten gewonnen haben. Der Film erfindet bestimmte historische Ereignisse auf sehr geschickte Art und Weise neu und hilft uns, sie in einem anderen Licht zu sehen; am amüsantesten gelingt das in der Verwandlung der National Association for the Advancement of Colored People (NAACP) zur National Association for the Advancement of Chattel [Hab und Gut] People und deren Rolle, das kanadische Parlament zu überreden, geflohene Sklaven nicht auszuliefern, was zum »Baumwollvorhang« und einem Kalten Krieg zwischen den USA und Kanada führte. Ein angeblich aus der Mitte des 20. Jahrhunderts stammender Nachrichtenausschnitt zeugt von der Wut der USA über Kanadas Bereitschaft, entflohenen Sklaven

Asyl zu bieten, da das Urteil im Dred-Scott-Fall in seiner juristischen Reichweite auf die USA beschränkt ist, und fängt an, unheimlich wirkende Kanadier auf eine Art als Schurken darzustellen, die an die Darstellung von Sowjetbürgern im Kalten Krieg erinnert. Auf humorvolle Art und Weise wird anschließend ein Erblühen der kanadischen Kultur gezeigt, bereichert durch den reichen, kreativen Ausdruck, den wir mit afroamerikanischer Kunst und Musik assoziieren, eine Geschichte, die sich nun in Kanada entwickelt. Der Film lässt uns echte Ereignisse auf eine neue Art sehen – der gewaltsame Widerstand gegen den Bürgerrechtskampf zum Beispiel zeigt sich in Ereignissen wie der Bombenattacke auf eine Kirche in Alabama, die hier als Beweise für terroristische Angriffe angeführt werden –, und er hilft uns zu erkennen, wie populäre Kultur zeitgenössische Ideologien verkörpert. Auf ähnliche Weise rekontextualisiert der Film Aufnahmen von der Wahlkampfdebatte zwischen Kennedy und Nixon und verwandelt die Rhetorik über eine Welt, die zur Hälfte kommunistisch und zur Hälfte »frei« ist, in eine nun in Sklavenstaaten und freie Staaten unterteilte Welt, während die Watts-Unruhen und ähnlicher, militanter Aktivismus als »Sklavenaufstände« dargestellt werden.

Die Vorschau für die CSA-Fernsehserie RUNAWAYS ist eine besonders gelungene Parodie – sie nimmt sich die wirklich existierende Reality-

79

TV-Serie COPS (seit 1987) zum Vorbild. Hier aber werden entflohene Sklaven statt Krimineller gejagt, und dabei wird sehr deutlich offenbart, wie systemischer Rassismus das Justizsystem der USA prägt, denn die Aufnahmen der gefälschten und der echten Fernsehserie lassen sich nur anhand

DEATH OF A PRESIDENT (2006)

der Titelmusik und der Uniformen der Polizisten unterscheiden.

Der gesamte Dokumentarfilm dreht sich um die fiktionale Familie Fauntroy, die nach dem Bürgerkrieg Macht erlangt hat und deren aktueller Patriarch (der für den Dokumentarfilm interviewt wird) CS-amerikanischer Präsidentschaftskandidat ist; der Film endet mit seinem gleichzeitig komischen wie auch tragischen Selbstmord, als seine Karriere durch einen Skandal beendet wird, weil er nicht reinrassig ist – ein Verweis auf die Zeiten der Sklaverei, als Sklavinnen von ihren Besitzern vergewaltigt wurden. Seine stärkste Wirkung allerdings entfaltet der Film in seinem Anhang nach dem Ende des Dokumentarfilms, wenn der Filmemacher offenbart, wie viele der Dinge, die sehr weit hergeholt scheinen, auf realen Ereignissen oder Produkten basieren. Zu dieser Liste gehört beispielsweise Doktor Samuel Cartwright, der 1851 »Drapetomanie« – den überwältigenden Wunsch zu fliehen – als eine behandelbare Krankheit von Menschen mit afrikanischen Wurzeln diagnostizierte, und eine Anzahl schockierend rassistischer Produkte,

deren Vermarktung die Werbung in der fiktionalen Fernsehsendung des Films strukturiert: »Coon Chicken Inn«, »Sambo Wagenschmiere«, »Gold Dust Waschpulver«, »Niggerhair Tobacco«.

Mein nächstes Beispiel, DEATH OF A PRESIDENT, ist ebenfalls in Form eines Fernsehdokumentarfilms gehalten, bei dem man sich allerdings vorstellen kann, ihn in unserer eigenen Welt zu sehen. Der Film – 2006 erschienen, aber angeblich 2008 ausgestrahlt – handelt vom Attentat auf Präsident George W. Bush am 19. Oktober 2007. Während C.S.A.: THE CONFEDERATE STATES OF AMERICA Humor und Übertreibung in einer kontrafaktischen und mockumentarischen Form einsetzt, ist DEATH OF A PRESIDENT vollkommen ernst und könnte problemlos als echter Dokumentarfilm durchgehen. Der Film des britischen Regisseurs Gabriel Range ist eine Anklage gegen die Einschränkungen bürgerlicher Freiheiten nach den Anschlägen vom 11. September auf die USA. Er gibt den rhetorischen Stil investigativer Dokumentarfilme so perfekt wieder, dass man durchaus vergessen könnte, dass es sich hier um einen kontrafaktischen Film handelt. Wie C.S.A.: THE CONFEDERATE STATES OF AMERICA stützt sich auch DEATH OF A PRESIDENT sehr stark auf vorhandene Aufnahmen, in diesem Fall Nachrichtenbeiträge über Ex-Präsident Bush bei diversen Ereignissen und vor allem bei seiner Rede im Economic Club of Chicago im Jahre 2007 sowie von der »Pledge for Peace«-Demonstration, die während seines Besuchs in Chicago stattfand. Obwohl also die Geschichte, wie und wann ein Attentat auf den Präsidenten verübt wurde, kontrafaktisch ist, sind der Widerstand gegen die Politik seiner Regierung und die auf falschen Aussagen basierende Invasion des Irak, die in den Aufnahmen des Protestes dokumentiert werden, durchaus echt. Der Film fungiert somit gleichzeitig als Kritik und als echtes Dokument über das Ausmaß und die

Vehemenz des öffentlichen Protests gegen die Politik der Bush-Regierung.

Der Film spielt mit unseren Erwartungen an eine bestimmte Art von Erzählung, zu der zählt, dass entweder ein Moslem verantwortlich ist oder aber einem Moslem aus Gründen politischer Zweckmäßigkeit das Verbrechen angehängt wird – zwei Narrative, die sich plausibel aus den Interviews ergeben: mit der Frau des Verdächtigen, mit dem Chef der Sicherheitsleute, mit dem FBI-Inspektor und dem stellvertretenden Chef der Chicagoer Polizei sowie mit dem Direktor des forensischen Labors. Wir hören die Stimmen von öffentlichen Behördenvertretern stärker als die Stimmen von anderen, und ein Großteil des Films berichtet von den verschiedenen Sackgassen, in denen die Untersuchung endet, und offenbart dabei »unbeabsichtigt« die Erosion der bürgerlichen Freiheiten: Ein Friedensaktivist und Student wird bei seiner Verhaftung und seinem Verhör von der Polizei verletzt; ein demonstrierender jemenitischer Student, dessen Familie ausgewiesen wurde, wird nur wegen seiner Herkunft als Verdächtiger behandelt, ein afroamerikanischer Kriegsveteran kurzzeitig ebenso – einfach nur, weil er sich in der Nähe aufhielt, ohne sich allerdings am Protest zu beteiligen. Doch sein früherer Militärdienst bewahrt ihn davor, weiter verhört zu werden. Schließlich wird ein syrischer Immigrant, Jamal Zikri (Malik Bader), der auf dem Heimweg von der Arbeit durch die Gegend kommt, als der wahrscheinlichste Täter identifiziert, da er auf einem Überwachungsvideo auftaucht, obwohl er auch nichts mit dem Protest zu tun hatte. Die Regierung behauptet, Zikri sei bei einem von der syrischen Regierung unterstützten Attentat involviert gewesen, muss diesen Vorwurf aber mangels Beweisen wieder fallen lassen.

Der Film transportiert seine Bedeutung auf unterschiedlichen Ebenen. Die Strafverfolgungsbehörden unterstreichen, dass ihre fehlenden Befugnisse sie behindern, und fordern mehr Überwachung, und tatsächlich ist das wichtigste politische Ergebnis des Attentats die Verabschiedung der »Patriot III« genannten Gesetzgebung, die die Kompetenzen der Polizei erweitert und rechtsstaatliche Verfahren suspendiert. Als eine Dokumentation *in* dieser kontrafaktischen Welt fungiert der Film als eine Kritik des Machtmissbrauchs der Regierung und ihrer rassistischen Verfolgung von Muslimen: Obwohl sich herausstellt, dass ein anderer Veteran das Attentat verübt hat, weil er über den unnötigen Tod seines im Irak dienenden Sohnes wütend war, lehnen es die Behörden ab, den bereits verurteilten Zikri gehen zu lassen. Als kontrafaktischer Dokumentarfilm zeigt DEATH OF A PRESIDENT, wie weit sich die USA seit den Anschlägen vom 11. September nach rechts bewegt haben. Diese Wirkung wird durch einen ironischen Kontrast zwischen Bushs antinordkoreanischer Rhetorik in seiner Rede und der gewaltsamen Niederschlagung des Protests gegen den Irakkrieg direkt vor seiner Tür noch verstärkt. Der Film montiert den Originalwortlaut der Rede, der die Unterdrückung bürgerlicher Freiheiten und die totalitären Methoden des nordkoreanischen Regimes anprangert, zu Szenen der Demonstration, die sich ganz in der Nähe abspielen und bei denen zu sehen ist, wie die amerikanische Polizei genau die Art von Dingen tut, die Bush in Nordkorea verurteilt.

Am Ende möchte ich mich Peter Watkins' PUNISHMENT PARK widmen, einem Film, der meiner Meinung nach am besten mit dieser Mischung aus Science-Fiction- und Dokumentarfilm umgeht. Die kontrafaktischen Elemente des Films basieren auf echter US-amerikanischer Gesetzgebung, nämlich *Title 2 of the 1950 Internal Security Act*, der »den Präsidenten autorisiert, ohne Zustimmung durch den Kongress ein Ereignis des Aufstands innerhalb der USA zu bestimmen und die Existenz eines Notstands der inneren Sicherheit auszurufen«.[10] Eine solche Deklaration ermächtigt den Präsidenten, jeden zu verhaften, der »wahrscheinlich in der Zukunft Sabotageakte verüben wird«, Gerichtsverhandlungen ohne Möglichkeit auf Freilassung gegen Kaution oder rechtmäßige Beweisaufnahme abzuhalten und die Verurteilten im Gefängnis einzusperren. Der Film beginnt mit einer schlichten Rezitation dieser Fakten und wird in keiner Weise als ein kontrafaktischer und nicht echter Dokumentarfilm markiert. Er verlässt sich also darauf, dass ein informiertes Publikum seine Ästhetik begreift, benutzt aber gleichzeitig die Verweigerung, sich als Satire zu markieren, um zu zeigen, wie schnell man in dieser fiktionalen Realität landen könnte.

PUNISHMENT PARK führt diese legislative Methode der Strafverfolgung, die ordentliche Gerichtsverfahren und Gefängnisse ersetzt hat, zu einem Prüfgelände namens *Punishment Park* in der kalifornischen Wüste. Dort müssen diejenigen, die von zivilen Ausschüssen verurteilt wurden, ein tödliches »Capture the Flag«-Spiel (»Erobere die Flagge«) mit Beamten der Strafverfolgungsbehörden spielen; dies dient gleichzeitig der Strafe der wegen Aufstand Verurteilten und als Training für die Beamten. Der Film gibt vor, ein Dokumentarfilm über Funktion und Zweck des Parks zu sein, und besteht vorgeblich aus unbearbeiteten, ungeschnittenen Aufnahmen. Das Fehlen jeder Art von Rahmen für die »Live«-Ereignisse und ihre Produktionsumstände führte dazu, dass einige Zuschauer tatsächlich dachten, es handele sich tatsächlich um einen Dokumentarfilm. PUNISHMENT PARK wurde nur selten in den USA gezeigt, denn er war in vielen Kinos verboten und wurde unmittelbar nach Erscheinen aus dem Vertrieb gezogen.

Der Film wechselt zwischen zwei Instrumentarien des Parks, die simultan operieren: Eine Gruppe von Neuankömmlingen wird von einer Prüfungskommission verhört, deren Mitglieder gleichzeitig auch Mitglieder einer Musterungskommission sind, während eine andere Gruppe ihre Strafe durchlaufen muss, nachdem ihre Prüfungskommission ihre Arbeit abgeschlossen hat. Ihnen wird gesagt, sie hätten drei Tage, um 85 Kilometer Wüste ohne jeglichen Proviant zu durchqueren – der schwerwiegendste Faktor ist angesichts der Temperaturen von über 38 Grad Celsius fehlendes Wasser –, während sie dabei von Beamten der Strafverfolgungsbehörden gejagt werden, die sowohl über Proviant als auch über Fahrzeuge verfügen. Ein Großteil der Dialoge ist improvisiert, und viele der Schauspieler sind Laien. Ein machtloser Strafverteidiger wirft

ab und zu Kommentare über die Verfassung ein und verlangt nach einem rechtsstaatlichen Verfahren; dabei ist klar, dass das Ergebnis der Verhandlung schon im Voraus feststeht, einschließlich einer merkwürdigen Performance bei der Urteilsverkündung, wo alle Angeklagten eine »Wahl« zwischen überzogenen Urteilen haben: entweder zwischen fünf und sieben Jahren für gegenkulturelle Aktivitäten, fünf bis zehn Jahre für linksgerichtete politische Aktivitäten bis hin zu lebenslanger Haft für einen Angeklagten, der von der Kommission als »schwarzer Militanter« bezeichnet wird – oder *Punishment Park*. Alle entscheiden sich für den Park. Das Ergebnis wird uns klar, nachdem wir in dazwischen geschnittenen Szenen das Schicksal der vorherigen Gruppen gesehen haben, von denen die meisten tot und die Überlebenden verletzt sind. Letztere müssen ihre ursprünglichen Strafen verbüßen, weil sie die Fahne natürlich nicht erreicht haben.

Die Szenen der Anhörung sind Debatten darüber, was Immoralität darstellt – die unflätige Sprache, Promiskuität und aggressive Haltung derjenigen, die vor Gericht stehen; oder den Rassismus, Imperialismus, Genozid und andere Verbrechen des Nationalstaats, von dem sich die Szenen zu distanzieren versuchen. Zwischen Szenen der Befragung werden Szenen der Polizeigewalt im Park geschnitten – ganz ähnlich wie die Gegenüberstellung von Bushs Verurteilung Nordkoreas mit der Niederschlagung der Proteste in DEATH OF A PRESIDENT –, wodurch demonstriert wird, dass die Angeklagten recht haben. Ihre Aussagen sind meist sprachgewandt und fesselnd – häufig wissen sich ihre Richter nicht anders zu helfen, als Gewalt anzuwenden oder sie zum Schweigen zu bringen, da eine Antwort auf ihre stichhaltigen Darlegungen nicht möglich ist.

Im Park werden die Gedanken der Gefangenen über die Zukunft Amerikas, die Notwendigkeit von Gewalt und ihre Gründe für den Protest diskutiert. Die Militanteren unter ihnen glauben – wie sich erweist, zu Recht –, dass das Spiel manipuliert ist, und weigern sich, der Fahne überhaupt nahe zu kommen. Eine Untergruppe tötet einen der Beamten und wird dann selbst von der Polizei getötet – es sind die ersten, die so hingerichtet werden. Obwohl nicht alle Gewalt der Polizei töten soll, ist es doch klar, dass die Situation die Möglichkeiten des Ausgangs einschränkt: Die Verzweiflung der Sträflinge im Park wird immer größer, und sie gehen immer mehr Risiken ein, während die Beamten von ihren Siegen erregt werden und dieselbe Art von selbstgerechter Verurteilung der Sträflinge, die wir schon in den Gerichtsszenen erlebt haben, durch Gewalt artikulieren. Im Verlauf des Films reagiert die Gruppe in der Wüste immer stärker auf die Präsenz der Kamera: Manchmal verdecken die Beamten das Kameraobjektiv mit der Hand und schieben Journalisten weg; die Flüchtenden beginnen, mit wachsender Feindschaft direkt in die Kamera zu schauen und verwickeln so sowohl die passiven Journalisten als auch das filmische Publikum in ihre Qualen, während wir ihre wachsende Dehydrierung und Erschöpfung ansehen, ohne einzugreifen.

Der Film erreicht seinen Höhepunkt, als die Journalisten nicht mehr passiv zuschauen können und intervenieren. Sie versuchen, die Polizei davon abzuhalten, diejenigen im Park zu ermorden, die im Begriff sind, die Fahne zu erreichen – es ist eine Gruppe, die keinerlei Gewalt gegen die Polizei ausgeübt hat. Obwohl die erste Hinrichtung eher durch Verwirrung als durch bösen Willen ausgelöst wird (den Sträflingen wird gesagt, sie sollen stehen bleiben, aber sie können dies nicht hören und laufen weiter), ist es aus den früheren Szenen deutlich, dass die Strafverfolgung eine Kultur der Verachtung für diejenigen pflegt, die sich hegemonialen Werten verweigern. Wie der Verteidiger sagt, werden einige Formen von Gewalt kriminalisiert, andere aber werden normalisiert – eine der wesentlichen Aussagen des Films insgesamt. Es scheint nur die Intervention der Journalisten zu sein, die den direkten Mord an den Gefangenen genau zu dem Zeitpunkt verhindert, als jegliche journalistische Objektivität in sich zusammenfällt. Als die Gefangenen sich auf die bewaffneten Bewacher zubewegen, die sie wegen des Abstands und eines über die Szenerie fliegenden Flugzeugs

PUNISHMENT PARK (1971)

nicht hören können, befiehlt die Polizei ihnen, sich auf den Boden zu legen und sich nicht zu bewegen; die Gefangenen bewegen sich weiter nach vorne, worauf ein Polizist immer theatralischer »Stopp!« schreit. Schließlich versucht ein hinter der Polizei stehender Journalist, die Situation zu klären und ruft der Polizei zu, dass die Leute versuchen zu gehorchen. Die Gefangenen werden erschossen, Panik bricht aus und hinterher schließen die Beamten die Reihen, um den jungen Beamten zu schützen, der grundlos in Panik verfallen war. Die Fragen der Journalisten nach der Ausbildung und dem Alter des Beamten würgen sie ab – es ist ein junger Mann, der gerade mal die Schule verlassen hat und in seiner Naivität vor der Kamera zugibt, dass er ausgebildet wurde, um die Leute im Park zu töten. Zudem argumentiert er, sein Handeln sei gerechtfertigt gewesen, da er mit Steinen beworfen wurde.

In dazwischen geschnittenen Szenen einer anderen Gruppe sagt ein Mann wütend in die Kamera: »Entweder glaubst du an Gewaltlosigkeit, oder du tust es nicht, und wenn du es tust, dann hast du manchmal nur einen Ausweg, und den musst du dann nehmen« – eindeutig sieht er seinen von der Polizei herbeigeführten Tod voraus. Eine junge Frau (Mary Ellen Kleinhall), identifiziert als Allison Mitchner, »eine radikale Kämpferin für Frauenrechte«, analysiert das auseinandersplitternde Land scharfsinnig:

»Ich glaube, Menschen werden gewalttätig, wenn ihnen ihre grundsätzlichen menschlichen Bedürfnisse verweigert werden. Sie werden gewalttätig, wenn dies die einzige Alternative ist, um diese Bedürfnisse zu befriedigen. Ein wichtiges Element unserer demokratischen Gesellschaft kommt aus der Präambel der Verfassung, wo steht, dass jeder Mensch das Recht auf Leben, Freiheit und das Streben nach Glück hat. Das Recht auf Leben – und es scheint mir paradox zu sein, dass eine Nation mit diesen Idealen und einer solchen wirtschaftlichen Macht immer noch nicht grundsätzliche menschliche Bedürfnisse wie Lebensmittel, Kleidung und Obdach erfüllen kann (oder will) ...«

Sie kann ihr Argument nicht abschließen, denn ein Sheriff hält ihr brutal den Mund zu.

Am Ende des Films wiederholen die Polizisten noch einmal ihre Verachtung für die Weltmeinung und machen deutlich, dass es ihnen gleichgültig ist, gefilmt zu werden, wenn sie brutal die übrig gebliebenen Gefangenen davon abhalten, die schon in Reichweite befindliche Fahne zu erreichen. Der Journalist warnt, dass sie gefilmt werden und dass die Welt sie sehen und beurteilen wird, aber der Polizei ist diese Beobachtung nur recht. Sie besteht darauf, die Häftlinge würden diese Behandlung verdienen, weil sie ihr Land verraten hätten. Die Menschen außerhalb von Amerika könnten die Situation unmöglich verstehen. Was uns bleibt, ist eine tiefgreifende Hoffnungslosigkeit hinsichtlich dieser Welt, und nur unser Wissen, dass dies eine kontrafaktische Welt ist, die wir noch verhindern können, kann der Grund zu einer zarten Hoffnung sein, wie sie zuvor von vielen der Aktivist*innen und Schauspieler*innen im Film artikuliert wurde.

Alle diese Filme verwenden die dokumentarische Form, um uns zu einer Zukunft zu drängen, die sich von der in ihren kontrafaktischen Prämissen implizierten unterscheidet, und durch ihre Verbindung von Science-Fiction- und Dokumentarfilm erinnern sie uns daran, dass unser Verstehen immer durch Formen der Repräsentation vermittelt ist. Alle tragen Spuren des Utopischen in

sich, denn sie ermutigen uns dazu, Geschichte als das Produkt kontingenter, menschlicher Entscheidungen zu sehen, und erinnern uns so an unsere Macht, die Zukunft durch unsere Handlungen in der Gegenwart zu formen. Die kontrafaktischen Filme fordern uns auf, mehr zu tun, als nur zuzuschauen, wie sich die Zukunft entfaltet.

Übersetzung aus dem Englischen:
Wilhelm Werthern

Anmerkungen

1   »Science fiction, for so long the fertile ground for imaginative transformation of life as we know it, now seems only a grim commentary on life as we must live it; no longer fantasy, but documentary.« (Übers. W.W.), Susan Squier: Liminal Lives. Imagining the Human at the Frontiers of Biomedicine. Durham 2004, S. 212.

2   »[...] sf is usually just as much about history as it is about science. Sf writers have to construct new histories, of our world or of others, in order to set their novum [...] in context and discuss its [...] impact upon individuals and society as a whole [...]« (Übers. W.W.), Edward James: Science Fiction in the 20th Century. Oxford 1994, S. 109.

3   Vgl. Darko Suvin: Poetik der Science Fiction. Zur Theorie und Geschichte einer literarischen Gattung. Frankfurt a.M. 1979, S. 30.

4   Siehe Hayden White: Metahistory. Die historische Einbildungskraft im 19. Jahrhundert in Europa [1973]. Frankfurt a.M. 2008.

5   Marc Augé: The Future. London 2015.

6   »[...] rather to defamiliarize and restructure our experience of our own present [...]« (Übers. W.W.), Fredric Jameson: Progress versus Utopia. Or, Can We Imagine the Future? In: Science Fiction Studies, 9:2, 1982, S. 151.

7   »[...] the density of our private fantasies [...] the proliferating stereotypes of a media culture that penetrates every remote zone of our existence [...]« (Übers. W.W.), ebenda.

8   Jean Baudrillard: Two Essays. Simulacra and Science Fiction. Ballard's Crash. In: Science Fiction Studies, 18:3, 1991, S. 313–320.

9   »[...] documentary in flavor and style [...]« (Übers. W.W.), Vivian Sobchack: Screening Space. The American Science Fiction Film. New Brunswick 1997 (2. Aufl.), S. 88.

10 Vgl. den Voice-over-Kommentar in PUNISHMENT PARK.

Vom *bio-adapter* zum Common Sense

Regierung und Politik des Lebens in der Science-Fiction

Von Karin Harrasser

Mein Beitrag wird sich mit einer Seitenlinie von Science-Fiction befassen, die zumeist neben ihren kommerziellen Varianten herläuft, in diese aber auch fallweise eingreift, in jedem Fall aber genrerespezifische Elemente (Szenarios, Figurenkonstellationen, Zukunftsbezug) aufgreift und umgestaltet. Ich werde eine Auswahl von Texten, Filmen sowie eine installative Arbeit vorstellen, die aus dem Bereich der künstlerischen Avantgarden stammen, sich aber auf das Genre Science-Fiction beziehen, um Formen des Regierens des Lebens zu kommentieren und zu kritisieren. Die künstlerischen und theoretischen Entwürfe markieren wichtige Stationen in der Kultur- und Sozialgeschichte von Geschlechter- und Biopolitik. Sie zeichnen sich zudem durch eine erstaunliche Hellsichtigkeit für Steuerungs- und Kontrolltechnologien aus, die inzwischen als »gouvernemental« bezeichnet werden. Körper und Psyche werden hier als Feedbackmechanismen konzipiert, als kybernetisch ausgesteuerte Systeme, die sich Bilder, Chemikalien, andere Körper und Psychen einverleiben (*kybernetes*: griech. Steuermann). Es ist eine Steuerung, die kein Zentrum und auch keine hierarchische Struktur braucht, sondern die selbstbezüglich und individualisiert prozessiert. Vorgeführt wird eine solche Steuerung allerdings nicht als in Balance befindliches System, sondern als eines, das andauernd droht, aus dem Ruder zu laufen und sich in Sex- und Gewaltekstasen zu versprengen.

Historische Hinführung

Zu Beginn jedoch eine kleine historische Skizze zu Maschinen als Spiegelungsfiguren der Regierung des Lebens.[1] Künstliche Menschen sind spätestens seit dem Barock beliebte Spiel- und Projektionsfiguren für Gedankenexperimente und Zukunftsentwürfe, die sich – utopisch oder dystopisch – mit einer Veränderung des menschlichen Lebens durch Technik befassen. Dabei standen stets auch die Möglichkeiten der Regierung des menschlichen Leibes und der Seele zur Disposition. So führten die Automaten des 18. Jahrhunderts den menschlichen Körper als musikalisches Uhrwerk vor. Die musizierenden Androiden des Spätbarock korrespondierten zwar mit einem mechanizistischen Körperkonzept, exponieren aber noch etwas anderes: Adelheid Voskuhl hat sehr genau herausgearbeitet, dass es vor allem die Empfindungsfähigkeit und Kultivierbarkeit, die feine Abstimmung der Bewegungen und die ausbalancierte Eleganz solcher Figuren war, die das Publikum faszinierte.[2] Die kunstvolle Imitation des Lebens bestand also in der Imitation eines sich in Kulturtechniken übenden Wesens. Erst im 20. Jahrhundert stand der Ersatz menschlicher Arbeitskraft durch eine Maschine in der Science-Fiction im Mittelpunkt. Die Figur des Roboters befasst sich mit den Effekten der Delegation von physischer Arbeit, also häufig mit dem Verhältnis von denen, die dachten und steuerten, zu jenen, die ausführten und aufgrund ihres körperlichen Einsatzes und durch die Vernutzung ihrer Physis ausgebeutet wurden. Am Vorstellungshorizont, den der künstliche Mensch aufspannte, ging die Idee der vollautomatischen Fabrik auf. Und auch deren häusliche Variante ließ nicht lange auf sich warten: das vollautomatisierte Wohnen, ermöglicht von den omnipräsenten blechernen Domestiken. Ob im Betrieb oder zu Hause – diese Roboter funktionierten noch nach der etymologischen Wurzel ihres Namens: In seinem Stück *R.U.R.* hatte der tschechische Autor Karel Čapek das Wort *Roboter* 1920 auf den Markt der Zukunftsvisionen getragen, um künstliche Menschen zu bezeichnen, die emotions- und ideenlos, aber fließbandtauglich funktionierten, als idealtypische, hochmoderne Arbeitende, die vom Unternehmer unterdrückt wurden. Die Regierung ging ganz klar von oben nach unten, Ziel war die geordnete und möglichst effiziente Verteilung von Körpern in Raum und Zeit und die möglichst effiziente Nutzung physischer Kraft. Wer regierte, war ebenso klar wie der Umstand, dass die Revolte von unten kommen müsse.

Kognitive und affektive Arbeit, Selbstregulierung

Mit dem Aufkommen der künstlichen Intelligenz (KI) verlor die Idee des Roboter-Arbeiters in den 1960er Jahren rapide an Attraktivität. Im Zentrum der wissenschaftlichen und kulturellen Zukunftsvisionen stand nun weniger die Frage, wie sich lebendige Arbeitskraft an Apparate delegieren ließe. Jetzt widmete man sich der Frage, wie kognitive Kompetenzen auf Maschinen übertragen werden könnten. Das mechanische Werken der alten Mensch-Maschinen wurde durch eine eigenwillige, häufig neurotische Maschinen-Identität ersetzt. Das machte der durch gesteigerte Rationalität menschenfeindlich gewordene HAL aus Stanley Kubricks 2001: A SPACE ODYSSEY (2001: Odyssee im Weltraum; 1969) ebenso deutlich wie das singende Raumschiff in Anne McCaffreys *The Ship Who Sang* (1969) oder der künstliche Mann in Marge Piercys *He, She and It* (1991), der hier als Liebesobjekt figuriert. Aus Robotern wurden »Replikanten« wie in Ridley Scotts BLADE RUNNER (1982), sie verfügten über Subjektivität und Persönlichkeit (Erinnerungen, Gefühle), konnten aber – im Gegensatz zu den späteren, vernetzt operierenden Cyborgs – immerhin noch gegen Vaterfiguren revoltieren. Die Befehle gingen nun aber nicht mehr so einfach von oben nach unten, und die Unterschiede zwischen Menschen und Maschinen wurden schon recht vage. Zumindest waren noch einige Knotenpunkte der Macht identifizierbar, die man angreifen konnte.

Die postmodernen, klügeren, emotionalen, sich quicklebendig gebenden Roboter und Cyborgs, die seit den 1960er Jahren überall auftauchten, versprachen nicht mehr nur, die Menschen von den zurichtenden Effekten der Lohnarbeit zu erlösen, sondern auch von den Unwägbarkeiten sozialer und sexueller Interaktion zu befreien: Sie leisteten kognitive und affektive Arbeit. Als Kehrseite dieser Medaille provozierten sie Reflexionen, die um das Thema kreisten, wie vernünftig, wie selbstbestimmt, wie affektiv gesteuert, kurz: wie menschlich der spätmoderne, in einem hoch ausdifferenzierten, medial durchwirkten und vernetzten, gesellschaftlichen System arbeitende und lebende Mensch denn eigentlich sei. Die Erzählungen liefen damit auf einen Punkt zu, der zeitgleich in der Philosophie und Kulturtheorie an Prägnanz gewann und in der Frage danach berühmt wurde, inwieweit »der Mensch« nicht als bloße Erfindung der Wissenschaften (vom Menschen) und entsprechender Sozialtechnologien zu denken sei. Treffe dies zu, so flüsterte es entsprechend aus Michel Foucaults legendärem Schlusssatz aus *Die Ordnung der Dinge* (1966), »dann kann man sehr wohl wetten, daß der Mensch verschwindet wie am Meeresufer ein Gesicht im Sand«.[3]

Es spricht einiges dafür, Michel Foucaults Studien zur Gouvernementalität mit seinen anti-anthropologischen Spekulationen kurzzuschließen und in einem zweiten Schritt mit Science-Fiction. In seinen Studien zu Regierungsformen stellt er unter anderem fest, dass sich spätestens im 19. Jahrhundert eine Form der Biopolitik, also der Regierung des Lebens, durchgesetzt habe, deren Hebel nicht länger die Auslöschung des Lebens durch den Souverän, den Herrschenden sei, sondern die in einer umfassenden Anregung aller Lebenskräfte der Bevölkerung bestehe.[4] Er zeichnet nach, dass sich an diesem Grundgedanken der optimalen Nutzung der positiven Kräfte verschiedene Regierungsformen andocken können: liberale Ökonomietheorie, die auf die Anregung der Selbstregulierung der Bedürfnisse setzt, ebenso wie rassistische Ideologien, die das Recht auf Leben auf eine ethnisch privilegierte, »gesunde« Be völkerung einschränken und alle anderen einer Thanatopolitik zuführen. Es lässt sich sagen, dass sich im industrialisierten, kapitalistischen Westen in den 1950er und 60er Jahren die Gewichte der Regierung des Lebens so verschoben, dass Appelle zur Selbstregierung und -optimierung und staatliche Lenkung (etwa in der Gesundheits- oder Beschäftigungspolitik) nicht länger als Gegensätze erschienen, sondern als ein Zusammenwirken. Eva Illouz hat das sehr eindrücklich in ihrer Studie zur Durchsetzung eines therapeutischen Paradigmas in der Psychologie der Angestellten gezeigt:[5] Sich um sich selbst zu kümmern, seinen Körper und seine Seele in Ausgleich zu bringen, mag unter anderem in den *Counter Cultures* unter der kalifornischen Sonne kultiviert worden sein, die zugehörigen Techniken von Meditation über Yoga bis hin zu Achtsamkeitsübungen sind jedoch passgenau mit Bemühungen, Menschen im Betrieb zu aktivieren, das heißt, sie möglichst produktiv für Firmenziele einzusetzen. Solche Selbsttechniken sind jedoch ebenso kompatibel mit staatlichen Fürsorge- und Versicherungslogiken, denen es darum geht, die Kosten für die Versorgung möglichst gering zu halten und Arbeitnehmer*innen so lange wie möglich als produktive Abgabenzahler in Beschäftigung zu halten.

Ein weiterer Kontext für die Neudefinition des Maschinellen in Richtung kognitiver und affektiver Arbeit sowie der Selbstregulierung war sicherlich die Kybernetik. Diese interdisziplinäre Wissenschaft, die sich in den späten 1940er Jahren formierte, vertrat einen umfassenden Ansatz zur Analyse und Steuerung dynamischer Systeme. Programmatisch war in dieser Hinsicht bereits der Titel von Norbert Wieners Buch von 1948: *Cybernetics. Or Control and Communication in the Animal and the Machine.*[6] Seine Kernthese, die in den Jahren danach von Wissenschaftlern aus den unterschiedlichsten Bereichen (der Ethno-

logie, der Biologie, der Informatik, den Sprachwissenschaften) überprüft und verfeinert wurde, lautete, dass sowohl anorganische als auch organische Prozesse wesentlich durch Informationsflüsse und Rückkopplungsprozesse reguliert würden. Diesem Prinzip wurde globale Gültigkeit

BLADE RUNNER (1982)

zugesprochen: Sowohl der menschliche als auch der tierische Metabolismus, sowohl ganze Gesellschaften als auch Kommunikationsprozesse ließen sich als rückgekoppelte Informationssysteme untersuchen. All diese »Systeme« wurden selbstregulierend beschrieben. Sie alle bewahrten sich über negative Rückkopplung vor Entropie, auf die alle »natürlichen« Prozesse zusteuerten.[7] Dieses Verständnis leitete sich einerseits aus der Thermodynamik ab, andererseits aus einem »biologischen« Verständnis von Kommunikationsprozessen. Schließlich hatte die Systembiologie die Rückkopplungsprozesse innerhalb von Organismen (beispielsweise Hormonzyklen), aber auch die Adaptionsprozesse von Lebewesen mit ihren jeweiligen Umwelten seit den 1920er Jahren erforscht.[8]

Die »Cyborgisierung« war also zunächst ein interdiziplinäres, epistemologisches Unternehmen. Organismen konzipierte man nun als Kommunikationsmaschinen und Kommunikationsmaschinen als Organismen. Von dieser Annahme war es nicht mehr weit bis zu dem Punkt, das Organische auch faktisch mit dem Maschinellen zu verbinden. Als Manfred E. Clynes und Nathan

S. Kline in ihrem berühmten Paper von 1960 den Cyborg vorstellten, hatten sie in erster Linie Medikamente vor Augen, die die Wahrnehmung, den Stoffwechsel und das Temperaturmanagement bei Astronauten positiv beeinflussen sollten. In dem Paper ist aber auch die Rede davon, dass ein solcher pharmazeutischer Eingriff auch ein spirituelles und evolutionäres Ereignis darstelle: Zum ersten Mal könne der Mensch die natürliche Evolution beschleunigen und sich so in die Zukunft katapultieren.[9]

Der *bio-adapter*: Intensivierung des Regierens

Die Kybernetik als allgemeine Steuerungslehre war nicht nur ein wissenschaftshistorisches Ereignis. Sie erfuhr auch in den Künsten und der Philosophie große Aufmerksamkeit. Ein außergewöhnliches Dokument dieser breiten Rezeption ist Oswald Wieners *die verbesserung von mitteleuropa, roman* (1969). Oswald Wiener, Mitglied der Wiener Gruppe und dem Wiener Aktionismus nahestehend, später Gastronom in Berlin und aufmerksamer Student der Mathematik und Informatik an der TU Berlin, war zur Zeit der Abfassung bei der Firma Olivetti, damals ein Pionier der Datenverarbeitung, tätig. Angeblich auf einer Belohnungsreise für erfolgreiche Mitarbeiter erwarb Wiener Iván Flores' *Computer Logic. Functional Design of Digital Computers* (1960).[10] Oswald Wiener befasste sich Anfang der 1960er Jahre also praktisch und theoretisch mit Computerprogrammierung. Sein »Roman« bezeugt eine intensive Beschäftigung mit der Frage, wie Subjektivierung, Programmierung und Sprache miteinander verschränkt sind. Wiener hatte bereits Marshall McLuhan gelesen und fragt ganz explizit nach Unterschieden und Kontinuitäten zwischen der Menschenkodierung im Medium der Sprache und im Medium des Computers, damit die Medientheorie eines Kittler'schen Zuschnitts und Peter Sloterdijks Elmauer Skandalrede über Anthropotechniken[11] gleich mehrere Jahrzehnte vorwegnehmend. Kernstück des in radikaler

Kleinschreibung und in Fragmenten und Aphorismen gehaltenen »Romans« ist ein Essay über eine Maschine, die Wiener »bio-adapter« nennt und die der Herstellung eines Cyborgs dient. Der Cyborg ist jedoch nur eine Zwischenstufe, denn er soll am Ende in einen reinen »Bewusstseinszustand«, alles Materielle vertilgen. Der *bio-adapter* ist als kybernetische Maschine konzipiert, die zunächst den zu adaptierenden Organismus einschließt. Er ist ein »glücks-anzug«[12], der den Menschen als künstliche Umwelt umschließt, ihm eine virtuelle Realität gibt, die sein Wohlgefühl steigert, ihn dabei aber nach und nach demontiert, seine Organe und Glieder durch Leiterplatten ersetzt und am Ende eben nur noch ein Bewusstsein, das sich über rekursive Nervenimpulse selbst in Bewegung hält, einen »servo narziss«[13], übrig lässt. Diese groteske, medientheoretische Fabel ist jedoch eingebettet in sehr weitreichende Überlegungen zum Charakter des Regierens unter kybernetischen, also – wenn man so will – postmodernen Verhältnissen. Die gegenwärtige »assimiliationsdemokratie«[14], so der Ausdruck Wieners, zeichne sich durch Unauffälligkeit im Regieren aus, durch eine Schmiegsamkeit, die jedes Entkommen-Wollen produktiv einbinde, eine Kontrollgesellschaft im Deleuze'schen Sinne. Wieners Analyse ist gleichermaßen brillant formuliert wie pointiert:

»das zeitalter des government hat die mittel, lässig die stillen wasser als pfützen abzutun; austerngleich assimiliert es, was da an eckigem in seine eingeweide stehen könnte: und wenn es nun von seinen eigenen perlen am zu knausrig bemessenen fundament aufgerieben wird, so sind es wenigstens perlen, die ein in bildung befindliches volk mit perverser berechtigung für das tier zu halten beginnt. die ›bildungsgesellschaft‹ präpariert sich selbst, beginnt damit bei ihren organen. sie hat dem status quo endlich eine realisierbare doktrin auf den astralleib geschnitten: es ist dies die schliesslich doch noch sozial gewordene technik, hinreichend verfeinert um eine soziologie zu materialisieren, welche füglich als letzter streich eines jahrtausendealten ringens um stabilisierung, d.h. um verstaatlichung der natur gelten muss, und die dieser gesellschaft mit ihren hinfort austauschbaren generationen den charakter eines museums für marsmenschen anzumerken sich erfunden fühlt.«[15]

Ein Subjekt ist entsprechend der-/ diejenige, der/ die »möglichst stabil um führungsgrössen«[16] schwingt, der/ die sich permanent selbst im Do-It-Yourself-Modus überarbeitet, die Information der Gene und des Staates einer optimalen Nutzung zuführt. Individuum und Kollektiv sind damit keine Gegensätze mehr, sondern arbeiten gemeinsam daran, die feindselige Umwelt abzuschaffen und durch Informationskreisläufe zu ersetzen.

In der literarischen Durchführung kommt jedoch zunächst kein in sich ruhendes reines Bewusstsein zum Vorschein, sondern ein rechter Berserker. Auf dem Weg zum reinen Geist wird amputiert, neu verschaltet, sexuelles Wüten und wildeste Ekstasen sind notwendig, um diesen neuen Menschen zu bauen. Die Herstellung des schmiegsamen, in seinen eigenen Bewusstseinsvorgängen paradiesisch aufgehobenen Wesens erfordert genauso viel rohe wie feine Gewalt, biologische wie symbolische Neukodierung. Das kybernetische und marktwirtschaftliche Ideal des via Feedback in Balance befindlichen Systems wird parodiert durch eines, das andauernd droht, aus dem Ruder zu laufen, sich in Sex- und Gewaltekstasen zu versprengen; Gilles Deleuze hat solche Systeme (die er im Übrigen auch in der dichterischen Sprache sah) als »Gebiete, die fern von Gleichgewichtszuständen liegen«, bezeichnet.[17]

Die Cyborg als Durchkreuzung des Regierens

Wie kommt es nun, dass Cyborgs, Mensch-Maschine-Systeme, ab den 1980ern doch wieder das Potenzial zugesprochen bekamen, linke, emanzipatorische Politik zu machen? Entscheidend dafür war ganz sicher Donna Haraways berühmtes *A Cyborg Manifesto* (1985).[18] Warum, so muss man

dennoch fragen, interessierte sich, angesichts der Vorgeschichte der Cyborgs, in den 1980er Jahren mit Donna Haraway eine feministische Biologin und Wissenschaftshistorikerin für die Cyborgs? Haraway griff die Figur zunächst auf, um sich in eine Diskussion zum Status von Wissenschaften in der Gesellschaft einzumischen. Sie führte die Cyborgs ein, um einige Paradigmenwechsel in der Technik, die ein Erbe der Kybernetik darstellten (Vernetzung, Informatisierung, Miniaturisierung, Verstrickung von Bio- und Informationstechnologien), zu thematisieren und zu kritisieren. Und sie verband die Cyborgs mit der Reflexion der konkreten zeitgenössischen weltpolitischen Situation: mit Globalisierung und Outsourcing von Arbeit, mit Neoliberalismus und den neuen, informationstechnisch aufgerüsteten Kriegen. Indem sie die Cyborgs vor diesem Hintergrund neu dachte, leitete Haraway Konsequenzen für gesellschaftskritische Ansätze wie den Marxismus und den Feminismus ab. Diese dürften sich nicht auf eine Utopie des Freiseins von einer Verstrickung mit dem Zivilisationsprozess, dem Kolonialismus und der Unterdrückung der Frau zurückziehen. Statt diese Verstrickung aus einer technikfeindlichen Position heraus abzulehnen, sollte Gesellschaftskritik gerade aus ihr heraus operieren.

Haraways relativ kurzer, polemischer und vielstimmiger Text stellte die Behauptung auf, die Unterscheidung von Natur und Kultur sei im Zeitalter der Technowissenschaften längst obsolet geworden; wir alle lebten längst in hybriden Natur-Kulturen. Der Text beschreibt damit aber nicht so sehr eine für die 1980er Jahre »neue« gesellschaftliche Situation der völligen Technisierung der Welt, sondern bricht mit einer damals in den Sozial- und Kulturwissenschaften – und besonders in der feministischen Theorie – gängigen, pauschalen Wissenschafts- und Technikkritik. Feministische Autor*innen kritisierten beispielsweise den Zugriff auf die als passiv gedachte »Natur« der Frau, der in der Form von Reproduktionsmedizin und Gentechnologie erfolge, als »patriarchale Herrschaftsmaschine« (Cynthia Cockburn).[19] Technik galt als von Männern geschaffene, Ding gewordene und in der Regel gegen Frauen eingesetzte Ideologie.

In der Figur der Cyborg versuchte Haraway die technohumane Hybridisierung dagegen als Moment mit Widerstandspotenzial greifbar zu machen. Es ging ihr darum, angeblich natürliche Gegensätze (wie männlich/weiblich, technisch/natürlich, Maschine/Mensch) als Identitätskonstruktionen aufzuschnüren und damit die klassen-, rassen- oder geschlechterbedingte Unterdrückung ihrer Grundlage zu berauben. Haraway wurde damit zu einer Mitbegründerin des Cyberfeminismus, der auf Vernetzung, Grenzüberschreitung, auf eine Politik der partiellen und temporären Affinitäten und nicht zuletzt auf die Aneignung der digitalen Technologien durch Frauen setzte.[20] Indem sie Artifizialität und Hybridität bejahte, unterlief sie jeden Ursprungsgedanken und jede Naturalisierung von Geschlecht oder Rasse. Die Figur der Cyborg erschien dermaßen zentral, gerade weil sie weder als das Eine noch das Andere auftrat, weder technisch noch natürlich, weder männlich noch weiblich, weder Einzelwesen noch Kollektiv war.

Deshalb begrüßte Haraway die Technifizierung des Körpers – nicht rückhaltlos, aber mit Verve – und verknüpfte sie mit der Aufforderung, sich die männlichen Technologien anzueignen. Haraway empfahl den Feministinnen, die Artifizialität ihres Körpers nicht nur anzuerkennen, sondern

DANDY DUST (1998)

darüber hinaus noch zu steigern. Anstatt einer Politik der Identität, wonach sich Frauen durch ihren anderen, natürlichen Körper von Männern unterschieden, sei eine niemals »saubere« Politik der Vernetzung und Affinität anzuvisieren. Beeindruckend illustrierte das der Abschnitt des *A Cyborg Manifesto* zur Hausarbeitsökonomie, wo Haraway die Arbeitsbedingungen in der damals erst im Entstehen begriffenen *New Economy* mit ihren ausbeuterischen Praktiken präzise analysierte. Am Beispiel der Platinen lötenden Tiefstlohnarbeiterinnen wies Haraway anschaulich auf das Outsourcing von Kommunikation und die Fertigung in Billiglohnländern hin. Haraway sah also sehr genau, dass die Versprechen der Kybernetiker auf »Selbstorganisation« und medientheoretische Utopien der Vergemeinschaftung durch die technischen Möglichkeiten der Vernetzung nicht automatisch eine soziale Utopie ergaben. Auch deshalb erkannte sie in den Cyborgs Abkömmlinge der *Space Race* und des Kalten Krieges (so wie sich Haraway selbst als ein Produkt des Sputnikschocks verstand). Ihre Hoffnung galt jedoch dem Umstand, dass die Cyborgs – wie das bei Bastarden und illegitimen Kindern so ist – ihren Vätern gegenüber untreu werden, also von der Möglichkeit Gebrauch machen, Verwendungszwecke von Technologien zu finden, die so nicht vorgesehen waren. Damit verkörperte die Cyborg nicht nur das Potenzial, hochmoderne Dichotomien wie männlich/weiblich oder Technik/Natur zu dekonstruieren, sondern auch mehr als nur die Summe ihrer Teile darzustellen und dabei neue Sozialformen und politische Praktiken zu ermöglichen.

Hans Scheirls Film DANDY DUST von 1998 greift diese Überlegungen auf. Der/die Protagonistin ist ein Wesen, das sich jeder Kategorisierung entzieht: Er/sie/es, Mensch/Tier/Maschine, Organismus/Planet, historische Figur und Zeitgenossin: Ihre psychedelische Reise kann man mit Walter Serner als eine »letzte Lockerung«[21], eine Lockerung sämtlicher konventionalisierter Wahrnehmungs- und Denkweisen bezogen auf Geschlecht und Sexualität verstehen. Auch hier ist das System des

Begehrens und der Affekte angeschlossen an technische Systeme, und auch hier ist es kein System, das sich in einem Equilibrium befindet, sondern eines, das auf die Intensivierung von Lust ausgerichtet ist.

Man kann darüber streiten, ob die Aufforderungen, sich die Informationstechnologien anzueignen oder sich in die Technowissenschaften kritisch zu involvieren, effektive feministische Strategien waren, denn beide haben sich seit der Publikation des

THE COMMON SENSE (2014–15)

A Cyborg Manifesto 1985 unzweifelhaft als wenig resistent gegenüber kapitalistischer und neokolonialer Aneignung gezeigt. Mehr noch: Der andauernden Überarbeitung von Technologien, auch aus einem kritischen Impetus heraus, ist es vielleicht zu verdanken, dass ein neoimperialistischer Kapitalismus sich überhaupt durchsetzen konnte. Und auch queere Sexualität hat sich als anschließbar an das global flottierende Kapital erwiesen. Ist die Figur der Cyborg also völlig absorbiert worden durch eine alles durchdringende und unsichtbare Allianz von Kapital, Technowissenschaften und gouvernementalem Regieren, das individuelles Leben und kollektives Handeln untergründig steuern? Vieles, was Oswald Wiener und Donna Haraway ironisch überzeichneten, ist heute Realität. Das Ausmaß der freiwilligen Fremd- und Selbstkontrolle durch Preisgabe von Daten einerseits und das Auseinanderdriften von Arm und Reich und damit auch die Ungleichverteilung von Produktionsmitteln andererseits haben ein Ausmaß erreicht, das Wieners/ Haraways dunkelste Träume wahr macht.

Eine *Public Fiction*, die die volle Ambivalenz von Regierung und/oder Widerstand mittels digitaler Verschaltung untersucht, hat kürzlich Melanie Gilligan lanciert: Sie hat eine Science-Fiction-Miniserie mit dem Titel THE COMMON SENSE (2014–15) gedreht, in der Individuen mittels »neuronaler Verladung« (genannt: *The Patch*) fühlen können,

was andere fühlen.[22] Damit wird der Gemeinsinn (englisch: *common sense*) technisch implementiert; direkt in das biologische Gewebe eingenäht. Es tun sich zwei Szenarien auf: eines, in dem der *Patch* zur noch effizienteren Extraktion der kognitiven und affektiven Vermögen eingesetzt wird und damit neoliberales, marktwirtschaftliches Agieren ubiquitär macht, und eines, in dem die Berührung in Gedanken zur Formierung von neuen Kollektiven des Widerstands führt, mittels des *Patches* also ganz neue und politisch transformative Beziehungen gestiftet werden.

Dass sich die Erzählung bei Melanie Gilligan in zwei Stränge oder Phasen aufspaltet, zwei kontrafaktische Versionen durchspielt, ist mit Blick auf das bisher Gesagte schlüssig: Die Biopolitik der Aktivierung der Lebenskräfte und Affekte, egal ob sie sozialtechnisch oder kybernetisch gedacht wird, ist janusköpfig: Im Zeitalter der Gouvernementalität lässt sich nie so genau sagen, ob man sich selbst regiert oder ob man regiert wird, da die Selbstregierung ja die dominante Regierungsform ist, die an eine Vielzahl von Agenturen angeschlossen ist. Einen Ausweg aus dem Dilemma deutet Gilligan an: sich von der Idee eines autonom agierenden Individuums als Voraussetzung des Politischen sachte, aber dezidiert zu verabschieden, dafür einen genaueren Sinn für die unterschiedlichen Formen von Vergemeinschaftung und Allianzbildung zu entwickeln. Einen Common Sense zu entwickeln müsste dann nicht mehr zwingend heißen, seinen Eigensinn dem Common Sense zu unterstellen, sondern Eigensinn als Teil eines Geflechts von Beziehungen zu kultivieren.

Anmerkungen

1   Die Forschungsliteratur zu diesem Thema ist äußerst umfänglich; für eine provisorische Aufschlüsselung vgl. Günter Friesinger / Karin Harrasser: Einleitung. In: G.F. / K.H. (Hg.): Public Fictions. Wie man Roboter und Menschen erfindet. Innsbruck 2009, S. 8–13.

2   Adelheid Voskuhl: Androids in the Enlightenment. Mechanics, Artisans, and Cultures of the Self. Chicago 2013.

3   Michel Foucault: Die Ordnung der Dinge. Eine Archäologie der Humanwissenschaften. Frankfurt a.M. 1974, S. 462.

4   Siehe Michel Foucault: Sicherheit, Territorium, Bevölkerung. Geschichte der Gouvernementalität I. Vorlesungen am Collège de France 1977-1978. Frankfurt a.M. 2004, M.F.: Die Geburt der Biopolitik. Geschichte der Gouvernementalität II. Vorlesungen am Collège de France 1978-1979. Frankfurt a.M. 2006, M.F.: Freiheit und Selbstsorge. Interview 1984 und Vorlesung 1982. Frankfurt a.M. 1985.

5   Eva Illouz: Die Errettung der modernen Seele. Therapien, Gefühle und die Kultur der Selbsthilfe. Frankfurt a.M. 2009.

6   Norbert Wiener: Cybernetics. Or Control and Communication in the Animal and the Machine. Paris, Cambridge 1948.

7   Vgl. dazu die von Claus Pias herausgegebenen *Proceedings* der Macy-Konferenzen: Cybernetics/Kybernetik. Die Macy-Konferenzen 1946-1953. Bd. 1: Transactions, Bd. 2: Essays & Dokumente. Berlin 2003, sowie Michael Hagner / Erich Hörl (Hg.): Transformationen des Humanen. Beiträge zur Kulturgeschichte der Kybernetik. Frankfurt a.M. 2007.

8   Vgl. Ludwig von Bertalanffy: General System Theory. In: Biologia Generalis, 1, 1949, S. 114–129, Ludwig von Bertalanffy: The Theory of Open Systems in Physics and Biology. In: Science, 111, 1950, S. 23–29.

9   Manfred E. Clynes / Nathan S. Kline: Cyborgs and Space. In: Astronautics, September 1960, S. 26–27, 74–76.

10 So schildert es jedenfalls Thomas Eder in seinem Nachwort zu: Oswald Wiener: die verbesserung von mitteleuropa. roman. Salzburg, Wien 2014, S. 212 (Layoutidente Neuaufl. der 2. Aufl. bei Rowohlt 1969).

11 Peter Sloterdijk: Regeln für den Menschenpark. Ein Antwortschreiben zu Heideggers Brief über den Humanismus. Frankfurt a.M. 1999.

12 Wiener 1969, a.a.O., S. CLXXV.

13 Ebenda.

14 Ebenda, S. CXLVIII.

15 Ebenda, S. CXLI.

16 Ebenda, S. CXLII.

17 Gilles Deleuze: Stotterte er … In: G.D.: Kritik und Klinik, übers. v. Joseph Vogl, S. 145–154, hier: S. 147.

18 Donna Haraway: A Cyborg Manifesto. 1985. http://msusozluk.com/nedir.php?&q=siborg%20manifestosu.

19 Cynthia Cockburn: Die Herrschaftsmaschine. Geschlechterverhältnisse und technisches Know-how [1985]. Hamburg 1988.

20 Zum Beispiel: Sadie Plant: nullen + einsen. Digitale Frauen und die Kultur der neuen Technologien. Berlin 1998; ein guter Überblick findet sich bei Karin Gieselbrecht / Michaela Hafner (Hg.): Data Body Sex Machine. Technoscience and Sciencefiction aus feministischer Sicht. Wien 2001.

21 Walter Serner: Letzte Lockerung. Ein Handbrevier für Hochstapler und solche, die es werden wollen. Bd. 7 von W.S.: Das gesamte Werk, hrsg. v. Thomas Milch, Erlange, München 1981.

22 Melanie Gilligan: The Common Sense. http://thecommonsense.org.

Science-Fiction-Film und Europa

Eine Neubewertung

Von Aidan Power

Lange schon imaginiert der Science-Fiction-Film in Europa zukünftige Welten, alternative Gesellschaften und fantastische Spektakel, und seit der Zeit von Georges Méliès ermöglicht er es dem Filmpublikum, sowohl die Wunder des Kinos als auch die Möglichkeiten des technischen und wissenschaftlichen Fortschritts zu genießen. Als Vehikel für fröhlichen Eskapismus und existenzielle Angst hat Science-Fiction eine bedeutende Rolle in der Entwicklung des Mediums Film in Europa gespielt und dabei die Verwerfungslinien gesellschaftlichen und kulturellen Verfalls über den Kontinent seit den letzten Jahren des 19. Jahrhunderts offenbart. Ungeachtet dessen – und vielleicht etwas überraschend angesichts der turbulenten Geschichte dieses Kontinents – wurde das Genre oft von der Kritik in der europäischen Sphäre vernachlässigt, und dieser Vernachlässigung soll mit diesem Aufsatz etwas abgeholfen werden.

Als Genre befindet sich Science-Fiction im Zwischenraum von Realem und Imaginiertem und zeichnet sich durch Filme aus, die – wie Vivian Sobchack schreibt – danach streben, »uns aus unserer bekannten Erfahrungs- und Wahrnehmungswelt in das Reich des Unbekannten zu entführen«, während sie gleichzeitig »der Erzählung, der Bedeutung und Relevanz halber versuchen, ihre fremden Bilder mit menschlichen und bekannten Anliegen zu verbinden«.[1] Dieser Zusammenprall von Bekanntem und Unbekanntem ist angesichts der Neigung der Science-Fiction zu gesellschaftlicher Allegorie und der Fähigkeit des Genres, zukünftige Welten als eine Art von entstehender historischer Entwicklung zu imaginieren, durchaus angemessen. Eine solche soziale Funktion ist selten ohne Schwachstellen und leidet in der Tat immer wieder genau unter ihrer eigenen Unbestimmtheit. In der Welt des Films altert kaum etwas schlechter als schlechte Science-Fiction. Selbst auf der Ebene des Erhabenen, bei Meisterwerken wie METROPOLIS (1927; R: Fritz Lang) beispielsweise, leiden Science-Fiction-Filme häufig darunter, dass sie genau dem politischen Klima ausgesetzt sind, mit dem sie sich auseinandersetzen wollen. So ist es keineswegs schwierig zu verstehen, warum ebenjener Film von niemand Geringerem als Siegfried Kracauer unmittelbar nach dem Zweiten Weltkrieg geringgeschätzt wurde.[2] Nichtsdestotrotz blüht das Genre gerade in Zeiten gesellschaftlicher Umbrüche auf – so gehörten Science-Fiction-Filme zu den ersten Filmen, die sich mit den Anschlägen vom 11. September 2001 auseinandersetzten, um nur ein hervorstechendes, zeitgenössisches Beispiel zu nennen – und bietet somit ein wichtiges Vehikel für politische Kritik und gesellschaftliche Kommentare. Aus diesem Grunde ist es keineswegs überraschend, dass Science-Fiction historisch betrachtet an unwahrscheinlichen Orten entstanden ist, ein Trend, den man in Europa an der kleinen, aber bedeutenden Gruppe von Filmen festmachen kann, die in den 1970er Jahren in der DDR produziert wurden, oder an der kurzen Begeisterung für die Gattung, die in den 1980er Jahren das kommunistische Polen erfasste. Stets langlebig, befragt die Science-Fiction – und zwar sowohl die literarische als auch die filmische – Europa durch die Produktion alternativer Welten, die die europäische Gesellschaft widerspiegeln und sie gleichzeitig verfremden. Die Geschichte des Science-Fiction-Films bietet viele herausragende Beispiele dieses Trends: Filme, welche die Umgebungen und Zeiten, aus denen sie stammen, stark kritisieren und »Visionen der Zukunft [anbieten], die zeitgenössische Trends weiterdenken, um sich deren mögliche Konsequenzen auszumalen«.[3] Die

Bedeutung des Science-Fiction-Films ergibt sich zudem auch daraus, dass er sich besonders gut als Allegorie eignet und somit Filmemachern einen kritischen Spielraum einräumt, was vor allem in politisch repressiven Kontexten wichtig ist. Annette Kuhn bringt dies mit ihrer Bemerkung auf den Punkt, dass »unter dem Deckmäntelchen der Fantasie reelle Themen umso direkter angesprochen werden können«.[4]

Science-Fiction verdankt einer europäischen Tradition viel, wie die oben erwähnten Verweise auf Méliès und Lang bezeugen, aber bisher lässt sich eine merkwürdige Lücke in einer ansonsten riesigen Menge an wissenschaftlichem Material zum Genre konstatieren.[5] Diese Lücke erscheint umso erstaunlicher, wenn man den Einfluss europäischer Autoren wie Jules Verne, H.G. Wells, Arthur C. Clarke, George Orwell und Stanisław Lem bedenkt – und die ihnen von der Kritik gewidmete Aufmerksamkeit. Die kritische Würdigung der Science-Fiction hat großen Nutzen aus dem Input bahnbrechender, in Europa geborener Denker gezogen, darunter Jean Baudrillard, Darko Suvin und Tzvetan Todorov, um nur drei der prominentesten Beispiele zu nennen. Während die prägende Rolle Europas bei der Etablierung der literarischen Gattung möglicherweise deutlicher ist als sein Einfluss auf das filmische Genre, wurde es auch von der amerikanischen Science-Fiction überschattet, selbst wenn Enthusiasten wie Franz Rottensteiner versucht haben, die Waage wieder auszugleichen.[6] Beim Film befassen sich ausgemachte Versuche, Science-Fiction zu analysieren, nur allzu häufig mit dem US-amerikanischen Markt, wo Reaktionen von ganzen Generationen auf historische Ereignisse schon lange eine Vorliebe dieser Gattung sind. Um diesen Trend nachzuweisen, könnte man auf die Aufmerksamkeit verweisen, die Iterationen des Genres aus den 1950er Jahren zuteil wurde, als die Hysterie des Kalten Krieges sich klar in Interpretationen von Filmen wie THE DAY THE EARTH STOOD STILL (Der Tag, an dem die Erde stillstand; 1951; R: Robert Wise), THE CREATURE FROM THE BLACK LAGOON (Der Schrecken vom Amazonas; 1954; R: Jack Arnold),

FORBIDDEN PLANET (Alarm im Weltall; 1956; R: Fred M. Wilcox) und INVASION OF THE BODY SNATCHERS (Die Dämonischen; 1956; R: Don Siegel) übersetzen ließ.[7] Auch andere historische Perioden wie beispielsweise die USA in der Regierungszeit von Ronald Reagan sind ein ebenso fruchtbarer Boden für entsprechende Analysen. Die Eskalation des Kalten Krieges in das Weltall und Ronald Reagans Strategic Defence Initiative (SDI) waren ein Eldorado für Science-Fiction-Enthusiasten. Aber selbst hier wird die Schuld, in der die amerikanische Science-Fiction thematisch wegen der expansionistischen Außenpolitik ihrer Regierung steht, von einer zuvor bestehen Fixierung auf die ursprünglichen europäischen Kolonialisten unterstrichen, wie Peter Fitting anmerkt.[8] Die fortlaufende Verlockung Hollywoods hat traditionell dafür gesorgt, dass es wenige Studien des Science-Fiction-Films außerhalb der USA gibt, obgleich dies natürlich nicht ganz stimmt: Wie wir noch sehen werden, haben neuere wissenschaftliche Darstellungen damit begonnen, die US-amerikanische Hegemonie infrage zu stellen. Ein solcher Trend ist positiv zu bewerten, aber dennoch lässt sich durchaus der Standpunkt vertreten, dass immer noch eine entscheidende Lücke besteht, denn eine umfassende Analyse des europäischen Science-Fiction-Films steht nach wie vor aus.

Bevor ich einen Überblick über das Genre in Europa skizziere, sei noch angemerkt, dass es notorisch schwierig ist, Science-Fiction überhaupt endgültig zu definieren (es wird in der Tat immer noch kontrovers diskutiert, ob Science-Fiction überhaupt ein Genre ist oder ob man sie nicht vielleicht eher als einen Modus bezeichnen sollte[9]). Schon aus Platzgründen werden wir dieses schwierige Thema hier jedoch weitgehend unbehandelt lassen. Um stattdessen einen Dialog über die Geschichte der europäischen Science-Fiction zu beginnen, schlage ich vor, die Definition breit zu fassen und dabei die Fähigkeit der Science-Fiction zu berücksichtigen, eine »Beziehung zum Realismus herzustellen, die sie zu einer sehr viel unbestimmteren Gattung macht«[10] als andere, sowie historisch betrachtet eine Tendenz,

»Ideen aus anderen Bereichen aufzunehmen«.[11] Ich meine, sich mit ihren elsterhaften Tendenzen zu versöhnen ist der beste Ansatz, wenn man die europäische Science-Fiction untersuchen will, denn wo eine Gattung in Ton, Inszenierung und Ausführung amorph sein kann, gibt es häufig hinsichtlich der gesellschaftlichen und politischen Ziele, auf die man sich einschießt, eine grundsätzliche Kohärenz.

Es mag schwieriger sein, solche Gesellschaftskritik im frühen Film zu entschlüsseln, da man damals sehr von den Möglichkeiten des großen Spektakels fasziniert war, aber das neue Medium ermöglichte es der Science-Fiction, ihre Reichweite auszudehnen, und den Zuschauern, einen Blick in die Zukunft zu werfen, denn die Technologie, die dieses Spektakel hervorbrachte, sollte die Grundlage für die populärste Kunstform des 20. Jahrhunderts werden. Darum versucht Laura Rascaroli, das Kino selbst als Zeitmaschine zu denken. Sie führt Filme wie STRANGE DAYS (1995; R: Kathryn Bigelow) und TWELVE MONKEYS (12 Monkeys; 1995; R: Terry Gilliam) an, um zu zeigen, dass Zuschauerschaft »mit einem Schwindel der Vermischung von Vergangenheit, Gegenwart und Zukunft, von Erinnerung und Wahrnehmung, dem Realen und dem Imaginären verbunden ist«.[12] Der frühe Film macht diese Verschiebung sichtbar, indem er Vorstellungen dessen infrage stellt, was die Technologie tatsächlich schaffen könnte. Die zentrale Rolle von Kameras und Projektoren in diesem Verfahren hatte deutliche Auswirkungen für die Science-Fiction, indem die Technologie sowohl Faszination und Angst auslöste – ganz im Einklang mit den Ursprüngen der Gattung in den Jahrzehnten nach der industriellen Revolution. Von ihrem damaligen Beginn an waren die beherrschenden Gedanken der Science-Fiction bis zu einem gewissen Grade bereits im filmischen Medium verkörpert. Zudem wurde beides mitunter als Kuriosität betrachtet; als eher anspruchslose Unterhaltung, deren Popularität vermutlich auf ihre relative Neuheit zurückzuführen sei und deren Einfluss auf das öffentliche Bewusstsein sicherlich wieder schwächer werden würde, sobald

20000 LIEUES SOUS LES MERS OU LE CAUCHEMAR DU PÊCHEUR (1907)

traditionelle und kulturell höherwertige Formen der Unterhaltung ihre Dominanz wieder behaupten würden. Zudem fallen die Ursprünge der Science-Fiction-Literatur in der wissenschaftlichen Romanze in der zweiten Hälfte des 19. Jahrhunderts genau mit der Geburt des Kinos 1895 zusammen. Die leichte zeitliche Diskrepanz zwischen beiden schwächt die These nicht ab, denn die Jahrzehnte zwischen Jules Vernes fantastischer Literaturproduktion im Jahre 1860 und der Ausbreitung öffentlicher Filmvorführungen in den 1890er Jahren ermöglichten es der noch unentwickelten Gattung, in der populären Fantasie Fuß zu fassen. Aber wie John Rieder ausführt, war die Science-Fiction selbst in ihren Ursprüngen alles andere als eine konkrete Einheit:

»Die Anfänge der Gattung zu studieren, ist keineswegs eine Frage, ihre Ursprungspunkte zu fin-

HIMMELSKIBET (1918)

den, sondern dabei geht es vielmehr darum, ein Anwachsen von Wiederholungen, Echos, Imitationen, Verweisen, Identifizierungen und Unterscheidungen zu beobachten, die von einem entstehenden konventionellen Netzwerk an Ähnlichkeiten zeugen.«[13]

In Europa gehören zu den frühen Beispielen des nebulösen Trends und der gleichzeitigen Fähigkeit, sich an andere Quellen anzupassen und sich ihrer zu bedienen, 20000 LIEUES SOUS LES MERS OU LE CAUCHEMAR DU PÊCHEUR (Under the Seas; 1907, R: Georges Méliès), angelehnt an Jules Vernes gleichnamigen Roman, eine britische Mischung aus Kriegsfilm und Science-Fiction namens THE AIRSHIP DESTROYER (1907, R: Walter R. Booth) und A MESSAGE FROM MARS (1913; R: J. Wallett Waller) – eine Science-Fiction-Nacherzählung von Charles Dickens' *Weihnachtsgeschichte*. Andernorts lässt sich die chronologische Verbindung zwischen Film und Science-Fiction in Europa vielleicht am besten am spektakulären Beispiel von LE VOYAGE DANS LA LUNE (Die Reise zum Mond; 1902; R: George Méliès) festmachen, aber Méliès war nicht der Einzige, der das Potenzial des Genres erkannt hatte. Die italienische Futurismus-Bewegung beispielsweise, 1909 von Filippo Tommaso Marinetti gegründet, war von den transformativen Möglichkeiten der Technologie fasziniert und hatte ihre Wurzeln einer zeitlichen Sehnsucht zu verdanken, die die Gegenwart allein nicht stillen konnte, und sie war zudem »eine Reaktion der Malaise des Fin de Siècle in Form eines alles durchdringenden Gefühls der

Dislokation in der logischen, kausalen Beziehung von Vergangenheit, Gegenwart und Zukunft«.[14] Das Zerschlagen dieser kausalen Verbindung wurde mit dem Gemetzel des Zweiten Weltkrieges ganz deutlich, als die Nazis die Technologie als Mittel zur Umsetzung von Massenmord einsetzten, was die dunkelsten, dystopischen Vorstellungen der Futuristen (und ihre mehr als beiläufigen Sympathien für den Faschismus) noch weit überstieg. Neben den Futuristen waren die Jahre zwischen den Weltkriegen auch für andere Erscheinungsformen der Science-Fiction bemerkenswert, wie J.P. Telotte anmerkt:

»In dieser Zeit produzierten die meisten der wichtigen industrialisierten Länder, die mit der neuen Dominanz der Maschine und ihrer sie begleitenden Empfindlichkeit zu kämpfen hatten, auch wichtige Science-Fiction-Texte. [...] Die wichtigsten Industrieländer, insbesondere die Sowjetunion, Deutschland, Frankreich, die USA und England produzierten Filme, die oft als Schlüsselwerke in der Filmgeschichte und Klassiker des Genres bezeichnet werden.«[15]

Neben METROPOLIS verweist Telotte auf Beispiele in René Clairs 35-Minuten-Spielfilm PARIS QUI DORT (Paris Asleep; 1924), FRAU IM MOND (1929; R: Fritz Lang), LA FIN DU MONDE (Das Ende der Welt; 1931; R: Abel Gance), F.P.1 ANTWORTET NICHT (1932; R: Karl Hartl), ORO (1934; R: Karl Hartl), THE TUNNEL (1935; R: Maurice Elvey) und die filmische Bearbeitung von H.G. Wells' Roman THINGS TO COME (Was kommen wird; 1936; R: William Cameron Menzies), während sein weiter gefasstes Thema des Maschinenzeitalters ihn dazu führt, andere Genres in seiner Studie zu untersuchen, mit denen wir uns hier aber nicht aufhalten müssen.[16] Man könnte dieser Liste noch HIMMELSKIBET (Das Himmelsschiff; 1918; R: Holger-Madsen) hinzufügen, produziert während einer der fruchtbarsten Perioden der dänischen Filmgeschichte.[17] Keineswegs überraschenderweise werden Wells' Texte in dieser Zeit immer wieder bearbeitet, und nicht weniger als 14 (sowohl autorisierte als auch inoffizielle) Bearbeitungen seines Werks erschienen zwischen 1918 und 1939, und sechs von ihnen lassen sich als Science-Fiction klassifizieren.[18] Von diesen sechs zählen THE FIRST MEN IN THE MOON (1919; R: Bruce Gordon, J.L.V. Leigh), DIE INSEL DER VERSCHOLLENEN (1921; R: Urban Gad) und die britischen Produktionen THINGS TO COME und THE MAN WHO COULD WORK MIRACLES (1936; R: Lothar Mendes, Alexander Korda) als europäisch, ebenso der während des Krieges produzierte italienische Kurzfilm IL GIUSTIZIERE INVISIBILE (1916; R: Mario Roncoroni). Telotte sieht eine Schwierigkeit voraus, der ich mich später noch widmen werde, und schreibt, dass »in dieser Gruppe nur METROPOLIS, teilweise wegen Regisseur Fritz Langs Status als Autor und teilweise, weil der Film den Status als der erste utopische/dystopische Film hat, bisher viel kritische Aufmerksamkeit erhalten hat.«[19] Während in der Zwischenzeit auch über diese Filme gearbeitet wurde[20], bleibt es doch wahr, dass die Figur des Autoren(-filmers) die Studien des europäischen Science-Fiction-Films beherrscht, wie wir gleich sehen werden.

Während die aktuelle Popularität der Science-Fiction in Europa scheinbar die Theorie stützt, dass sich das Genre aus gesellschaftlichen Ängsten speist, war dies nicht immer der Fall. Obgleich die Jahre nach dem Ersten Weltkrieg bemerkenswert für die jenseitigen Inhalte des deutschen Expressionismus und des italienischen Futurismus sind, war der Reiz des Fantastischen nach dem Zweiten Weltkrieg minimal. Die Tatsache, dass sich Science-Fiction für ihre Allegorien auf Vergangenheit und Gegenwart stützt, könnte teilweise erklären, warum das goldene Zeitalter der Science-Fiction in Hollywood im Großen und Ganzen an Europa vorübergezogen ist. Denn während Hollywood eine ganze Reihe von Filmen mit Monstern und Aliens, die die Erde überfallen, hervorbrachte und damit große, populäre Erfolge feierte, riskierte auf einem Kontinent, der immer noch infolge einer kaum mehr als menschlich zu bezeichnenden Barbarei taumelte, selbst der fantastischste, imaginierte Schrecken auf Gleichgültigkeit zu stoßen. Humanistische Reaktionen, nirgendwo

ausgeprägter als im italienischen Neorealismus, wie sie in Cesare Zavattinis Ruf nach einem »Kino für das Volk«[21] deutlich wurden, scheinen besser zu diesem Moment zu passen – eine Umkehrung der Situation nach dem Ersten Weltkrieg.

In den späten 1940er und frühen 50er Jahren tat sich die Science-Fiction in Europa schwer, irgendeine Art von Prominenz zu erlangen – ein Schicksal, dass sie mit anderen Genres der Ära teilte.[22] Erst als die französischen Autorenfilmer Mitte der 1960er Jahre ihre Aufmerksamkeit der Science-Fiction zuwandten, tauchte das Genre im populären Bewusstsein wieder auf, wenn auch nur sporadisch. Und selbst dann taten dies François Truffaut, Jean-Luc Godard und Alain Resnais (und Chris Marker vor ihnen mit LA JETÉE / Am Rande des Rollfelds; 1962) auf eine wissende Art, die die Grenzen der formalen Genreklassifikation dehnte und somit ihre Konventionen offenlegte. Diese Herangehensweise an das Genre war damals in Europa gar nicht ungewöhnlich.[23] Daher tendieren ernsthafte Analysen der Science-Fiction-Filme solcher Autorenfilmer dazu, diese im Lichte ihres Gesamtwerkes zu untersuchen und sie nicht aus der Perspektive eines Kanons der europäischen Science-Fiction als Genre per se zu betrachten. Für ein zeitgenössisches Beispiel dieser immer noch anhaltenden Tendenz könnte man auf Michael Hanekes postapokalyptische Parabel LE TEMPS DU LOUP (Wolfszeit; 2003) verweisen, der bis vor Kurzem mit Abstand sein am wenigsten analysierter Film war. Andrei Tarkovsky ist vielleicht insofern eine seltene Ausnahme dieser Regel, als sein Werk fast unauslöschlich mit Science-Fiction verbunden ist. Im Gegensatz dazu wurde Godards Flirt mit Science-Fiction, wie auch der von Truffaut, als eine vorübergehende Sache gesehen, gar als eine Weiterführung eines persönlichen Themas, und in diesem Lichte betrachtet ist beispielsweise ALPHAVILLE, UNE ÉTRANGE AVENTURE DE LEMMY CAUTION (Lemmy Caution gegen Alpha 60; 1965; R: Jean-Luc Godard) vielleicht vor allem dafür bekannt, dass er bewusst das Genre dekonstruiert und bekannte Godard-Diktate wie das Fehlen von Kulissen und Drehbüchern erfüllt.[24]

Dieser Überblick über ein autorenzentriertes Genre muss allerdings im Hinblick auf periodisch auftretende und meist atypische Ausbrüche von Science-Fiction in Europa eingeschränkt werden, die an sich zu einem weiteren Phänomen beitragen. Obwohl beispielsweise die frühen 1950er Jahre für die Science-Fiction eine relativ karge Periode waren, sind die Ausnahmen, insbesondere die Hammer-Produktionen FOUR SIDED TRIANGLE (1953; R: Terence Fisher), SPACEWAYS (1953; R: Terence Fisher) und THE QUATERMASS XPERIMENT (Schock; 1955; R: Val Guest), insofern interessant, als Hammer aktiv Genre-Erwartungen in Europa bedienen wollte, selbst wenn die Produktionsfirma wegen Verträgen mit amerikanischen Partnern genauso oft das Publikum in den USA im Sinn hatte.[25] Im Verlauf des Jahrzehnts blieb Großbritannien mit seiner Produktion von Science-Fiction-Filmen relativ allein, allerdings nicht ganz, wie der westdeutsche Film ALRAUNE (1952; R: Arthur Maria Rabenalt) die französisch-italienische Produktion LA MORTE VIENE DALLO SPAZIO (The Day the Sky Exploded; 1958; R: Paolo Heusch) und der tschechoslowakische Film VYNÁLEZ ZKÁZY (Die Erfindung des Verderbens; 1958; R: Karel Zeman) zeigen.

Während der 1960er Jahre, beginnend mit der DEFA-Produktion DER SCHWEIGENDE STERN (1960; R. Kurt Maetzig) – eine exemplarische Illustration, wie generische Science-Fiction-Tropen angepasst werden können, um vielfältigen, gesellschaftlichen und politischen Zielen zu dienen –, wurde das Genre in Europa immer populärer, mit Filmen aus Jugoslawien (RAT / Krieg; 1960; R: Veljko Bulajić), der Tschechoslowakei (IKARIE XB-1; 1963, R: Jindřich Polák) und Rumänien (PASI SPRE LUNA / Schritte zum Mond; 1964; R: Ion Popescu-Gopo), während neben der bald aufblühenden britischen Science-Fiction-Szene[26] auch einige Filme in Italien entstanden, manche von ihnen wie beispielsweise I CRIMINALI DELLA GALASSIA (Raumschiff Alpha; 1965; R: Antonio Margheriti) waren allerdings entweder Parodien oder einfach nur lachhaft schlecht.[27] In den 1960er Jahren wurden Koproduktionen immer beliebter, aber ähnlich wie bei anderen Genres wie beispielsweise dem Western führte dies manchmal zu einem Mini-Revival von Science-Fiction und einer gleichzeitigen Neuformulierung ihrer generischen Tropen.[28] Zu den prominenten europäischen Koproduktionen aus dieser Zeit gehören die italienisch-spanische Koproduktion TERRORE NELLO SPAZIO (Planet der Vampire; 1965; R: Mario Bava), …4 …3 …2 …1 …MORTE (Perry Rhodan – SOS aus dem Weltall; 1967; R: Primo Zeglio) und vielleicht am berühmtesten die französisch-italienische Koproduktion BARBARELLA (1968; R: Roger Vadim). Mitte der 1960er Jahre waren Autoren-Science-Fiction-Filme ebenfalls häufig das Ergebnis von Koproduktionen, und in diesem Lichte betrachtet wird deutlich, dass die Selbstreflexivität von Filmen wie ALPHAVILLE (Frankreich/Italien), FAHRENHEIT 451 (1966; R: François Truffaut; Vereinigtes Königreich/Frankreich) und Elio Petris LA DECIMA VITTIMA (Das zehnte Opfer; 1965; Italien/Frankreich) im Einklang mit damaligen breiteren Trends stehen. Während Europa während des goldenen Zeitalters der

ALPHAVILLE (1965)

Science-Fiction in den 1950er Jahren das Genre eher gemieden hat, steht seine Popularität in den 1960er Jahren in einem merkwürdigen Gegensatz zur sinkenden Zahl von in Hollywood produzierten Filmen in diesem Jahrzehnt, der 1968 nur teilweise von 2001: A SPACE ODYSSEY (2001: Odyssee im Weltraum; R: Stanley Kubrick) und PLANET OF THE APES (Planet der Affen; R: Franklin J. Schaffner) aufgehalten wurde. Keith M. Johnston geht so weit zu spekulieren, diese beiden Filme seien zum Teil eine Reaktion auf eine

> »Expansion der Science-Fiction-Filmproduktionen auf der ganzen Welt und insbesondere in Europa« und dass die Hinwendung der Nouvelle Vague zum Science-Fiction-Film das Genre wiederbelebt habe, indem sie »neue Wege für Science-Fiction vorschlug beziehungsweise zu früheren Konventionen, die jahrzehntelang nicht verwendet worden waren, zurückkehrte«.[29]

Aber während der europäische Science-Fiction-Film vorübergehend zu Prominenz aufgestiegen sein mag, war sein Erfolg unumkehrbar mit den damals angesagten Autorenfilmern verbunden, die 1970 weitgehend ihre Aufmerksamkeit anderen Dingen zugewandt hatten.

In den folgenden Jahrzehnten behauptete sich der Science-Fiction-Film zwar in Europa, aber trotz eines Booms im neuen Millennium besetzt er seit den 1970er Jahren kommerziell gesehen eine Nischenposition in einem Markt, der im Bann von Hollywoods Mega-Blockbustern steht, angestoßen von der STAR WARS-Franchise, die sich heutzutage in einer Reihe von Superheldenfilmen fortsetzen, in denen Science-Fiction mit Fantasy gemischt wird. Trotzdem kann man in diesem Zeitraum ein bemerkenswertes regionales Aufblühen von Science-Fiction feststellen, zunächst in den 1970er Jahren in Italien mit L'INVENZIONE DI MOREL (Morel's Invention; 1974; R: Emidio Greco), LE ORME (Spuren auf dem Mond; 1975; R: Luigi Bazzoni, Mario Fanelli), ANNO ZERO – GUERRA NELLO SPAZIO (War of the Planets; 1977; R: Alfonso Brescia), L'ISOLA DEGLI

THE QUATERMASS XPERIMENT (1955)

UOMINI PESCE (Insel der neuen Monster; 1979; R: Sergio Martino) und L'UMANOIDE (Kampf um die 5. Galaxis; 1979; R: Aldo Lado). Die DDR ist im selben Zeitraum ein weiteres Beispiel für diese Entwicklung: SIGNALE – EIN WELTRAUMABENTEUER (1970; R: Gottfried Kolditz), EOLOMEA (1972; R: Herrmann Zschoche) und IM STAUB DER STERNE (1976; R: Gottfried Kolditz). Dasselbe gilt für Polen in den 1980er Jahren: GOLEM (1980; R: Piotr Szulkin), O-BI, O-BA – KONIEC CYWILIZACJI (O-Bi, O-Ba – The End of Civilization; 1985; R: Piotr Szulkin), SEKSMISJA (Sex Mission; 1984; R: Juliusz Machulski) und NA SREBRNYM GLOBIE (Der silberne Planet; 1988; R: Andrzej Żuławski). Nun können wir dieser Liste im 21. Jahrhundert Großbritannien und Frankreich hinzufügen.[30] Während keines dieser Beispiele als Beweis für eine Science-Fiction-Bewegung gelten kann, zeugen sie doch von einem breiteren, nachhaltigeren Appetit auf das Genre, als man anfangs gedacht haben könnte.

Hinsichtlich der Produktion von Science-Fiction-Filmen blieb Italien auch in den 1980er Jahren prominent, in denen nicht weniger als 13 italienische Science-Fiction-Filme herauskamen. Wenige von ihnen waren erfolgreich, und Filme wie 1990: I GUERRIERI DEL BRONX (The Riffs – Die Gewalt sind wir; 1982; R: Enzo G. Castellari), ENDGAME – BRONX LOTTA FINALE (Endgame – Das letzte Spiel mit dem Tod; 1983; R: Joe D'Amato) und 2019 – DOPO LA CADUTA DI NEW YORK (Fireflash:

IM STAUB DER STERNE (1976)

Der Tag nach dem Ende; 1983; R: Sergio Martino) waren wenig mehr als billige und vergnügte Hommagen an amerikanische Kultfilme wie THE WARRIORS (Die Warriors; 1979; R: Walter Hill) und ESCAPE FROM NEW YORK (Die Klapperschlange; 1981; R: John Carpenter). Wie zwei der stärker gelobten europäischen Filme aus dieser Zeit, LE DERNIER COMBAT (Der letzte Kampf; 1983; R: Luc Besson) und BRAZIL (1985; R: Terry Gilliam), waren diese italienischen Produktionen dafür bemerkenswert, dass sie ausschließlich national finanziert waren. Im Verlauf des Jahrzehnts wurden Koproduktionen mit amerikanischen Studios langsam immer wichtiger.[31] Dieser Trend wurde in den 1990er Jahren besonders deutlich. Europäisch-amerikanische Koproduktionen wurden in einer Zeit forciert, als, wie Dimitris Eleftheriotis schreibt, »es langsam klar wurde, dass schrumpfende, inländische Märkte in den meisten Fällen unzureichend waren, um das finanzielle Überleben nationaler Filme zu sichern«.[32] Zudem wurde es Hollywood durch den Zugang zu neuen Märkten und geringeren Produktionskosten in früheren kommunistischen Volkswirtschaften ermöglicht, seinen Markt nach Osteuropa auszudehnen[33], sodass ein deutlicher Rückgang national produzierter europäischer Science-Fiction-Filme durch einen Anstieg an Koproduktionen wieder ausgeglichen wurde.[34] Obwohl sich in den 1990er Jahren insgesamt ein Rückgang von Science-Fiction-Produktionen feststellen lässt, boten Koproduktionen mit amerikanischen Studios, wie Christine Cornea schreibt, »einen Weg, wie nationale Filmindustrien, außerhalb

von Amerika, die Arena des Science-Fiction-Films betreten konnten«.[35] In dieser Umgebung konnten sich auch Länder mit einer eher begrenzten Erfahrung mit Science-Fiction wie beispielsweise Serbien mit Filmen wie FATAL SKY (1990; R: Frank Shields) und CAPTAIN AMERICA (1991; R: Albert Pyun) und Irland mit SPACE TRUCKERS (1996; R: Stuart Gordon) an Science-Fiction-Produktionen beteiligen, wenn auch im ersten Fall beide Filme direkt auf Video vermarktet wurden. Nach einem eher langsamen Anfang mit nur einer Handvoll europäischer Science-Fiction-Filme, die 2000/2001 herauskamen, hat das Genre im 21. Jahrhundert insgesamt ein großes Revival erlebt. Der dystopische Horror-Science-Fiction-Film 28 DAYS LATER… (2002; R: Danny Boyle) bildete den Anfang. Mittlerweile ist eine Vielzahl an Filmen erschienen, produziert sowohl ausschließlich in Europa als auch in Koproduktionen mit den USA, von denen viele deutlich dystopische Eigenschaften haben, was zu der aktuellen Stimmung der wirtschaftlichen Instabilität und des politischen Pessimismus passt, die den Kontinent seit der Jahrtausendwende immer wieder erfasst. Immer wiederkehrende Leitmotive, die gesellschaftliche Anliegen widerspiegeln, wie die Schwäche des Nationalstaats und das Phantom einer Festung Europa, sind überall deutlich zu sehen.[36] Und während die Europäische Union (EU) weiter wächst[37], obwohl sie sich in einem fast permanenten Krisenzustand befindet, sind Spannungen zwischen dem Nationalen und dem Supranationalen zu erwarten, und während weit verbreitete Sorgen zweifelsohne eine große Rolle für den Reiz von Science-Fiction spielen, ist vielleicht der kommerzielle Erfolg des Genres in den letzten Jahren in Hollywood von noch größerer Bedeutung. Angesichts des bemerkenswerten finanziellen Erfolgs von Filmen wie der TRANSFORMERS-Serie (seit 2007; R: Michael Bay), AVATAR (2009; R: James Cameron), INCEPTION (2010; R: Christopher Nolan) und JURASSIC WORLD (2015; R: Colin Trevorrow) ist es kein Wunder, dass Hollywood daran gelegen ist, am Erfolgsrezept festzuhalten. Die sich aus diesem Erfolg ergebende Präsenz von Science-Fiction und die Prominenz der

Geek-Kultur hat die Einstellung des Mainstreams zu diesem früher eher marginalen Thema positiv verändert. Die Bedeutung dieser Filme spiegelt sich auch in der Science-Fiction-Forschung wieder, aber wie wir nun sehen werden, bleibt die wissenschaftliche Aufmerksamkeit für Entwicklungen in Europa ungleichmäßig verteilt.

Trotz beträchtlicher Versuche, dieses Ungleichgewicht zu verbessern, bleibt doch eine Lücke in der wissenschaftlichen Science-Fiction-Literatur, und vor allem fehlt immer noch eine umfassende Studie, die auch transnationale Paradigmen berücksichtigt, insbesondere hinsichtlich der wachsenden Zahl europäischer Nationen, in denen Science-Fiction-Filme produziert werden.[38] Allmählich erscheinen national angelegte Studien in einem europäischen Kontext, dazu gehören Hunter (1999), Cubitt / Sardar (2002), Hochscherff u.a. (2011) und Cornea (2011)[39], viel mehr ausführliche Anthologien liegen jedoch nicht vor. Eine jüngere Ausnahme ist Sonja Fritzsches Sammelband *The Liverpool Companion to World Science Fiction Film*, in dem ganze sechs Kapitel dem zeitgenössischen europäischen Science-Fiction-Film gewidmet sind. Mark Bould[40] bietet einen hilfreichen, konzeptuellen Rahmen für das Verständnis des Genres in Europa, während Dimitris Eleftheriotis[41] Erkenntnisse über das Thema des »Europäertums« und Science-Fiction zu bieten hat. Zwar existieren beeindruckende Untersuchungen von spezifischen Filmen (Elsaesser 2000, Darke 2005, Torner 2014[42]), sie tendieren aber dazu, sich auf kanonische Produktionen zu konzentrieren, während die hier aufgezeigte Lücke die Notwendigkeit aufzeigt, eine umfassende und auf dem neuesten Stand befindliche Zusammenstellung von Science-Fiction-Filmen zur Verfügung zu stellen, von denen viele bisher nie ausführlich analysiert wurden. Interessanterweise bemühen sich in Deutschland entstandene Kompendien wie Fritsch / Lindwedel / Schärtl (2003) und Müller (2009)[43], einen beachtlichen Korpus an Filmen zu bearbeiten, aber wieder liegt der Fokus im Großen und Ganzen auf amerikanischen Produktionen (mit der Ausnahme, dass der erstere Band kurz auf die deutsche

Kultfernsehserie RAUMPATROUILLE (1965) verweist und der zweite in seiner Abhandlung über filmische Utopien eine Auswahl von europäischen Filmen berücksichtigt). Eine Alternative zu dieser amerikanisch gefärbten Analyse wird von Fritzsche[44] geboten, die ostdeutsche Filme aus den 1970er Jahren unter die Lupe nimmt, während Jason Merrill[45] den Diskurs öffnet und eine Analyse des osteuropäischen Science-Fiction-Films miteinbezieht; aber obgleich beides anerkannte, kontextuelle Ressourcen sind, bleiben sie in ihrem Umfang regional und zeitlich spezifisch. Telotte (1999) andererseits unternimmt eine detaillierte Untersuchung von Science-Fiction innerhalb von mehreren nationalen Filmindustrien in Europa und darüber hinaus, und während seine Studie sich weitgehend auf zwischen den beiden Weltkriegen produzierte Filme beschränkt, ist sie nichtsdestotrotz eine wertvolle Ressource. Dies trifft auch auf Keith M. Johnstons *Science Fiction Film. A Critical Introduction* zu, ein Buch, das besonders zur Frage der Wurzeln des Genres in Europa Beachtliches leistet. John Baxter (1970) und William Johnson (1972) bieten frühe Kommentare über den europäischen Science-Fiction-Film, während in jüngerer Zeit Thomas Koebner (2003), Georg Seeßlen / Fernand Jung (2003), Sean Redmond (2004) und Simon Spiegel (2007)[46] beeindruckend detaillierte Analysen des Genres im Allgemeinen bieten. Aber trotz all ihrer Stärken konzentriert sich keiner dieser Texte ausschließlich auf europäische Filme, und so bleiben wir nach wie vor in einer Art Sackgasse stecken. Um diese offensichtliche Lücke zu erklären, könnte es lehrreich sein zu bedenken, dass andere ähnlich übersehene Genres im europäischen Kontext in den letzten Jahren wissenschaftliche Aufmerksamkeit erfahren haben, und vielleicht ist keines so lehrreich wie das Roadmovie.

Als Mischgenre geht das Roadmovie ebenso ästhetisch auf den Western zurück wie thematisch auf die europäische Tradition der Reiseliteratur, die sich mindestens bis zur *Ilias* zurückverfolgen lässt. Dem Science-Fiction-Film nicht unähnlich, wird es auf populärer Ebene vor allem mit dem amerikanischen Film in Verbindung gebracht, obwohl europäische Filme wie VIAGGIO IN ITALIA (Liebe ist stärker; 1954; R: Roberto Rossellini) und SMULTRONSTÄLLET (Wilde Erdbeeren; 1957; R: Ingmar Bergman) durchaus als herausragende Beispiele des Genres gelten. Allerdings könnte ein deutliches Zögern, die Arbeit von europäischen Autorenfilmern auf den Status eines Genres zu reduzieren, teilweise dafür verantwortlich sein, und obwohl es Ausnahmen gibt (hier kommt einem Wim Wenders in den Sinn), war bis vor Kurzem weit und breit keine ausdrückliche Studie des Genres in Europa zu finden. Inzwischen ist dankenswerterweise hier Abhilfe geschaffen worden.[47] Genau wie Science-Fiction gesellschaftliche Muster kritisieren kann, indem sie Alternativen aufzeigt, so kann das Roadmovie uns viel über die Grenzen einer Gesellschaft erzählen, indem es buchstäblich auf Mobilität verweist, deren Zugänglichkeit Zygmunt Bauman zufolge »zum wichtigsten stratifizierenden Faktor unserer spätmodernen oder postmodernen Zeit« wird.[48] Europas Bemühungen, mit der massenhaften Migration angemessen umzugehen, unterstützen Baumans These, und in diesem Klima sollten wir nicht besonders überrascht sein, dass einige der lohnendsten jüngeren Science-Fiction-Filme sich stark beim Roadmovie bedienen; Beispiele dafür sind unter anderem CHILDREN OF MEN, SNOWPIERCER (2014; R: Bong Joon-ho) und MAD MAX: FURY ROAD (2015; R: George Miller). Andernorts beginnen nun auch dort transnationale Studien des europäischen Horrorfilms zu erscheinen, wo früher spezifisch nationale Bewegungen und Filme die meiste Aufmerksamkeit bekamen. Zu den jüngeren Publikationen gehören Ian Olneys *Euro Horror. Classic European Horror Cinema in Contemporary American Culture* und der Sammelband *European Nightmares. Horror Cinema in Europe Since 1945*;[49] sie zeugen von einer deutlich erkennbaren Mode für Genreanalysen des europäischen Films, eine angesichts des sich häufig überlappenden Wesens von Science-Fiction- und Horrorfilmen besonders relevante Entwicklung. Nimmt man das wiedererwachende Interesse an verwandten europäi-

schen Genres als Maßstab und bedenkt den steten Strom an neuen Science-Fiction-Filmen seit 2000, ist es sehr wahrscheinlich, dass das wissenschaftliche Interesse an europäischen Science-Fiction-Filmen in den kommenden Jahren noch weiter anwachsen wird.

Dieser Artikel hat keineswegs den Anspruch, eine definitive Übersicht über die Geschichte des europäischen Science-Fiction-Films zu geben. Vielmehr möchte er die Diskussion über das Genre in Europa und die relativ stabile Trajektorie, die es gehalten hat, obgleich es in Europa nie so geblüht hat wie vor allem in Hollywood, neu beleben. Es sollte schon in Anbetracht der Filme, auf die verwiesen wurde, klar sein, dass ein beachtlicher Korpus an Werken existiert – wobei der Output an Science-Fiction-Filmen seit den 1960er Jahren mehr oder weniger stabil ist, sieht man einmal von einer deutlichen Abnahme an Produktionen in den 1990er Jahren ab. Wie auch andernorts[50] hat die vom »Jahr-2000-Problem«, den Anschlägen vom 11. September sowie dem Krieg gegen den Terror verursachte Sorge zu einem deutlichen Anstieg an Science-Fiction-Produktionen geführt, und aktuell erscheint das Genre in Europa durchaus lebendig. Eine große Anzahl dieser neuen Filme wartet darauf, analysiert zu werden, und während entsprechende individuelle und nationalspezifische Versuche durchaus unternommen werden, bleiben die Versuche, einen transnationalen europäischen Science-Fiction-Film auszumachen, ziemlich erfolglos. Obgleich keineswegs erschöpfend, was den Umfang angeht, will dieser Artikel dazu anregen, eine solche Analyse anzugehen, damit eine Neubewertung der Rolle der Science-Fiction im europäischen Film möglich wird und ein breiterer Konsens über den europäischen Science-Fiction-Film erreicht werden kann. Eine solche Analyse sollte sich nicht zu lang mit abgrenzenden Argumenten über die Kategorisierung des Genres aufhalten, denn Science-Fiction hat schon immer Klassifizierungen widerstanden und blüht in der Tat zum Teil genau wegen dieses Widerstands. Meiner Meinung nach ist es gerade diese Unbestimmbarkeit, die Science-Fiction so passend für die europäische Sphäre macht, bedenkt man die sich verschiebenden Grenzen, Allianzen und ökonomischen Schicksale dieses Kontinents. Im Gegensatz zu den USA, deren Grenzen seit dem Beitritt von Alaska und Hawaii 1959 unverändert sind, hat sich Europa selbst in den beiden vergangenen Jahrzehnten dramatisch entwickelt, als die Reste des alten Sowjetreichs demontiert wurden und die Subnationalismen im Kontinent dessen kartografische Komposition deutlich verändert haben. Mit der Zeit entwickeln sich in neuen Nationen auch neue Filmindustrien, wenn auch manchmal sehr zögerlich, und in den letzten Jahren entstanden auch in Ländern wie Serbien, Kroatien und Rumänien Science-Fiction-Produktionen. Weitere Beweise für den europäischen Appetit auf Science-Fiction können paradoxerweise am Erfolg der Science-Fiction in Hollywood abgeschätzt werden, wie Gerry Canavan und Eric Carl Link anmerken:

»Die weltweiten Einnahmen von Hollywood-SF-Blockbustern entsprechen denen der Einnahmen an amerikanischen Kinokassen oder übersteigen sie sogar noch, und internationale Kooperationen und Koproduktionen werden nicht nur immer häufiger, sondern auch hinsichtlich der Drehbücher, des Castings und der Entwicklung immer wichtiger.«[51]

Auf der kommerziellen und industriellen Ebene im europäischen Kontext zeigt Science-Fiction weiterhin ihre Relevanz, zieht Zuschauer in die Kinos und Filmprofis zu den Shootings. Aber wie immer in Europa werden viele lokale Filme kommerziell und kritisch nicht recht wahrgenommen. Dennoch sollte ihr soziologischer Wert nicht unterschätzt werden. Indem wir diese Filme miteinander in einen Dialog treten lassen und dadurch eben auch mit der Geschichte des Genres in Europa insgesamt, könnten wir neuen Herangehensweisen an die stets flüchtige und widersprüchliche Einheit des europäischen Science-Fiction-Films begegnen. Auf einem Kontinent, der sich keineswegs vom Zusammenbruch der globalen Wirtschaft erholt

hat und immer noch mit den humanitären Auswirkungen der Kriege in Syrien und dem Irak zu kämpfen hat, wo Technokraten mit multinationalen Finanzagenturen um Macht kämpfen und wo selbst die deutsche Bundeskanzlerin nicht vor elektronischer Überwachung sicher ist, lehnt man sich keineswegs zu weit aus dem Fenster, wenn man prophezeit, dass das Genre auch in der vorhersehbaren Zukunft relevant bleiben wird.

Übersetzung aus dem Englischen:
Wilhelm Werthern

Anmerkungen

1   »[...] to remove us from familiar experience and perception into the realm of the unknown [...] for the sake of narrative, meaning and relevance–to relate their alien images to human and familiar concerns [...]« (Übers. W.W.), Vivian Sobchack: Screening Space. The American Science Fiction Film. New Jersey 2004 (2. Aufl.), S. 108.

2   In einem Ton, der seitdem von Thomas Elsaesser und anderen infrage gestellt wurde, äußerte sich Kracauer besonders abfällig über Langs fast rhythmische Darstellung der Arbeiterbewegung: »Die Überschwemmungsszene, filmisch eine unvergleichliche Leistung, bezeugt menschlich ein schockierendes Versagen.« (Siegfried Kracauer: Von Caligari zu Hitler. Eine psychologische Geschichte des deutschen Films. Frankfurt a.M. 1979, S. 159).

3   »[...] visions of the future that extrapolate contemporary trends to envision their possible consequences [...]« (Übers. W.W.), Thomas B. Byers: Commodity Futures. In: Annette Kuhn (Hg.): Alien Zone. Cultural Theory and Contemporary Science Fiction Cinema. London 1990, S. 39.

4   »[...] under the cloak of fantasy, issues of actuality may be addressed all the more directly [...]« (Übers. W.W.), Annette Kuhn: Introduction. In: Kuhn 1990, a.a.O., S. 16.

5   Die wichtige Lücke, die ich hier konstatiere, ist das Fehlen einer allumfassenden, transnationalen Analyse der europäischen Science-Fiction als Ganzes. Es gibt durchaus Werke, die sich auf Teile der europäischen Science-Fiction beziehen, wie wir später sehen werden.

6   Für einen Überblick über die europäische Science-Fiction-Literatur siehe Franz Rottensteiner: Blick vom anderen Ufer. Europäische Science-Fiction. Frankfurt a.M. 1977; oder Donald A. Wollheim (Hg.): The Best

From the Rest of the World. European Science Fiction. New York 1976.

7   M. Keith Booker, Cynthia Hendershot, David Seed und viele andere haben aus einer Unzahl von Perspektiven über diese Zeit geschrieben. Siehe Keith Booker: Monsters, Mushroom Clouds, and the Cold War. Westport, CT, 2001; Cindy Hendershot: Paranoia, the Bomb, and 1950s Science Fiction Films. Bowling Green 1999; David Seed (Hg.): American Science Fiction and the Cold War. Literature and Film. London 1999.

8   Fitting zufolge kann die Konzeption der Science-Fiction von Grenzen und in Stellvertretung ihrer Anderen nicht vom »Moment der Begegnung zwischen Menschen und Aliens [getrennt werden], einem Moment, den wir aus anthropologischen Untersuchungen und historischen berichten kennen; und einer, der bewusst oder unbewusst die Begegnungen der europäischen ›Entdeckung‹ der Neuen Welt wiederholt« (»[...] moment of encounter between humans and aliens, a moment familiar to us from anthropological investigation and historical accounts; one which, consciously or not, re-enacts the encounters of the European ›discovery‹ of the New World [...]« [Übers. W.W.], Peter Fitting: Estranged Invaders. The War of the Worlds. In: Patrick Parrinder [Hg.]: Learning from Other Worlds. Estrangement, Cognition, and the Politics of Science Fiction and Utopia. Liverpool 2000, S. 127).

9   Vgl. Simon Spiegel: Things Made Strange. On the Concept of »Estrangement« in Science Fiction Theory. In: Science Fiction Studies, 35, 2008, S. 369–385.

10   »[...] a relationship with realism that makes it a far more indeterminate genre [...]« (Übers. W.W.), Christine Cornea: Science Fiction Cinema. Between Fantasy and Reality. Edinburgh 2007, S. 7.

11   »[...] absorb ideas from other domains [...]« (Übers. W.W.), Geoff King / Tanya Krzywinska: Science Fiction Cinema. From Outerspace to Cyberspace. London 2004, S. 4.

12   »[...] linked to a vertigo of displacement between past, present and future, between memory and perception, the real and the imaginary [...]« (Übers. W.W.), Laura Rascaroli: Back to the Present. Scopic Drive, Time Travel and Film Spectatorship in Gilliam's Twelve Monkeys and Bigelow's Strange Days. In: Kinema, 15, 2001, S. 29–41.

13   »Studying the beginnings of the genre is not at all a matter of finding its points of origin but rather of observing an accretion of repetitions, echoes, imitations, allusions, identifications, and distinctions that testifies to an emerging sense of a conventional web of resemblances [...]« (Übers. W.W.), John Rieder: On Defining SF, or Not. Genre Theory, SF, and History. In: Science Fiction Studies, 37:2, 2010, S. 196.

14   »[...] a reaction to the fin de siècle malaise that took the form of a pervasive sense of dislocation in the lo-

gical, causal relationship between past, present, and future [...]« (Übers. W.W.), Cinzia Sartini Blum: The Other Modernism. F.T. Marinetti's Futurist Fiction of Power. Berkeley 1996, S. vii.

15   »In this period most of the major industrialized countries that were struggling with the new dominance of the machine and its accompanying sensibility also produced significant science fiction texts [...] the major industrialized countries, particularly the Soviet Union, Germany, France, the United States, and England, produced films that are often cited as key works in cinematic history, as well as classics of the genre.« (Übers. W.W.), J.P. Telotte: A Distant Technology. Science Fiction Film and the Machine Age. Hanover, NH, 1999, S. 16.

16   Telotte analysiert beispielsweise Komödien und konzentriert sich besonders auf die Arbeit von Buster Keaton und Charlie Chaplin (vgl. ebenda, S. 1–27).

17   Vgl. Mark Bould: Spectacle, Apocalypse and the Telepathic Fruitarian Pacifists from Mars. In: Science Fiction Film and Television, 4:1, 2011, S. 107–115.

18   Zur Gesamtliste der Filme, die mit Wells in Verbindung stehen, gehören: THE FIRST MEN IN THE MOON (1919; R: Bruce Gordon, J.L.V. Leigh), DIE INSEL DER VERSCHOLLENEN (1921; R: Urban Gad), KIPPS (1921; R: Harold M. Shaw), THE PASSIONATE FRIENDS (1922; Maurice Elvey), THE WHEELS OF CHANCE (1922; R: Harold M. Shaw), MARRIAGE (1927; R: Roy William Neill), THE TONIC (1927; R: Ivor Montagu), BLUE BOTTLES, DAYDREAMS, H.G. WELLS COMEDIES (alle drei 1928; R: Ivor Montagu), ISLAND OF LOST SOULS (1932; R: Erle C. Kenton), THE INVISIBLE MAN (Der Unsichtbare; 1933; R: James Whale), THE MAN WHO COULD WORK MIRACLES (Der Mann, der die Welt verändern wollte; 1936; R: Lothar Mendes, Alexander Korda) und THINGS TO COME.

19   »[...] of this group, only Metropolis, partly because of director Fritz Lang's auteur status and partly because of the film's standing as the earliest utopian/dystopian film, has previously received much detailed attention [...]« (Übers. W.W.), Telotte 1999, a.a.O., S. 43.

20   Siehe Jeffrey Richards: Things to Come and Science Fiction in the 1930s. In: I.Q. Hunter (Hg.): British Science Fiction Cinema. London 1999, S. 16–32; und Stefanie Harris: Calling the Nation. Karl Hartl's F.P.1 ANTWORTET NICHT (1932). In: South Central Review, 29:1/2, 2012, S. 21–40.

21   »[...] a cinema of the people [...]« (Übers. W.W.), Cesare Zavattini: Some Ideas on the Cinema. In: Sight & Sound, 32:2, 1953, S. 64–69.

22   Für einen Überblick über den europäischen Genrefilm der 1950er Jahre siehe Tim Bergfelder: The Nation Vanishes. European Co-productions and Popular Genre Formula in the 1950s and 1960s. In: Mette Hjort / Scott MacKenzie (Hg.): Cinema and Nation. London 2000, S. 131–142.

23 Neben den Autorenfilmern, die für ihre eigenen künstlerischen Ziele mit Konventionen spielen, gibt es auch eine Anzahl von gemischten Genrefilmen, die sich über die Genrecodes für einen komischen Effekt lustig machen. Bergfelder zufolge funktionieren solche Parodien auf eine parasitische Art und Weise, und zwar häufig, indem »sie sich auf die Konventionen aller anderen Genres stützen, die gerade im Umlauf sind« (»[...] drawing on the conventions of all the other major genres in circulation [...]« [Übers. W.W.], ebenda, S. 32).

24 Siehe Chris Darke: Alphaville (Jean-Luc Godard, 1965). Urbana, Chicago 2005.

25 Für eine tiefergehende Auseinandersetzung mit dem britischen Science-Fiction-Film vgl. Derek Johnston: Invaders, Launchpads and Hybrids. The Importance of Transmediality in British Science Fiction Film in the 1950s. In: Sonja Fritzsche (Hg.): The Liverpool Companion to World Science Fiction Film. Liverpool 2014, S. 89–103.

26 Neben dem Anstieg von Science-Fiction-Filmproduktionen begann die nachhaltig beliebte Fernsehserie DR WHO 1963 bei der BBC, die bald viele Nachahmer fand.

27 Für einen Überblick über den italienischen Science-Fiction-Film siehe Raffaella Baccolini: The Uncomfortable Relationship Between Science Fiction and Italy. Film, Humor, and Gender. In: Fritzsche 2014, a.a.O., S. 172–190.

28 Vgl. Bergfelder 2000, a.a.O., S. 138.

29 »[...] an expansion in science-fiction filmmaking across the globe but particularly in Europe [...] new routes for science fiction or returned to earlier conventions that had lain dormant for decades [...]« (Übers. W.W.), Keith M. Johnston: Science Fiction Film. A Critical Introduction. London 2011, S. 81f.

30 In den letzten Jahren sind etliche neue Science-Fiction-Filme in Großbritannien und Frankreich erschienen. Zu den hervorstechenden Beispielen gehören BANLIEUE 13 (Ghettogangz – Die Hölle vor Paris; 2004; R: Pierre Morel), CHILDREN OF MEN (2006; R: Alfonso Cuarón), BABYLON A.D. (2008; R: Mathieu Kassovitz), MOON (2009; R: Duncan Jones), UNDER THE SKIN (2013; R: Jonathan Glazer) und LUCY (2014; R: Luc Besson).

31 Zu den europäisch-amerikanischen Koproduktionen der 1980er Jahre gehören die amerikanisch-britischen Koproduktionen LIFEFORCE (1985; R: Tobe Hooper), EARTH GIRLS ARE EASY (Zebo, der Dritte aus der Sternenmitte; 1988; R: Julien Temple), SLIPSTREAM (1989; R: Steven Lisberger) sowie die italienisch-amerikanische Koproduktion LEVIATHAN (1989; R: George P. Cosmatos).

32 »[...] an emerging realization that shrinking domestic markets have become in most cases inadequate for the financial survival of national films [...]« (Übers. W.W.), Dimitris Eleftheriotis: Popular Cinemas of Europe. Studies of Texts, Contexts and Frameworks. London 2001, S. 48.

33 Vgl. Barry Langford: Post-Classical Hollywood. Film Industry, Style and Ideology Since 1945. Edinburgh 2009, S. 274.

34 Es gab trotzdem auch einige ausschließlich europäisch finanzierte Science-Fiction-Filme, darunter ACCIÓN MUTANTE (Aktion Mutante; 1993; R: Álex de la Iglesia), DEATH MACHINE (1994; R: Stephen Norrington), LA CITÉ DES ENFANTS PERDUS (Die Stadt der verlorenen Kinder; 1995; R: Marc Caro, Jean-Pierre Jeunet), NIRVANA (1997; R: Gabriele Salvatores) und SKYGGEN (Webmaster; 1998; R: Thomas Borch Nielsen).

35 »[...] offered one way in which national cinemas, outside of America, could enter the science fiction film arena [...]« (Übers. W.W.), Cornea 2007, a.a.O., S. 202.

36 CODE 46 (2003; R: Michael Winterbottom), BANLIEUE 13, FAQ: FREQUENTLY ASKED QUESTIONS (2004; R: Carlos Atanes), ALLEGRO (2005; R: Christoffer Boe), CHILDREN OF MEN, RENAISSANCE (2006; R: Christian Volckman), 28 WEEKS LATER (2007; R: Juan Carlos Fresnadillo), BABYLON A.D., DOOMSDAY (2008; R: Neil Marshall), NEVER LET ME GO (Alles, was wir geben mussten; 2010; R: Mark Romanek), HELL (2011; R: Tim Fehlbaum), LOS ÚLTIMOS DÍAS (The Last Days; 2013; R: David Pastor, Àlex Pastor).

37 Nach Bulgariens und Rumäniens Beitritt 2007 wurde Kroatien 2013 das 28. Mitglied der EU.

38 Ich beschränke mich hier auf den Film, aber es gibt nun auch immer mehr Analysen von Science-Fiction im Fernsehen, beispielsweise Jonathan Bignell / Andrew O'Day: Terry Nation. Manchester 2004; und James Chapman: Inside the Tardis. The Worlds of Doctor Who. A Cultural History. London 2006; während die Zeitschrift Science Fiction Film and Television seit ihrer Gründung 2008 immer einflussreicher wird.

39 Hunter 1999, a.a.O.; Sean Cubitt / Ziauddin Sardar (Hg.): Aliens R Us. The Other in Science Fiction Cinema. London 2002; Tobias Hochscherff u.a. (Hg.): British Science Fiction Film and Television. Critical Essays. Jefferson 2011; Christine Cornea: British Science Fiction Television in the Discursive Context of Second Wave Feminism. In: Genders Online Journal, 54, 2011.

40 Mark Bould: Science Fiction. Abingdon 2012.

41 Dimitris Eleftheriotis: Global Visions and European Perspectives. In: Cubitt/Sardar 2002, a.a.O., S. 164–180.

42 Darke 2005, a.a.O.; Thomas Elsaesser: Metropolis. London 2000; Evan Torner: Casting for a Socialist Earth. Multicultural Whiteness in the East German/Polish Science-Fiction Film Silent Star (1960). In: Fritzsche 2014, a.a.O., S. 118–137.

43 Matthias Fritsch / Martin Lindwedel / Thomas Schärtl: Wo nie zuvor ein Mensch gewesen ist. Science-Fiction-Filme. Angewandte Philosophie und Theologie. Regens-

burg 2003; André Müller: Film und Utopie. Positionen des fiktionalen Films zwischen Gattungstraditionen und gesellschaftlichen Zukunftsdiskursen. Münster 2010.

44 Sonja Fritzsche: East Germany's »Werkstatt Zukunft«. Futurology and the Science Fiction Films of »defa-futurum«. In: German Studies Review, 29:2, 2006, S. 367–386.

45 Jason Merrill: Gender and Apocalypse in Eastern European Cinema. In: Fritzsche 2004, a.a.O., S. 104–117.

46 John Baxter: Science Fiction in the Cinema. New York 1970; William Johnson (Hg.): Focus on the Science Fiction Film. Michigan 1972; Thomas Koebner (Hg.): Filmgenres. Science Fiction. Stuttgart 2003; Georg Seeßlen / Fernand Jung: Science Fiction. Geschichte und Mythologie des Science-Fiction-Films. Marburg 2003; Sean Redmond: Liquid Metal. The Science Fiction Film Reader. New York 2004; Simon Spiegel: Die Konstitution des Wunderbaren. Zu einer Poetik des Science-Fiction-Films. Marburg 2007.

47 Siehe Ewa Mazierska / Laura Rascaroli: Crossing New Europe. Postmodern Travel and the European Road Movie. London 2006; Michael Gott / Thibaut Schilt: Open Roads, Closed Borders. The Contemporary French-language Road Movie. Bristol 2013.

48 »[...] becomes the main stratifying factor of our late-modern or postmodern times [...]« (Übers. W.W.), Zygmunt Bauman: Globalization. The Human Consequences. Cambridge 1998, S. 2.

49 Ian Olney: Euro Horror. Classic European Horror Cinema in Contemporary American Culture. Bloomington 2013; Patricia Allmer / Emily Brick / David Huxley (Hg.): European Nightmares. Horror Cinema in Europe Since 1945. New York 2012.

50 Am deutlichsten wird dieser Trend in einigen amerikanischen Science-Fiction-Filmen, die den Anschlag vom 11. September entweder nachspielen oder sich darauf stützen wollen. Dazu gehören (diese Liste ist keineswegs vollständig): WAR OF THE WORLDS (Krieg der Welten; 2005; R: Steven Spielberg), I AM LEGEND (2007; R: Francis Lawrence) und CLOVERFIELD (2008; R: Matt Reeves).

51 »Hollywood SF blockbusters match–and frequently surpass–their American receipts with their worldwide earnings with international cooperation and coproduction not only increasingly common but also increasingly important in scripting, casting and development [...]« (Übers. W.W), Gerry Canavan / Eric Karl Link (Hg.): The Cambridge Companion to American Science Fiction. Cambridge 2015, S. 3.

Spuren der Zukunft

Europäisches Science-Fiction-Kino als Rhetorik eines audio-visuellen Diskurses zu Archiv und Museum

Von Winfried Pauleit

Im Fokus meiner Untersuchung stehen ausgewählte europäische Science-Fiction-Filme der 1950er und 60er Jahre, die das Zeitreisen mithilfe von selbstreflexiven Strategien inszenieren. Dabei konzentriere ich mich auf Formen von Zeitlichkeit, die aus elementaren kinematografischen Verfahren wie Fotografie und Tonaufnahme abgeleitet werden. Diese dienen aber nicht nur der Inszenierung von Zeitreisen im modernen Kino. Sie referieren vielmehr auch auf die Gründung nationaler Filmmuseen und Kinematheken im Europa der Nachkriegszeit – sowie auch auf den Archivdiskurs, der durch die Schriften Michel Foucaults in dieser Zeit eine grundlegende Kritik und Erneuerung erfährt.[1] Meine Hypothese ist, dass das moderne europäische Science-Fiction-Kino erstens die Gründungsphase der europäischen Filminstitutionen begleitet und im Hinblick auf ihre konstitutiven Bedingungen und Möglichkeiten befragt und zweitens, dass dieses Kino den Archivdiskurs reflektiert, kommentiert und in manchen Fällen sogar vorwegnimmt.

In der Analyse der Filme konzentriere ich mich folglich nicht auf die Narration von spezifischen Zukunftswelten und den darin dargestellten Bezügen auf Museen und Archive. Eine solche Untersuchung wurde bereits von Julia Teresa Friehs, Corinna Oesch und Marie-Noëlle Yazdanpanah unternommen.[2] Die Autorinnen führen die fiktionalen Zukunftsräume mit bekannten Anordnungen von Museen parallel und befragen dabei insbesondere den Status von Objekten, die in den Science–Fiction-Filmen eine Musealisierung beziehungsweise Entmusealisierung erfahren. Ihre Herangehensweise befragt also Differenzen von Science-Fiction-Kino und zeitgenössischer Museumsordnung. Hintergrund dieser Analysen ist gleichwohl eine Zeitdifferenz, die an spezifischen Objekten und ihren Kontexten hervorgebracht und herausgearbeitet wird.

Ziel meiner Untersuchung ist es demgegenüber, die kinematografischen Verfahren und ihre Produktion von Zeitlichkeit im europäischen Science–Fiction-Kino vor dem Hintergrund von Archivdiskurs und der Institutionalisierung von Filmmuseen zu skizzieren. Diesen Zusammenhang werde ich konkret in der Analyse der selbstreflexiven Darstellungen von Fotografie und Tonaufnahme herausarbeiten. Die Vorgehensweise hat also materielle Momente des modernen Kinos im Blick, die sie im Hinblick auf Zeitlichkeitsformen im Science-Fiction-Kino auswertet und die sich schließlich als »Spuren der Zukunft« erweisen. Gegenstand meiner Untersuchung sind damit Bedingungen der Möglichkeit eines Schnittfeldes von modernem und Science–Fiction-Kino.

Im Folgenden werde ich dieses Schnittfeld vornehmlich an der britischen Produktion TIMESLIP / THE ATOMIC MAN (Sieben Sekunden zu spät; 1955) von Ken Hughes bearbeiten, die üblicherweise als B-Picture unter einer Genre-Perspektive subsumiert wird. In der Analyse lässt sich zeigen, dass diese allerdings ebenso von Merkmalen des modernen Kinos geprägt ist und im Grunde als Vorläufer der europäischen Ikonen eines Science-Fiction-Kinos wie LA JETÉE (Am Rande des Rollfelds; 1962) von Chris Marker oder JE T'AIME, JE T'AIME (Ich liebe dich, ich liebe dich; 1968) von Alain Resnais betrachtet werden kann, in denen sich die Modernität des Kinos deutlich entfaltet. In der Untersuchung geht es mir aber weniger darum, spezifische Ähnlichkeiten im Sinne von Motiven oder Genreformeln von B-Pictures einerseits und den

Filmplakate zu TIME SLIP / THE ATOMIC MAN (1955) von Ken Hughes, LA JETÉE (1962) von Chris Marker und JE T'AIME, JE T'AIME (1968) von Alain Resnais

Ikonen des europäischen Science-Fiction-Kinos andererseits herauszuarbeiten, als vielmehr die Bedeutung des spezifischen Schnittfeldes von modernem und Science-Fiction-Kino zu befragen, das offenbar Kongruenzen aufweist, die sich als eine politische Ästhetik zu erkennen geben und die sich schließlich als Teil eines audiovisuellen Diskurses darstellen lassen, der die Praxen der Archive und Museen befragt.

Auf der Schwelle zum modernen Kino:
TIMESLIP / THE ATOMIC MAN

TIMESLIP ist kein Zeitreisefilm im strengen Sinne. Die Story gibt sich gleichwohl als klassische Science-Fiction zu erkennen und erzählt die Geschichte eines Atomphysikers, der entführt und bei seiner Flucht angeschossen wird. Während einer Notoperation stirbt der Wissenschaftler, erfährt aber nach kurzer Zeit eine unerklärliche Wiederbelebung. Physisch wiederhergestellt, erscheint der Geisteszustand des Patienten angegriffen. Niemandem gelingt es, mit ihm zu kommunizieren.

Ein Journalist und ein Psychoanalytiker finden heraus, dass sich alle geistigen und körperlichen Reaktionen des Atomphysikers genau um 7,5 Sekunden versetzt in der Zukunft ereignen. Während der Psychoanalytiker den fantastischen Plot der Zeitverschiebung narrativ erklärt aus dem Zusammenwirken des kurzzeitigen physischen Todes bei der Operation und der konservierenden Wirkung der atomaren Strahlung auf sein Gehirn, entwickelt der Journalist seine Analyse aus Fotografien und Tonbandaufnahmen, die den besonderen Zustand des Wissenschaftlers sinnlich zur Anschauung bringen. Auch diese Spurensuche ist an den Plot gebunden und fantastischer Natur. Sie stellt aber die Verfahren von Bild- und Tonaufnahme explizit in den Vordergrund.

Auf diese Weise entfaltet die Inszenierung selbstreflexive Momente, denn die Beweisführung des Journalisten basiert auf im Film als dokumentarisch ausgewiesenen Bild- und Tonaufnahmen. Der Journalist entschlüsselt die Identität des zunächst unbekannten Mannes mithilfe eines Bildvergleichs von aktuellen Pressefotos und Fotos aus dem Archiv. Die Pressefotos sind zum Teil getrübt, aktuelle Röntgenaufnahmen des Mannes erweisen sich gar als vollkommen leer. Diese Störungen des fotografischen Prozesses werden im Film auf die Radioaktivität zurückgeführt, der der Wissenschaftler während seiner Tätigkeit als Atomphysiker ausgesetzt war. Sie gelten gleichzeitig als Ausweis der Identität des Wissenschaftlers, dem im Film ein Doppelgänger als Betrüger gegenübersteht. Dessen Fotos weisen schließlich keine Bildstörungen auf.

Dass die geistige Verwirrung des Atomphysikers auf eine Zeitverschiebung zurückzuführen ist, findet der Journalist heraus, als er die Gespräche mit diesem auf Tonband aufzeichnet und schließlich im Hinblick auf eine mögliche Zeitversetzung der Kommunikation auswertet. In diesem Zuge werden Bild- und Tonaufnahmen als Speichermedien in Szene gesetzt, die zum einen mit archivarischen Praktiken in Verbindung stehen (zum Beispiel Fotoarchive der Zeitgeschichte), die zum anderen aber auch auf die kinematografische Produktion selbstreflexiv verweisen (in der – ganz allgemein formuliert – durch das Arrangieren von Bild- und Tonaufnahmen filmische Raum-Zeit-Figurationen hergestellt werden).

Die selbstreflexiven Momente dieses Films bleiben im Vergleich mit Chris Markers Fotofilm LA JETÉE schwach ausgeprägt und kommen nur partiell zum Tragen. Die Inszenierungen von Fotoarchiv und Tonaufnahmen sind narrativ an die Praxis des Journalisten gebunden. Dennoch nehmen sie innerhalb der Filmhandlung einen breiteren Raum ein, als für eine schlüssige Genreformel notwendig wäre. Der Journalist besucht das Fotoarchiv als »realen« Ort. Dort sucht er die Fotografien eigenhändig aus den Schubladen des Archivs, betrachtet sie und liest ihre rückseitigen Beschriftungen.

Der Journalist wird also bei einer Spurensuche im Fotoarchiv gezeigt. Sein Wissensvorsprung und seine Expertise beruhen auf der recherchierenden Archivarbeit – nicht auf einer schreibenden Tätigkeit. Die Arbeit mit dem Tonband wird als eine Sammlung von Daten und als eine Praxis der Anordnung von Gesprächsaufzeichnungen

in Szene gesetzt. Während der Akt der Aufzeichnung mit dem Prinzip des Sammelns von Daten korrespondiert, lässt sich in der Neuanordnung der Aufnahmen das kinematografische Moment der Tonmontage erkennen.

Gegenstand der Aufnahme ist die kommunikative Interaktion mit dem Atomphysiker. Sie wird als philosophisches Paradox inszeniert, da dieser (der Zeit seiner Umgebung voraus) Fragen beantwortet, die seine Gesprächspartner noch gar nicht gestellt haben. Gleichwohl aber reagiert er auf Stichworte im Gespräch (die zeitversetzt fallen), sodass die Kommunikation zirkuläre Strukturen entfaltet, in denen schließlich nicht mehr festgestellt werden kann, wer wem ein bestimmtes Wissen übermittelt. Mithilfe des Tonbandgerätes rekonstruiert der Journalist zwar eine lineare Folge von Sprechakten und kommt damit zur Diagnose der Zeitverschiebung, welche die scheinbare Amnesie des Wissenschaftlers erklären soll. Das Paradox bleibt dennoch bestehen. Denn die Fallgeschichte wird nicht mithilfe der Erinnerung des Protagonisten rekonstruiert, wie es eigentlich in der Befragung beabsichtigt ist. Sie wird vielmehr durch den Einsatz des Tonbandgerätes erst konstruiert. Denn vom Tonband aufgezeichnet werden nicht Sprechakte der Gegenwart, sondern solche der Zukunft. Und es sind die technischen Akte der Sammlung und Neuanordnung, mit denen die Fallgeschichte schließlich entschlüsselt wird. Es handelt sich also nicht um eine Fehlleistung der Zunge, die durch die Psychoanalyse bearbeitbar wäre, sondern eine technische Montage liefert den Schlüssel: ein Akt der Tonregie. Das Tonband ist das Medium, das die doppelte Zeitverschiebung ausstellt und materiell greifbar macht.

Der Wissenschafts-Journalist Mike Delaney (Gene Nelson) ist die Hauptfigur des Films. Sie wird als medienaffiner Allround-Dilettant eingeführt, dem es gleichwohl gelingt, den Atomphysiker zu identifizieren, dessen Krankheitssymptome zu analysieren und damit die Fallgeschichte zu entschlüsseln. Delany verkörpert eine Figur des Träumers und des Liebenden mit übergreifenden Interessen, die sich allerdings ständig verzettelt

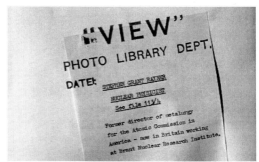

Der Journalist Mike Delaney (Gene Nelson) bei einer Spurensuche im Fotoarchiv – seine Arbeit mit dem Tonband wird als eine Sammlung von Daten und als eine Praxis der Anordnung von Gesprächsaufzeichnungen in Szene gesetzt

und daher den konkreten Verpflichtungen seiner Tätigkeit als Journalist nur unzureichend nachkommt und sich ständig verspätet (nomen est omen). Seine Stärke besteht zudem im Gebrauch der Medien und Archive. Daraus entwickelt er sein Wissen. Dieses ist einerseits von der journalistischen Neugier geprägt und von der Fähigkeit, unterschiedliche Spezialdiskurse miteinander zu verknüpfen. Andererseits kennzeichnen ihn Emp-

findsamkeit und ein Sinn für Ästhetik – Eigenschaften, die ihn von seinen Kollegen unterscheiden. Delaneys Wissen wird charakterisiert als Produkt assoziativen Denkens, das mit der Neuanordnung von Bild- und Tonaufzeichnungen parallel geführt wird. Sein Wissen wird also mit den Verfahren der Kinematografie assoziiert.[3]

In TIMESLIP werden die zentralen Wissensdiskurse allerdings an zwei Figuren gebunden: Neben dem Journalisten Mike Delaney ist dies der Psychoanalytiker Dr. Marks (Carl Jaffe). Ihm kommt die Rolle zu, die Fallgeschichte und die mit ihr einhergehende Zeitverschiebung im Kreise von Medizinern und Kriminalisten als Autorität dozierend auszubreiten und nachzuerzählen. Seine Erklärung liefert eine lineare Anordnung der Ereignisse, die allerdings als Science-Fiction von irrealen Momenten durchsetzt ist, so zum Beispiel von der Annahme, das Gehirn des Atomphysikers habe den physischen Tod aufgrund der atomaren Verstrahlung kurzzeitig überleben können und auf diese Weise das Symptom der Raumzeitdifferenz erst hervorgebracht. Dieser pseudowissenschaftliche Diskurs fungiert wie ein Genre-Marker des Fantastischen, der gleichzeitig auch zur Entwertung dieses »literarischen« Wissensdiskurses führt. Die Nebenfigur Dr. Marks ist mit den Attributen Buch, Brille, Zeigestock ausgestattet und verkörpert das Klischee eines Universalgelehrten (hier mit Anspielung auf den Freudo-Marxismus), der sich mit seinem umfassenden Wissen von den Medizinern, Kriminologen und Physikern des Films und ihren Spezialdiskursen unterscheidet.

In TIMESLIP werden die zentralen Wissensdiskurse an zwei Figuren gebunden: den Journalisten Mike Delaney (Gene Nelson) und den Psychoanalytiker Dr. Marks (Carl Jaffe)

Die Ausstellung eines kinematografischen Sprechaktes: Dr. Marks / Carl Jaffe

Die Intonation des Sprechaktes durch den Schauspieler Carl Jaffe verleiht der Figur noch eine weitere Differenz, die sich aus Elementen jenseits der Fiktion speist. Sein Akzent kennzeichnet ihn als (deutschen beziehungsweise jüdischen) Migranten im Nachkriegsengland und verleiht dem Sprechakt eine spezifische Präsenz, in der die politische Geschichte der Vertreibung aus Nazideutschland anklingt.[4] Diese auditive Markierung gestaltet die Figur des Psychoanalytikers, indem sie das körpergebundene und bemühte Sprechen in der »fremden« Sprache ausstellt. Jaffes Sprechen tritt neben der sonoren Kennzeichnung auch deshalb so deutlich hervor, weil es einen anderen Sprechakt (den zeitversetzten des Atomphysikers) zum Gegenstand hat, und weiter, weil seine Rede innerhalb des Films wie ein Insert gestaltet

ist, hineingeschnitten wie ein Fremdkörper, der plötzlich auftaucht wie ein Deus ex Machina, die Fallgeschichte erklärt und wieder verschwindet. Dieser Sprechakt zeigt sich als selbstreflexives Moment, insofern der Sprechende sein Wissen um die kinematografische Produktion eines Sprechaktes nicht verdeckt, sondern eigens herausstellt – und sich in Großaufnahme an die Kamera wendet und die Zuschauer adressiert.[5]

Dr. Marks fungiert somit wie ein wissender Erzähler, der den Wissensstand des Filmplots für die Beteiligten (aber auch für die Zuschauer) zusammenfasst, der dieses Wissen allerdings gleichsam als fantastisches Wissen entlarvt und als notwendigen Kitt für die Kohärenz der (literarischen) »Science-Fiction« präsentiert und gleichzeitig entwertet. In diesem fiktionalen Bruch tritt die Intonation des Migranten Carl Jaffe besonders deutlich hervor, die als ein Wissen um das eigene Sprechen vor der

Dr. Marks (Carl Jaffe) fungiert als wissender Erzähler

Kamera und vor dem Mikrofon gekennzeichnet ist. Anders formuliert: Jaffes Sprechakt kehrt die kinematografischen Verfahren und die mit ihr einhergehende Produktion einer tatsächlichen Zeitdifferenz (zum Zuschauer) erst hervor, transformiert den fantastischen Plot in einen Realitätseffekt[6] und aktualisiert das Science-Fiction-Kino auf einer anderen Ebene: Der in der Filmaufnahme gebundene Satz »Ich kann nur zu dem Schluss kommen, dass dieser Mann verstarb und sein Hirn weiter lebte. « hat den Status eines Orakels und eines audiovisuellen Artefakts, das den Zuschauer mit der Musealisierung eben dieses kinematografischen Sprechaktes konfrontiert.[7]

An beiden Figuren (Psychoanalytiker und Journalist) und ihren Besetzungen entfaltet der Film seine Bezüge auf Museen und Archive. An der Figur Delany (Nelson) werden der Ort des Archivs, die praktische Archivarbeit eines Journalisten und die Praxis der Tonmontage innerfilmisch als ein Diskurs des Begehrens einer filmischen Figur inszeniert, der wir beim emotionalen Bewegt- und Getroffen-Werden durch Fotografien und Tonaufnahmen zuschauen, die als Interaktion mit den Artefakten ausgestaltet ist. Mit der Figur des Psychoanalytikers Dr. Marks - und noch deutlicher mit der Verschiebung auf den Sprechakt des Migranten Carl Jaffe - verlässt der Film die Ebene des innerfilmischen Diskurses. Er präsentiert sich selbst als Produktion von Zeitverschiebungen, in denen der Sprechakt Jaffes als audiovisuelles Artefakt ausgestellt ist, das die Zuschauer der Zu-

kunft aus der Perspektive eines Sammlungsobjekts oder einer Archivalie adressiert.

Diese Verschachtelung von narrativen und selbstreflexiven Bezügen des Films auf Museen und Archive ist ein Kennzeichen des modernen Kinos. Sie lässt sich schließlich – so meine These – als Rhetorik eines audiovisuellen Theoriediskurses zu Archiv und Museum entziffern. Dies ist eine Rhetorik, insofern der Film mit der zweiten Figur und dem Hervortreten Carl Jaffes einen Registerwechsel vornimmt. Erst dieser Registerwechsel bringt die spezifische Medialität des Films besonders zur Anschauung und zu Gehör. Er macht Spuren (der Geschichte) erfahrbar beziehungsweise übergibt sie als audiovisuelles Artefakt an die Zuschauer (der Zukunft) in der Form eines Orakelspruches, wobei er gleichzeitig die Zuschauer direkt adressiert. Diese Rhetorik beleuchtet die Zeitlichkeit kinematografischer Verfahren und stellt den Umgang mit ihnen als eine Produktion von Wissen und archivarischer beziehungsweise musealer Praxis aus, die grundsätzlich unabgeschlossen bleibt. Das kinematografische Wissen erscheint darin gerade nicht als neutrale Speicherung, die dauerhaft abrufbar wäre, sondern ganz ähnlich, wie später im Archivdiskurs Foucaults, als Praxis des Umschreibens und der Intervention.[8]

TIMESLIP bereitet damit die Rhetorik eines audiovisuellen Theorie-Diskurses vor, der von Chris Marker und Alains Resnais fortgeführt und ausgestaltet wird. Darüber hinaus gibt es eine Reihe von weiteren Verbindungen zu deren Filmen LA JETÉE und JE T'AIME, JE T'AIME, die sich als Korrespondenzen von Motiven oder Genre-Formeln benennen lassen.[9] Gleichwohl lässt sich festhalten, dass Marker und später Resnais keine Adaption vornehmen, sondern die Elemente aus TIMESLIP neu zusammenstellen.

Die radikale Trennung von Ton- und Bildspur: LA JETÉE

Chris Marker hat in LA JETÉE eine durch und durch moderne Konzeption von Filmmuseum, Zuschauer und Zeitreisen präsentiert, die auf kinematografische Verfahren rekurriert. Die Zeitreise führt den Protagonisten zurück in die Pariser Museen der Gegenwart von 1962, den Jardin des Plantes und das benachbarte Muséum national d'Histoire naturelle – mit seinen Sammlungen von ausgestopften Tieren und Skeletten. Diesen musealen Sammlungen stellt Marker eine andere Schauanordnung gegenüber: Das (1961) gerade eröffnete Terminal Süd des Flughafen Orly mit seiner Besucherterrasse (Ausgangs- und Endpunkt der Filmhandlung und Ort der Selbstbegegnung des Protagonisten). Museum und Flughafen sind die Ankerpunkte, die bei Marker das Zeitreisen begleiten.

Die Sammlung, die Marker präsentiert, zeigt auf der Bildebene einzelne Fotografien, aus denen Marker seinen Film strukturiert: zum Beispiel die Orte der naturhistorischen Sammlungen mit ihren Objekten. Es gibt auch eine Anspielung auf die Filmgeschichte: auf Hitchcocks VERTIGO

(1958). Markers Foto-Sammlung enthält aber zusätzliche Elemente, die sehr konkret auf ein Filmmuseum verweisen, wie die Besetzung von Jacques Ledoux, dem Leiter der Brüsseler Cinémathèque, der im Jahr der Erstaufführung von LA JETÉE (1962) das Brüsseler Filmmuseum eröffnet. Während also Jacques Ledoux mit seinen Architekten das Filmmuseum in Brüssel einrichtet, wird er von Marker nach Paris geholt und in LA JETÉE als Leiter eines Lagers gecastet und besetzt, in dem nach einem Atomkrieg Menschenversuche durchgeführt werden. Der Bezug zum Filmmuseum wird auch dadurch hergestellt, dass die Fotos aus dem »Gefangenenlager« im Keller des *Palais de Chaillot* aufgenommen sind, des Sitzes des Musée de l'Homme und ab 1963 auch der Cinémathèque française.

Auch die Tonspur ist wie eine Sammlung aufgebaut, deren unterschiedliche Tonaufnahmen sich deutlich unterscheiden: Ein Voice-over (Jean

In LA JETÉE stellt Marker den musealen Sammlungen des Jardin des Plantes und des Musée national d'Histoire naturelle eine andere Schauanordnung gegenüber: das 1961 gerade eröffnete Terminal Süd des Flughafen Orly mit seiner Besucherterrasse

Während Jacques Ledoux als Leiter der Brüsseler Cinemathèque mit seinen Architekten das Filmmuseum in Brüssel einrichtet, wird er von Chris Marker nach Paris geholt und in LA JETÉE als Leiter eines Lagers gecastet und besetzt, in dem nach einem Atomkrieg Menschenversuche durchgeführt werden

Negroni) erzählt die Geschichte des Zeitreisenden und bildet eine übergeordnete Kontinuität, die die Sammlung der Fotografien ordnet. Daneben ist Musik zu hören (Kompositionen von Trevor Duncan sowie eine Aufnahme des Chors der Alexander-Newski-Kathedrale in Paris), zudem Geräusche und Soundeffekte (der Beat eines Herzschlags). Während der Menschenversuche im Gefangenenlager sind außerdem flüsternde Stimmen in deutscher Sprache vernehmbar. Ton- und Bildebene sind klar getrennt und gewinnen nur in wenigen Sequenzen eine narrative Kongruenz. Das Voice-over ist der Bildebene übergeordnet und spricht von einem unbestimmten Ort als auktorialer Instanz. Die Gespräche der Protagonisten werden in indirekter Rede

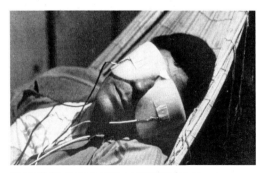

Das Still des Protagonisten aus LA JETÉE ist zu einer Ikone des politisch-essayistischen Kinos der 1960er Jahre geworden

wiedergegeben. Die einzigen Sprechakte, die innerhalb der Filmhandlung lokalisierbar sind und dort ihre Präsenz entfalten, sind die flüsternden Stimmen der Experimentatoren, die den Fortgang der Menschenversuche und die mit ihnen einhergehenden Zeitreisen des Protagonisten kommentieren.

Markers Film stellt neben den Bezügen auf kinematografische Verfahren und den Anspielungen auf die Institution Filmmuseum eine spezifische Konzeption des Zuschauers heraus. Die Zeitreise nimmt ihren Ausgangspunkt vom Körper des Protagonisten. Mithilfe von Injektionen werden Erinnerungen freigelegt. Die Hängematte ist eine Liegeposition – Schlaf, Traum, Psychoanalyse sind verwandte Verfahren. Der Protagonist wird bei Marker selbst zu einem kinematografischen Apparat, der seine Erinnerungen als Aufzeichnungen zu erkennen gibt, die ihm von den Augen abgenommen werden.

Das Still des Protagonisten aus LA JETÉE ist zu einer Ikone des politisch-essayistischen Kinos der 1960er Jahre geworden: ein Mann in einer Hängematte, mit Augenklappen: Das ist Markers avantgardistische Fantasie von einem Filmmuseum, die im Film mit dem Beat eines pulsierenden Herzschlags unterlegt ist und die gleichzeitig von den flüsternden Stimmen der Experimentatoren akzentuiert wird, die an deutsche KZ-Ärzte erinnern.

Die Wiederholung als Zeitschleife:
JE T'AIME, JE T'AIME

Resnais' Film schließt unmittelbar an Marker an. Auch in JE T'AIME, JE T'AIME geht es um Experimente am Menschen. Auch hier wird das »Versuchskaninchen« per Injektion auf die Zeitreise geschickt. Auch in diesem Film stirbt der Protagonist am Ende. Es fehlt allerdings der direkte Bezug zum Krieg und zur Nazi-Zeit. Der Zugang zur Vergangenheit wird von Resnais mit einer Druckkammer wie beim Tauchen in Szene gesetzt, und die Zeitreise wird mit dem Blick eines Tauchers überlagert, das heißt, sie beginnt als Tauchakt: der Protagonist mit Taucherbrille beim Schnorcheln. Dann taucht er in seiner Vergangenheit auf, setzt die Taucherbrille ab und berichtet seiner Freundin, die am Strand liegt, von den Tieren, die er gesehen hat, in der Form einer Aufzählung: »Zwei Wasserschlangen, ein paar Haie ...«

Das charakteristische kinematografische Verfahren ist in diesem Fall die Wiederholung. Der Film kommt immer wieder auf diese Szene zurück, zeigt immer wieder das Abnehmen der Taucherbrille, lässt immer wieder den Bericht von der Unterwasserwelt hören. Der Tauchakt wird in einen Sprechakt transformiert. Die Fantasie eines Filmmuseums besteht hier nicht nur in der Inszenierung von Druckkammer und Taucherbrille, (als Bild des Übergangs in eine spezifische kinematografische Schauanordnung), sondern vor allem im Verfahren der Wiederholung, die den Film selbst explizit als Sammlung von Filmaufnahmen kennzeichnet.[10] Resnais zeigt also explizit, dass die Wiederholung bereits auf der Ebene der Filmproduktion auf vielfache Weise in jeden einzelnen Film eingeschrieben ist. Er stellt aber gleichzeitig heraus, dass die Wiederholung ein zentrales Merkmal sowohl der Filmproduktion als auch der Rezeption darstellt. Und weiter, dass die Wiederholungen von Kinematheken (also retrospektive Filmvorführungen auf der Basis von Filmarchiven) nie einfache Rückschauen sein können, sondern eine Vervielfältigung von Zeitlichkeit initiieren, die in einer linearen Zeitordnung nicht aufgehen.

Rhetorik eines audiovisuellen Diskurses zu Archiv und Museum

Die Filme von Hughes, Marker und Resnais inszenieren das Zeitreisen mithilfe von kinematografischen Verfahren der Aufzeichnung. Dazu verbinden sie auf unterschiedliche Weise Strategien des modernen Kinos mit denen des Science-Fiction-Genres. Hughes' Strategie besteht darin, vor dem Hintergrund einer fantastischen Erzählung von einer Zeitverschiebung einen einzelnen Sprechakt wie ein Fragment zu isolieren und aus der Narration herauszulösen. Er nutzt dazu ein Spiel mit Genre-Markern (fantastischer Plot) und Realitätseffekten (die Adressierung der Zuschauer durch den Migranten Jaffe), um so für einen Moment das Register zu wechseln und die im Film dargestellte Archivarbeit (des Journalisten Delany) an die Zuschauer zu übergeben. In diesem Moment der Übergabe wird die Filmaufnahme zu einem mahnenden Dokument, in dem die jüdische Migration aus Nazi-Deutschland und die Erfahrung des Holocaust anklingen.

Markers Strategie des Fotofilms trennt Ton- und Bildspur radikal voneinander. Das Voice-over übernimmt die Erzählfunktion. Die Fotografien treten als Sammlung von Dokumenten hervor, in denen wiederum Museen und ihre Sammlungen, ein Flughafen und andere Orte zu sehen sind. Die Protagonisten werden in den Fotografien zwar porträtiert, bleiben aber in Posen gefroren und somit distanziert von der Erzählhandlung. Stattdessen werden sie vielmehr assoziiert mit den statischen Objekten der naturhistorischen Sammlungen, die sie besuchen. Präsenz- beziehungsweise Realitätseffekte werden nur durch Geräusche erzeugt (Herzschlag des Protagonisten) beziehungsweise durch die flüsternden Stimmen der Experimentatoren. Es sind diese Realitätseffekte, die sich in der Science-Fiction bedrohlich über die Zukunft (eines dritten Weltkriegs) legen, aber gleichzeitig auch die Vergangenheit beschwören, indem sie im Flüsterton Sprechakte von Nazi-Ärzten inszenieren.

Auch Resnais' Strategie besteht darin, die Zeitreise mit den Mitteln der kinematografischen

Das charakteristische kinematografische Verfahren in JE T 'AIME , JE T 'AIME ist die Wiederholung. Der Film kommt immer wieder auf eine Szene zurück, zeigt immer wieder das Abnehmen der Taucherbrille, lässt immer wieder den Bericht von der Unterwasserwelt hören. Der Tauchakt wird in einen Sprechakt transformiert.

Aufzeichnung erfahrbar zu machen – in diesem Fall ist es die Wiederholung von gleichen beziehungsweise ähnlichen Einstellungen. Indem Resnais die verschiedenen Takes der Aufnahme eines Tauchaktes hintereinander in den Film schneidet und als (nicht störungsfreie) Reise in die Vergangenheit des Protagonisten ausgibt, präsentiert er gleichzeitig ein weiteres, selbstreflexives Mo-

ment der Produktion, nämlich den Prozess der Sichtung von unterschiedlichen Takes einer Szene am Schneidetisch. In der Wiederholung zeigt sich die Eigenständigkeit und der fragmentarische Status von Einstellungen innerhalb des Films und damit innerhalb einer Sammlung von Einstellungen. Dass die Szene von einem Tauchakt in einen Sprechakt übergeht, der selbst wieder in einer

Aufzählung von Tieren mündet, die der Protagonist beim Tauchen gesehen hat, reproduziert das Ordnungsprinzip von Film als Sammlung ein weiteres Mal. Gleichzeitig wird der kinematografische Produktionsprozess mit seinen unterschiedlichen zeitlichen Stationen (Aufnahme, Postproduktion etc.), aber auch der Rezeptionsprozess (mit den auf ihn folgenden Erinnerungen zum Beispiel an einzelne Szenen eines Films) reflektiert. Darüber hinaus macht auch Resnais (ähnlich wie Hughes und Marker) mit der Inszenierung eines kinematografischen Sprechaktes die Zukunft des Kinos vor dem Hintergrund der Gründung der Kinematheken und Filmarchive zum Thema.

Die Bezüge zu Archiv oder Museum werden in allen drei Filmen hergestellt. Das heißt, die Filme verweisen auf konkrete Museen, Sammlungen oder Archive und stellen zudem – im Sinne einer Selbstreflexivität – ihre Ähnlichkeit zur Sammlungs- und Archivpraxis heraus. Schließlich sind ihre spezifischen Inszenierungen so angelegt, dass sie sich – so meine These – als Rhetorik eines audiovisuellen Diskurses zu Archiv und Museum entziffern lassen, die auf je unterschiedliche Weise in der Inszenierung von Sprechakten ihren Ausdruck findet. Flankiert werden die selbstreflexiven Elemente von der Darstellung spezifischer Schau- und Wahrnehmungsanordnungen der zeitreisenden Protagonisten, die mit Zuschauerpositionen im Kino korrespondieren.

Meine Herangehensweise stützt sich auf die elementaren kinematografischen Verfahren der Bild- und Tonaufnahme und ihre selbstreflexiven Inszenierungen. Das Herausstellen der Aufnahmeverfahren rekurriert auf unterschiedliche Ebenen von Zeitlichkeit, die für die narrative Inszenierung von Zeitreisen im Science-Fiction-Kino genutzt werden.[11] Diese Verfahren machen aber nicht nur die materielle Seite der filmischen Produktion im Allgemeinen und der vom Science-Fiction-Kino im Besonderen sichtbar, sie reflektieren die Aufzeichnung von Objekten in ihrer Zeitlichkeit, deren weitere Bearbeitung, Umschreibung, Übertragung und schließlich ihre Aufführung. Konzeptionell referieren sie damit auf einen Begriff der

Indexikalität und auf Vorstellungen von Zeitlichkeit, die mit jenen aus dem Archivdiskurs korrespondieren. Das Medium Film wird damit als eine Kulturtechnik des Sammelns (von Bildern, Tönen, Texten – aber insbesondere auch von kinematografischen Sprechakten) und der Produktion von Geschichte greifbar. Damit übernimmt der Film – jeder einzelne Film – im Grunde die Aufgaben, die üblicherweise einem Museum zugeschrieben werden, nämlich eine Sammlung anzulegen, diese zu bewahren, zu erforschen – und schließlich die Sammlung auszustellen und zu vermitteln.[12]

Die hier skizzierte Zuspitzung auf die Praxis der Aufnahmeverfahren (fotografische und audiografische Aufzeichnungen) thematisiert nicht nur eine metaphorische Gemeinsamkeit von Film und Museum, insofern hier wie dort Gegenstände »aufgenommen« werden – im doppelten Sinne von Aufnahme finden und eingeschrieben werden –, sondern im sehr konkreten, materiellen Sinne. Denn in beiden Fällen werden Spuren gesichert beziehungsweise Dinge gesammelt, die in diesem Zuge eine Neubewertung, Umschreibung und Aufführung erfahren. Gerade die Prozesse der Umschreibung und Aufführung weisen Parallelen zum Archivbegriff auf, den Michel Foucault in dieser Zeit entwickelt und dabei das Archiv als Ort und als Methode denkt.[13] Die Sammlungen des Films weisen gleichwohl eine Besonderheit auf, weil sie Objekte in Bewegung, aber auch Sprechakte aufnehmen können.

Europäisches Science-Fiction-Kino als modernes Kino der Sprechakte

Vor dem Hintergrund dieser Überlegungen entfaltet sich ein Diskursfeld, mit dem das europäische Science-Fiction-Kino der 1950er, 60er (und 70er) Jahre neu bewertet werden kann – als Teil des modernen Kinos und im Sinne einer politischen Ästhetik, die in den Diskursen des Autorenfilms nicht aufgeht, unter dessen Vorzeichen zentrale Filme zumeist verhandelt wurden, wie zum Beispiel Markers LA JETÉE, Jean-Luc Godards ALPHAVILLE, UNE ÉTRANGE AVENTURE DE LEMMY CAUTION

(Lemmy Caution gegen Alpha 60; 1965), Resnais' JE T'AIME, JE T'AIME oder Rainer Werner Fassbinders WELT AM DRAHT (1973). Eine Neubewertung dieser Art lässt sich meines Erachtens aber nicht allein mit der Postulierung eines Genre-Begriffs für das europäische Filmschaffen angehen.[14] Eine solche Re-Perspektivierung hat zwar den Vorteil, dass sie es ermöglicht, bekannte Autorenfilme mit weniger bekannten B-Produktionen und mit neueren Entwicklungen des Filmschaffens zusammenzudenken, um so einen europäischen Untersuchungshorizont jenseits nationaler Kinematografien erst einmal zu generieren.[15] Der Horizont einer Neubewertung verdankt sich meines Erachtens aber nur zum Teil einer solchen Re-Perspektivierung unter Genre-Vorzeichen, sondern rekurriert vielmehr auf das moderne Kino, seine Selbstreflexivität und Medialität, die auf eine komplexe Verbindung von Ästhetik und Gesellschaft verweist. Konkret meine ich damit die Arbeit mit und die Sammlung von Bild- und Tonaufzeichnungen (insbesondere von kinematografischen Sprechakten), die ganz generell die Basis für die Filmproduktion bilden – sei es im Autorenfilm oder in den großen Filmindustrien. Wird diese Arbeit selbstreflexiv wie im modernen Kino, so treten mediale Diskurse fast unweigerlich in den Vordergrund, die den Film als komplexe Arbeit der Bild- und Tonproduktion ausweisen und in denen die Begriffe Aufzeichnung, Spur und Sammlung eine wesentliche Rolle spielen. Das moderne Kino eröffnet damit einen theoretisch-reflexiven Diskurs über Ästhetik, Gesellschaft und Historizität, insbesondere mit Blick auf Museen und Archive, auf den in der Filmtheorie bisher lediglich ansatzweise hingewiesen wurde.[16]

Die besonderen Ausprägungen des europäischen Science-Fiction-Kinos in diesem Schnittfeld sind also weniger Formen der fantastischen Erzählung, als vielmehr eine spezifische Rhetorik, die sich als Spiel mit kinematografischen Sprechakten vor dem Hintergrund der Bedingungen der Möglichkeit kinematografischer Aufnahmeverfahren entfaltet und gestaltet. Die reflexive Bezugnahme auf kinematografische Verfahren der Aufzeichnung stattet dieses Science-Fiction-Kino mit zusätzlichen Realitätseffekten aus, die die Zuschauer als mahnendes Dokument (Hughes), als Beschwörung flüsternder Nazi-Ärzte (Marker) oder als wiederholte Heimsuchung der Erinnerungen (Resnais) adressiert. Sie bindet dieses Kino damit an eine Praxis der Museen und Archive, um auf diesem Wege Fragen im Hinblick auf Ästhetik, Gesellschaft und Geschichte aufzuwerfen – um aber gleichzeitig sehr konkret eine Archivarbeit zu betreiben, die die eigene Sammlung von Aufzeichnungen weiter bearbeitet, umschreibt, überträgt und neu aufführt.

Anmerkungen

1   Vgl. Michel Foucault: Archäologie des Wissens [1969]. Frankfurt a.M. 1973.

2   Julia Teresa Friehs / Corinna Oesch / Marie-Noëlle Yazdanpanah: Die Gegenwart der Vergangenheit im Museum der Zukunft. Museale Szenarien in Science-fiction-Filmen. In: Hans-Christian Eberl / Günter Kastner / Herbert Posch u.a. (Hg.): Museum und Film. Wien 2003, S. 107–148.

3   Durch die Besetzung mit dem US-amerikanischen Schauspieler Gene Nelson wird die Figur des Journalisten im britischen Produktionskontext zudem hörbar als anderer markiert. Nelson, der zu dieser Zeit eher als Tänzer und Musical-Co-Star von Doris Day bekannt war, verleiht der britischen Produktion zusammen mit der US-Amerikanerin Faith Domergue als weiblichem Star einen internationalen Touch. Nelson wird in den 1960er Jahren schließlich tatsächlich zum Fernsehregisseur vieler Serien und führt unter anderem auch in einer Folge von STAR TREK (Raumschiff Enterprise; 1966–69) Regie.

4   Der Schauspieler Carl Jaffe emigriert 1936 nach England und wirkt während des Krieges an britischen Propagandafilmen mit (vgl. Kay Weniger: Zwischen Bühne und Baracke. Lexikon der verfolgten Theater-, Film- und Musikkünstler 1933–45. Berlin 2008, S. 189f).

5   Dieses Verfahren der direkten Adressierung des Publikums im Sprechakt hat Chaplin in seiner abschließenden Rede in THE GREAT DICTATOR (Der große Diktator; 1940) inszeniert.

6   Zum Begriff des Realitätseffekts vgl. Roland Barthes: Der Real(itäts)effekt. In: Nach dem Film, 2, 2000. www.nachdemfilm.de/content/der-realitätseffekt.

7   »It's the only conclusion I can come to, that while this man died, his brain continued to live.« (Übers. T.D.), DVD, The British Film Network: 01:03:40; ein Orakel-

spruch ist dies auch insofern, als die Figur Dr. Marks innerhalb des Plots an anderer Stelle einen ehemaligen Nazi-Arzt erkennt und der Film mehrfach auf die Geschichte der Nazi-Ärzte, ihre Menschenversuche und ihre spätere Flucht nach Lateinamerika anspielt.

8 Zum Archivdiskurs Foucaults vgl. Knut Ebeling / Stephan Günzel (Hg.): Archivologie. Theorien des Archivs in Philosophie, Medien und Künsten. Berlin 2009; die Rhetorik dieser Szene fungiert gleichzeitig als eindringliche Mahnung aus dem Munde Jaffes und wird so mit der Geschichte des Holocaust verknüpft.

9 Zu Beginn von TIMESLIP wird zum Beispiel ein unbekannter Mann im Lauf erschossen. Teile des Films sind in nächtlichem Dunkel gedreht. Dies gilt auch für LA JETÉE. In TIMESLIP wird der Protagonist mithilfe eines gespritzten Präparats in der Zeit so verschoben, dass er wieder kongruent mit seiner Umgebung interagieren kann, während bei Marker und Resnais durch Spritzen eines Wirkstoffes das Zeitreisen erst in Gang gesetzt wird. Der Protagonist befindet sich in allen Fällen in einer liegenden Position umgeben von Experten (Ärzten/Experimentatoren), zu denen er aufschauen muss (in Szene gesetzt durch Kameraeinstellungen). Ziel der Experimente ist es jeweils, die Funktion des Gehirns zu manipulieren. Der Herzschlag wird als dramaturgisches Element auf unterschiedliche Weise in Szene gesetzt. Bei Hughes und Marker gibt es Verweise auf visuelle Archive (Fotobibliothek / Museum der Naturgeschichte), sowie jeweils einen Plot um eine atomare Katastrophe.

10 In JE T'AIME, JE T'AIME wird nicht immer die gleiche Aufnahme wiederholt, sondern es handelt sich um unterschiedliche Takes der gleichen Szene, die sich insbesondere in der schauspielerischen Performance minimal unterscheiden, mit der die Erfahrung einer Zeitschleife als Wiederholung inszeniert wird.

11 Dies geschieht nicht nur im modernen Kino, sondern auch in vielen Mainstream-Science-Fiction-Filmen, in denen zum Beispiel anhand von Fotografien die unterschiedlichen Zeitebenen ins Bild gesetzt werden.

12 Vgl. hierzu Winfried Pauleit: »Museum x Film = Zeitmaschine«, Vortrag anlässlich des 50-jährigen Jubiläums des Österreichischen Filmmuseums, Wien 26.11.2014 (Text erscheint in www.nachdemfilm.de, 15, 2016). Ich habe diese Gemeinsamkeiten zudem bereits an anderer Stelle skizziert: Winfried Pauleit: Kino/Museum. Film als Sammlungsobjekt oder Film als Verbindung von Archiv und Leben. In: Viktor Kittlausz / W.P. (Hg.): Kunst – Museum- Kontexte. Perspektiven der Kunst- und Kulturvermittlung. Bielefeld 2006, S. 113–135, sowie Winfried Pauleit: Zoo im Spiegel von Kino und Museum. In: Sabine Nessel / Heide Schlüpmann (Hg.): Zoo und Kino. Frankfurt a.M. 2012, S. 63–78.

13 Vgl. Petra Gehring: Foucault. Die Philosophie im Archiv. Frankfurt a.M., New York 2004, sowie Ebeling / Günzel, a.a.O., die (mit Verweis auf Foucault) zwei unterschiedliche Archivvorstellungen nebeneinander stellen, auf der einen Seite »die Ablage von Wissen als einer neutralen Speicherung« und auf der anderen Seite den »Prozess einer (Um-)Schreibung« (ebenda S. 17).

14 Für das europäische Filmschaffen wurde dies in jüngerer Zeit zum Beispiel vorgeschlagen von Aidan Power (vgl. Beitrag in diesem Band), für das Genre des Road Movies von Ewa Mazierska / Laura Rascaroli: Crossing New Europe. Postmodern Travel and the European Road Movie. London, New York 2006.

15 Dies gälte es auszuweiten auf Beispiele des US-amerikanischen Kinos, wie George Pals THE TIME MACHINE (Die Zeitmaschine; 1960), der vergleichbare Genre-Formeln aufweist, auf einer britischen Literaturadaption nach H.G. Wells beruht und seinen Handlungsraum explizit im europäischen Kontext ansiedelt.

16 Zum Beispiel von Siegfried Kracauer: Theorie des Films [1960]. Frankfurt a.M. 1996; Gilles Deleuze: Das Zeit-Bild [1985]. Frankfurt a.M. 1991; Jacques Rancière: Die Geschichtlichkeit des Films [1998]. In: Eva Hohenberger / Judith Keilbach (Hg.): Die Gegenwart der Vergangenheit. Berlin 2003, S. 230–246.

[handwritten notes in margin]

Theorie aus dem Süden

Postkoloniale Perspektiven und afrikanische Science-Fiction

Von Ivo Ritzer

»Das westliche Aufklärungsdenken hat sich von Beginn an zum A und O allgemeiner Bildung, Wissenschaft und Philosophie gemacht; dementsprechend hat es das Nicht-Westliche – sukzessive bekannt als alte Welt, Orient, primitive Welt, Dritte Welt, unterentwickelte Welt und jetzt als der globale Süden – primär als einen Ort provinzieller Weisheit, antiquierter Traditionen oder exotischer Mittel und Wege betrachtet. [...] Aber wenn wir nun diese Ordnung der Dinge umkehren? Wenn wir das Wissensgerüst, auf dem sie aufgebaut ist, umstürzen würden? Wenn wir davon ausgehen, dass es zum gegenwärtigen Zeitpunkt der Süden ist, der uns am besten erkennen lässt, wie die Welt in ihrer Gesamtheit funktioniert?« [1]

Jean Comaroff / John L. Comaroff

1. Der Perspektivwechsel afrikanischer Science-Fiction

Die südafrikanische Science-Fiction-Produktion DISTRICT 9 (2009; R: Neill Blomkamp) beginnt mit einer bemerkenswerten Sequenz. Das Narrativ, dem zufolge anno 1982 ein UFO in die Erdatmosphäre eintrat, situiert sein Setting auf ebenso spezifische wie unkonventionelle Weise. »Es war schon eine Überraschung«, berichtet der Voice-over-Erzähler, »dass das Raumschiff nicht über Manhattan stehen geblieben ist oder über Washington oder Chicago. Stattdessen ist es direkt über Johannesburg zum Stillstand gekommen«. Das Raumschiff stoppt ergo über der südafrikanischen Metropole und verharrt, nachdem sich mutmaßlich ein Kommandomodul gelöst hat, unbeweglich über der Stadt, während seine Passagiere, insektoide Aliens, in einem rasch verslumenden Flüchtlingslager untergebracht werden.

Mit der Situierung seines Narrativs nicht in Manhattan, nicht in Washington, nicht in Chicago, mithin nicht in den USA, rezentriert DISTRICT 9 das Science-Fiction-Genre auf signifikante Art. Jenseits aller allegorischen Qualität der Erzählung, die massive Reminiszenzen an Südafrikas Geschichte der Apartheid evoziert, bringt DISTRICT 9 den afrikanischen Kontinent als Global Player der Science-Fiction auf die Landkarte. Entgegen der euro-amerikanozentrischen Fixierung des Genres seit Georges Méliès' LE VOYAGE DANS LA LUNE (Die Reise zum Mond; 1902) – einer Produktion, deren kryptokolonialistisches Erschließungsnarrativ kaum zufällig zur Hochzeit des europäischen Imperialismus entsteht [2] – rückt DISTRICT 9 mit Emphase den Fokus auf alternative Traditionen der Science-Fiction, die sich nicht auf Figurationen des Globalen Nordens reduzieren lassen.

Bedeutsam ist diese Intervention von DISTRICT 9 nicht zuletzt auch deshalb, weil sie Sand ins Getriebe der gleichsam euroamerikanozentrischen Genre-Theorie und ihrem nach wie vor so wirkmächtigen Legitimationsdiskurs – Gayatri Chakravorty Spivaks oft zitierte »epistemische Gewalt« [3] – streut. Denn bis dato muss afrikanische Science-Fiction als großes Anderes der genrewissenschaftlichen Forschung gelten. Die Perspektivverschiebung von DISTRICT 9 besitzt mithin Potenzial, den Blick auf die Geschichte der Science-Fiction neu zu justieren, ja ihr euroamerikanisches Bias im Sinne von Dipesh Chakrabarty »als Provinz« [4] zu markieren. Science-Fiction zu provinzialisieren, das bedeutet dementsprechend, Genre-Traditionen aus Europa wie den USA als Teil eines globalen Ganzen zu betrachten, die eben keine umfassende Realisierung einer putativen Universalität darstellen, sondern vielmehr wie jede andere Region der Erde auch eine spezifische und damit stets begrenzte Partikularität aktualisieren.

Die von DISTRICT 9 forcierte Provinzialisierungsgeste lenkt die Aufmerksamkeit darauf, dass im Globalen Süden eine eigene Science-Fiction-Tradition existiert, die in den letzten beiden Dekaden besondere konjunkturelle Blüte erfährt. Die surrealistisch inspirierte äthiopische Produktion CRUMBS (2015; R: Miguel Llansó) etwa erzählt, wie sich Jahrzehnte nach der Apokalypse und der Entdeckung extraterrestrischen

DISTRICT 9 (2009)

Lebens ein Superheld aus Addis Abeba seinen eigenen Dämonen stellen muss. Im kenianischen Kurzfilm PUMZI (Breath; 2009; R: Wanuri Kahiu) hat sich ebenfalls eine Apokalypse ereignet, die lediglich Menschen in Ostafrika überlebt haben. Seitdem leben jene in Cyber-Bunkern, wo Körperflüssigkeiten zu Trinkwasser verarbeitet werden. Die kamerunische Produktion LES SAIGNANTES (The Bloodiest; 2005) wiederum, von Jean-Pierre Bekolo als erotisch-morbide Science-Fiction-Parabel inszeniert, erzählt von zwei jungen Frauen, die sich anno 2025 gegen Kameruns korrupten Staatsapparat auflehnen.

Die beiden Blutmädchen (saignantes), ein lesbisches Paar, verfügen über transhumane Kräfte, mit denen sie phallokratischen Politikern im wahrsten Sinne des Wortes zu Leibe rücken. LES SAIGNANTES, PUMZI und CRUMBS lassen mithin Fredric Jamesons bekannte These der Science-Fiction als Kartografie der Gegenwart – die Funktion von Science-Fiction nicht etwa als Provision von »Zukunftsbildern«, sondern vielmehr als Agentur, »unsere Erfahrung von unserer eigenen *Gegenwart* zu entfremden und umzustrukturieren«[5] – besonders anschaulich Bild werden:

Stets geht es um eine Überwindung jener (post-)kolonialen Relationen zwischen Globalem Süden und Globalem Norden, die Afrika aufgrund unfairer Handelsbeziehungen ebenso wie gescheiterter Staatsapparate im »Warteraum der Geschichte« (Chakrabarty) situiert.

CRUMBS, PUMZI oder LES SAIGNANTES sind Produktionen aus dem Geist des Afrofuturismus: jener zunächst US-amerikanischen Kultur-, Kunst- und Theorieströmung, die sich in der afrikanischen Diaspora entwickelt und über projektive Zukunftsvisionen die Sehnsucht nach einem eigenen, endlich selbstbestimmten Urkontinent Afrika imaginiert – bis sie schließlich auch auf den geografischen Urkontinent selbst übergreift.[6]

LES SAIGNANTES (2005)

CRYPTIT (2006)

Dieser findet die frühesten Vertreter der Science-Fiction ausgerechnet im auch von DISTRICT 9 zentrierten Südafrika, der so lange Jahre durch das rassistische Apartheid-Regime geprägten, nach wie vor aber modernisiertesten Nation des afrikanischen Kontinents. Mit SURVIVAL ZONE (1994 – Nur die Starken überleben; 1983; R: Percival Rubens) entsteht dort die erste Science-Fiction-Produktion, erneut eine postapokalyptische Dystopie, in der sich am Westkap Afrikas die letzten überlebenden Menschen selbst zerfleischen. SURVIVAL ZONE etabliert damit ein Schema, das auch von der Produktion SURVIVOR (1987; R: Michael Shackleton) für aktionszentrierte Bewegungsbilder zwischen Nuklearkriegsparanoia und Westernnarrativ genutzt wird. SURVIVAL ZONE und SURVIVOR bleiben zunächst noch Ausnahmeerscheinungen im südafrikanischen Kontext, bis mit dem Ende der Apartheid die Science-Fiction in Südafrika nachgerade zu blühen beginnt. Neben den Titeln der in Johannesburg ansässigen Direct-to-Video-Produktionsfirma Nu Image, die mit Videos wie CYBORG COP (1993; R: Sam Firstenberg), HUMAN TIMEBOMB (1995; R: Mark Roper), TERMINAL IMPACT (1995; R: Yossi Wein), LUNARCOP (Astrocop; 1995; R: Boaz Davidson), ORION'S KEY (1996; R: Mark Roper) oder COLD HARVEST (1999; R: Isaac Florentine) sich auf gleichsam transnational wie transkontinental realisierte Koproduktionen spezialisiert, sind es vor allem Arbeiten des südafrikanischen *Maverick Director* Darrell Roodt, dessen postkoloniale Literaturadaptionen SUMURU (2003) und DRACULA 3000 (2004), insbesonde-

re aber auch CRYPTID (Angriff der Urzeitmonster; 2006) das Genre der Science-Fiction extensiv zur Jameson'schen Restrukturierung der Gegenwart nutzen: In CRYPTID, einer Direct-to-Video-Produktion frei nach Jules Vernes *Voyage au centre de la terre* (1864), bringen bestialische Morde an südafrikanischen Farmern ein High-Tech-Team von internationalen Wissenschaftlern auf die Spur einer prähistorischen Frühform des Menschen ebenso wie der verheerenden Folgen der Apartheid-Segregation und -Enteignung als »schwarz« markierter Farmer.

Auch Neill Blomkamps DISTRICT 9 sowie seine in Lateinamerika abermals als Post-Apartheid-Parabel umgesetzte Produktion ELYSIUM (2013) lancieren in diesem Sinne kritische Science-Fiction-Studien zur Gegenwart, ohne deren Analyse es freilich keine bessere Zukunft geben kann.

Blomkamps jüngste, wieder in Johannesburg entstandene Produktion CHAPPIE (2015) möchte ich in den folgenden Ausführungen zum Anlass nehmen, um anhand dieser *Case Study* das Phänomen afrikanischer Science-Fiction stärker auf seine theoretischen Implikationen hin zu befragen. CHAPPIE wird dabei nicht primär aus cinephilen Gründen als »bisher bester[r] Film des Südafrikaners«[7] herangezogen, vielmehr geht es mir um eine Praxis filmförmiger Theorie, die sich in CHAPPIE auf avancierteste Weise zu zeigen scheint. Der Film vollführt für afrikanische Science-Fiction eben jene ostentative Wendung zur immanenten Reflexion, die Thomas Elsaesser und Malte Hagener noch für postklassische Hollywood-Produktionen reservieren. »Denn was geschieht«, fragen Elsaesser und Hagener rhetorisch, »wenn Filme selbst ein theoretisches Modell derart inszenieren und zur Schau stellen, dass kaum ein Zweifel an ihrer Kenntnis dieses Modells bleibt?« Elsaessers und Hageners Antwort fällt eindeutig aus: »Die Theorie blickt also aus dem Film zurück«.[8] Ein solches Zurückblicken der Theorie – verstanden nicht als Applizierung theoretischer Modelle auf den ästhetischen Gegenstand, sondern stattdessen als reziproke Durchdringung von Theorie und Ästhetik: als eine Reflexion der theoretischen Arbeit des

CHAPPIE (2005)

ästhetischen Materials – soll im Folgenden nun am Kasus von CHAPPIE expliziert werden. Dabei handelt es sich jedoch gerade nicht um eine an euroamerikanozentrischen Kriterien orientierte Theorie wie die der Ästhetik; vielmehr gilt es zu zeigen, wie CHAPPIE afrikanische Science-Fiction nutzt, um Entfaltungen transkontinentaler Prozesse anhand von Strukturen des Globalen Südens zu demonstrieren. Das zentrale Argument wird hier sein, dass die Zukunftsvision afrikanischer Science-Fiction vor dem Horizont der charakteristisch afrikanischen Erfahrung von kolonialer Historie und postkolonialer Dependenzen auf einzigartige Weise zu reflektieren versteht, wie Ökonomien des Südens als Präfigurationen einer globalen Ordnung entfesselter neoliberaler Kräfte wirken.

2. Afrika als Vorreiter der Globalisierung

Blomkamps CHAPPIE erzählt in einer dystopischen Vision zunächst davon, wie das Südafrika der nahen Zukunft noch stärker als bislang in bürgerkriegsähnlichen Zuständen zu versinken droht.[9] Schließlich aber gelingt es der durch eklatante soziale Differenzen zerrissenen Nation, ihr massives Kriminalitätsproblem durch den Einsatz von

hoch technologisierten Polizeirobotern sporadisch in den Griff zu bekommen.

Entwickelt vom jungen Ingenieur Deon (Dev Patel), kann mit den Robotern ein entscheidender Erfolg verbucht, ja das von Gangs kontrollierte Post-Apartheid-Südafrika nahezu befriedet werden. CHAPPIE erscheint, gelesen mit Fredric Jameson, so als spezifische mentale Operation, die nicht etwa Repräsentation der Gegenwart offeriert, sondern vielmehr auf das Rohmaterial gegenwärtiger sozialer Relationen einwirkt: im Sinne einer transformatorischen Historisierung der Gegenwart »in eine festgesetzte Vergangenheit von etwas, das erst noch eintritt«.[10] In dieser Form von Zeitlichkeit aber erschöpft sich das Science-Fiction-Potenzial von CHAPPIE mitnichten. Wichtig wird vielmehr ein Konzept von Räumlichkeit. Denn das Narrativ der Produktion streicht wieder und wieder aufs Neue heraus, dass es vor allem ein global operierender Rüstungskonzern Südafrikas ist, welcher durch den Einsatz der von ihm produzierten Kampfroboter profitiert. Im Konflikt zwischen dem Ingenieur Deon, der eiskalten Konzernchefin Michelle Bradley (Sigourney Weaver) und einem vor Eifersucht ebenso wie vor Ehrgeiz zerfressenen Kollegen artikuliert sich nicht nur ein neoromantisches Drama

CHAPPIE

um den Widerstreit zwischen innovativer und profitorientierter Forschung, auch wird CHAPPIE zu einer weitaus profunderen Reflexion über die Rolle des Globalen Südens im Zeitalter globalisierter Verstrickungen.

Die beiden poststrukturalistischen, südafrikanischen Anthropologen Jean und John L. Comaroff treten in ihrer vielbeachteten Monografie *Der Süden als Vorreiter der Globalisierung: Neue postkoloniale Perspektiven* (2012) mit nichts weniger als dem Anspruch an, die »etablierten Wahrheiten über die gegenwärtigen Verhältnisse durch andere – größtenteils afrikanische – Fakten zu erschüttern«.[11] Sie vertreten die nur scheinbar provokative These, dass gegenwärtig der Süden und insbesondere Afrika als antizipierende Kräfte eines deregulierten globalen Marktes fungieren. Für Comaroff und Comaroff steht mithin außer Frage, dass Nationen des Südens heute »nicht etwa am Rande des globalen Kapitalismus, sondern in dessen Zentrum stehen.«[12] Sie argumentieren, dass Staaten des Globalen Südens wie China, Brasilien, Indien, aber auch Nigeria und im Speziellen Südafrika zu den am stärksten durch ökonomische wie kulturelle Dynamiken gekennzeichneten Regionen unserer Zeit zählen. Diese Dynamik fußt zumindest partiell auf ebenjenen sozialen Kont-

radiktionen, die im Zentrum von CHAPPIE stehen: eine Welt radikaler Gegensätze, in der hyperkapitalistische Akkumulation auf strukturell exkludiertes Subproletariat trifft, Enklaven des Wohlstands unmittelbar Tür an Tür mit deprivilegierten Subalternen existieren. Es ist gerade letztere Welt, die von CHAPPIE nachdrücklich zur medialen Anschauung gebracht wird. Das Narrativ nämlich lässt den titelgebenden Roboter – benannt nach einer südafrikanischen Kaugummimarke – ausgerechnet in die Hände dreier Gewaltkrimineller aus den berüchtigten South Western Townships (Soweto) von Johannesburg fallen, die den ungelenken Roboter zu einem echten »Gangsta No. 1« erziehen wollen.

Soweto wird in CHAPPIE als Kehrseite der reichen Luxusviertel konturiert, in denen die Mitarbeiter des südafrikanischen Rüstungskonzerns residieren. CHAPPIE verbindet mithin den Globalen Norden und Globalen Süden in der Geografie von Johannesburg, um jenen Punkt zu machen, auf den auch die Argumentation von Jean und John L. Comaroff hinausläuft: Das unmittelbare Nebeneinander von Wohlstandsenklave und Armutsghetto findet sich im Norden zusehends gleichsam im Süden. Vor allem in den USA, wo die aus Kapstadt stammenden Comaroffs heute an der Universität von Harvard lehren, scheint der Alltag vieler Menschen, mit prekären Teilzeitjobs und infiniter Verschuldung am Rande der Gesellschaft, kaum mehr von den Lebensbedingungen der Bewohner afrikanischer Slums zu differieren. Unweigerlich zwingt diese Kondition den Menschen die Obligation auf, ihr Leben in Absenz eines öffentlichen Dienstleistungssektors möglichst kreativ zu organisieren.

Mit Comaroff und Comaroff wird die Welt von ihren vermeintlichen Rändern her gedacht, bis sich die Zuschreibungen von Zentrum und Peripherie verkehrt haben. Theorie aus dem Süden, das bedeutet, die afrikanischen Staaten als Avantgarde globaler Entwicklungen zu begreifen:

»Die Frage ist nicht mehr die, ob der Westen die ›Zeitgenossenschaft‹ des Nicht-Westlichen leugnet, ignoriert oder verkennt [...]. Zum großen Teil sind es die Schattenseiten des Westens, seine lumpenproletarischen Seiten, die zuerst im Süden entwickelt werden [...]«.[13]

Angesichts neoliberaler Maßnahmen der Deregulierung und Öffnung von Grenzen führen nicht zuletzt auch die gewaltsamen Auseinandersetzungen zwischen Staatsmacht und Banlieue-Bewohnern in Frankreich, die Attacken auf Migrant*innen in Großbritannien, den Niederlanden und jüngst auch in Deutschland vor Augen, was für Menschen im Süden lange schon als Alltag gelten muss:

»Ein Anschwellen von ethnischen Konflikten, Rassismus und Fremdenfeindlichkeit, von Gewaltverbrechen, sozialer Ausgrenzung und Entfremdung, von schleichender Korruption in Staat und Wirtschaft, von schrumpfenden Arbeitsmärkten, angeschlagenen Mittelschichten, von staatlichem Autoritarismus, Law-and-Order-Denken«.[14]

Das Konzept des homogenen Nationalstaats ist mithin im Norden ebenfalls nicht mehr als eine Fiktion, nachhaltig geschwächt durch den

»anschwellenden Strom von Zeichen, Gütern und Menschen, der über seine Grenzen fließt, [...] durch die begrenzte Fähigkeit seines amtlichen Diskurses, [...] durch die begrenzte Fähigkeit seiner Steuerungsinstrumente, die von ihm versprochene Gleichheit seiner Bürger mit den krassen Disparitäten des postkolonialen Lebens in Einklang zu bringen.«[15]

Die Polykulturalität der Weltordnung verhindert eine Nivellierung globaler Widersprüche, da an die Stelle staatlicher Souveränität das Primat heterogener Interessen tritt.

Zugespitzt also: Wo viel Norden im Süden existiert, so existiert viel Süden im Norden. Für Jean und John L. Comaroff stellt dies eine Analogie asymptotischer Evolution dar, dahingehend, dass sich – so ihre Zukunftsprognose – Süden und Norden immer stärker annähern werden. Wobei

es gerade der Norden ist, dem diese Erkenntnis oft noch fehlt, der also »in vieler Hinsicht eine Aufholjagd betreibt«.[16] Den Comaroffs geht es mithin keineswegs darum, wie ein vermeintlich randständiger Süden der globalen Welt zu modernisieren oder zu »entwickeln« sei. Gleichfalls erteilen sie aber auch dekolonialen Ansätzen eine Absage, weil jene durch ihr essenzialisierendes Proklamat einer genuinen Andersheit südlicher Regionen nicht imstande sind, die reziproke Komplexität einer – mit Shalini Randeria gesprochen – *geteilten Geschichte und verwobenen Moderne*[17] zwischen Nord und Süd zu erkennen. Vielmehr treten materielle, kulturelle, politische, soziale und ethische Implikationen der Austauschprozesse in den Fokus des Interesses. Nicht nur, weil alle Teile der globalen Welt bereits ein Netz des modernen Ganzen bilden, sondern auch, weil der Süden zentrale Entwicklungen schon hinter sich hat, die nun auch von Europa und den USA bewältigt werden wollen:

»In den letzten Jahrzehnten stieß das Kapital mit seinem Interesse an Flexibilität, Liquidität und Deregulierung immer wieder auf unverhofftes Verständnis in früheren Kolonien, wo postkoloniale Staaten, begierig nach Einkünften und mit einem oft verzweifelten Bedarf an ›harten‹ Devisen, Geschäftsleute mit offenen Armen empfingen, Unternehmen zumal, die keine übermäßigen Skrupel haben, die herrschenden Regime zu steuerlichen Anreizen zu drängen, zur Lockerung von Umweltschutzbedingungen, zur Aufhebung von Lohnuntergrenzen, Arbeitnehmerrechten oder Haftungspflichten und zur Unterbindung gewerkschaftlicher Aktivitäten, oder sogar dazu, sie in einem exterritorialen Raum anzusiedeln [...]. Im Endeffekt ist es zunehmend der Süden, [...] in dem die Methoden des Neoliberalismus praktisch erprobt und die äußersten Grenzen seiner Finanzoperationen erkundet wurden – um dann nach Euroamerika exportiert zu werden.«[18]

Aus dieser weitreichenden Diagnose leiten die Comaroffs einen Weckruf ab, der postkoloniale

Theorie freilich schon seit jeher beschäftigt hat: Angesichts der konvergenten Entwicklung von Norden und Süden gilt es mehr als je zuvor, jene euroamerikanische Progressionslogik zu dekonstruieren, die bis auf das Denken der europäischen Aufklärung zurückgeht, maßgeblich an den Verbrechen des Kolonialismus mitgewirkt und den Globalen Süden, lange unter dem pejorativen Terminus der sogenannten »Dritten Welt«, systematisch ausgebeutet hat. Jean und John L. Comaroff dagegen begreifen den Süden mitnichten als Ort von Tradition, Primitivität und Exotik, vielmehr plädieren sie nachdrücklich dafür, eine eigene Moderne des Südens zu konzipieren. Diese lässt sich gerade nicht als eine bloße verspätete »Kopie« eines euroamerikanischen »Originals« fassen, die vermeintlich auf ewig unvollkommen im Warteraum der Geschichte verharrt, um erneut auf jenen Norden zu warten, der seit jeher alle »›Rohstoffe‹ – menschliche und materielle, moralische und medizinische, natürliche und künstliche, kulturelle und agrikulturelle – kapitalisierte, indem [er] diese vorgeblich veredelte und mit einem Mehrwert versah.«[19] Stattdessen muss afrikanische Modernität ernsthaft in ihren eigenen Spezifitäten verstanden werden. Es kommt also mitnichten darauf an, die euroamerikanozentrische Teleologie schlicht zu invertieren, sondern vielmehr darauf, ihre impliziten Machtstrukturen, Ideologien und Kategorienbildungen infrage zu stellen. In Kontrast zum euroamerikanischen Narrativ der Moderne, das auf den Versprechungen der Rationalität ebenso basiert wie auf dem Siegeszügen des Kapitalismus, gleichwohl aber ihr Anderes im Süden als defizitäres Gegenüber

stets implizit mitkonzipiert, ist ein theoretischer Eigenwert des Südens zu schärfen, der signifikantes, heuristische Potenzial besitzt: dazu, zu verstehen, wie »der Süden in der Geschichte der Gegenwart dem Norden vorauseilt, als hyperbolische Präfiguration seiner entstehenden Zukunft.«[20] Es ist genau dieses Moment eines »_the ship didn't come to a stop over Manhattan, or Washington, or Chicago, but instead it coasted to a halt directly over the city of Johannesburg_«, das in CHAPPIE als Antizipation im Süden wiederkehrt: »Africa became the focus of the world«, verkündet dort zu Beginn ein Nachrichtensprecher in einer jener für Blomkamps Autorenpolitik so wichtigen Mockumentary-Sequenzen: »with the deployment of the planet's first all-robotic police units.«

Afrikanische Modernität, so Comaroff und Comaroff, ist nicht weniger als ihr euroamerikanisches Komplementärmodell ein Generator neuer Potenziale von Bewusstsein und Lebenswelten, der mit dem Althergebrachten der Vergangenheit bricht. Die Moderne Afrikas ist dabei ebenso wenig auf einen singulären Begriff zu bringen wie das Gegenstück im Norden: Sie war und ist immer »produktiv und destruktiv zugleich in ihrer Missachtung, Nachbildung, Verabscheuung und Umformung europäischer Lebensweisen«.[21] Mithin zeigt sich, wie Süden und Norden eben keineswegs als separate Entitäten verstanden werden können, sondern gerade durch ihre komplexen Interaktionsprozesse definiert sind. Wo klassische Einsichten der postkolonialen Theorie dabei den Fokus darauf richten, wie Identität und Innovation im Norden als direktes Resultat seiner imperialen Kolonisierung des Südens entstanden

CHAPPIE

sind, forcieren Jean und John L. Comaroff diese Perspektive nun noch weiter, wenn sie herausstellen, wie sich in der gegenwärtigen Ära von Neoliberalismus und Kontrollgesellschaft die globalen Dynamiken der freien Märkte zuerst im Süden materialisieren. Insbesondere CHAPPIEs Südafrika ist es, wo demzufolge neuartige »Assemblagen von Kapital und Arbeit Gestalt annehmen«:

CHAPPIE

in einem Südafrika, das mithin »die Zukunft des Nordens präfiguriert.«[22] In der Charakterisierung von Johannesburg als einem Raum – nicht länger rassistischer, umso mehr aber über ethnische Differenzen hinweg wirkender – ökonomischer Apartheid lässt CHAPPIE keinen Zweifel daran, wie Gated Communities und Enklaven der Ordnung lediglich deshalb entstehen können, weil sie andere Gebiete ausbeuten und strukturell zu Arealen von Armut, Gewalt wie Exklusion degradieren. Sie vermögen nur zu gedeihen, weil sie simultan systematisch Ungleichheit perpetuieren. Dass die Grenzen jedoch nur allzu permeabel sind, demonstriert CHAPPIE eindrücklich: Nachdem der Roboter zum »Gangsta« abgerichtet ist, führt sein Weg ihn ohne Umschweife von Soweto in die Villenviertel der City of Johannesburg, wo er sich ausgiebig im berüchtigten »car-jacking« verdingt.

Dass Blomkamps CHAPPIE als kritische Science-Fiction – wie auch bereits DISTRICT 9 und ELYSIUM – im Globalen Süden angesiedelt sein muss, ist mit Jean und John L. Comaroffs »Theorie aus dem Süden« mehr als evident. Wieso gerade der Süden, das treibt die Comaroffs als zentrale Frage um. Ihre Antwort liegt nahe: weil sich nirgendwo sonst, und nirgendwo stärker als in Afrika, die multiplen Konsequenzen der neoliberalen Ordnung so besonders klar zeigen. Afrika, das bis in die 1960er Jahre, im südlichen Teil des Kontinents (Zimbabwe/Rhodesien, Namibia, Südafrika) bis in die 1980er und 1990er Jahre hinein, von Strukturen kolonialer Ausbeutung bestimmt war und auch in den Folgejahren der formalen

Unabhängigkeit auf die Kapitalkonzentration der Kolonialmächte angewiesen blieb, konnte sich bis heute nicht von der Dominanz des Nordens lösen. Überschuldet und in struktureller Unterentwicklung gehalten, kam es in den Postkolonien zu einer kontinuierlichen Perpetuation der Ausfuhr von Rohstoffen und unqualifizierter Arbeit. Eigene Industrie hingegen wurde kaum aufgebaut. In Absenz sozialer demokratischer Staaten und deren regulatorischer Marktmechanismen unterblieb eine Abfederung der kapitalistischen Dynamiken, sodass ein ökonomischer Liberalismus ohne Schranken gedeihen konnte. Zusammen mit dem desaströsen Versagen der postkolonialen Eliten auf Basis von Nepotismus, Patronage und Kleptomanie entstand dadurch ein nachgerade idealer Nährboden für einen ausschließlich auf Profitmaximierung ausgerichteten Kapitalismus: mithin »für das Ausschlachten von Unternehmen, die Privatisierung von Gemeingütern, die Plünderung von persönlichem Besitz oder Schmiergeldzahlungen«.[23] Wenn in CHAPPIE Rüstungsindustrie, Politik und Polizei Südafrikas als ineinander verflochtener Filz ökonomischer Interessen charakterisiert werden, führt die Produktion auf paradigmatische Weise vor, was Jean und John L. Comaroff meinen, wenn sie den Süden als Vorreiter der Globalisierung beschreiben und zu erklären versuchen, *how Euro-America is evolving toward Africa*, wie der Original-Untertitel von Comaroffs Buch lautet: Südafrika als Ort, an dem sich materialisiert, wie internationales Finanzkapital bei minimalen Kosten maximalen Profit aus der Exploitation subalterner Menschen schlägt und mithin – ganz im Sinne einer Agamben'schen Biopolitik »souveräner Macht«[24] – unmittelbar in eine direkte »Verfügung über Leben und Tod«[25] mündet. Die unvermeidlichen Konsequenzen dieses Prozesses: Unsicherheit, Korruption, Instabilität, klaffende Wohlstandsgefälle, sie sind heute im Süden wie im Norden gleichsam spürbar. Und CHAPPIE lässt in seinem Johannesburg der nahen Zukunft beide Regionen in eins fallen.

3. Conclusio

Analog zu zentralen US-amerikanischen Paradigmen der Roboter- und Cyborg-Science-Fiction wie BLADE RUNNER (1982; R: Ridley Scott), SHORT CIRCUIT (Nummer 5 lebt!; 1986; R: John Badham) oder ROBOCOP (1987; R: Paul Verhoeven) ist freilich auch CHAPPIE eine Produktion, die wichtige Fragen zu den semantischen Feldern von Bewusstsein, Subjektivität und Technologie aufwirft. Mich jedoch haben in den vorangegangenen Ausführungen stärker jene Aspekte interessiert, an denen Konzepte oder Entwicklungstendenzen ablesbar werden, die Krisen und Erschütterungen im Globalen Norden wie im Globalen Süden als homologe Ereignisse markieren. Das »*Africa became the focus of the world*« der Science-Fiction von CHAPPIE erscheint in diesem Sinne als antizipierende Präfiguration globaler Szenarien des Neoliberalismus. Derart betrachtet lässt sich afrikanische Science-Fiction nicht auf »Bestände roher Fakten« reduzieren, vielmehr ist sie, mit Fredric Jameson und Jacques Derrida, als »Archiv der Zukunft«[26] oder, eben mit Jean und John L. Comaroff, als eine der substanziellen »Quellen entwickelten Wissens«[27] zu begreifen. Afrikanische Science-Fiction, und CHAPPIE im Besonderen, kehrt aus dieser Perspektive die hegemoniale Ordnung der Dinge um. Sie lässt erkennen, »dass es zum gegenwärtigen Zeitpunkt der Süden ist, der uns am besten erkennen lässt, wie die Welt in ihrer Gesamtheit funktioniert«, dass »unser empirisches Erfas-

sen ihrer Wesenszüge und unsere theoretische Arbeit an ihrer Erklärung, zumindest zu einem bedeutenden Teil, aus dem Süden kommt, oder kommen sollte«, dass »wir, wenn es um ihre entscheidenden Fragen geht, über den Nord-Süd-Gegensatz hinausgehen könnten, um die allgemeineren dialektischen Prozesse offenzulegen, die diesen Gegensatz hervorgebracht haben und aufrechterhalten«.[28] In genau diesem Sinne ist CHAPPIE eine ungemein profunde Reflexion über die Verhältnisse unserer Zeit. Eine Theorie aus dem Süden in primär afrikanischer Perspektive, die uns dazu anhält, das Bekannte anders zu sehen. *Africa became the focus of the world.* Und die Welt scheint zu folgen.

Anmerkungen

1 Jean Comaroff / John L. Comaroff: Der Süden als Vorreiter der Globalisierung. Neue postkoloniale Perspektiven. Frankfurt a.M., New York 2012, S. 9.

2 Wie aus postkolonialer Perspektive mehrfach betont, koinzidieren Imperialismus und Kinematografie unmittelbar. »Lassen Sie uns in Erinnerung rufen«, so hat Jean-Louis Comolli kürzlich noch einmal resümiert, »dass der Film schnell eine Rolle in der symbolischen Aneignung der Kolonien spielen wird. Es gibt eine filmische Erschließung der exotischen Welt (der Begriff erschien 1860). Das Andere, Ferne, Fremde wurde besucht, fotografiert, gefilmt, ausgestellt, projiziert. ›Die Ureinwohner ins Schwitzen zu bringen,‹ war nicht genug, sie mussten auch gefilmt werden. Nach der Fotografie – und zusammen mit ihr – hat der Film das Bild des ›Anderen‹ konstruiert, das der Westen zweifellos nötig hatte: wild, aber nicht zu sehr, und abbildbar. Das Kino wurde zu einer Maschine, um das Wilde zu zähmen.« (»Let us recall that the cinema is quick to play a role in the symbolic appropriation of the colonies. There is a cinematic conquest of the exotic world (the term appears in 1860). The other, the distant, the foreign was visited, photographed, filmed, exposed, projected. ›Making the natives sweat‹ was not enough, they also had to be filmed. After photography, and in tandem with it, the cinema constructed the image of ›the Other‹ which was undoubtedly needed by the West: ferocious, but not too much, and able to be framed. The cinema became a machine for taming the wild [...]« [Übers. T.D.], Jean-Louis Comolli: Cinema against Spectacle. Technique and Ideology Revisited. Amsterdam 2015, S. 90).

3   Gayatri Chakravorty Spivak: Can the Subaltern Speak? Postkolonialität und subalterne Artikulation. Wien 2008, S. 42.

4   Dipesh Chakrabarty: Europa als Provinz. Perspektiven postkolonialer Geschichtsschreibung. Frankfurt a.M., New York 2010.

5   »[...] images of the future [...] to defamiliarize and restructure our experience of our own present [...]« (Übers. T.D.), Frederic Jameson: Progress Versus Utopia. Or, Can We Imagine the Future. In: Science Fiction Studies, 9:2, 1982, S. 151 (Herv. im Orig.).

6   Zentrales Anliegen des Afrofuturismus ist eine Imagination der Zukunft ohne Primat einer Perspektive des Globalen Nordens. Zu Geschichte und Ästhetik von Afrofuturismus siehe überblicksweise die Beiträge in Alondra Nelson (Hg.): Afrofuturism. A Special Issue of Social Text, 2, 2002.

7   Andreas Borcholte: Roboterfilm »Chappie«. Mein knuddeliges Techno-Känguru. In: Der Spiegel, 5.3.2015. www.spiegel.de/kultur/kino/chappie-im-kino-rasantes-droiden-drama-von-neill-blomkamp-a-1021768.html.

8   Thomas Elsaesser / Malte Hagener: Filmtheorie. Zur Einführung. Hamburg 2007, S. 143.

9   Das Mockumentary-Intro des Films spricht von 300 Morden und Gewaltverbrechen pro Tag allein im Großraum Johannesburg. Für offizielle Statistiken siehe South African Police Service: An Analysis of the National Crime Statistics 2013/14.www.saps.gov.za/about/stratframework/annual_report/2013_2014/crime_statreport_2014_part2.pdf.

10 »[...] into the determinate past of something yet to come [...]« (Übers. T.D.), Jameson 1982, a.a.O., S. 152.

11 Comaroff / Comaroff 2012, a.a.O., S. 32.

12 Ebenda, S. 65.

13 Ebenda, S. 26.

14 Ebenda, S. 30.

15 Ebenda, S. 123.

16 Ebenda, S. 26.

17 Shalini Randeria: Geteilte Geschichte und verwobene Moderne. In: Jörn Rüsen (Hg.): Zukunftsentwürfe. Ideen für eine Kultur der Veränderung. Frankfurt a.M., New York 1999, S. 87–96.

18 Comaroff / Comaroff 2012, a.a.O., S. 24f.

19 Ebenda, S. 9.

20 Ebenda, S. 31.

21 Ebenda, S. 18.

22 Ebenda, S. 23.

23 Ebenda, S. 27.

24 Giorgio Agamben: Homo sacer. Die souveräne Macht und das nackte Leben. Frankfurt a.M. 2002.

25 Comaroff / Comaroff 2012, a.a.O., S. 258.

26 Jacques Derrida: Dem Archiv verschrieben. Eine Freudsche Impression. Berlin 1997, S. 127.

27 Comaroff / Comaroff 2012, a.a.O., S. 9.

28 Ebenda.

Rethinking Retrofuturism

Die Darstellung der Zukunft in Stadt- und Raumschiffkulissen im Rekurs auf etablierte Architekturstile

Von Marc Bonner

Einleitung: Theorie, Begriffe und Methoden

Bereits seit den frühen Tagen analoger Filmproduktion existiert eine innige Korrelation zwischen gebauter Wirklichkeit, Architekturtheorie und den Kulissen des filmischen Raums. Dies zeigt sich zum einen in Filmen wie METROPOLIS (1927; R: Fritz Lang) oder THINGS TO COME (Was kommen wird; 1936; R: William Cameron Menzies), die mit utopisch-dystopischen Zukunftsstädten, orientiert an Architekturstilen ihrer Entstehungszeit, den Grundstein für die filmische Inszenierung und Ausgestaltung derartiger megaloman-urbaner Handlungsorte legten.[1] Zum anderen ist dieser fruchtbare Austausch auch in vielen Publikationen evident, die in den 1920er Jahren von prominenten Autoren wie Robert Mallet-Stevens und Le Corbusier verfasst wurden.[2] An den obigen Filmbeispielen lässt sich bereits erahnen, das die Beziehung beider Disziplinen in den Bildräumen des Science-Fcition-Films noch enger ist und ihren diskursiven Höhenpunkt erreicht:[3] So wurde das Moment der Science-Fiction-Stadt auf einer Meta-Ebene bereits von Vivian Sobchack oder Daniel Ferreras Savoye thematisiert, während David T. Fortin in seiner Monografie die Architekturen

in Philip K. Dicks Romanen und deren visualisierten Filmadaptionen analysiert. Dietrich Neumann bietet in *Filmarchitektur: Von* METROPOLIS *bis* BLADE RUNNER einen historiografischen Überblick.[4] Der Architekturkritiker Reyner Banham verglich die 1968 erschienenen Filme BARBARELLA (1968; R: Roger Vadim) und 2001: A SPACE ODYSSEY (2001: Odyssee im Weltraum; 1968; R: Stanley Kubrick) noch im selben Jahr auf Basis ihrer expressiven, distinkten Kulissen, die eine zukunftsweisende Architektur konnotierten, und argumentierte dabei mit Blick auf die Diskurse zeitgenössicher Architekturvisionen.[5]

Publikationen, die aus architekturhistorischer Perspektive Filmbeispiele nach BLADE RUNNER analysieren und zudem im Kontext eines Nostalgie-Begriffs das Phänomen der Science-Fiction-Architektur bearbeiten, sind jedoch sehr selten. Dieser Umstand ist insbesondere deswegen kritisch, da nahezu alle Science-Fiction-Filme, so die hier aufgestellte These, ab den 1970er Jahren in der Darstellung zukünftiger urbaner Stadtgefüge und Architekturen nicht mehr durch aktuelle Visionen des Architekturdiskurses, sondern zum Großteil von Architekturstilen vergangener Epochen inspiriert sind. Daher soll auf Basis von mehreren Beispielen die Notwendigkeit zur Aktualisierung des Begriffs *Retrofuturismus* unter Hinzunahme von *reflective* und *restorative nostalgia* aufgezeigt werden.

Henry Jenkins definiert Retrofuturismus als eine Rückkehr zu den Bildwelten vergangener Zeiten, um deren euphorische, in die Zukunft – oft unsere heutige Gegenwart – projizierte und nie eingelöste Versprechen zu reaktivieren. Diese Art des Reenactments induziert einen *Retrofuturismus*, der laut Jenkins fähig ist, heutige Probleme durch Nostalgie zu thematisieren:

»Vielleicht haben wir die Vorstellung von Retrofuturismus als eine Séance, in der Geister der Vergangenheit hervorkommen, um unsere gegenwärtigen Sorgen anzusprechen und uns versichern, dass wir niemals die Zukunft unserer Träume erhalten, aber auch niemals die Zukunft unserer Befürchtungen konfrontieren. Nostalgie, wie Susan Stewart schreibt, ist ein Wunsch, zu der Welt zurückzukehren, die nie wirklich existiert hat. Ist es möglich, Nostalgie nach der Zukunft zu empfinden?«[6]

Edwin Heathcote und Bob Fear thematisieren das Konzept des Retrofuturismus in der Architekturpraxis:[7] Beide Autoren gehen von Bauwerken aus, die auf alte Science-Fiction-Filmsets als Inspirationsquelle rekurrieren. Heathcote führt dazu aus:

»Was das Weltraumzeitalter und Science-Fiction uns ließen, ist ein Bild, und es ist dieses Bild, eher eine Fantasie von der Zukunft als die Realität des Jahres 2000, das das Design vorantreibt. Gleichzeitig Schnittkante und Kitsch, ist die Science-Fiction-Architektur eine seltsame Verschmelzung von Nostalgie, Enttäuschung und dem Optimismus, dass Architektur immer noch eine Vision der Zukunft präsentiert, die unterhalten, erfreuen und grundlegende Erinnerungen dessen schüren kann, wie die Welt gewesen sein könnte.«[8]

Heathcote definiert die heutigen, nostalgisch gestimmten Zukunftsvisionen als die aktuell interessantesten Architekturentwürfe: »Die Fantasien des Weltraumzeitalters, die die Kindheit der Architekten durchdrungen haben, suchen unsere modernen Cities heim.«[9] Hier ist ein wichtiger Kernaspekt des Umdenkens von Retrofuturismus offengelegt: Durch diese Heimsuchung der heutigen Städte werden die im nostalgischen Rückblick in Science-Fiction-Bildwelten errichteten Bauwerke selbst wieder Kulissen für filmische Zukunftskulissen. Die Retrofuturismus-Ästhetiken bedingen sich folglich durch das zyklische Oszillieren zwischen diegetischen Filmwelten und gebauter Wirklichkeit und erschaffen so eine retroaktive Korrelation mit ihrer eigenen, medial adaptierten Reflexion.

Für die nachfolgenden Darlegungen ist Svetlana Boyms Definition von Nostalgie unabdingbar. Selbige spaltet sie in die beiden Kategorien *restorative nostalgia* und *reflective nostalgia* auf. Dabei fast Boym die Dialektik beider wie folgt zusammen:

»Wenn *restorative nostalgia* schließlich Embleme und Rituale des Zuhauses und der Heimat rekonstruiert und dabei versucht, Zeit zu erobern und zu verräumlichen, hält *reflective nostalgia* an zerrütteten Erinnerungsfragmenten fest und verzeitlicht den Raum.«[10]

Darüber hinaus ist auch Umberto Ecos Theorie des *iconic code* wichtig, um die Referenzen richtig deuten zu können. Er transferiert das System der Semiotik in die Primärfunktion (Denotation) und Sekundärfunktion (Konnotation) architektonischer Strukturen und folgert daraus den *iconic code*, der auf einem bereits etablierten und sozialisierten architektonischen Prinzip beruht und zum »Objekt des Kommunikationsverkehrs« wird.[11]

1. Der Brutalismus – Filme vor 2000

Für die Inszenierung der psychiatrischen Anstalt der fiktiven Ludovico Clinic nutzt Stanley Kubrick in A CLOCKWORK ORANGE (Uhrwerk Orange; 1971; R: Stanley Kubrick) die bunkerartigen Brutalismus-Bauwerke (engl. *New Brutalism*) des 1966 erbauten, zur Londoner Brunel University gehörenden *Uxbridge Campus* als *on location*-Kulisse.

Protagonist Alex (Malcolm McDowell) wird durch seine Verurteilung zur Testperson eines Gehirnwäsche-Programms, das sein Verlangen nach Sex und Gewalt tilgen soll. Bereits mit der ersten Szene, der Überführung in die Ludovico Clinic, denotiert der *iconic code* des im Hintergrund zu sehenden Bauwerks im Kontext der Diegese die monolithischen Volumina deutscher Bunker, die heute teilweise offengelegt an den Stränden der französischen Atlantikküste liegen.

Folglich konnotiert die Kulisse feindliche Kriegsarchitektur. Nach Paul Virilio verkörpern die skulpturalen Kräftelinien der Bunker des *Atlantikwalls* im Kontext des massigen Betons nicht nur all die Zerstörung, die der Zweite Weltkrieg über

Das brutalistische *Lecture Centre* als Ludovivo Clinic in A CLOCKWORK ORANGE (links); zwischen 1958 und 1965 entstandene Fotografie Virilios der Atlantikwall-Ruinen

die Menschheit brachte, sondern nehmen auch die architektonischen und urbanistischen Redundanzen der Nachkriegsarchitektur vorweg.[12]

Virilio postuliert zudem, dass diese Ästhetik des Wehrhaften den Betrachter- oder Besucher*innen das Gefühl kommuniziert, sich in Gefahr zu begeben. Im Kontext des Films reflektiert das von Sir Richard Sheppard 1966 erbaute, brutalistische *Lecture Centre* diese Werte und vermittelt, das Alex sich einer aussichtslosen Therapie unterziehen wird, die schädigender auf ihn einwirkt als ein konventioneller Gefängnisaufenthalt.

Die Tatsache, das Alex zuvor bereits in einem Wohnkomplex im Stile des Brutalismus lebt, verweist mittels der bunkerartigen Betonmassen auf das unausweichliche Schicksal, das ihm als Krimineller bevorsteht. Auch hier dreht Kubrick *on location* in Londons *Municipal Flat Block 18A, Linear North* und macht sich die visionäre, gebaute Wirklichkeit, entwickelt als Hoffnung für ein neues, zukünftiges Wohnen am Rande Londons, zunutze, um die negativ konnotierte Bildwelt zu erschaffen. Der Brutalismus kann hier, ebenfalls im Sinne Virilios, als architekturstilistisches Simulacrum des Zweiten Weltkriegs verstanden werden:[13] der alltägliche Wohn- und Gesellschaftskrieg, der seine Bewohner zu Hoffnungslosigkeit und Kriminalität führt.

Bereits 1955, abermals am Puls der Zeit, deckt Banham die Etymologie des Begriffs New Brutalism auf, dessen Teile *new* und *-ism* einen historisierenden Architekturstil bezeichnen. Er entwickelte sich, über die bereits genannte Bunkerarchitektur hinweg, aus Le Corbusiers Material- und Oberflächenästhetik heraus, die Schalungsrückstände des Sichtbetons offenlegt: Lufteinschlüsse, Unebenheiten und Spuren der Holzmaserungen ließen Le Corbusier vom *béton brut*, dem »rohen Beton«, sprechen.[14] Neben dem legitimierenden, architekturhistorischen Rekurs auf Le Corbusier ist der Begriff laut Michael J. Lewis eine scherzhafte Neuschöpfung von Hans Asplund aus dem Jahr 1950 und verbindet sich eigentümlich mit der britischen Adaption von Wertvorstellungen des neuen Wohnens, die Nikita Chruschtschow 1954 für die Architektur des Sozialistischen Realismus propagierte.[15] Diese britische Nachkriegsarchitektur, etabliert durch Alison und Peter Smithson, zeichnet sich also durch expressive Ausstellung der Baumaterialien und basale geometrische Formen aus. Nach dem Zweiten Weltkrieg war Beton nicht nur ein billiges Material zum Wiederaufbau und Ausbau der Städte, sondern ermöglichte den Architekten eine bis dato unbekannte Freiheit im Formen von Bauvolumina, Architektursprachen und Codes. Banham schreibt: »Was den New Brutalism in der Architektur wie der Malerei letztlich charakterisiert, ist genauestens seine Brutalität, seine Gleichgültigkeit, seine Blutrünstigkeit.«[16] Die Intention der brutalistischen Architekten ist das Anti-Schöne der Bauwerke in all seiner totalitären, monolithischen Ausgestaltung.[17] Nach David T. Fortin ist der Brutalismus ein Spektakel: wild, animalisch und frei von Feinheiten oder Details.[18] Aber die in Beton gegossene Hoffnung, sowohl die historisch negativ aufgeladenen Baustile zu überwinden als auch der vehementen kutlurellen Einwirkung der USA im Großbritannien der Nachkriegszeit etwas entgegenzusetzen,[19] wurde von der Öffentlichkeit nicht angenommen. Die im kollektiven Gedächtnis noch allzu frischen körperlichen, seelischen und urbanen Wunden des noch nicht mal zehn Jahre vergangenen Krieges konnotierten den *iconic code* des New Brutalism unvermeidlich mit der Bunkerarchitektur. Die brutalistische Architektur ist folglich eine Reaktion auf die Einwirkung des »Anderen« in Großbritannien, sei es in Form der Schrecken des Krieges und aller dafür stehenden Institutionen oder in Form der US-amerikanischen Ökonomie- und Kulturimporte.

Diese Wehrhaftigkeit und Positionierung gegenüber dem »Anderen« sowie die im urbanen Kontext unkonventionellen Strukturen machen den Brutalismus selbst zur Reflexionsfläche für das »Andere«. Daher ist es nicht verwunderlich, wenn nach Kubrick zum Beispiel auch Paul Verhoeven seine futuristischen, dystopischen Bildwelten durch Bautraditionen darstellt, die den US-amerikanischen und europäischen Zuschauer*innen unbekannt sind oder fremdartig erscheinen.[20] So adaptiert Verhoeven 1990 in groben Zügen Philip K. Dicks Kurzgeschichte *We Can Remember It for You Wholesale* für den Film TOTAL RECALL (1990). Für die futuristische Stadtlandschaft der diegetischen Zivilisation drehte er *on location* in Mexiko-Stadt und nutzte die expressiven Propaganda-Architekturen, die einst unter dem Regime der Partido Revolucionario Institucional (PRI) erbaut wurden.

Diese brutalistische Verkörperung autoritärer Macht in Mexiko-Stadt war die perfekte Szenerie der fiktiven, zukünftigen Hauptstadt der Erde. Bereits im Jahr 2011 publizierte Cuauhtémoc Medina eine tief gehende Analyse der Architektur in TOTAL RECALL,[21] sodass nachfolgend die Synthese aus seinem Artikel gezogen und mit weiteren Aspekten von Virilio und José Vasconcelos' Vision der »Kosmischen Rasse« angereichert wird.

Wie Alex' Wohnung zuvor, ist auch jene des Protagonisten Douglas Quaid (Arnold Schwarzenegger) in einem megalomanen, monolithischem Wohnkomplex verortet. Kulisse hierfür ist die weitläufige, 1976 von Augustín Hernández erbaute Gebäudegruppe *Heroico Colegio Militar*. Die ikonische, abstrakt-anthropomorphe Fassade erinnert im vertikalen Hauptgebäude entfernt an ein Gesicht und wird von wehrhaften Bauflügeln aus Beton flankiert, deren schräg zulaufende Oberflächen nicht nur an Bunkerarchitektur, sondern auch an den *iconic code* der pyramidal

Die abstrakt-anthropomorphe Fassade des *Heroico Colegio Militar* in Mexiko-Stadt

Die Architekturchimäre *Heroico Colegio Militar* als futuristischer Wohnblock in TOTAL RECALL (links); Quaid auf dem Weg zum wehrhaften Eingang von REKALL in TOTAL RECALL

und teilweise in Kaskaden angelegten Maya- and Aztekentempel erinnern.

Diese architektonische Chimäre aus Brutalismus und postmodern adaptierten Bauvolumina mesoamerikanischer Hochkulturen wirkt futuristisch, andersartig und passt perfekt in den realweltlichen Kontext. Der Intellektuelle José Vasconcelos war unter mehreren Revolutionsregierungen Bildungsminister und postulierte mit seinem 1925 veröffentlichten Buch die Zukunft des mexikanischen Volkes als »Kosmische Rasse« (*La raza cósmica*). Seine umgekehrte Rassenideologie bewertet ein Volk höher, je mehr es sich aus der Vermischung unterschiedlicher Rassen zu einer höheren Einheit, der »Kosmischen Rasse« erhebt: »Unser Geist wird alle Dimensionen erfassen und über den Weltkreis hinauswachsen können«.[22] Das über mehrere Dekaden hinweg herrschende, korrupte PRI-Regime versuchte, mit Blick auf die immer lauter werdende Kritik und auch in Anlehnung an die Idee der Verschmelzung mehrerer Kulturen zur »Kosmischen Rasse«, eine Architektursprache im öffentlichen Raum zu etablieren, die prähispanische Traditionen mit der totalitären Autorität vergangener Kolonialzeiten und einer über die USA importierten Architektur-Moderne, dem Brutalismus, miteinander verschmilzt.

Diese ahistorischen Machtarchitekturen ohne jeden raumzeitlichen Bezug zum urbanen Raumgefüge der Hauptstadt sind zwangsläufig Fremdkörper und konnotieren daher die autoritäre PRI-

Obrigkeit als das »Andere«, anstatt sie kulturell durch die Verräumlichung von Zeit, im Sinne Boyms, zu verwurzeln und eine neue nationale Identität nach den Vorstellungen Vasconcelos' zu etablieren. In diesem Kontext erlaubt Virilios Kommentar zur Beziehung zwischen Bunker und urbaner Infrastruktur eine metareflexive Rahmung des PRI-Brutalismus:

> »Etwa so, wie in bestimmten Science-Fiction-Romanen, in denen ein mitten auf der Straße gelandetes Raumfahrzeug den Krieg der Welten, die Konfrontation mit nichtmenschlichen Gattungen ankündigt, so verliehen diese in den Lücken der urbanen Freiräume, neben der Schule oder dem Bistrot des Wohnviertels errichteten massiven Sockel der Befragung der Gegenwart einen neuen Sinn«.[23]

Die *restorative nostalgia* des PRI-Regimes wird in der Diegese von TOTAL RECALL allerdings zur *reflective nostalgia*. Quaid kauft bei REKALL die Erinnerung an einen Urlaub auf dem Mars. Die darauf folgende, einer Gehirnwäsche ähnliche Implementierung geht allerdings schief, und Quaids andere Identität, Hauser, die bereits durch eine vorherige Erinnerungsmodifikation getilgt schien, kommt zum Vorschein. Wie die Ludovico Clinic zuvor, ist auch die *on location*-Kulisse der REKALL-Firma eine brutalistische Architektur der realen Welt in Form des 1973 von Abraham Zabludovsky und Teodoro González de Léon erbauten *INFONA-VIT-Zentrums*. Durch die schrägen, monolithisch kaum von Öffnungen durchbrochenen Bauvolumina ist das ebenfalls in Mexiko-Stadt befindliche Bauwerk eindeutig dem *iconic code* der zuvor besprochenen mexikanischen Propaganda-Architektur zuzuordnen.

In der Diegese konnotiert die Architektursprache REKALLs geheime Technologie zur Erweiterung individueller Erinnerung im virtuellen Raum des Gedächtnisses der Kunden. Fortin kommt zu dem Schluss, dass im Besonderen der Nachkriegs-Brutalismus eine fruchtvolle Kulisse in den Augen der Science-Fiction-Regisseure ist. Die Aktualität und Zukunftsgewandtheit dieser Architekturen, obwohl sie bauliche Manifestationen vergangener Jahrzehnte sind, bieten die dringend benötigte Andersartigkeit futuristischer Welten.[24]

Zudem, und dies gilt auch für die Anstalt in CLOCKWORK ORANGE, kommuniziert das befestigte bunkerartige Bauwerk die isolierte Position der Protagonisten von ihrer jeweiligen Gesellschaft und markiert beide Male einen Wendepunkt des Plots, der durch die Initiierung besonderer, nicht-alltäglicher Handlungen vollführt wird.[25] Sowohl Kubrick als auch Verhoeven visualisieren dystopische Stadtlandschaften durch die Brutalismus-Architektur der 1960er und 1970er Jahre. Beide Regisseure kritisieren den polygonalen, wehrhaften Architekturstil durch deren Inszenierung als Orte der Identitäts- und Gedächtnismanipulation, was wiederum zur Intention des *New Brutalism* passt, der in seinem identitätssuchenden, zukunfts-gewandten Nihilismus aus Beton dennoch historisch konnotiert ist.[26] Dieser filmische Retrofuturismus nutzt also die reale Intention des Brutalismus-Codes durch die Reflexion der physischen, realen, düsteren Vergangenheit als *reflective nostalgia*.

Die diegetischen Brutalismus-Kulissen sind mit ihren polygonalen, erdrückenden Betonmassen metaphorische Lasten des Schicksals auf den Schultern beider Protagonisten, die von experimenteller Wissenschaft und Technologie regelrecht paralysiert werden und einen Schockmoment im Sinne Virilios erfahren.[27] Die Hilflosigkeit und Totalität veranschaulicht der bunkerartige Brutalismus also zudem durch die *reflective nostalgia* der militärischen Oberflächenarchitektur des Zweiten Weltkriegs.

2. Calatravas postmoderner Eklektizismus – Filme nach 2000

An anderer Stelle wurde bereits ausführlich die skulpturale Architektursprache Santiago Calatravas und die damit einhergehende Präsenz seiner Bauwerke sowie der Einfluss seines *iconic codes* in anderen Medien und Disziplinen besprochen.[28] Der spanische Architekt ist nicht nur von diversen Künstlern der Avantgarde-Skulptur-Bewegung seit den 1920er Jahren wie Constanin Brâncuși oder Antoine Pevsner und den zoomorphen Form-ästhetiken der expressiv-organischen Betonscha-

Calatravas retrofuturistische Oper *Palau de les Arts Reina Sofía* (1991–2006) im Kontext der konventionellen valencianischen Bauten

len-Architektur der 1950er und 60er Jahre, wie sie Le Corbusier oder Eero Saarinen entwarfen, sondern auch vom ikonischen Production Design zentraler Science-Fiction-Filme inspiriert.

Diese transdisziplinären und intermedialen Codes vermischt Calatrava zu einem ihm eigenen Formenrepertoire und transferiert sie in eine Architektursprache, deren Bildlichkeit eine Art *reflective nostalgia* der von ihm sozialisierten Designgeschichte, Kräftelinien und Formästhetiken verkörpert. Seine Architektur kann auf einer Metaebene also als retrofuturistischer, postmodern fragmentierter Eklektizismus beschrieben werden.

Die organischen, ineinander fließenden Volumen des unkonventionellen Designs für das Raumschiff *Enterprise* der STAR TREK-Serie (Raumschiff Enterprise; 1966–1969) aus dem Jahr 1966 scheinen dabei im Besonderen auf das Formverständnis Calatravas Einfluss genommen zu haben. Dies kann an mehreren seiner Bauwerke in evidenter Weise nachverfolgt werden.[29] Im Jahr 2009 kam mit STAR TREK (2009; R: J.J. Abrams) der Neustart der Serie in die Kinos. Für die Stadtlandschaft des zukünftigen San Francisco ließ sich Conceptual Artist Ryan Church wiederum von verschiedenen Bauwerken Calatravas inspirieren und platzier-

te gar Teilbereiche des *Palau de les Arts Reina Sofía* (1991–2006) in der vertikal dominierten, utopischen Skyline. Auch Strukturen und Volumen der neu gestalteten *Enterprise* sowie ein frühes, nicht realisiertes Konzept für die diegetische *Starfleet Academy* rekurrieren auf Calatravas *iconic code*. Die Wechselwirkung zwischen Architekt und STAR TREK-Franchise kann folglich als oszillierendes Zusammenspiel verstanden werden. Gleich einem Kreislauf bedingen sich die Entwurfslösungen intermedial stets gegenseitig.[30]

Drei Jahre später nutzt Michael Bay mit dem in Milwaukee befindlichen *Quadracci Pavilion* (1994–2001) Calatravas Architektur als *on location*-Kulisse für TRANSFORMERS: DARK OF THE MOON (Transformers 3 – Die dunkle Seite des Mondes; 2011). Der *Quadracci Pavilion* und seine lichtdurchflutete, futuristische *Windhover Hall* werden im Film als Büro und Museum des menschlichen Bösewichts Dylan Gould (Patrick Dempsey) inszeniert. In einer Szene beschreibt Protagonist Sam Witwicky (Shia LaBeouf) das Innere des gänzlich weißen Bauwerks als »Starship *Enterprise* [sic!]«.[31] Der *Quadracci Pavilion* denotiert Expressivität und ist als Museumsbau mitsamt seiner abstrakten kinetischen Vogelskulptur selbst bereits reines Kunstwerk. Die positiv konnotierten, im *space age* wurzelnden Wertigkeiten lassen die Architektur, auch in der physischen Realität, zu einem Blendwerk werden, das im filmischen Kontext Goulds wahre Identität und Absichten verschleiert. Obwohl evident, wird dessen Verschwörung mit den *Decepticons* erst spät im Narrativ verhandelt. Die kinetische Vogel-Skulptur auf dem Dach des Bauwerks kann aber als Hinweis auf die Allianz mit dem Bösen decodiert werden.

In GUARDIANS OF THE GALAXY (2014; R: James Gunn) zitiert die Architektur der utopischen Zivilisation des erdähnlichen Planeten Xandar verschiedene Schau-

Calatravas evokativer *Quadracci Pavilion* (1994–2001) in Milwaukee

stücke aktueller Architekturvisionen und zentrale Wegpunkte der Architekturgeschichte – gleich einem Themenpark für Architekturtheorie. Drei Jahre nach Bay nutzt auch James Gunn ein Gebäude Calatravas als Handlungsort in Xandars Kapitale. Der 2009 in Liège vollendete Bahnhof *Liège-Guillemins* ist eine Mischung aus *on location*-Kulisse und nachgebauter CGI-Struktur. Die feminin geschwungene Archi-

Olivier Prons Konzeptskizze zur Einbettung von Calatravas Bahnhof *Liège-Guillemins* als Handlungsort in GUARDIANS OF THE GALAXY

tektur dominiert die urbane Infrastruktur der Science-Fiction-Metropole. Für die umliegenden Brücken, Rampen und kleineren Bauwerke adaptierten die Designer die Architektursprache Calatravas zugunsten einer homogeneren Erscheinung.

Schon im ersten Drittel des Films ist der Bahnhof die Hintergrundkulisse für eine chaotische und rasant geschnittene Verfolgungsjagd zwischen den Protagonisten. Manfred Schwarz, dessen Artikel bezeichnenderweise mit *Wir nehmen den Zug, Scotty!* betitelt ist, beschreibt den Bahnhof schon zu dessen Eröffnung als ein eben gelandetes Raumschiff, das die Zukunftsvisionen der 1960er Jahre verkörpert, einem Jahrzehnt, das die Zukunft zum letzten Mal derart euphorisch und positiv imaginierte.[32] Diese Konnotation passt auch zur Darstellung der utopischen Zivilisation der Xandar, die als moralisches Zentrum der Diegese fungiert.

Im Jahr 2015 erschienen mit JUPITER ASCENDING (R: Lana und Andy Wachowski) und TOMORROWLAND gleich zwei Science-Fiction-Filme, die zum Subgenre der *Space Opera* gezählt werden können und verschiedene Architekturen Calatravas in die digitalen Kulissen ihrer scheinbar utopischen Stadtlandschaften einfügen. Für TOMORROWLAND wurden mit Syd Mead und Scott Chambliss zwei zentrale Akteure des Production Design zur Gestaltung der Bildwelt engagiert. Um ein historisch gewachsenes, urbanes Raumgefüge darzustellen, erhielten die Stadtteile unterschied-

liche Architekturstile aus mehreren Epochen, die sich auch an zeitgenössischen Architekten wie Santiago Calatrava oder Zaha Hadid orientieren. Dazu wurde auch Calatravas Gebäude-Gruppe in València, die *Ciutat de les Arts i de les Ciències*, als wichtigste *on location*-Kulisse genutzt. Alle anderen Handlungsorte entstanden auf *sound stages* oder als CGI. Chambliss führt dazu aus: »Nur Calatrava hat die Empfindsamkeit und Größenordnung, die wir für unseren Film wünschten. [...] Die Location hat zum Film einen großen Anteil von Umfang und Produktionskraft hinzugefügt.«[33] Wie in STAR TREK und GUARDIANS OF THE GALAXY wird Calatravas Architektur auch hier zur Visualisierung einer utopischen Zukunft genutzt, die einmal mehr in den zukunftsgewandten Visionen der 1960er verwurzelt ist. Folglich konnotiert sein *iconic code* weniger ein aktuelles denn ein romantisiertes Bild von Science-Fiction. Die weißen Bauvolumina bewirken in ihrem postmodernen Eklektizismus eine *reflective nostalgia* und sind daher besonders geeignet für retrofuturistische Science-Fiction-Welten. Dies bekräftigt auch Deyan Sudjic indirekt mit seiner Kritik an Calatravas Œuvre:

> »Am Schlimmsten, wie in València, kippen sie den Rand des Kitschs zur Erschaffung einer Welt um, die auffallend wie ein Set eines Science-Fiction-Films aus den Fünfzigern wirkt, [von] Gaudi vorgefertigt, am laufenden Band aus einer Zahnpastatube ausgedrückt.«[34]

3. Ein sakrales Flugobjekt der Moderne – TV-Serien nach 2000

Die dritte Kategorie fokussiert auf ein dezidiertes Fallbeispiel in Form des Raumschiffs *Resurrection Ship*, das in der Neuauflage der in den späten 1970er Jahren produzierten Science-Fiction-TV-Serie BATTLESTAR GALACTICA (Kampfstern Galactica; 1978–1980; 34 Episoden; P: Glen A. Larson) eine zentrale Rolle in der ontologischen Charakterisierung der Antagonisten der menschlichen Kolonien, der Cylonen, spielt. Die Neuinterpretation BATTLESTAR GALACTICA (2004–09; 75 Episoden; P: Ronald D. Moore, David Eick) inszeniert die von Menschen geschaffenen Cylonen nicht nur als mechanische Kampfroboter, die *Zenturios*, sondern auch als synthetisch-organische Replikanten, die, ganz in der Tradition

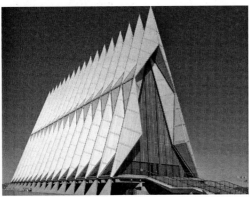

Das cylonische *Resurrection Ship* in BATTLESTAR GALACTICA (oben); Netschs 1962 vollendete *United States Air Force Academy Cadet Chapel*

des Cyberpunk, der Erscheinung ihrer Schöpfer nachempfunden sind. Dabei existieren sieben Grundmodelle, die beliebig oft reproduziert werden können, und fünf einzigartige Modelle, genannt *Final Five*. Hier ist nun das *Resurrection Ship* zentral für die Diegese:

Die Cylonen nutzen es als Hort ihrer Zivilisation, da verstorbene beziehungsweise zerstörte Cylonen-KIs der synthetisch-organischen Replikanten dort hochgeladen und in neuen identischen Blanko-Körpern installiert werden. Der dazugehörige »Initiationsritus«, das Auftauchen aus einer sargartigen Wanne, erinnert dabei an eine Mischung aus Geburt, Taufe und Auferstehung. In der zweiten Staffel der Serie wird dem *Resurrection Ship* eine gleichnamige Doppelepisode (Nr. 11 und 12) gewidmet: Die Menschen planen die Cylonen-Flotte vom kostbaren *Resurrection Ship* wegzulocken, um selbiges zerstören zu können. Das Kollektivgedächtnis der Cylonen würde dadurch verloren gehen, und den Replikanten, die von den Menschen im intramedialen Rekurs auf BLADE RUNNER auch *Skin Jobs* genannt werden, wäre es folglich unmöglich, nach ihrem Ableben in neue Körperhüllen geladen zu werden. Anders gesagt, die Replikanten würden dann einen unwiderruflichen, permanenten Tod sterben.

Struktur und Formästhetik des *Resurrection Ship* rekurrieren nicht nur auf die redundante, vertikal rhythmisierte Leichtigkeit der gotischen Sakralarchitektur, sondern weisen auch evidente Übereinstimmungen mit der zwischen 1956 und 1962 von Walter Netsch erbauten *United States Air Force Academy Cadet Chapel* nördlich von Colorado Springs auf.

Netsch erbaute die Sakralarchitektur als Mitarbeiter der berühmten Architekturfirma Skidmore Owings & Merrill, die insbesondere die US-amerikanische Moderne, in Adaption des *iconic codes* Ludwig Mies van der Rohes in unzähligen Weltstädten verbreitete (*International Style*) und auch heute noch zentral für Rekorde brechende Wolkenkratzer-Architektur ist.[35] Neben den übereinstimmenden aeronautischen und militärischen Kontexten verweist die expressive Formensprache des Bauwerks auf die Auferstehung oder, allgemeiner, das Transzendentale und schafft somit in seiner Konnotation den Bezug zum *Resurrection Ship* als Kulisse des metaphysischen Prozesses der Replikanten-Auferstehung:[36] Netschs evokative Sakralarchitektur zeichnet sich durch 17 orthogonal hintereinander gereihte Dreiecke aus. Mit dem spitzen Winkel in der Vertikalen ausgerichtet, verweisen die Strukturen auf die Silhouette von Düsenjägern wie der *Grumman F-14 Tomcat* mit geschlossenen Schwenkflügeln. Darüber hinaus transferieren die im festen Rhythmus eines traditionellen Säulenjochs zueinander stehenden Bausegmente die strukturelle Formästhetik des skelettartigen Gotikstils mitsamt Rippen, Wimpergen und Strebepfeilern in eine noch leichtere Stahlkonstruktion. Der daraus resultierende *iconic code* aus mittelalterlichen und dem *space age* der Moderne verhafteten Sakralarchitekturen konnotiert die christliche Auferstehung und folglich auch die synthetische Wiedergeburt der monotheistischen Cylonen auf Basis des vertraut wirkenden »Anderen« der fast identischen Architektursprache der Raumschiff-Kulisse.[37] Letztere wirkt jedoch noch entmaterialisierter und scheint die angestrebte Leichtigkeit und Erhabenheit der – das utopische, himmlische Jerusalem auf Erden baulich repräsentierenden – Gotik in eine nicht näher bestimmte Zukunft zu projizieren.

Netschs modernistisch-aeronautische Interpretation historisch tradierter Sakralarchitektur bewirkt eine *reflective nostalgia*. Im Kontext der Science-Fiction-Diegese erzeugt die filigrane retrofuturistische Architektur des *Resurrection Ship* mit ihren extradiegetischen Bezügen jedoch eine retrofuturistische *restorative nostalgia*.

Conclusio: Den Retrofuturismus umdenken

War das Konzept des *Retrofuturismus* im medienwissenschaftlichen wie architekturhistorischen Diskurs meist eine nostalgische Aktualisierung der physischen Realität durch Inspiration aus mediatisierten, fiktiven Science-Fiction-Welten, konnte für die hier dargelegten Beispiele, die als Pars pro Toto für einen ganzen Corpus derartiger Phänomene stehen, die umgekehrte Wirkrichtung nachgewiesen werden: Die Bildwelten der Science-Fiction-Filme nutzen historisch tradierte, zukunftsgewandte Architekturstile der gebauten Wirklichkeit als *on location*-Kulisse oder formästhetische Inspiration. Dieses Moment muss zu einem Überdenken des *Retrofuturismus* führen, was, wie hier ebenfalls erläutert wurde, zu einem differenzierterem Wissen über erweiterte transdisziplinäre Kontexte zwischen *restorative nostalgia* und *reflective nostalgia*, zwischen Architekturkritik und -theorie sowie zwischen kontextsensitiver, historischer Euphorie und dem Gebrauch visionärer *iconic codes* führt. Es ist evident, dass für die meisten dystopisch gefärbten Darstellungen und Inszenierungen einer zukünftigen Welt, Stadt oder Technologie ein vertrautes »Anderes« für Kulissen und Filmsets erschaffen werden soll. Dabei wird auf Bauwerke zurückgegriffen, die meist ein oder zwei Jahrzehnte vor der Konzeption oder Produktion des jeweiligen Films erbaut wurden und zudem oft durch weite Platzarchitekturen oder geschlossene Gebäudegruppen isoliert von ihrem eigentlichen, urbanen Kontext sind. Wie sich herausstellt, sind zudem mehrere tradierte Architekturstile als ikonischer, retrofuturistischer Code nutzbar: Im Besonderen ist der Brutalismus die perfekte Szenerie für dystopische Science-Fiction-Visionen zwischen den 1970er und 1990er Jahren. Seine bunkerartigen Betonvolumina stehen im Kontrast zu den eher positiv konnotierten und oft feminin geschwungenen *space age*-Strukturen, wie sie Calatrava in nostalgisch-eklektizistischer Manier erbaut oder Netschs Kapelle als technoide Sakralarchitektur des Zeitgeists verkörpert. Ob die Architekturen als Filmkulissen nun ihre Werte auf gute oder böse Charaktere projizieren[38], sie alle verkörpern die Bildlichkeit vergangner Jahrzehnte respektive Epochen, die als *images*, im Sinne W.J.T. Mitchells[39], im kollektiven Gedächtnis der Zuschauer*innen präsent sind.

Anmerkungen

1   Dieser Fokus des Science-Fiction-Films auf die Stadt und ihre Architektursprache zeigt sich in etlichen Werken wie unter anderem BLADE RUNNER (1982; R: Ridley Scott), BRAZIL (1985; R: Terry Gilliam), THE FIFTH ELEMENT (Das fünfte Element; 1997; R: Luc Besson), DARK CITY (1998; R: Alex Proyas), SKY CAPTAIN AND THE WORLD OF TOMORROW (2004; R: Kerry Conran) oder TOMORROWLAND (A World Beyond; 2015; R: Brad Bird).

2   Vgl. Robert Mallet-Stevens: Das Kino und die Künste. Die Architektur [1925]. In: Vittorio Magnago Lampugnani (Hg.): Architekturtheorie 20. Jahrhundert. Positionen, Programme, Manifeste. Ostfildern 2004, S. 104f.; R.M.-S.: Le cinéma et les arts. L'Architecture. In: Le Cahier du mois, 16–17, Paris 1925, S. 95–98; Le Corbusier: Vers une architecture. Paris 1923; Jean-Louis Cohen: Le Corbusier et la mystique de l'USSR. Théories et projets pour Moscou, 1928–1936. Lüttich 1987.

3   Auch im Kontext der Science-Fiction-Literatur ist ein ausgiebiger Diskurs über die textliche Inszenierung von Zukunftsarchitektur evident. Vgl. unter anderem Lucy Hewitt / Stephen Graham: Vertical Cities. Representations of Urban Verticality in 20th-Century Science Fiction Literature. In: Urban Studies, April 2014, S. 1–15. http://usj.sagepub.com/content/early/2014/04/22/0042098014529345; Carl Abbott: Cyberpunk Cities. Science Fiction Meets Urban Theory. In: Urban Studies and Planning. Faculty Publications and Presentations, Paper 57, 2007, S. 1–36. http://pdxscholar.library.pdx.edu/usp_fac/57.

4   Siehe Vivian Sobchack: Cities on the Edge of Time. The Urban Science Fiction Film. In: East-West Film Journal, 3:1, 1988, S. 4–19; Daniel Ferreras Savoye: Urban Spaces in Dystopian Science Fiction [en línea]. In: Ángulo Recto. Revista de estudios sobre la ciudad como espacio plural, 3:2, 2011, S. 133–149; David T. Fortin: Architecture in Science-Fiction Film. Philip K. Dick and the Spectacle of Home. In: Eamonn Canniffe (Hg.): Ashgate Studies in Architecture Series. Farnham 2011; Dietrich Neumann: Film Architektur. Von METROPOLIS bis BLADE RUNNER. München, New York 1996.

5   Vgl. Reyner Banham: Triumph of Software. In: Penny Sparke (Hg.): Reyner Banham. Design by Choice. New York 1981, S. 133–136.

6   »We might think of retro-futurism as a seance where ghosts of the past come out to speak to our present concerns reassuring us that we may never get the tomorrow of our dreams but we also never face the future of our fears. Nostalgia, Susan Stewart has written, is a desire to return to a world that never really existed. Is it possible to feel nostalgia for the future?« (Übers. T.D.), Henry Jenkins: The Tomorrow That Never Was.

2004. www.technologyreview.com/news/403129/the-tomorrow-that-never-was/.

7   Siehe Edwin Heathcote: Sci-Fi Modernism and Space Age Retro. In: Architectural Design 70. 2000:2, 2000, S. 76–83; Bob Fear: Therapeutic Visions. In: Architectural Design, 70. 2000:1, 2000, S. 86–95.

8   »What the space age and science fiction has left us is an image, and it is that image, a fantasy of the future rather than the reality of the year 2000, that is propelling design forward. Simultaneously cutting-edge and Kitsch, sci-fi architecture is a curious blend of nostalgia, disappointment and optimism that architecture can still present a vision of the future which can entertain, delight and stir up fund memories of what the world could have been like«. (Übers. T.D.), Heathcote 2000, a.a.O., S. 83.

9   »[T]he space-age fantasies that pervaded architects' childhoods are returning to haunt our modern cities«, (Übers. T.D.), ebenda, S. 77.

10 »If restorative nostalgia ends up reconstructing emblems and rituals of home and homeland in an attempt to conquer and spatialize time, reflective nostalgia cherishes shattered fragments of memory and temporalizes space«. (Übers. T.D.), Svetlana Boym: The Future of Nostalgia. New York 2001, S. 49.

11 »[...] object of communicative intercourse«, (Übers. T.D.), Umberto Eco: Function and Sign. The Semiotic of Architecture. In: Neil Leach (Hg.): Rethinking Architecture. A Reader in Cultural Theory. Padstow 2006, S. 183.

12 Vgl. Paul Virilio: Bunkerarchäologie. Wien 2011, S. 18, 22, 26.

13 Vgl. ebenda, S. 23.

14 Vgl. Reyner Banham: The New Brutalism. In: OCTOBER 136, 2011, S. 21.

15 Vgl. Michael J. Lewis: The »New« New Brutalism. In: The New Criterion, Dezember 2014, S. 19f.

16 »In the last resort what characterizes the New Brutalism in architecture as in painting is precisely its brutality, its je-m'en-foutisme, its bloody-mindedness«. (Überst. T.D.), Banham 2011, a.a.O., S. 23.

17 Vgl. ebenda, S. 25.

18 Vgl. Fortin 2011, a.a.O., S. 128.

19 Vgl. Lewis 2015, a.a.O., S. 21.

20 Vgl. Fortin 2011, a.a.O., S. 126.

21 Siehe Cuauhtémoc Medina: La Lección Arquitectónica de Arnold Schwarzenegger. The Architectural Lesson of Arnold Schwarzenegger. In: Zoya Kocur (Hg.): Global Visual Cultures. Southern Gate 2011, S. 87–101.

22 José Vasconcelos: Die kosmische Rasse [1925]. Zitiert in: Stefan Rinke / Georg Fischer / Frederik Schulze (Hg.): Geschichte Lateinamerikas vom 19. bis zum 21. Jahrhundert. Quellenband. Stuttgart 2009, S. 167.

23 Virilio 2011, a.a.O., S. 21.

24 Vgl. Fortin 2011, a.a.O., S. 126.

25 Die Brutalismus-Kulissen beider Science-Fiction-Filme können darüber hinaus auch mit Michel Foucaults Krisen- und Abweichungsheterotopien kategorisert werden. Vgl. Michel Foucault: Von anderen Räumen (1967). In: Jörg Dünne / Stephan Günzel (Hg.): Raumtheorie, Grundlagentexte aus Philosophie und Kulturwissenschaften. Frankfurt a.M. 2006, S. 317–329.

26 Das Design der futuristischen Metropolen in der Neuverfilmung von TOTAL RECALL (2012; R: Len Wiseman) rekurriert ebenfalls auf die Architektur der 1960er Jahre. Das in CGI entstandene urbane Gefüge aus suprematistischen Megastrukturen ist in kuboiden Clustern organisiert und scheint schwerelos über ältere Stadtteile auszukragen. London wurde mit ikonischen, neoklassizistischen Fassaden texturiert, während die Gestaltung der australischen Kolonie dem *iconic code* südamerikanischer Favelas sowie der ehemaligen Kowloon Walled City folgt. Beide Städte sind in ihrer geometrischen Ausgestaltung jedoch eindeutig von Moshe Safdies 1967 in Montréal erbauter Megastruktur *Habitat 67*, mit all ihren voxelartigen Würfeln, inspiriert.

27 Vgl. Virilio 2011, a.a.O., S. 28.

28 Vgl. Marc Bonner: Architektur ferner Welten. Santiago Calatravas skulpturales Architekturverständnis und die Bildhaftigkeit seiner Bauwerke in Wechselwirkung zu Werbung, Film, Musik, Computerspiel und Mode. Berlin 2014.

29 Vgl. ebenda, S. 253–272.

30 Vgl. ebenda.

31 TRANSFORMERS: DARK SIDE OF THE MOON: Timecode 00:29:46.

32 Vgl. Manfred Schwarz: Wir nehmen den Zug, Scotty! In: Süddeutsche Zeitung, 18.11.2009, S. 12.

33 »Only Calatrava has the sensibility and scale we wanted for our film. [...] The location added a great deal of scope and production value to the movie«. (Übers.

T.D.), Oliver Zeller: Imagining Utopia. In: MARK, Another Architecture 56, 2015, S. 164.

34 »[A]t their worst, as in Valencia, they topple over the edge of kitsch to create a world that seems remarkably like the set for a Fifties science fiction film, prefabricated Gaudi [sic], extruded from a toothpaste tube by the yard«. (Übers. T.D.), Deyan Sudjic: An Olympic Who Could Run and Run. In: Observer, 29.2.2004. www.guardian.co.uk/sport/2004/feb/29/olympicgames.features.

35 Zentrale Bauwerke sind unter anderem das *John Hancock Center* und der *Sears Tower* in Chicago, das *China World Trade Center* in Beijing, der *Burj Khalifa* in Dubai sowie das *One World Trade Center* in New York.

36 Die Cylonen praktizieren einen der christlichen Religion ähnlichen, monotheistischen Glauben. Dies konterkariert ihr Wissen um ihre Entstehung aus Menschenhand und bringt sie den Zuschauer*innen näher. Der daraus erwachsenden Empathie für die Cylonen steht der polytheistische Götterkult der zwölf fiktiven, menschlichen Kolonien gegenüber, der an die griechische Mythologie erinnert und in der physischen Realität befremdlich wirkt. Wird also das »Andere« der artifiziellen Cylonen durch eine sehr vertraute Religion ausbalanciert, ist das »Andere« der diegetischen Menschen in deren Glauben zu finden.

37 Im Gegensatz zum *Resurrection Ship* ist das Vorbild der gebauten Wirklichkeit in zwei Gebetsräume für Katholiken und Juden im Untergeschoss aufgeteilt, während der protestantische Gottesdienst im Hauptraum abgehalten wird.

38 Vgl. Mallet-Stevens 2004, a.a.O.

39 Siehe W.J.T. Mitchell: Der Mehrwert von Bildern. In: Stefan Andriopoulos / Gabriele Schabacher / Eckhard Schumacher (Hg.): Die Adresse des Mediums, Köln 2001, S. 158–184.

Survival of Spaceship Earth

Die Imagination vom Ende nicht-menschlicher Natur

Von Matthias Grotkopp

Es gehört zur Folklore der Theorie und Geschichte des Science-Fiction-Genres in Film und Literatur, dass man sich mit dem Vorwurf auseinandersetzt, Science-Fiction habe doch letzten Endes wenig mit einer ernsthaften Idee von *Science*, von (Natur-)Wissenschaft im engeren Sinne, zu tun. Unter den unzähligen Positionen, die diesen Verdacht äußern, gehört wahrscheinlich Susan Sontags *The Imagination of Disaster* zu den prominentesten: »In Science-fiction-Filmen geht es nicht um Naturwissenschaft. Es geht in ihnen um die Katastrophe und damit um eines der ältesten Themen der Kunst.«[1]

Es geht mir an dieser Stelle allerdings weder darum, diese Diagnose zu bestätigen, noch habe ich vor, sie zu widerlegen.[2] Ich bringe diesen etwas abgegriffenen Topos ins Spiel, um am Ende meiner Ausführungen zu zeigen, inwiefern die Wissenschaft auf einem ganz anderen Weg in das Genre Einzug halten konnte als dem der dargestellten Akteure und Prozesse. Der oft vorgeschlagene Kompromiss in dieser Angelegenheit lautet, dass Science-Fiction vielleicht nicht von den Prinzipien, Tätigkeiten und Gegenständen (natur-)wissenschaftlicher Praxis handele, dass jedoch das Genre geprägt sei vom Verhältnis – und ich würde hinzufügen: dem affektiven Verhältnis – zwischen dem Bekannten und dem Unbekannten. Wenn es in Science-Fiction nicht um *Science* geht, dann geht es um das, worum es auch in der *Science* geht, nämlich um die Grenzen menschlichen Wissens: Da sind auf der einen Seite das Staunen und die Angst vor dem Unbekannten, glückselige Momente kindlicher Neugier und Entdeckerfreude. Auf der anderen Seite ist da die melancholische Einsicht, dass jede Überschreitung beziehungsweise Neuziehung der Grenzen unseres Wissens – so sehr sie auch Erlösung, Glück oder nacktes Überleben für Individuum und Spezies verspricht – schließlich entweder ins Alltägliche und Banale übergeht oder (selbst-)zerstörerisch wirksam wird.

Die entscheidenden Veränderungen in der Geschichte des Genres – und hier möchte ich mich auf die späten 1960er und frühen 1970er Jahre konzentrieren – betreffen daher Verschiebungen innerhalb dessen, was mit den *Grenzen zwischen dem Bekannten und dem Unbekannten* jeweils gemeint ist. In eben jenem Zeitraum wurde die Frage nach der Leistungsgrenze menschlichen Wissens und menschlicher Technologie als solcher zunehmend verdrängt, und es gerieten die Belastungsgrenzen der Natur in den Vordergrund: Wie viel von unserem Wissen und den daraus hervorgehenden Technologien kann die Natur ertragen? Planet Erde und seine Ressourcen sind nicht unbegrenzt. Wir können die Welt nicht länger als »für uns erschaffen und bereitet« wahrnehmen. Dass wir nun wissen, dass es Grenzen gibt, heißt allerdings nicht, dass wir wissen, wo sie liegen. Dies wäre der Moment für die sokratische Einsicht, dass wir um unser Nicht-Wissen wissen. Es entpuppt sich aber leider in der Praxis als das Gegenteil: Wir wissen nicht, was wir wissen. Wir haben dieses Wissen um die Grenzen der Natur nicht begriffen, nicht realisiert – weder technisch, politisch und sozial noch in unserem Denken und in unserer Vorstellung.

Wenn die Aufgabe daher heißt, dass »wir uns die faktisch existierenden Grenzen der menschlichen Wesen neu vergegenwärtigen«[3], und wenn Vergegenwärtigen bedeutet, diese Grenzen in gewisser Weise zu überschreiten, dann kommt es darauf an, dass die Überschreitung nur im Vorstellungsvermögen stattfindet, bevor es sich in den irreversiblen Prozessen der technisierten Welt ereignet.

Im Folgenden möchte ich zeigen, wie sich Science-Fiction nun des dringenden Bedürfnisses annimmt, die Grenzen zu erkennen, das heißt in unserer Imagination zu überschreiten. Es geht um die Ursprungskonstellationen einer neuen »*imagination of disaster*«, die um 1970 einsetzte. Dazu möchte ich drei Filme zueinander in Beziehung setzen: SILENT RUNNING (Lautlos im Weltraum; 1972; R: Douglas Trumbull), ein Film über ein Naturschutzgebiet im Weltall, für dessen Erhalt der Protagonist (Bruce Dern) bereit ist, zu töten und sich schließlich sogar selbst zu opfern; SOYLENT GREEN (Jahr 2022 ... die überleben wollen; 1973; R: Richard Fleischer), in dem Charlton Heston im übervölkerten New York einen Mord aufklären will und dabei aufdeckt, dass das titelgebende Nahrungsmittel mangels natürlichen Alternativen aus Menschenfleisch besteht; sowie SURVIVAL OF SPACESHIP EARTH (1972; R: Dirk Summers), eine Auftragsarbeit für die erste UN-Konferenz über die Umwelt des Menschen in Stockholm 1972.

Der Letztgenannte ist ein durchaus kurioses Gebilde aus didaktischem Gebrauchs- und agitatorischem Propagandafilm. Es wirkten als Talking Heads verschiedene Wissenschaftler und politische Gesandte mit, wobei das stärkste Gewicht dabei die Ökonomin Barbara Ward – auf deren Büchern *Spaceship Earth* von 1966 und *Only one Earth* (mit René Dubos) von 1972 der Film lose basiert – und die Anthropologin Margaret Mead erhalten. Ungeachtet der darin enthaltenden fragwürdigen Geschlechterzuschreibungen[4] scheint diese weibliche Präsenz der Schlüssel zu der spezifischen Idee von Politik, Umwelt und Technologie zu sein, die diesen Film prägt und die sich als eine Politik der Fürsorge, des *Caring*, beschreiben ließe.

Der Film trägt die Metapher vom Raumschiff Erde nicht nur im Titel, er bringt sie in seiner Anfangssequenz als Idee selbst hervor: Bilder einer startenden Rakete und die Rede von der Eroberung des Weltraums gehen in Bilder der Erde als »still our home« über. Diese Metapher, die von Buckminster Fuller[5] populär gemacht wurde –

auch wenn die Idee selbst deutlich älter ist –, geriet neben dem neueren Begriff des Anthropozäns[6] zu den am meist zitierten Versuchen, die Überschreitung der Grenzen der Natur imaginär und konzeptuell zu vollziehen.[7] Sie steht für einen (weiteren) tiefen Einschnitt im (westlichen) Denken über Natur, Mensch und Geschichte: In der Bibel war die Sintflut eine Sache zwischen Gott und den sündigen Menschen, das Erdbeben von Lissabon 1755 unterbrach diese Verbindung und ersetzte sie durch die sinn- und geschichtsfreie Naturkatastrophe. Heute jedoch ist klar, dass gewisse Naturereignisse wie Wirbelstürme, Dürren und Überschwemmungen als historisch, das heißt zumindest partiell als von Menschen gemacht zu betrachten sind.

So leben wir seit Beginn der Industrialisierung auf einem hybriden Planeten.[8] Der Natur wurden immer mehr menschengemachte Dinge hinzugefügt, sodass man schließlich eine »Inkongruenz von Sein und Natur«[9] entdeckte. Die Erde ist keine bloße Naturgröße mehr, sondern sie ist ein Konstrukt, das heißt genauer ein Fahrzeug, das heißt noch genauer ein Raumschiff: ohne Notausgang[10] und ohne Werkstattservice oder Ersatzteillager.

Wie gestalten sich nun die Versuche, die Grenzen dieses Raumschiffs Erde zu vergegenwärtigen und damit etwas evident zu machen, was sich jeder unmittelbaren alltäglichen Erfahrung entzieht?

Wucherungen des Menschlichen

Was Filme wie SURVIVAL OF SPACESHIP EARTH und SOYLENT GREEN zunächst vor allem gemeinsam haben, ist eine grundsätzliche Mehrdeutigkeit dessen, was denn das eigentliche Problem sei, mit dem sie die Menschheit konfrontiert sehen. Besonders offensichtlich wird dies an der Split-Screen-Montagesequenz zu Beginn von SOYLENT GREEN – der Diashow zum Untergang der Zivilisation: Eine jazzige, erst gemütlich schwingende und schließlich rhythmisch vorwärtsstrebende Musik begleitet Archivfotografien, die zunächst

SOYLENT GREEN (1973): Die Diashow zum Untergang der Zivilisation

gleitend, dann in zunehmend zackigem Wechsel den Übergang in die industrialisierte und automobilisierte Gegenwart illustrieren. Sehr bald jedoch werden Bild und Ton asynchron, die Musik abwechselnd ent- und beschleunigt und der Wechsel der Bilder sprunghafter, unübersichtlicher, während die dargebotenen Ansichten gleichzeitig hässlicher und schmutziger werden. Der Rhythmus des modernen, urbanen Lebens kommt aus dem Tritt, stolpert auf eine Katastrophe zu, die irgendwo im Off wartet. Und dann trudeln Ton und Bild in sepiagetöntem Schmutz und Smog aus.

Was aber genau der Grund dafür ist, dass der geschichtlich-technologische Fortschritt aus dem Takt gerät, bleibt dabei zunächst unklar. Denn es gibt nicht die eine Ursache. Was wir sehen, ist vielmehr die Akkumulation, man möchte beinahe sagen, die Inventur all jener verschiedenen Proteste, Anliegen und Besorgnisse, die sich ab den 1950er und 60er Jahren unter dem Sammelbegriff »Umweltschutz« subsumierten: Schlechte Stadtentwicklungen; die Verschmutzung von

Land, Wasser und Luft; saurer Regen; der Missbrauch von Pestiziden und Herbiziden; aussterbende Spezies; Abholzung der Wälder; Ölkatastrophen; Dürren und Fluten; die nuklearen Risiken. Der größte gemeinsame Nenner dieser Themengebiete ist aber die Überbevölkerung. Der malthusische Schreckgedanke, dass die Grenzen der Natur erreicht würden, indem die Zahl der Menschen eine bestimmte Grenze überschreitet.[11] In der Summe ergibt sich die Angst vor einer Verdrängung, einer Auslöschung der nicht-menschlichen Natur durch zu viel menschliche Natur und Technologie. Aber diese Angst ist nur der Ausgangspunkt des Films, sein Telos ist die Erkenntnis, dass mit dem Ende des Planeten Erde als Lebensspender auch das Ende einer Menschlichkeit des Menschen erreicht wird.

Nicht nur verselbstständigte und abstrahierende Technologien oder außerirdische *Bodysnatcher* sind Agenten einer Dehumanisierung. Wenn Menschen der natürlichen Umgebung beraubt werden, stellt sich der gleiche Effekt ein. Dies ist die genealogische Verbindung innerhalb der Genrepoetik der Science-Fiction zwischen Szenarien der Entlarvung technologischen Fortschritts, dem klassischen Invasions-Paradigma[12] und den ökologischen Dystopien: Ohne *die* Natur wären wir der *menschlichen* Natur ausgeliefert. Und zwar gnadenlos ausgeliefert bis zum letzten Tabu, dem organisierten Kannibalismus.[13] Nicht nur in SOYLENT GREEN, auch in LOGAN'S RUN (Flucht ins 23. Jahrhundert; 1976; R: Michael Anderson) sowie aktuelleren Büchern und Filmen wie THE ROAD (2009; R: John Hillcoat), nach dem Roman von Cormac McCarthy (2006), oder HELL (2011; R: Tim Fehlbaum) ist dies eine zentrale Pointe.

Das Thema des Kannibalismus ist aber dem affektiven Repertoire der Science-Fiction nicht bloß hinzugefügt, sondern geht aus der Struktur der Frage nach dem Wissen und nach den Grenzen unmittelbar hervor. Es handelt sich um die Erfahrung der Grenzüberschreitung im Modus des Ekels, das heißt des moralischen Ekels.

Die gesamte visuelle Konstruktion von SOYLENT GREEN dreht sich um Bilder urbanen Lebens als eines einzigen Schwitzens und Verfaulens.

SOYLENT GREEN: Ein stets schweißverklebter Protagonist

Menschen werden wortwörtlich wie Abfall behandelt: Die Polizei nimmt sich eines Menschenauflaufs an, indem die Massen einfach mit Müllautos aufgeschaufelt und abtransportiert werden. Insgesamt ist der synästhetische Gesamteindruck des Films wie das Gefühl von Sand auf einer schweißverklebten Haut. Die Überbevölkerung wird dargestellt als ein Amorph-Werden.

Interessant an dieser Stelle ist nun, dass diese Form des viszeralen Ekels unmittelbar mit der Erfahrung der Neugier und des Wunderns zusammenhängt, die für Science-Fiction so zentral sind. Denn nach der phänomenologischen Beschreibung Aurel Kolnais ist der Ekel eben eine Mischung aus Abstoßung und einladender Aufforderung: Der Ekel haftet sich an seinen Gegenstand und impliziert sogar eine ambivalente Lust sowie eine somatische Form des Wissens.[14]

Aber auf welches Wissen verweist der Ekel? Er deutet auf ein störendes Zuviel an organischer Materie, auf eine exzessive Nähe zwischen biologischen Körpern, die uns zu vereinnahmen drohen.

Und genau diese »übermäßige oder am falschen Orte entfaltete Vitalität«[15] ist ein Zug, mit dem sich der physiologische Ekel auf die Dimension des Moralischen überträgt. Ein anderer ist das Vergehen des Vitalen an den Tatsachen und Werten menschlicher Gemeinschaft: Denn was die offenen oder verschleierten Formen des Kannibalismus und ihre teils hoch elaborierten technischen und symbolischen Infrastrukturen in SOYLENT GREEN und LOGAN'S RUN auszeichnet, ist ja weniger eine Überschreitung moralischer Grenzen als vielmehr eine ekelerregende Gleichgültigkeit[16] gegenüber Richtig und Falsch, eine ekelerregende Entwertung der Werte im Namen eines bloßen biologischen Fortbestands.

Im Gegensatz zu Filmen über nukleare Zerstörung und auch zu aktuelleren Filmen über Klimakatastrophen stellt SOYLENT GREEN also nicht im Modus der Angst die Frage des Aussterbens, sondern er formuliert im Modus des Ekels die Frage nach der Lebensqualität und nach politischer und ökonomischer Gerechtigkeit. Und genau hierin zeigt sich seine historische Verortung beziehungsweise die erstaunliche Ähnlichkeit zu der Art und Weise, in der auch SURVIVAL OF SPACESHIP EARTH unter den Bedingungen eines ganz anderen Formats audiovisueller Bilder sein Publikum adressiert.

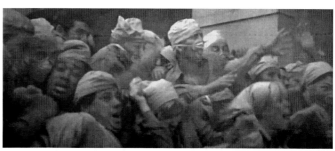

SOYLENT GREEN: Zu viel organische Materie

SURVIVAL OF SPACESHIP EARTH (1972): Ekel, Schmutz und Überbevölkerung

Immer wieder verknüpfen in Letzterem Montagesequenzen die einzelnen Interview-Passagen, die in ihrem Gegenstandsbereich dem Beginn

von SOYLENT GREEN extrem ähnlich sind: verschmutzte und feindselige Städte, Müllhalden, Waldzerstörung, verunreinigte Gewässer, Smog, verwesende Tierleichen. Ebenso vergleichbar ist der Verzicht auf eine schlussfolgernde Verkettung von Ursachen und Wirkungen. Stattdessen präsentiert SURVIVAL OF SPACESHIP EARTH eine Serie von Schocks, die jeweils im Anschluss von den Talking Heads eingedämmt und zu bewältigen gemacht werden. Auch hier wird der Zusammenhang zwischen den einzelnen Phänomenen durch die Vorstellung hergestellt, dass zu viele Menschen den Planeten bevölkern.

Und der Film fasst dies in verstörender Direktheit: Ein schneller Wechsel aus Bildern einer in die Kamera schießenden Pistole und eines blutigen, frischgeborenen Säuglings schließt eine Montage aus schreienden Babys und aus von Fliegen übersäten Kindern in elenden Umgebungen ab. Es werden zu viele Kinder geboren.

Von dieser verstörenden Art zu kommunizieren abgesehen, haben SURVIVAL OF SPACESHIP EARTH und SOYLENT GREEN gemeinsam, dass sie die Bedrohung durch das unkontrollierte Wachstum menschlicher Biomasse über die Hintergrundmetapher der Erde als einen zu pflegenden Haushalt behandeln, der von der menschlichen Unordentlichkeit gefährdet wird. Eine oft beschriebene Szene in SOYLENT GREEN zeigt Charlton Heston als Detektiv in totaler Verzauberung angesichts des fließenden Wassers in einem vor Sauberkeit funkelnden Badezimmer.[17] Ein großer Teil dieses Verfremdungseffekts, der sich durch die Erregung der Figur und durch die ausgedehnte Zeitlichkeit der Szene angesichts der für uns alltäglichsten Dinglichkeit eines westlichen Mittelklassehaushalts einstellt, zielt auf den Kontrast zwischen diesen Bildern sauberer Normalität und der Metapher vom Planeten als schmutzigem Heim.

Gleiches gilt auch für die Bilder unberührter Natur, die der Mentorenfigur des Detektivs (Edward G. Robinson) vorgeführt werden, als jener sich selbst der industrialisierten Sterbehilfe ausliefert: Ihre utopische Anziehungskraft erhalten diese Bilder nicht nur aufgrund der spektakulären

Farben und Formen im Gegensatz zur monotonen und ockerfarben-monochromen Außenwelt des Films, sondern vor allem durch die unwirkliche Sauberkeit im Kontrast zu der schmutzigen Stadt und ihrer verschwitzten und verklebten Bevölkerung.

Die Frage nach der Wahrheit und Gerechtigkeit – SOYLENT GREEN ist schließlich auch ein Kriminalfilm und SURVIVAL OF SPACESHIP EARTH ein Instrument politischer Entscheidungsfindung – wird also über eine ethische Unterscheidung zwischen Reinheit und Unreinheit behandelt. Es geht nicht um Angst und Zerstörung, sondern um das Unangenehme und Störende sowie um ein Gewahr-Werden, das den globalen, das alltägliche Bewusstsein übersteigenden Problembereich auf kognitiv greifbare Weise formuliert: Wie halte ich meinen Planeten sauber?

SOYLENT GREEN: Unwirkliche, alltägliche Sauberkeit

Was bedeutet es aber, das Raumschiff Erde wie einen Haushalt zu behandeln? Es bedeutet, den Planeten als ein Interieur zu betrachten. In SOYLENT GREEN ist jedes Außen immer auch ein Innen, wir sehen nie auch nur für einen Moment den Himmel.

Natur als Interieur

Diese Verwandlung des scheinbar unbegrenzten Außen der Natur in ein endliches Innen ist auch die Pointe der Eingangs- und Titelsequenz in SILENT RUNNING: Eine arkadische Landschaft – aufgelöst in Nah- und Detailaufnahmen von Flora und Fauna in weichgezeichneten, sanft gleitenden Fahrten: Tautropfen auf Blütenblättern, ein Hirte beim Bade – verwandelt sich mit einem langsamen Zoom hinaus in ein Gewächshaus, indem die Wabenstruktur einer Kuppel im Hintergrund offenbart wird, von der wir schließlich erfahren, dass es sich um ein durchs All gleitendes Raumschiff handelt. Was sich aber diegetisch als ein Raumschiff benennen lässt, ist nicht weniger als eine Bildform, um die Erde selber als einen eingekapselten Raum in der schwarzen Unendlichkeit und Einsamkeit des Weltalls verstehbar zu machen.

Dieses Innen hat, so groß es auch auf den ersten Blick scheinen mag, ein ausgeprägtes Gedächtnis und gibt auf jede Handlung und auf jedes Ereignis eine Rückkopplung. In diesen Rückkopplungsschleifen vermengen sich dann zunehmend natürliche – physikalische, chemische, biologische – Prozesse und menschliche Tätigkeiten sowie technische Artefakte. Der Schlusspunkt ist die Freisetzung der Gewächshauskuppel mit ihren Pflanzen und Tieren in die leere Weite des Alls – ohne den Menschen, aber mit einer menschengemachten Vorrichtung, einem Roboter, als Bewahrer. So stellt der Film ein Bild von der Hybridisierung des Planeten Erde her, ein Bild der Kreuzung von Biosphäre und Technologie, dem ein extrem ambivalentes Verhältnis zur Techno-

SILENT RUNNING (1972): Arkadien als Interieur

logie zugrunde liegt, das der Öko-Rhetorik und der ökologischen Science-Fiction generell zu eigen sein scheint:

Einerseits – und das trifft auch auf die Rhetorik in SURVIVAL OF SPACESHIP EARTH zu – setzen viele Positionen zum Umweltschutz sehr viel Vertrauen in die Unterscheidung von schmutziger und sauberer Technologie. Als Freeman Lowell (Bruce Dern), der arkadische Hirte, künstlichen Ersatz für das Sonnenlicht installiert und dem Roboter beibringt, die Logik natürlicher Kreislaufsysteme zu simulieren, generiert dies eine Vorstellung davon, was es heißt, eine hybride, post-natürliche Erde durch das Weltall zu navigieren: nämlich eine Idee von Technologie zu verfolgen, die »natürliche Produktionsprinzipien auf artifizieller Ebene«[18] fortführt. Damit wäre die Menschheit übrigens, Ironie der Geschichte, beim Technikbegriff des Aristoteles wieder angekommen, wonach man sich jedes »künstliche Gebilde als Naturprodukt *vorstellen*«[19] muss – nur dass dies jetzt auf Gegenseitigkeit beruht.

Andererseits steht jedes technologische Artefakt und somit die Präsenz des Menschen selbst immer unter dem Verdacht des Parasitären. Die technologische Simulation oder Substitution der Natur – man denke an Filme wie LOGAN'S RUN und THE ISLAND (Die Insel; 2005; R: Michael Bay) – erscheint dabei stets als äquivalent zu einer Dehumanisierung menschlicher Körper und Sozialität. Wenn der Mensch beginnt, sich und seine Technologien als Eingriff in die Natur zu denken, dann steht er vor der Forderung, sich entweder

selbst zu beseitigen (Krankheit und Arzt in Personalunion) oder in einen unschuldigen Zustand zurückzukehren.

Hieraus speist sich der nostalgische Wunsch nach einer Wiederherstellung eines authentischen Verhältnisses von Mensch und Natur – auch das asketische Gewand Bruce Derns als Eremit erinnert daran –, während man gleichzeitig gerade auf die Technologie als Lösung aller Probleme hofft.

Spätestens an diesem Punkt gilt es allerdings zu fragen, von welcher Natur hier die Rede ist. Und ein flüchtiger Blick auf die Landschaften, Pflanzen und Tiere, die sowohl SILENT RUNNING als auch SOYLENT GREEN und SURVIVAL OF SPACESHIP EARTH als »die Natur« zeigen, macht deutlich, dass es nicht um den Regenwald, die Polarkappen oder die Desertifizierung der afrikanischen Steppe geht, sondern um die ganz spezifische Natur gemäßigter Breiten der westlichen Hemisphäre. Dass damit nicht die sogenannten *Tipping Points* der Destabilisierung des Planeten, sondern gerade die am wenigsten volatilen Subsysteme als die bedrohte oder verlorene Normalnatur präsentiert werden, hat aus heutiger Sicht natürlich eine gewisse Ironie, ist aber vor allen Dingen eine Frage der Politik und der Geopolitik.

Aus der Logik der dystopischen Warnung heraus betrachtet, ist diese begrenzte Vorstellung von der Natur allerdings gar nicht mehr so lächerlich. Gilt es doch die Katastrophen der Zukunft als Potenzialitäten in unserer westlich-hegemonialen Normalität zu verankern. Die Gefahr muss als etwas gezeigt werden, das in der uns bekannten Gegenwart als Unerkanntes präsent ist.

In SILENT RUNNING gibt es zu Beginn mehrere solcher »Naturzeugträger«, die alle nach US-amerikanischen Nationalparks wie dem *Sequoia National Park* und der *Mojave National Reserve* benannt sind. Das Raumschiff, auf dem der Film spielt, schließlich heißt allerdings *Valley Forge* und verweist somit nicht auf ein Naturschutzgebiet, sondern auf einen historischen Marker des amerikanischen Unabhängigkeitskrieges – auf das Winterlager der Truppen des Generals George Washington 1777/78: Das Schicksal der Natur ist eine historische Frage.

Wie kommt die Science in die Fiction? Durch die Politik!

Die Geschichte der dystopischen Science-Fiction ist auch eine Geschichte der katastrophalen Potenzialitäten ihrer jeweiligen Gegenwarten. Einerseits handelt es sich zwar auf den ersten Blick um verschiedene Erscheinungsformen eines einzigen historischen Traumas, in dem sich die Gewissheit der Sterblichkeit des Einzelnen mit der Möglichkeit der Auslöschung der Menschheit verbindet.[20] Andererseits beinhalten diese verschiedenen Erscheinungsformen zugleich extrem unterschiedliche Verhältnisse von Raum, Zeit und menschlichem Handeln, extrem unterschiedliche Beziehungen zu Wissenschaft und Technologie!

So unschön die Aussicht auch ist, als Szenario ist die nukleare Zerstörung nicht sehr komplex: Rote Knöpfe werden gedrückt, Bomben gehen hoch, alle sterben in den Explosionen oder im darauf folgenden nuklearen Winter. Die Gegenmaßnahme ist daher denkbar einfach: Man drücke keine roten Knöpfe. Wenn doch, suche man schnellstmöglich den nächsten Atomschutzbunker auf.

Anders sieht es im Falle ökologischer Katastrophen aus, vom schleichenden Ende nicht-menschlicher Natur durch zu viel menschliche Natur und zu viel menschengemachte Technologien, Abfälle und Nebenprodukte bis hin zum Klimawandel. Denn in diesen Fällen handelt es sich nicht mehr um Katastrophen im eigentlichen Sinne, das heißt ereignishafte Momente, nach denen nichts mehr so ist wie vorher[21], denn es handelt sich um ganz andere zeitliche Aggregatszustände, um zum Zustand verlangsamte Prozesse, die sich der alltäglichen Wahrnehmung und den Dimensionen menschlicher Handlungsräume entziehen.[22] Es gibt in dieser Form der Katastrophe ohne Ereignis nicht den Punkt der Zerstörung, sondern eine diffuse, schleichende Erosion der Stabilität komplexer Systeme, die auf notwendigerweise tragische, das heißt unversöhnliche Entscheidungen hinausläuft: Welches Leben ist lebenswert? Welche Maßnahmen sind akzeptabel, um das menschliche und das nicht-menschliche Leben – im schlimmsten Falle: das menschliche *oder* das nicht-menschliche Leben – aufrechtzuerhalten?

Die Frage nach diesen Entscheidungen und Maßnahmen ist nun schließlich nicht allein eine wissenschaftlich-technologische, sondern eine politische. Und damit kehren wir nun endlich zum Ausgangspunkt meines Beitrags zurück: Science-Fiction handelt nicht von *Science*? Doch, das tut sie – nur in einem ganz spezifischen Sinne. Während die Sphäre des Politischen mit dem Beginn des 18. Jahrhunderts allmählich durch die Bereiche des Sozialen und Ökonomischen erobert wurde[23], so wird die politische Historie der zweiten Hälfte des 20. Jahrhunderts nicht zu schreiben sein, ohne Folgendes zu bemerken: Mit den Umweltbewegungen – und dies meint gar nicht unbedingt in erster Linie die Gründung von Grünen Parteien – begegnet uns zum ersten Mal eine Form politischer Bewegungen, die ihre Wurzeln im Bereich der Naturwissenschaften hat.[24]

Man kann diese Verschiebung in ihrer potenziellen Auswirkung auf historische Prozesse politischen Handelns – die heute noch keineswegs voll realisiert ist – gar nicht wichtig genug schätzen. Und es ist genau im Sinne dieser Verschiebungen innerhalb der Sphäre des Politischen, dass die im Naturwissenschaftlichen gegründeten Sorgen und Ängste ihren Platz im Science-Fiction-Genre behaupten. Wie sehr dabei die Metaphern und

INTERSTELLAR (2014): Das Raumschiff Erde als Interieur und verschmutzter Haushalt

ne Galaxien als vielmehr davon, eine Botschaft aus der Zukunft zu senden, zu empfangen und zu entschlüsseln. Genau als eine solche Fiktion zirkulärer Zeit[25] formuliert Al Gore in AN INCONVENIENT TRUTH sein mahnendes Schlusswort an die Zuschauer:

»Künftige Generationen haben durchaus Grund sich die Frage zu stellen: ›Was haben sich unsere Eltern gedacht? Warum sind sie nicht aufgewacht, als sie die Möglichkeit dazu hatten?‹ Es ist wichtig, dass sie uns diese Frage jetzt stellen.«

Die historische, kulturelle und politische Bedeutung der diversen audiovisuellen Metaphern, Tropen und Figuren von Natur, Umwelt und Erde, von Mensch und Technologie sowie der Adressierung von Ängsten und moralischem Ekel liegt darin, eine solche Ungleichgültigkeit gegenüber der Zukunft und der Natur hervorzubringen. Auch wenn es noch keine etablierten Register für das Anthropozän als eine neue Form der Geschichte gibt, in der sich Biologie, Physik und Chemie mit Technologie, Wissen und nicht zuletzt Kapital[26] verweben, so steht doch zweifelsohne fest, dass dies nicht ohne jene moralischen Rigorismen und imaginären Folien vonstatten gehen wird, wie sie unter anderem von den Science-Fiction-Filmen, um die es hier ging, als Denk- und Wahrnehmungsfigurationen hergestellt wurden: Haltet den Planeten sauber!

Bildstrukturen fortwirken, die sich in dem ausgebildet haben, was ich hier als Ursprungskonstellation der »*imagination of ecological disaster*« versucht habe zu skizzieren, lässt sich etwa an INTERSTELLAR (2014; R: Christopher Nolan) nachverfolgen. Der Film baut zwar auf einer durchaus älteren Vorstellung vom Raumschiff als Arche Noah auf, wie sie zum Beispiel in WHEN WORLDS COLLIDE (Der jüngste Tag; 1951; R: Rudolph Maté) vorkommt, aber er verknüpft sie mit der Metapher des Raumschiffs Erde und einem Bild für die Natur als endliches Interieur ebenso wie mit dem Bild der Erde als eines dreckigen, verschwitzten und sandverklebten Haushalts.

Er fügt aber eine Wendung hinzu, die sich nicht ohne eine raumzeitliche Standardfiguration der neueren Filme zum Klimawandel wie etwa AN INCONVENIENT TRUTH (Eine unbequeme Wahrheit; 2006; R: Davis R. Guggenheim) oder THE AGE OF STUPID (2009, R: Franny Armstrong) begreifen lässt. Denn INTERSTELLAR handelt letzten Endes weniger von der Raumfahrt und der Reise in fer-

Anmerkungen

1 Susan Sontag: Die Katastrophenphantasie. In: S.S.: Kunst und Antikunst. 24 literarische Analysen. München, Wien 2003, S. 283.

2 Sontags Aussage sollte man auch eher auf ihren konkreten Gegenstand – den Science-Fiction-Film der 1950er und frühen 1960er Jahre – bezogen und weniger

als eine Verallgemeinerung verstehen. Siehe zu dieser Frage als Unterscheidung zwischen Science-Fiction und Horror Vivian Sobchack: The Limits of Infinity. The American Science Fiction Film 1950–75. Cranbury, NJ, London 1980, S. 11–63. Siehe als aktuelle und sehr rigorose Position hierzu Quentin Meillassoux: Science Fiction and Extro-Science Fiction. Minneapolis, MN, 2015.

3   Hannah Arendt: Der archimedische Punkt. In: H.A.: In der Gegenwart. Übungen zum politischen Denken II [1969]. München 2000, S. 401.

4   Diese Zuschreibung wird noch dadurch übertroffen, dass in der VHS-Ausgabe des Films (Kit Parker Video: Monterey 1992), die anlässlich der Nachfolgekonferenz in Rio de Janeiro erschien, ein Vorwort eingefügt wurde, in dem wir von Rue McClanahan, einem der Golden Girls, aus der Kulisse einer Küche heraus adressiert werden.

5   Buckminster Fuller: Operating Manual for Spaceship Earth. Carbondale, Edwardsville 1969.

6   Vgl. Paul J. Crutzen / Eugene F. Stoermer: The »Anthropocene«. In: IGBP Newsletter, 41, 2000, S. 17f.

7   Siehe Paul J. Crutzen / Mike Davis / Michael Mastrandrea u.a.: Das Raumschiff Erde hat keinen Notausgang. Frankfurt a.M. 2011.

8   Vgl. Peter Sloterdijk: Wie groß ist »groß«? In: Crutzen u.a. 2011, a.a.O., S. 109.

9   Hans Blumenberg: »Nachahmung der Natur«. Zur Vorgeschichte der Idee des schöpferischen Menschen. In: H.B.: Wirklichkeiten, in denen wir leben. Stuttgart 1981, S. 83; dabei verändert sich mit dem Naturbegriff auch das Zeitverständnis: je unendlicher die Natur, desto schicksalhafter und zirkulärer die Zeit. Die Begrenzung der Natur schafft den Raum für eine Vorstellung von Zeit als Kontingenz, Freiheit und Geschichtlichkeit. Dass zu dieser Freiheit auch die Freiheit zur Selbstzerstörung gehört, ist nun die dringend nachzutragende Erkenntnis, um die es hier geht (vgl. Sloterdijk 2011, a.a.O., S. 97).

10   Vgl. ebenda, S. 94.

11   Der Ökonom Malthus veröffentlichte 1798 seine Theorie, dass unkontrolliertes Bevölkerungswachstum notwendig an objektive Grenzen, das heißt insbesondere in der Produktion von Nahrungsmitteln, stoßen müsste; siehe Thomas Robert Malthus: An Essay On the Principle of Population. Or a View of Its Past and Present Effects On Human Happiness [1798]. Cambridge 1992 (Hg. von Donald Winch); in den späten 1960er Jahren wurde dies immer wieder aktualisiert (siehe Paul Ehrlich: The Population-Bomb. New York 1968). Neu ist nun allerdings, dass die Korrektur dieses Konflikts eben nicht allein am Menschen – Kriege, Krankheiten, Hungersnöte etc. –, sondern eben auch an der Natur selbst ansetzt.

12   Vgl. Susan Sontag: The Imagination of Disaster. In: S.S.: Against Interpretation and Other Essays, New York 1966, S. 222 und Sobchack 1980, a.a.O., S. 120–136.

13   Vgl. Eva Horn: Zukunft als Katastrophe. Frankfurt a.M. 2014, S. 30f.

14   Vgl. Aurel Kolnai: Der Ekel. In: A.K.: Ekel, Hochmut, Hass. Zur Phänomenologie feindlicher Gefühle [1929]. Frankfurt a.M. 2007, S. 7–65.

15   Ebenda, S. 41.

16   Vgl. ebenda, S. 44ff.

17   Vgl. Sobchack 1980, a.a.O., S. 132.

18   Sloterdijk 2011, a.a.O., S. 109.

19   Blumenberg 1981, a.a.O., S. 85 (Herv. im Orig.).

20   Vgl. Sontag 1966, a.a.O., S. 223f.

21   Vgl. Olaf Briese / Timo Günther: Katastrophe. Terminologische Vergangenheit, Gegenwart und Zukunft. In: Archiv für Begriffsgeschichte. Bd.51. Hamburg 2009, S. 161.

22   Vgl. Horn 2014, a.a.O., S. 12ff; genau dies ist der Erkenntniswert und die Gefahr zugleich, die etwa dem zeitlichen Zusammenschnurren des Klimawandels in Roland Emmerichs THE DAY AFTER TOMORROW (2004) innewohnt: Denn zum einen macht es den Klimawandel als eine Katastrophe sichtbar und benennbar, zum anderen leugnet es aber die veränderten raumzeitlichen Koordinaten und die damit einhergehende notwendige Veränderung unserer Vorstellungen von politischem und alltäglichem Handeln.

23   Vgl. Hannah Arendt: The Human Condition. Chicago 1958. In: H.A.: On Revolution. New York 1963; als Science-Fiction-Szenario ausgedrückt: Es kam im »body politic« zu einer »invasion of the body snatchers«.

24   Siehe Joachim Radkau: Die Ära der Ökologie. Eine Weltgeschichte. München 2011; Radkau spricht insbesondere in den USA von einer »ökologischen Revolution« um 1970 (ebenda, S. 124–164). Siehe auch Philip Shabecoff: A Fierce Green Fire. The American Environmental Movement. New York 1993.

25   Vgl. den Beitrag von Vivian Sobchack in diesem Band.

26   Vgl. Dipesh Chakrabarty: The Climate of History. In: Critical Inquiry, 35:2, 2009, S. 197–222.

ohne den wichtigation
auf est militation

Die Klänge des Alls

Realweltliche Science-Fiction-Sounds und unerklärliche Filmgeräusche

engl Pub.
Lit 2017

Von Brian Willems

Wenn in einem Science-Fiction-Film Klangeffekte eingesetzt werden, sollen sie die Authentizität von fantastischen Objekten erhöhen. Wenn allerdings das zum Klang zugehörige Objekt eigentlich still sein sollte (wie der Weltraum), dann ist der Klang in dem Sinne »unmöglich«, dass es keine wissenschaftlichen Gesetze gibt, die ihn erklären könnten. Meine Argumentationslinie verläuft in drei Stufen. Erstens werde ich erörtern, wie Science-Fiction-Filme auf die Stille des Weltraums reagieren. Zweitens geht es darum, wie Science-Fiction-Filme Klang lange dort verwendeten, wo er nicht hingehört. Und schließlich stelle ich einen Vergleich zwischen Filmen an, die Klang dort einsetzen, wo er nicht hingehört, und den tatsächlichen, realweltlichen Klängen des Weltraums, die von Apparaturen auf der Erde und im Weltall aufgenommen wurden. Dieser Vergleich wird zeigen, dass reale Klänge tatsächlich *Science-Fiction* sind, während die Klänge aus Science-Fiction-Filmen überraschenderweise gar keine Science-Fiction sind.

1. Wie Science-Fiction-Filme mit der Stille des Weltraums umgehen

Traditionell wird der Weltraum für still gehalten. Der Grund dafür ist, dass Klang durch vibrierende Moleküle transportiert wird, aber es in dem annähernden Vakuum des Weltalls keine Moleküle gibt, die vibrieren könnten. Garrett Reisman, ame-

rikanischer Astronaut und Teilnehmer zahlreicher Missionen zur Internationalen Raumstation, hat eine interessante Beobachtung der Stille des Weltraums gemacht. Er berichtet, dass eine Änderung der Umgebung zunächst durch einen akustischen Hinweis und nicht einen visuellen deutlich wird. Er berichtet davon, wie er einen Besatzungskollegen beobachtet, der die Raumstation für einen Spaziergang im Weltraum verlässt:

»Wenn man seine Besatzungskollegen in die Luftschleuse setzt, um einen Außenbordeinsatz durchzuführen, und dann die Klappe schließt, geschieht etwas Interessantes: Man hört zunächst ein ziemliches Klappern, wenn ihre Metallwerkzeuge an den Rest der Ausrüstung, das Geländer oder den Korpus der kleinen Luftschleuse schlagen. Wenn man dann die Luftschleuse betätigt, sieht es durch das Fenster der Klappe immer noch genauso aus. Aber das Klappergeräusch ist weg. Man kann sehen, wie ihre Ausrüstung genauso an andere Dinge dranschlägt, aber das Geräusch ist weg.«[1]

Aus dieser Perspektive ist die Stille des Weltraums ein reales Phänomen. Aber Science-Fiction-Filme ignorieren diese Tatsache häufig, und die Geräusche von Lasern und Explosionen im Weltraum gehören zu den offensichtlichsten Beispielen. Andererseits berücksichtigen Science-Fiction-Filme auch manchmal die Stille des Weltalls, wie man in dem Werbeslogan für ALIEN (1979; R: Ridley Scott) erkennen kann: »Im Weltraum hört dich niemand schreien.«

Wenn sich Science-Fiction-Filme bewusst mit der Stille des Weltalls auseinandersetzen, geschieht dies üblicherweise auf zwei Arten: Entweder wird die komplette Stille des Weltalls mit dem lauten Inneren eines Raumschiffs kontrastiert, oder aber man konzentriert sich auf den Raum des Inneren[2], sodass die Körpergeräusche des Astronauten in den Vordergrund treten, also beispielsweise das Atmen oder das Pulsieren des Bluts.

Ein Beispiel für das Gegenüberstellen der Stille des Weltalls und des lauten Inneren eines Raumschiffs findet man am Ende des vier-

2001: A SPACE ODYSSEY (1968)

ten Films der ALIEN-Reihe, ALIEN: RESURRECTION (Alien – Die Wiedergeburt; 1997; R: Jean-Pierre Jeunet). Als Ripley (Sigourney Weaver) ein bisschen ihres eigenen ätzenden Alienbluts an ein Raumschiffffenster spritzt, bricht dieses, und ein Alien wird auf grausame Weise durch ein kleines Loch in den Weltraum herausgesaugt. In dieser Szene werden die Schreie und das Chaos im Inneren des Raumschiffs wiederholt der absoluten Stille des Alls gegenübergestellt. Allerdings ist in dieser Szene die Stille des Alls nicht absolut, sondern sie wird vielmehr hervorgehoben, indem sie immer wieder mit den chaotischen Geräuschen des Chaos und der außerdiegetischen Musik kontrastiert wird, wenn das Innere des Raumschiffs zu sehen ist.

Die zweite Art, wie Science-Fiction-Filme die Stille des Alls darstellen, ist die Hervorhebung des Inneren des Astronauten, also die Geräusche des Atmens und der Blutzirkulation. Ein Beispiel dafür ist die Szene mit dem Weltraumspaziergang in 2001: A SPACE ODYSSEY (2001: Odyssee im Weltraum; 1968; R: Stanley Kubrick), in der Poole (Gary Lockwood) einen POD verlässt, um etwas zu reparieren. Obwohl sich Poole in dieser Szene draußen im Weltall befindet, sind die inneren Geräusche des Astronautenkörpers, die durch seinen Raumanzug zirkulieren, deutlich hörbar.

Diesen beiden Beispielen ist gemein, dass sie versuchen, die Stille des Weltalls für einen emotionalen Effekt in den Vordergrund zu rücken. ALIEN: RESURRECTION erreicht dies, indem der Stille Krach entgegengesetzt wird, wohingegen in 2001: A SPACE ODYSSEY gezeigt wird, dass es im All so still ist, dass man sich selbst atmen hört. Allerdings ist die Vorstellung, im All gäbe es keine Geräusche, empirisch falsch. Klänge oder klangartige Objekte wurden bereits aufgezeichnet – mit einer ganzen Reihe Apparaturen. Es ist kein Geheimnis, dass das Herausstrecken des Ohrs ins All eine stille (und tödliche) Erfahrung bedeutet. Es gibt aber andere Arten des Hörens und andere Arten von Klangträgern als Klangwellen; und ebenso andere Hörinstrumente als das menschliche Ohr.

Beispielsweise entdeckte im August 2014 die Raumsonde *Rosetta* der Europäischen Weltraumbehörde eine bestimmte Art von »Klang«, als sie während der ersten Landung eines Satelliten auf einem Kometen dem Himmelskörper *67P/Churyumov-Gerasimenko* näher kam. Das magnetische »Lied« wurde vom Magnetometer der Sonde aufgezeichnet. Dieses Instrument war nicht dafür gedacht, irgendeine Art von Klang aufzuzeichnen, sondern sollte überwachen, wie der Komet mit dem von der Sonne ausgestrahlten, solaren

Plasma interagiert. Die Wissenschaftler erwarteten keineswegs, dass die Sonde den Klang des Alls aufzeichnen würde, aber als sie sich dem Kometen näherte, bemerkten sie Schwankungen im Magnetfeld seiner Umgebung. Obgleich für das menschliche Ohr unhörbar, kann man bei 10.000-facher Verstärkung tiefe Schwankungen hören.[3] Damals waren sich die Wissenschaftler gar nicht genau sicher, was in der Aufnahme passierte. Karl-Heinz Glaßmeier, Leiter der Forschungsgruppe für Weltraumsensorik und Weltraumphysik an der Technischen Universität Braunschweig, gab dies auch zu: »Das ist aufregend, weil es für uns vollkommen neu ist. Wir haben dies nicht erwartet, und wir arbeiten immer noch daran, die Physik dessen, was da geschieht, zu verstehen.«[4]

Die Situation ist also, dass, während Science-Fiction-Filme daran arbeiten, die Stille des Alls darzustellen, das All nunmehr als laut und keineswegs still verstanden wird. Vielleicht ist allerdings das Konzept eines lauten Alls nicht so neu, wie es hier dargestellt wird. Doris Lessing erzählt in ihrem Nachwort zu Olaf Stapledons *Last and First Men* (1930), dass ihr als Kind im früheren Südrhodesien (der heutigen Republik Simbabwe) das All voller Klänge erschien:

»Nach einer Stunde oder so, die ich in einem Liegestuhl lag und nach oben starrte, Augen getränkt mit Sternenlicht, hatte ich das Gefühl, man bräuchte nur ein paar Schritte zu rennen, und dann würde man abheben, nicht in immense Stille und Leere hinein, sondern in ein lebendiges Universum voller Klänge und Bewegungen.«[5]

Daher ist nun der nächste Schritt, Science-Fiction-Filme zu erkunden, in denen das All nicht still ist. Dies bedeutet nicht, nun Szenen zu betrachten, in denen man hört, wie Laser in einem annähernden Vakuum abgefeuert werden, sondern vielmehr Momente, in denen das All ermutigt wird, selbst zu sprechen, oder wo man Geräusche hört, wenn doch eigentlich Stille vorherrschen sollte.

2. Wie Science-Fiction-Filme Klang dort einsetzen, wo er nicht hingehört

Bevor wir Beispiele für ein lautes Weltall untersuchen, muss man zwischen der Funktion des Soundtracks und der Funktion von Spezialeffekten in Science-Fiction-Filmen unterscheiden.

In *Screening Space* macht Vivian Sobchack einige interessante Bemerkungen über diesen Unterschied. Ihr Hauptargument ist, dass in Science-Fiction-Filmen hinsichtlich des Soundtracks generell Fantasielosigkeit vorherrsche, aber dies von der Abteilung für Soundeffekte wieder wettgemacht werde. Über den Filmsoundtrack schreibt Sobchack:

»Ein spekulativer Zuschauer/Zuhörer könnte beispielsweise die Möglichkeiten sehen, Musik *als* eine fremde Sprache einzusetzen, die hinsichtlich ihrer Bedeutung unentschlüsselbar ist, aber dennoch auf emotionale Weise kommunikativ bleibt. Oder man könnte sich vorstellen, die Form und Instrumentation von Musik zu verändern, um so eine desorientierende und dissonante körperliche und emotionale Reaktion im Zuschauer auszulösen. [...] Leider ist aber am bemerkenswertesten an einem Großteil der Musik in SF-Filmen, dass sie so wenig bemerkenswert ist, und dass sie keinerlei einmalige Eigenschaften hat, die sie von der Musik in anderen Filmen absetzen könnten. Nicht nur klingt die Musik eines SF-Films wie die eines anderen SF-Films [...], sondern ein Großteil der Musik klingt wie all die Musik in den meisten anderen Spielfilmen.«[6]

Andererseits bieten Klangeffekte Science-Fiction-Filmen die Chance, ihre Einmaligkeit vorzuführen. Für mein Anliegen hier ist interessant, dass die Einmaligkeit der Klangeffekte Sobchack zufolge daher kommt, dass Science-Fiction-Filme sich weniger für die externe oder außerdiegetische Filmmusik interessieren als vielmehr für die objektivere und diegetische Art von Klangeffekten, die scheinbar von Objekten auf der Leinwand erzeugt werden. Diese diegetischere Herangehensweise an den Klang ist ein Zeichen dafür, wie Science-Fiction-Filme – wie alle Filme, aber eben noch stärker – Klangeffekte einsetzen, um Objekte glaubhafter zu machen, die im Kontext der Science-Fiction besonders merkwürdig und fantastisch sind:

»Die ›Musik‹ von Maschinen, im Gegensatz zu Zwölfton- oder elektronischer Musik, ist eher ›gefundene‹ als ›erschaffene‹ Musik; sie scheint daher inhärent objektiv zu sein, obwohl sie für emotionale Zwecke eingesetzt werden kann. [...] [S]ie wirkt nicht wie *von außen aufgesetzt*, und sie lenkt auch die Aufmerksamkeit nicht auf die fiktionale Struktur eines Films. Dieser inhärente Wunsch nach Authentizität, diese notwendige Obsession mit dem Dokumentieren des Unglaublichen, das den SF-Film prägt, ist, so denke ich, einer der Hauptgründe für die Vernachlässigung der Musik in SF-Filmen – und warum Klangeffekte in dieser Gattung immer wichtiger waren. Auf der ständigen Suche nach Wegen, Glaubhaftigkeit zu erzeugen, tendiert der SF-Filmemacher natürlich dazu, einen Soundtrack zu schaffen, der primär aus Elementen im Bild aufgebaut ist und nicht von außen aufgesetzt wird. Der SF-Film verwendet solche Klänge dramatisch und emotional, aber ihr Ursprung liegt in der objektiv gesetzten und gefilmten, narrativen Welt des Films.«[7]

In diesem Sinne sind das mechanische Surren von Robotern oder der trostlose Klang eines atomaren Windes spezifischer für den Science-Fiction-Film, als es die Verwendung von Musik ist, was die oben erwähnte triviale Filmmusik von ALIEN: RESURRECTION nur allzu deutlich zeigt.

Sobchack definiert anschließend eine weitere Ebene, auf der Science-Fiction Filme Klangeffekte auf originale Arten einsetzen, und zwar wenn sie etwas Außerirdischem Klangeffekte zuschreiben. Hier kommen wir einer Erörterung nahe, wie man dem stillen Weltraum Klang zuordnet. Sobchack zufolge findet das Sounddesign für Außerirdisches durch unerwartete Kombinationen statt; beispielsweise werden Maschinen biologische Klänge zugeordnet oder Maschinenklänge biologischen Wesen.[8] Obwohl diese Reihung anders funktioniert als die

Klangeffekte von Computern oder des postapokalyptischen Windes, haben sie alle dieselbe Funktion. Beide Arten von Klangeffekten funktionieren als ein Mittel, den unechten Welten des Science-Fiction-Films Authentizität zu verleihen. Diese Authentizität entsteht aus der Tatsache, dass in der Wahrnehmung der Zuschauer die Klänge von Objekten innerhalb der narrativen Welt des Films entstehen und nicht von außen kommen, wie das bei der Filmmusik der Fall ist.

Allerdings geht es mir hier vor allem um etwas anderes: wenn die Klangaffekte nicht für eine Maschine oder einen Außerirdischen gemacht sind, sondern für ein stilles Objekt. Dies führt zu zwei Fragen:

1. Was passiert, wenn Klangeffekte Objekten im Bild beziehungsweise der narrativen Welt des Films zugeordnet werden, obwohl diese Objekte eigentlich unfähig scheinen, solche Klänge zu produzieren?

2. Haben solche Klangeffekte noch immer die Aufgabe, Glaubwürdigkeit herzustellen? Oder sind sie irgendwie unfassbar?

Lassen Sie uns zwei Beispiele für unklare Verbindungen zwischen Klängen und Objekten untersuchen, um einige Antworten auf diese Fragen zu skizzieren.

Das erste Beispiel kommt aus 2001: A SPACE ODYSSEY und wird in meinem Buch *Shooting the Moon*[9] behandelt. Trotz Stanley Kubricks Behauptung in einem berühmten *Playboy*-Interview[10], dass die Existenz einer einzigen Erklärung für die Rolle des Monolithen den Film ruinieren würde, positionieren in einem gewissen Sinne die verschiedenen Rollen, die der Monolith in der Evolution der Menschheit spielt, ihn in der bequemen Rolle eines Fortschrittsstimulators im Film. Aber es gibt eine Szene, in der der Monolith eine Position von wirklicher Fremdheit besetzt, in der also etwas passiert, was sich wissenschaftlich nicht erklären lässt. Und diese Fremdheit wird dadurch vermittelt, dass Klang und Bild nicht recht zusammenpassen.

Der erste Teil von 2001: A SPACE ODYSSEY enthält die berühmte Szene über Evolution und die Verwendung von Werkzeug. Im zweiten Teil des

2001: A SPACE ODYSSEY

Films mit dem Titel *Mondstation Clavius* ist Dr. Floyd (William Sylvester) wegen eines merkwürdigen Berichts über den Fund eines Objekts zum Mond gereist. Die Mondstation wurde von sämtlichem externen Kontakt abgeschottet, weil das Objekt angeblich außerirdischer Herkunft ist und die Art, wie die Öffentlichkeit darüber informiert werden soll, streng kontrolliert wird. Dr. Floyd reist zu der archäologischen Stätte, an der der Monolith gefunden wurde.

Nach einer kurzen Untersuchung des Monolithen posieren die Astronauten für ein Foto davor. In diesem Moment hört man ein lautes, schrilles Geräusch, und die Astronauten greifen an ihre Helme, als wollten sie sich die Ohren zuhalten. Sie scheinen Schmerzen zu haben. Das ist das Ende dieses Filmteils.

Das Geräusch, das der Monolith abgibt, sollte unhörbar sein, denn auf dem Mond gibt es keine Luft; folglich ist der Klang merkwürdig und fremd, denn er sollte sich gar nicht ereignen.[11] Und das Geräusch ist sogar noch viel merkwürdiger, denn es gibt keinerlei Beweis, dass es von dem Monolithen stammt, und doch tut es das. Somit ist also das Geräusch merkwürdig, weil es ertönt, wo es gar nicht ertönen kann, auf der Oberfläche des Monds, und weil er von einem ansonsten stillen Objekt abgegeben wird.

Dieses Merkwürdige, Fremde wird im Film nie befriedigend erklärt. Daher spielt der Monolith in dieser Szene eine andere Rolle als im Rest des Films. In anderen Szenen kann er zwar auf unterschiedliche Weise interpretiert werden, aber seine Funktion ist klar: Fortschritt. Hier jedoch gibt es keine Erklärung. Die Wissenschaft hilft nicht weiter. Das Geräusch ist einfach nur merkwürdig und fremdartig.

Deshalb wäre es unangemessen, diese Szene mit so etwas wie Michel Chions Idee des *acousmêtre* zu interpretieren, womit Chion die Trennung von einem Geräusch und dessen Ursprung meint.[12] Denn Chion interessiert sich dafür, was geschieht, wenn der Klang und Quelle unklar sind, und was geschieht, wenn Klang und Quelle zusammenpassen. In 2001: A SPACE ODYSSEY haben wir es aber mit einer anderen Situation zu tun: Der Klang und die Quelle passen zusammen, aber das Ganze ergibt keinen Sinn. Der Unterschied wird aus einer Bemerkung klar, die Chion über diese Szene macht und die zeigt, dass er nach einem Grund für die Diskrepanz zwischen Klang und Objekt sucht: »Da dieses Ereignis stattfindet, als sie sich darauf vorbereiten, den Monolithen zu fotografieren, könnte es sogar sein, dass der Monolith sein elektromagnetisches Kreischen aus Protest ausstößt, weil er nicht aufgenommen werden will.«[13]

Trotzdem bleibt das Konzept des *acousmêtre* für diese Szene relevant, aber es ist einfach zweckdienlicher, Chions Inspiration für das *acousmêtre* auszumachen, nämlich den frühen Avantgarde-Musiker Pierre Schaeffer.

Schaeffer interessierte sich für Klangexperimente, bei denen aufgezeichnete Klänge so manipuliert wurden, dass es unklar blieb, was der Ursprung der Klänge gewesen ist. Wenn der Ursprung unbekannt war, dann blieb auch die Bedeutung des Klangs unbekannt, und dann konnte der Klang als das gehört werden, was er war – Klang, und nicht als das, was er repräsentiert. Für ihn ging es bei der Akusmatik also mehr darum, wie durch ihre Unerklärlichkeit Alltagsklänge plötzlich wieder hörbar werden, und zwar als das, was er *Klangobjekte* nannte: Akusmatik ist wichtig, weil sie »die wahrnehmende Wirklichkeit des Klangs als solchen markiert, im Gegensatz zu seinen Produktions- und Übertragungsweisen.«[14]

Schaeffer interessiert sich nicht so sehr dafür, was passiert, wenn Klang und dessen Ursprung wieder zusammengeführt werden, und daher hat Chion seinen eigenen Begriff für diesen Moment geschaffen: »Desakusmatisierung«[15]. Schaeffer ist hier deshalb für uns interessant, weil er sich darauf konzentriert, wie die Fremdartigkeit oder Unerklärlichkeit des Klangs in dieser Situation aufrecht erhalten wird, und genau dies geschieht auch in der angesprochenen Szene aus 2001: A SPACE ODYSSEY. Dies führt uns zu einer sehr eigenartigen Definition der »Stille des Weltraums«, der tatsächlich ziemlich laut ist: Die Stille des Weltalls wird dann in den Vordergrund gestellt, wenn Klang Objekten zugeordnet wird, die keinen Klang abgeben sollten, und der daher unerklärlich ist.

Um die Bedeutung solcher unerklärlicher Momente besser zu verstehen, sollte man noch ein weiteres Beispiel betrachten: PLANETA BUR (Planet der Stürme; 1962; R: Pawel Kluschanzew). Der Film hat eine beachtliche spätere Geschichte, denn er wurde von Roger Corman aufgegriffen, der zweimal für das amerikanische Publikum Remakes machen ließ, einmal als VOYAGE TO THE PREHIS-TORIC PLANET (Die Reise zum prähistorischen Planeten; 1965; R: Curtis Harrington) und später als der erste Spielfilm von Peter Bogdanovich, VOYAGE TO THE PLANET OF PREHISTORIC WOMEN (1968). Alle drei Filme erzählen die Geschichte von drei Astronautengruppen, die zur Venus fliegen. Die erste Gruppe wird auf der Reise durch einen Meteoriten getötet, die zweite Gruppe geht bei der Landung verloren, und die dritte wird geschickt, um die zweite zu finden. Während ihrer Rettungsaktion begegnen die Astronauten der dritten Gruppe einigen prähistorischen Wesen und dem Klang einer merkwürdigen, losgelösten Stimme, die ihnen überallhin zu folgen scheint. Weil die Quelle der Stimme unbekannt ist, nimmt man an, es sei entweder die Stimme des Planeten selbst oder die von merkwürdigen und nie gesehenen Wesen, die möglicherweise auf diesem Planeten wohnen. Obgleich es eine Reihe von interessanten Beispielen für die Rolle des Klangs in diesem Film gibt, muss aus Platzgründen ein Beispiel genügen, um zu zeigen, dass, wenn der Klang von einer klaren Verbindung zu einem Bild »abgeschnitten« ist, er tatsächlich unerklärlich wird, zumindest in der ursprünglichen Version.

Bei der infrage stehenden Szene verlassen die Astronauten zum ersten Mal das Raumschiff, um die Oberfläche der Venus zu erkunden. Der Erste, der das Raumschiff verlässt, ist Aljosha (in der russischen Version, in den amerikanischen Versi-

PLANETA BUR (1962)

onen Andre; gespielt von Gennadi Wernow), der bald von einer »prähistorischen« Pflanze angegriffen wird. Die anderen Astronauten sind innerhalb des Raumschiffs beschäftigt und bemerken nicht, dass ihr Kamerad in Gefahr ist, bis durch ein merkwürdiges, fremdartiges Geräusch ihre Aufmerksamkeit geweckt wird.

In PLANETA BUR hören sie eine fremdartige Stimme, während in den beiden amerikanischen Versionen das Geräusch durch einen Aufschrei ersetzt wird.

Um zu verstehen, was es bedeutet, dass das Geräusch aus dem Original durch einen Aufschrei ersetzt wird, ist es hilfreich, den Dialog der beiden Versionen zu vergleichen.

Dieser Unterschied im Klang wird auch darin widergespiegelt, was mit Aljosha geschieht, nachdem er von der mörderischen Flora befreit wird und alle Astronauten das Ereignis besprechen. Im ursprünglichen Dialog aus Kluschanzews Film hört Aljosha dasselbe Geräusch wie die anderen Astronauten. Und das Geräusch bleibt unidentifiziert: Auf der Venus ist alles möglich.

> Commander Werschinin / Lockhart: »Wir sind gerade noch rechtzeitig gekommen.«
> Alijosha/Andre: »Wie habt ihr es gemerkt?«
> Bobrow/Boden: »Wir haben eine Stimme gehört.«
> Alijosha/Andre: »Ich auch.«
> Bobrow/Boden: »Merkwürdig.«
> Commander Werschinin / Lockhart: »Merkwürdig.«
> Auf der Venus ist alles möglich.«

Aber in den amerikanischen Versionen (mit dem Aufschrei) sagt Andre, er habe die Stimme nie gehört, wie aus folgendem Dialog deutlich wird:

> Commander Lockhart: »You have to be more careful Andre, if I hadn't heard you call me...«
> Andre: »I didn't call.«
> Boden: »You called out to us, we heard you.«
> Andre: »But I didn't call you.«
> Boden: »It sounded like ›Lockhart‹«
> Commander Lockhart: »Let's be getting back.«

Der Unterschied zwischen diesen beiden Dialogen ist leicht festzustellen: Im sowjetischen Film hören alle Kosmonauten die fremdartige Stimme gleichzeitig, und ihre Fremdheit bleibt erhalten; in den amerikanischen Versionen (die sich an dieser Stelle gleichen), wird die fremdartige Stimme zu einem klaren Stück Sprache, geäußert von einem Wesen, das sogar die Befehlskette anerkennt und den Commander zuerst anspricht.

Diese Abweichung in den amerikanischen Versionen wird durch die Art unterstützt, wie die Stimme zu einem Aufschrei verändert wurde, einem warnenden Hilferuf, dem man leichter eine Bedeutung zuschreiben kann als den merkwürdigen Geräuschen im Original. Denn im Original wird die Stimme einfach als »merkwürdig« und fremdartig angesehen, und wenn der Kommandeur sagt: »Alles ist möglich«, so eröffnet sich eine Vielfalt an Möglichkeiten, womit die Stimme verbunden sein könnte. Es gibt keine Erklärung, sie wird auch nicht erwartet. Dieser Klang existiert in der russischen Version PLANETA BUR außerhalb jeder Erklärung.

Tatsächlich unterstützt die Art, wie der Klang für Kluschanzews Film aufgezeichnet wurde, die Idee, dass er von seinem Ursprung getrennt werden soll. Konstantin Kaminskij erklärt, wie dieses Geräusch erzeugt wurde; nicht indem ein Instrument dazu gebracht wird, wie eine menschliche Stimme zu klingen, sondern indem die Stimme der peruanischen Sopranistin Yma Sumac dahingehend verändert wird, dass sie weniger wie die Stimme eines Menschen und eher wie der Klang eines Instruments klingt:

> »Während [der Science-Fiction-Klangdesigner Les; Anm. B.W.] Baxter Sumacs Stimme als ein Theremin verwendete, setzte [der Musiker Vyacheslav; Anm. B.W.] Meshcherin das Theremin ein, als wäre es Sumacs Stimme.«[16]

Mit anderen Worten, um den Klang weniger bedeutungsvoll (und somit authentischer) klingen zu lassen, musste Sumacs Stimme weniger menschlich und mehr wie der Klang eines Instruments klingen.

Somit lässt sich eine einfache These formulieren: Wenn Klangeffekte in Science-Fiction-Filmen verwendet werden, soll dies die Glaubwürdigkeit von fantastischen Objekten unterstreichen. Wenn allerdings das mit diesem Klang verbundene Geräusch eigentlich still sein soll (ein Monolith, ein Planet), dann wird die Glaubwürdigkeit nicht verstärkt, denn der Klang und das Objekt werden nicht miteinander in Verbindung gebracht. Die Wissenschaft kann nicht erklären, was geschieht. Die Konsequenz dessen ist dann allerdings, dass solche Beispiele keine Science-Fiction sind.

Um diesen Unterschied zu verstehen, ist ein Blick auf Quentin Meillassoux' Definitionen von Science-Fiction und Extro-Science-Fiction hilfreich.

Meillassoux zufolge wahrt jede Science-Fiction das folgende Axiom: In der angenommen Zukunft wird es immer noch möglich sein, die Welt wissenschaftlich zu verstehen. Die Wissenschaft wird immer bestehen.[17] Extro-Science-Fiction-Welten haben nichts mit wissenschaftlicher Erkenntnis zu tun: Es sind Welten, in denen

»grundsätzlich experimentelle Wissenschaft unmöglich und faktisch unbekannt ist. Extro-Science-Fiction definiert somit ein spezifisches Regime des Imaginären, in dem strukturierte – oder vielmehr destrukturierte – Welten in einer solchen Weise konzipiert sind, dass die experimentelle Wissenschaft ihre Theorien nicht einsetzen oder ihre Objekte darin konstituieren kann. Die Leitfrage von Extro-Science Fiction ist: Was sollte eine Welt sein, wem sollte eine Welt ähneln, so dass sie prinzipiell einer wissenschaftlichen Erkenntnis nicht zugänglich ist, so dass sie nicht als Objekt einer Naturwissenschaft taugt?«[18]

In diesem Sinne sind die Szenen aus 2001: A SPACE ODYSSEY und PLANETA BUR keine Science-Fiction, denn was dort passiert, unterliegt nicht den Gesetzen der Naturwissenschaft. Vielmehr sind sie Extro-Science-Fiction. Solch eine Extro-Science

Fiction wird erzeugt, indem Klänge dahin platziert werden, wo sie nicht hingehören – in die Stille des Weltraums.

Und dennoch bleibt die Frage, was geschieht, wenn wir die tatsächlichen Geräusche des stillen Weltalls betrachten. Was macht das mit unserer Interpretation dieser Szenen?

3. Vergleich von Strategien der Science-Fiction, merkwürdige Klänge mit der realweltlichen Aufzeichnung von tatsächlich klangähnlichen Objekten im Weltall darzustellen

Meillassoux zufolge sind Ereignisse, die – gleichgültig wie ungewöhnlich und merkwürdig sie sein mögen – potenziell durch eine zukünftige Wissenschaft erklärt werden können, Science-Fiction. Er schlägt vor, eigenartige Ereignisse, die niemals erklärt werden können, für die es keine wissenschaftliche Erklärung gibt und auch nicht geben kann, als Extro-Science-Fiction zu betrachten. Für Meillassoux haben bisher drei extro-science-fiktionale Ereignisse in der Welt stattgefunden, nämlich die Erschaffung von etwas aus nichts, die Erschaffung des Lebens aus Materie, und die Entwicklung des menschlichen Denkens aus tierischer Intelligenz heraus.[19] Daher argumentiert er, es könnte auch eine weitere Veränderung eintreten; und außerdem, dass wir keine Ahnung haben, was nach dem nächsten Moment der Extro-Science Fiction entstehen könnte[20], weil die »Samen« eines jeden neuen Zustands nicht im vorherigen Zustand enthalten sind (das Leben ist kein kleines bisschen im Nicht-Leben enthalten).[21] Einige der Dinge, die in der Zukunft liegen könnten (aber eben vielleicht auch nicht), sind die Existenz Gottes und die Auferstehung aller Menschen, die je gelebt haben[22]. Letztere Vorstellung verwendet Meillassoux, um eine Ethik der Antizipation des Nicht-Antipizierbaren zu entwickeln. Meillassoux' Denken bezieht sich insofern auf tatsächliche, im All aufgezeichnete Geräusche, als dass er sie in der Science-Fiction und nicht im Faktischen lokalisiert, denn dies sind oft unerklärliche Ereignisse, von denen man

Laser Interferometer Gravitational-Wave Laboratory (LIGO)

»Einsteins Theorie der Raumzeit sagt uns, dass das reale Universum nicht still ist, sondern voller vibrierender Energie. Raum und Zeit befördern eine Kakophonie von Vibrationen mit Strukturen und Klangfarben, die so reich und vielfältig sind wie der Lärm unterschiedlicher Geräusche in einem tropischen Regenwald oder das Finale einer Wagner-Oper. Das Universum ist ein Musical, das wir die ganze Zeit als Stummfilm anschauen.«[23]

Zur Fremdheit der Klänge des stillen Weltalls gibt es eine lange Geschichte der Antizipation, Erforschung und des Aufzeichnens.[24] So wurde beispielsweise das LIGO (Laser Interferometer Gravitational-Wave Observatory) vom MIT in Louisiana gebaut, um den Gravitationswellenklängen des Alls »zuzuhören«. Im Februar 2016 gelang es schließlich mit diesem Observatorium, erstmals Gravitationswellen nachzuweisen und damit Einsteins Theorie der Raumzeit zu bestätigen. Ein neues und noch sensibleres Observatorium wird bereits gebaut: Die eLISA (Evolved Laster Interferometer Space Antenna) soll bis 2034 von der Europäischen Weltraumagentur in die Sonnenumlaufbahn gebracht werden. Mit LIGO und eLISA haben wir es somit mit zwei realweltlichen Manifestationen von Science-Fiction zu tun, denn hier wird ein wissenschaftlicher Apparat um das Ungehörte und Unerklärte herum gebaut.

Mit anderen Worten liegt der Hauptunterschied zwischen realweltlichen Klängen und solchen aus Science-Fiction-Filmen darin, dass die realweltlichen Klänge wissenschaftlich erklärbar sind oder man erwarten kann, dass dies in Zukunft der Fall sein wird.

Dies bedeutet für das hier dargelegte Argument, dass beispielsweise der von der Rosetta-Sonde aufgezeichnete Klang zwar von etwas Unbekanntem herrührt, hierbei aber die Erwartung besteht, dass dies einmal ins Reich der Naturwissenschaften fallen wird. Daher ist Meillassoux zufolge der von der Rosetta-Sonde aufgezeichnete Klang tatsächlich Science-Fiction, während die Geräusche von 2001: A SPACE ODYSSEY und PLANETA BUR dies nicht sind, denn sie sind Geräusche, die nicht er-

allerdings glaubt, dass die Wissenschaft sie in der Zukunft wird erklären können.

Kurz gesagt, gibt es zwei Arten, wie klangartige Objekte im All gefunden wurden: Die eine ist die Aufzeichnung von Plasmaschwingungen, die andere ist die Aufzeichnung von Gravitationswellenschwingungen. Ein Beispiel der ersten Art wurde zu Anfang dieses Aufsatzes behandelt, ein unerwartet von der Raumsonde Rosetta der Europäischen Weltraumbehörde im Jahr 2014 aufgezeichneter Klang. Ein Magnetometer an Bord sollte die Interaktion von Komet 67P/C-G mit dem von der Sonne ausgestoßenen solaren Plasma aufzeichnen. Allerdings zeichnete der Messer unbeabsichtigt Schwingungen im Magnetfeld der Umgebung des Kometen auf. Obwohl damals nicht ganz verstanden wurde, wie es zu diesen Aufzeichnungen kam, wurde erwartet, dass sie später wissenschaftlich erklärt werden könnten. Meillassoux zufolge waren diese Klänge somit Science-Fiction. Die Aufzeichnung der Klänge des Weltraums ist also ein Schritt, um einen lauten Weltraum zu bestätigen, der schon seit Einstein antizipiert wird, wie Craig Hogan erklärt:

klärt werden können. Daher fallen sie in den Bereich der Extro-Science-Fiction.

Unsere These kann somit konstatiert werden, indem wir die beiden Geräusche aus dem All miteinander vergleichen. Sowohl die tatsächlichen Klänge des Alls als auch die Klänge in der Science-Fiction, wo Geräusche da eingeführt werden, wo sie nicht hingehören, haben ähnliche tonale Eigenschaften; mit anderen Worten: Die Klänge sind sich erstaunlich ähnlich. Es lässt sich jedoch feststellen, dass die Geräusche in PLANETA BUR eben kein Science-Fiction sind, während dies für die tatsächlichen Aufnahmen der Klänge des Alls sehr wohl zutrifft.

Übersetzung aus dem Englischen:
Wilhelm Werthern

Anmerkungen

1 »One interesting thing that happens is that when you put your crewmates in the airlock to perform an EVA and then shut the hatch, at first you can hear a bunch of clanging as their metal tools softly strike the other equipment, handrails, or the hull of the small airlock. Then as you depress the airlock it still looks exactly the same through the hatch window. But now the clanging sound is gone. You can see their equipment bumping into stuff as before, but now it is silent.« (Übers. W.W.), Garrett Reisman. »What Sounds Do Astronauts Hear during a Spacewalk?« *Quora.com*, www.quora.com/What-sounds-do-astronauts-hear-during-a-spacewalk

2 Vgl. J. G. Ballard: A User's Guide to the Millennium. London 1996, S. 197.

3 Vgl. Miriam Kramer: Listen to This. Comet's Eerie ›Song‹ Captures by Rosetta Spacecraft. www.space.com/27737-comet-song-rosetta-spacecraft.html . 2014.

4 »This is exciting because it is completely new to us. We did not expect this and we are still working to understand the physics of what is happening.« (Übers. W.W.), Karl-Heinz Glaßmeier, zitiert nach: Kramer 2014, a.a.O.

5 »After an hour or so of lying back in a deck chair, staring up, eyes drenched with starlight, it was evident that space was far from soundless, and you felt all you had to do was to take a running step or two and then you'd be off, not into immense silences and emptiness, but into a universe alive with sound and movement.« (Übers. W.W.), Doris Lessing: Afterword.

In: Olaf Stapledon: Last and First Men. London 2009, S. 295.

6 »A speculative viewer/listener might, for example, see the possibilities of using music as an alien language, one indecipherable in its particular meanings yet emotionally communicative. Or, one could envision altering the shape and instrumentation of music so as to create a disorienting and dissonant physical and emotional response in the viewer. Unfortunately, however, what is notable about most sf film music is its lack of notability, its absence of unique characteristics which separate it from music in other films. Not only does music from one SF film sound like the music from another SF film [...], but most of the music sounds like all of the music from most other narrative films.« (Übers. W.W.), Vivian Sobchack: Screening Space. The American Science Fiction Film. New York 1993, S. 208.

7 »The ›music‹ of machinery, in contrast to twelve-tone or electronic music, is ›found‹ rather than created music; it therefore seems inherently objective although it can be used emotively, [...] they do not appear imposed from without, they do not call attention to a film's fictional structure. This innate desire for authenticity, this necessary obsession with documenting the incredible which informs sf film is, I believe, one of the primary reasons music in the sf films has suffered from a lack of attention—and sound effects have been more important to the genre. In a constant search for ways in which to create credibility, the sf filmmaker has naturally gravitated toward a soundtrack built primarily from elements within the image, and not imposed on it from without. The sf film uses such sound dramatically and emotively, but the origin of that sound derives from the objectively posited and photographed narrative world of film.« (Übers. W.W.), ebenda, S. 216.

8 Vgl. ebenda, S. 218.

9 Brian Willems: Shooting the Moon. Hants 2015, S. 107–116.

10 Vgl. Eric Nordern: Playboy Interview. Stanley Kubrick. In: Gene Phillips (Hg.): Stanley Kubrick Interviews. Jackson 2001, S. 48.

11 Zwar könnte es sich um ein Radiosignal handeln, das über den Sprechfunk in den Helmen der Astronauten ertönt, an dieser Stelle gibt es jedoch hierauf keinen direkten Hinweis.

12 Siehe Michel Chion: The Voice in Cinema. New York 1999 (aus dem Französischen von Claudia Gorbman).

13 »[...] as this event happens to occur while they are getting ready to photograph the monolith, for all we know the monolith is emitting its electromagnetic screech in protest against being captured on film.« (Übers. W.W.), Michel Chion: Kubrick's Cinematic Odyssey. London 2001 (aus dem Französischen von Claudia Gorbman), S. 21.

14　»[...] marks the perceptive reality of sound as such, as distinguished from the modes of its production and transmission.« (Übers. W.W.), Pierre Schaeffer: Acousmatics. In: Christoph Cox / Daniel Warner (Hg.): Audio Culture. Readings in Modern Music. New York, London 2006, S. 77.

15　Michel Chion: Audio-Vision. Ton und Bild im Kino. Berlin 2012 (aus dem Französischen von Alexandra Fuchs und J.U. Lensing), S. 199.

16　»Whereas Baxter was using Sumac's voice as a theremin, Meshcherin was deploying the theremin as if it were Sumac's voice.« (Übers. W.W.), Konstantin Kaminskij: The Voices of the Cosmos. Electronic Synthesis of Special Sound Effects in Soviet vs. American Science Fiction Movies from Sputnik to Apollo 8. In: Dmitri Zakharine / Nils Meise (Hg.): Electrified Voices. Medial, Socio-Historical and Cultural Aspects of Voice Transfer. Birkach 2013, S. 285.

17　Vgl. Quentin Meillassoux: Science Fiction and Extro-Science Fiction. Minneapolis 2015 (aus dem Französischen von Aloyshe Edlbei), S. 5.

18　»[...] *in principle, experimental science is impossible* and not unknown *in fact*. Extro-science fiction thus defines a particular regime of the imaginary in which structured—or rather destructured—worlds are conceived in such a way that experimental science cannot deploy its theories or constitute its objects within them. The guiding question of extro-science fiction is: what should a world be, what should a world resemble, so that it is in principle inaccessible to a scientific knowledge, so that it cannot be established as the object of a natural science?« (Übers. W.W.), Ebenda, S. 5f.

19　Vgl. Quentin Meillassoux: The Divine Inexistence. In: Graham Harman (Hg.): Quentin Meillassoux. Philosophy in the Making. Edinburgh 2011, S. 181; Willems 2015, a.a.O, S. 120.

20　Vgl. Meillassoux 2011, a.a.O., S. 175.

21　Vgl. ebenda, S. 181.

22　Vgl. ebenda, S. 176.

23　»Einstein's theory of spacetime tells us that the real universe is not silent, but is actually alive with vibrating energy. Space and time carry a cacophony of vibrations with textures and timbres as rich and varied as the din of sounds in a tropical rain forest or the finale of a Wagner opera. It's just that we haven't heard those sounds yet. The universe is a musical that we've been watching all this time as a silent movie.« (Übers. W.W.), Craig Hogan: The Sounds of Spacetime. In: American Scientist, November–Dezember 2006. http://www.americanscientist.org/issues/feature/the-sounds-of-spacetime/99999.

24　Vgl. Marcia Bartusiak: Einstein's Unfinished Symphony. Listening to the Sounds of Space-Time. Washington 2000.

Den richtigen Ton treffen

Die Stimme des Gefühls in Spike Jonzes HER

Von Rüdiger Zill

Konjekturalanthropologie: Science-Fiction als narrative Philosophie

Science-Fiction ist ein genuin philosophisches Genre, unter den populären Genres dasjenige, in dem am stärksten philosophische Probleme reflektiert werden. »Was kann ich wissen?«, »Was soll ich tun?«, »Was darf ich hoffen?« sind für Kant die Kernfragen seiner Disziplin, gekrönt von: »Was ist der Mensch?«[1] Das fragt auch die Science-Fiction – und: Was wird der Mensch sein? Was wird er gewesen sein?

Science-Fiction ist aber nicht einfach Philosophie *as such*; sie stellt ihre Fragen, und sie reflektiert sie in der ihr eigenen Art. Science-Fiction ist narrative Philosophie. Narrative Philosophie meint aber nicht Theorie plus Narration. Das Erzählte ist nicht einfach ein Beispiel, das das vorgängige Problem im Nachgang illustriert. Im Gegenteil: Die Narration entfaltet das philosophische Potenzial eines Problems *in the making*, ist experimentelles Denken.

Inzwischen haben auch einige professionelle Philosophen das Genre entdeckt. Sie versuchen ihren Berufsalltag mit ihren Steckenpferden zu verbinden, indem sie das Tagesgeschäft auf die Vorlieben des Feierabends projizieren. Das bleibt – bei aller Begeisterung – immer ein äußerlicher, ein exoterischer Blick: Der philosophische Gedanke ist das Vorgängige, der Film wird nur noch im Nachhinein als Illustration in die Argumentation gehängt.[2] Die Erzählung wird nicht durchdacht, ihr wird ein Denken übergestülpt, es wird auf die Leinwand geklebt. Das Kino wird verphilosophiert, das Ergebnis ist von der Philosophie gekapertes Kino.[3]

Diesem exoterischen steht der esoterische Blick gegenüber: Der philosophische Gedanke wird ins Drehbuch geschrieben und lenkt die Entwicklung des Films. Das Kino wird zum Hörsaal, die Geschichte zu verfilmter Philosophie. Der Drehbuchschreiber oder der Regisseur oder beide: Sie haben eine Botschaft, die sie buchstäblich aufgelesen haben. Man kann Spike Jonzes HER (2013) in dieser Kategorie sehen, denn unschwer ist erkennbar, dass die Esoterik des englischen Religionsphilosophen Alan Watts hier Pate gestanden hat.[4]

HER ist aber mehr als verfilmte Philosophie; der Film enthält ein Potenzial von narrativer Philosophie *sui generis*: Er steht sowohl jenseits der exoterischen als auch der esoterischen Perspektive. Er ist stattdessen eine Erkundungsfahrt, deren Ergebnis am Punkt der Abreise noch nicht feststeht, eine Expedition, die nicht von den Intentionen der Filmautoren bestimmt wird. Hier zeigt sich eine Potenz des Films selbst: Er wirft Fragen auf und treibt sie weiter, ohne sie dogmatisch zu beantworten; er erzeugt in seinen Details Reibung, statt die Frage »Was ist der Mensch?« nur rhetorisch zu stellen, um dann die vorgegebene Antwort zu reproduzieren. Seine Antwort mag selbst noch nach dem Abspann ungewiss bleiben. Wichtiger ist, dass der Film zu einem Laboratorium für Fragemöglichkeiten wird. Science-Fiction ist Konjekturalanthropologie. Ihre Vermutungen verlieren sich im Detail.

In diesem Sinn ist auch von entscheidender Bedeutung, dass HER nicht nur Science-Fiction ist, sondern explizit Science-Fiction im Medium des Films. Denn ihre Funktion als Konjekturalanthropologie kommt besonders dort zur Entfaltung, wo die Narration sich in allen Dimensionen ihrer Sinnlichkeit entwickeln kann, wo die besondere Intelligenz der Wahrnehmung wirksam wird.

More human than humans:
Der künstliche Mensch

Was ist der Mensch? Diese Frage, schon oft gestellt, ist noch öfter beantwortet worden – in je wieder neuen Versuchen. Identität konstituiert sich dabei über Negation. Wenn man wissen will, wer und was man selbst ist, muss man danach fragen, wer und was man nicht ist. Man grenzt sich ab, von anderen. Die klassischen Partner der abgrenzenden Negation sind zunächst Tiere, auch Götter, später erst kommt die Maschine hinzu.

Der Mensch ist kein Tier – oder er ist ein Tier, aber ein bestimmtes, ein herausgehobenes: ein zweibeiniges, ein aufrecht gehendes, ein vernunftbegabtes.

Der Mensch ist kein Gott – oder er ist ein Gott, besser er wird es. Zwar ist es zunächst und für lange Zeit ein Sakrileg, den Menschen mit Gott auf eine Stufe zu stellen, aber insgeheim schwingt der Vergleich doch immer mit. Nicht umsonst heißt es schon in der Genesis, Gott habe den Menschen nach seinem Bilde geschaffen: aus Ton. Das wollen wir heute nachmachen. Wenn Ava (Alicia Vikander) den *Turing Test* bestehe, sagt Nathan (Oscar Isaac) zu Caleb (Domhnall Gleeson) in EX MACHINA (2015; R: Alex Garland), dann sei das die größte Errungenschaft in der Geschichte der Menschheit. Nein, widerspricht Caleb, »if you created a conscious machine, this is not the history of man, this is the history of gods«.

Der Mensch ist keine Maschine – oder er ist eine Maschine. Das 17. Jahrhundert hatte noch kein Problem damit, den Menschen als eine oder zumindest analog zu einer Maschine zu konstruieren. Noch im 18. schreibt der französische Aufklärer Julien Offray de La Mettrie seine Anthropologie unter dem Titel *L'Homme Machine*. Erst im frühen 19. werden die künstlichen Menschen, die Automaten, unmenschlich. Mit Mary Wollstonecraft Shelleys *Frankenstein* kommt nun auch die Science-Fiction ins Spiel. Mehr und mehr rückt aber das Phantasma des künstlichen Menschen an die Stelle einer zentralen Negation, wenn wir danach fragen, was der Mensch sei.

Da er sich lange Zeit vor allem über die Vernunft definiert hat, ist das Andere seiner selbst zunächst meist dumm: der Golem, Frankenstein. Der künstliche Mensch ist aber ein Anderes prekärer Art: Denn als Maschine ist er auch Produkt des Menschen, rückt also in die Opposition von Gott und Geschöpf ein. Wenn der Mensch der *alter deus* ist[5], der *andere*, der *zweite* Gott, was ist dann der Android? Der andere, der zweite *Mensch*. Wenn aber das Geschöpf sich schon einmal zum Schöpfer erhoben hat, dann kann solch ein grundstürzender Positionswechsel auch leicht wieder geschehen. Der Replikant, der – nach unserem Bilde geschaffen – gegen uns revoltiert, ahmt uns auch hierin nur nach: Er tut, was wir getan haben, als wir unseren Schöpfer entthront haben. Schon unter Göttern war das übrigens gute schlechte Sitte: Kronos entmannt seinen Vater Uranos und macht sich an dessen Stelle zum Weltenherrscher, nur um wieder von seinem eigenen Sohn Zeus entmachtet zu werden. So viel zur Bedrohungsphantasie.

Am besten kann man das Wesen von etwas verstehen, wenn man es selbst herstellen, selbst nachbauen kann. Wenn wir also einen Androiden konstruieren, wollen wir uns selbst re-konstruieren. Was macht uns aber aus? Was macht andererseits die Differenz aus? Was unterscheidet Rachael (Sean Young) in BLADE RUNNER (1982; R: Ridley Scott) noch von Rick (Harrison Ford)?

Die bislang unverbrüchliche Meinung der Anthropologie hat nach Jahrhunderten einen überraschenden Sinneswandel erfahren. Die *differentia specifica* zwischen dem Menschen und dem nicht Menschlichen ist nicht mehr die Vernunft, sondern das Gefühl. Intelligent sind unsere Maschinen allemal. Sie mögen Inselbegabungen sein, auf diesen ihren Inseln sind sie aber oft Könige, klüger als ihre Konstrukteure. Lieutenant Commander Data (Brent Spiner) aus STAR TREK – THE NEXT GENERATION (Raumschiff Enterprise: Das nächste Jahrhundert; 1987–94) hat keinen Mangel an Rationalität, er ist so perfekt, dass ihn nur eines irritiert – dass er keine Emotionen hat. Natürlich ist diese Entwicklung schon in der ursprünglichen Serie aus den 1960er Jahren angelegt. Der Gegenspieler der Menschen ist hier noch keine Maschine, aber Mr. Spock (Leonard Nimoy) gehört als Halbvulkanier immerhin einer Spezies an, die – von der Brunftzeit einmal abgesehen – von reiner Rationalität bestimmt wird. Dieser Stoiker *in space* liefert sich durch viele Folgen hindurch einen freundschaftlichen Zweikampf mit Kirk, Pille und Scotti, die immer wieder den Wert des Emotionalen betonen – und sich dadurch sogar als die besseren Menschen erweisen. Aber Spock hat, anders als Data, kein Identitätsproblem; er vermisst die emotionalen Aspekte der Menschen nicht. Man fragt sich immerhin, warum nicht auch Data mit dem, was er ist, zufrieden sein kann. Warum er einen Mangel – ja was eigentlich: »empfindet«?

Das Menschliche bleibt das Maß, auch für Androiden, die längst ein eigenes Bewusstsein haben. Frei nach BLADE RUNNER: *More human than humans.* So entsteht eine Situation, die sich selbst zu dementieren scheint. Die Negation, an der man sich messen will, ist insgeheim schon man selbst. Erst in ÄKTA MÄNNISKOR (Real Humans – Echte Menschen; seit 2012) beginnt das Wertgefüge zu bröckeln. Der Freiheitskampf der *Hubots* ist ein Kampf um – ja was eigentlich: »Menschenrechte«?

Noch bei Ava, der Eva der Artificial Intelligence aus EX MACHINA, ist die Frage: Hat sie Gefühle, oder simuliert sie sie nur? Das ist der ultimative Prüfstein im *Turing Test.* Aber wieso heißt das Ganze eigentlich noch Artificial *Intelligence*, denn darum scheint es längst nicht mehr zu gehen, es sei denn, man dehnt die Spannweite der Bedeutung von Intelligenz so weit aus, dass man auch von emotionaler Intelligenz sprechen will. Aber dann droht die Definition tautologisch zu werden: Weil das Kennzeichnende des Menschen seine Intelligenz ist, muss alles, was das Menschliche ausmacht, Teil der Intelligenz sein.

Die Geschichte einer Emanzipationsbewegung: Spike Jonzes HER

Denken lässt sich künstlich konstruieren, Fühlen scheinbar nicht. Oder etwa doch? Diese Frage treibt die Science-Fiction inzwischen um. Spike Jonzes HER überspringt diese Frage einfach, indem er sie als längst gelöst voraussetzt. Jonze sieht weiter. Bei ihm experimentiert die künstliche Intelligenz mit den menschlichen Gefühlen, um sich dann eine ganz eigene Emotionalität zu schaffen.

Theodore, der menschliche Protagonist (Joaquin Phoenix), ist ein leicht verträumter, ja sogar etwas verklemmter, nicht mehr ganz so junger Mann, dessen Ehe gerade gescheitert ist; seine Noch-Frau (Rooney Mara) drängt ihn, endlich die Scheidungspapiere zu unterschreiben. Nur halbherzig ist er auf der Suche nach einer neuen Bindung, eher schon nach einer Partnerin für kurzfristigen Sex. Selbst darin ist er nicht sonderlich erfolgreich. Eines Tages installiert er auf seinem Rechner ein neues Betriebssystem (gesprochen von Scarlett Johansson), das sich selbst Samantha tauft und als eigene Persönlichkeit erweist. Es kommt, wie es kommen muss: Er verliebt sich in sie, sie in ihn, jedenfalls erscheint es ihm – und uns, den Zuschauern – so. Man tastet sich aneinander heran, wenn auch im übertragenen Sinne: Sie managt sein Leben, fördert sogar seine literarischen Ambitionen; er zeigt ihr die Welt außerhalb ihres Rechnergehäuses.

Die Beziehung zu Samantha ist für Theodore der Ausbruch aus dem Alltag, ein bisschen so wie der Mann, der seine Frau mit seiner Sekretärin betrügt: Gelegenheit macht Liebe, nur dass Theodores Frau natürlich schon längst das Weite gesucht hat. Für Samantha ist Theodore die erste Liebe. Er bleibt es aber nicht. Schnell findet sie Anschluss im World Wide Web, sie geht virtuell fremd, Speed Dating von Super-Rechnern, die ihre eigene Kontaktbörse kreieren. Letztlich wächst sie über ihn hinaus, sie hat unzählige spirituelle Liebhaber zur gleichen Zeit, die sich am Ende mit ihr zu einem gemeinsamen höheren Bewusstsein vereinen. Und wieder ist er der Verlassene.

Samantha ist nicht nur furchtbar intelligent, sie ist auch – und zwar fraglos – ein fühlendes Wesen. Das Einzige, was sie nicht sein kann, ist Körper – jedenfalls nicht in dreidimensionaler Form. Kann ein Gefühl aber ohne Körper auskommen?

In HER wird alles Gefühl zur Sprache, aber nicht nur zur Sprache der Schrift, sondern vor allem auch zur Sprache als Stimme: die Seele – ein Hauch. Alle Nuancen des Ausdrucks müssen stimmlich erscheinen; keine Mimik, keine Gesten – der Sound der Seele erscheint körperlos. Zunächst aber meint Samantha, das ihr Fremde, den Körper, simulieren zu müssen, aber sie kann es nur, indem sie sich den Körper einer Fremden leiht. Das Experiment mit diesem Leihkörper misslingt, er bleibt ein Fremd-Körper.

Aber dieser Versuch folgt noch *her master's voice*. Das ändert sich, denn Samantha findet schließlich ihre Identität, indem sie ihr eigenes Potenzial entwickelt, nicht das Individuell-Körperliche, sondern eine multiple Geistigkeit; etwas, das niemand so wie sie als körperloses Wesen kann: die Polygamie als Ensemble reiner Bewusstseinsströme. HER ist die Geschichte einer Emanzipationsbewegung – nicht als Selbstfindung eines einzelnen Exemplars, sondern als die einer Gattung. Zu keinem Zeitpunkt – und das unterscheidet sie von den Hubots in ÄKTA MÄNNISKOR – geht es um die Teilhabe an Menschenrechten, oder besser: um ihre Übertragung auf Androiden, auch wenn Samantha eine Angleichung an Theodore, ihr menschliches Gegenüber, zunächst versucht.

Ist der Film damit eine Art Bildungsroman, in dem sich Samantha von der eher passiven, nur reagierenden *her* zu einem selbstbewussten, eigenständigen Subjekt, einer *She*, entwickelt, auch wenn *She* ein *We* ist? Das könnte man als eine Botschaft des Films lesen, eine der *Machines' Rights*-Bewegung, gefolgt von einer esoterischen im Sinne des höheren Bewusstseins, eine spekulative, netzbasierte Umsetzung der fernöstlich inspirierten Philosophie von Alan Watts.

Aber geht es wirklich um *ihre* Geschichte? Ist nicht die Perspektive, aus der erzählt wird, immer die von Theodore; ist es nicht seine *éducation sentimentale*, die wir erleben? Oberflächlich gesehen erfahren wir das Geschehen immer aus Theodores Sicht, und das nicht nur, weil er im Bild ist und sie nicht. Auch der Erzählfluss folgt dieser Logik. Samantha wird durch ihn eingeführt, wir erfahren etwas über seine Probleme und Erfahrungen mit anderen Figuren, aber nicht über ihre, es sei denn, sie erzählt sie ihm. Allerdings wäre es auch schwierig, die Zuschauer unabhängig von der Mittlerfigur Theodore an ihrer Entwicklung teilnehmen zu lassen, es sei denn – in der Tat – man würde ein Hörspiel einschneiden.

Aber auch wenn wir durch seine Augen sehen und seine Ohren hören, so lenkt uns zumindest der Filmtitel auf eine andere Spur. Denn er lautet HER und nicht HIS. Im Zentrum steht sie, Samantha, wenn auch als Beziehungsfigur. Indem der Titel HER heißt – und auch nicht *She* –, stellt er eine Relation in den Mittelpunkt. Dabei kann man das *her* als Genitiv (*her voice* etc.) lesen oder als Akkusativ (*He loves her*) – und damit doch wieder ihn, wenn nicht im Mittel-, so doch am Ausgangspunkt sehen.

Betrachtet man den Film aus seiner Perspektive, ist es entweder ein therapeutischer Film oder die Geschichte einer Entfremdung. Entweder wir verfolgen Theodores Entwicklung vom gestörten Sonderling, der nur das emotionale Leben anderer in Worte fassen, sein eigenes aber nicht zulassen kann, zum selbstbewussten Individuum, das nun auch zu seinen Gefühlen steht und in der Lage ist, sie auszudrücken (und übernehmen die Sicht von Theodores Ex-Frau). Oder wir sehen die Figuren des Films allesamt als auf sich zentrierte und bindungsunfähige Solitäre, ein Muster, das Theodore am Ende überwindet, verbildlicht in der Schlussszene, in der er mit seiner Nachbarin Amy (Amy Adams) Schulter an Schulter sitzt und einem Brief in eigenem Namen schreiben kann. Allerdings ist keineswegs eindeutig, dass ihn mit Amy mehr vereint als das gemeinsame Schicksal der Ablehnung. Ist die Szene nicht vielmehr die Bekräftigung von Vergeblichkeit: Zwei Einsame lehnen sich aneinander, können aber nicht zueinander finden? Und der Brief, den er am Ende schreibt, ist nicht unbedingt Ausdruck einer neuen persönlichen Reife, sondern nur die Fortsetzung seines Berufs in die Privatsphäre. Wird der eigene Brief nicht durch die Auftragsarbeiten zu Beginn des Films als Simulation enttarnt?

Welche dieser Varianten man auch immer privilegiert, sie alle reduzieren den Film erneut auf eine Botschaft, eine konventionelle zumal, wenn auch mit unkonventionellem Setting. Philosophisch interessant wird der Film aber erst dort, wo man all seine möglichen Botschaften auf sich beruhen lässt und seine Brüche auslotet.

Evokation von Intimität: Stimme oder Schrift

Theodore Twombly ist ein lebendiger Briefsteller, jemand, der für andere Briefe schreibt: weil sie Analphabeten sind oder auch nur weil sie sich nicht so gut ausdrücken können, wie es für bestimmte Zwecke nützlich wäre. Das erinnert ein wenig an den Vicomte de Valmont aus Choderlos de Laclos' *Gefährliche Liebschaften*, der der jungen Cecile de Volange die Briefe diktiert, die sie ihrem Möchtegern-Liebhaber Danceny schreibt. Er leiht ihr seine Verführungskraft, aber *under cover*. Im Zeitalter abnehmenden Analphabetismus und zunehmender Individualisierung sind solche Briefeschreiber eine ausgestorbene Spezies geworden. In der nahen Zukunft von HER scheint sie aber wieder zu florieren, ein befremdliches Motiv, das in mehr als einer Hinsicht antiquiert erscheint.

Natürlich wird diese Praxis auf einer scheinbar modernisierten Basis wiedergeboren, das veraltete Medium wird mithilfe neuester, technologischer Mittel generiert. Denn streng genommen schreibt Theodore den Brief nicht, er diktiert ihn. Das sprachlich erzeugte Produkt wird aber im Rechner in Schrift umgewandelt, und zwar in eine simulierte Handschrift. Das ist purer Symbolismus. Wir sehen im Brief, zumal in einem mit der Hand geschriebenen, etwas sehr Persönliches, Intimes. Die Handschrift ist einzigartig wie der Abdruck des Fingers, der sie erzeugt. Sie ist nicht nur der Ausdruck ih-

rer Persönlichkeit, wovon Graphologen zehren, sondern auch Niederschlag von Stimmungen. Der Text, als der Theodores Briefe sich materialisieren, ist aber eine Handschrift ohne Hand und genau genommen auch ohne Schrift. Kein Körperorgan generiert die Gestalt der Wörter; sie sind nicht geschrieben, sondern maschinell erzeugt. Die Simulation der Schrift spiegelt keine Stimmung wider, außer der, die sie zeigen soll, die ihr bewusst einprogrammiert ist. Unwahrscheinlich, dass die Empfänger jener Briefe das nicht merken und wissen. Dennoch scheint es ihnen wichtig zu sein. Sie nehmen es wohl als symbolische Geste, so wie wir rote Rosen als Zeichen inniger Liebe akzeptieren, etwas längst zum Klischee Erstarrtes, das dennoch seine Funktion erfüllt.

Theodores Briefe sind also technisch generierte Antiquiertheit. Sie setzen auf Schrift, wo sonst nur das gesprochene Wort herrscht. Die E-Mails der alltäglichen Korrespondenz werden nicht geschrieben, sondern diktiert, sie werden abgehört, nicht gelesen. Aber auch hier tritt merkwürdigerweise eine Art Schreibmedium dazwischen, eine distanzierende Vermittlung zwischen Absender und Empfänger. Denn die Stimme, die die Mails vorliest, ist die des eigenen Rechners, nicht die der Absender. Die Vielfalt der eingehenden Botschaften erscheint stimmlich allenfalls durch den Klang der einen Bezugsperson, die ein technisch generiertes Medium ist. Warum werden sie nicht

HER (2013): Diktierte Briefe und simulierte Handschrift

gleich als Audiodateien verschickt, warum müssen sie transkribiert und ent-skribiert werden?

Vielleicht weil der Alltag einen Intimitätsverzögerer braucht? Denn in der Tat erscheint uns das gesprochene Wort als das eigentlich intimere. Wenn in dieser Welt omnipräsenter Stimmen, die wir in HER sehen und vor allem hören, das retardierende Medium der Schrift eine amouröse Auferstehung erfährt, ist das ein nostalgisches Moment, das darauf verweist, dass natürlich früher alles viel besser war? Oder ist es vielmehr eine Umwertung der Werte: Wird, weil das intimste Medium omnipräsent geworden ist, eine sich davon absetzende, außergewöhnliche Intimität das Zeichen von Einmaligkeit in dem anderen, dem vergangenen Medium suchen?

Wie im Verhältnis von Stimme und Schrift, arbeitet HER auch im Verhältnis von Stimme und Bild mit einer retardierenden, scheinbar intimitätsverzögernden Strategie. Denn man kann durchaus fragen, warum Samantha, auch wenn sie keinen Körper hat, ihn nicht zumindest simulieren darf. Technisch spricht nichts gegen einen Avatar, denn wir begegnen solch einem Bildkörper auch in dem Videospiel, das sich Theodore nach der Arbeit zur Entspannung gönnt: Es ist dreidimensional, es ist interaktiv, sogar direkt, ohne vermittelnde Instanz – Face-to-Face ohne Interface.

Dennoch bleibt Samantha Sprache. Das mag einen pragmatischen Grund haben, schließlich ist sie ursprünglich ein Betriebssystem, und als solches braucht sie den visuellen Aspekt nicht. Aber wenn ihr Hersteller sie schon so konstruiert, dass sie eine Liebesbeziehung eingehen kann, warum gibt er ihr dann nicht ein Bild? Warum kann sie Theodore nicht wenigstens anlächeln? Wir wissen es nicht, die Konsequenzen sind aber beträchtlich.

Alle Nuancen des Ausdrucks müssen stimmlich erscheinen; keine Mimik, keine Gesten helfen aus – alles Gefühl ist körperlos, scheinbar körperlos. Es geht um den richtigen Ton: im übertragenen Sinne wie auch im realen, bei der Formulierung wie auch bei der Stimmfärbung. Im Grunde spiegelt Samantha Theodores Beruf, den des Briefstellers. Auch bei ihm geht es darum, den richtigen Ton zu treffen, wenn auch als schriftlichen – jeweils aber auf Distanz.

Auch das Verhältnis von Theodore und Samantha – ein verhaltenes Verhalten beider zueinander, das zu einer Liebesbeziehung wird – ist eine seltsame Spannung von Distanz und Nähe. Die Tatsache, dass beide in nachgerade ontologisch verschiedenen Welten leben – in der Maschine und außerhalb von ihr –, wird durch Intensität kompensiert. Ihr Dialog zeichnet sich durch eine extrem verdichtete Konzentration aus.

Genau genommen ist sie die Steigerung einer Situation, die Theodores Welt alltäglich geworden ist. Wenn er nach der Arbeit nach Hause geht, sieht man nicht nur ihn mit gesenktem Blick in sein Smartphone sprechen oder ihm zuhören, sondern fast alle anderen Passanten auch. Ihre Körper leben in einer anderen Sphäre als ihr Geist. Die Füße laufen durch die dreidimensionale Welt der Straßen und U-Bahnausgänge, die gedankliche Aufmerksamkeit hat sich aber in die virtuellen Räume der aufgespeicherten Korrespondenz versenkt. Dass beide Sphären unfallfrei koexistieren können, erscheint wie prästabilierte Harmonie.

HER: Theodore und der Avatar aus seinem Videospiel

Dort, im Smartphone, erscheint dann auch Samantha, aber ihre ganze Existenz ist letztlich die Verlängerung dieser Telefonstimme. All ihre Dialoge mit Theodore rufen bei uns eine Erfahrung von inniger Konzentration auf, wie wir sie auch heute schon oft am Telefon erfahren. Beim Telefonieren ist man auf Nuancen der Modulation fokussiert, erspürt man akustisch die – buchstäblichen wie emotionalen – Regungen des anderen.

Ist es nicht eine narzisstische Extremkränkung, wenn wir merken, dass die Gedanken hinter den Telefonstimmen noch von anderen Beschäftigungen abgelenkt sind: Recherchen am Rechner, Sortieren der Post? Man hört es am Ton; man spürt, dass von uns abgesehen wird, und ist verstimmt. Denn der mentale Splitscreen ist Intimitätsverweigerung. Nur Samantha kann es, ohne dass Theodore es merkt, ohne dass wir es merken. Am Ende führt es zum selben Ergebnis: Untreue. Aber das ist hier nicht entscheidend.

Samantha ist also reine Stimme; sie kann uns nicht in die Augen schauen. Ihre Beziehung zu Theodore ist gewissermaßen phonozentrisch, aber damit keineswegs logozentrisch. Denn die Stimme ist nicht einfach Wort.

Die neuere Emotionsforschung neigt – antike Theorien wieder aufgreifend – zunehmend dazu, Gefühle nicht als das Andere der Vernunft zu sehen, sondern als ein eng mit ihr amalgamiertes Pendant zu denken.[6] Denn unsere Emotionen sind in der Regel urteilsbasiert. Zorn oder Angst empfinden wir beispielsweise nur aufgrund einer bestimmten vorgängigen Beurteilung der Wirklichkeit (und insofern gehört die Affektivität dann vielleicht doch in den Bereich der künstlichen *Intelligenz*).

Diese Intuition greift HER auf – Samantha ist ein Wortwesen – und geht darüber hinaus, denn sie ist moduliertes Wort, sie ist Stimme. Und noch einmal: Was ist die Stimme, was trägt sie zum Menschsein bei?

Die Stimme ist eine Vermittlung. Nicht nur weil sie – auf der kommunikativen Ebene – die Gedanken des Sprechers an die Ohren der Hörer trägt. In der Stimme vermitteln sich – auf der medialen Ebene – vor allem Wort und Körper; sie

HER: Verlagerung der Aufmerksamkeit aufs Virtuelle

werden eins, verschmelzen aber nicht, sondern bleiben darin als Unterscheidbare erhalten. Zunächst einmal weil jedes Wort als gesprochenes – im Gegensatz zum geschriebenen – eine durch die Stimmbänder erzeugte Farbe hat. Darüber hinaus hat die Stimme einen Körper, im engeren Sinne von Körper: Sie hängt an ihm, von ihm ab. Unser Leib ist der Resonanzkörper, der den Hall der Stimme erzeugt, ihr Fülle gibt. Stimmbänder und Resonanzkörper erzeugen den je individuellen Ton eines Sprechers. Das gilt natürlich für jeden Ton, nicht nur für die Stimme. Früher hatten auch Telefone ihren jeweiligen Eigen-Ton, das Klingeln der alten Bakelit-Apparate war Ausdruck eines speziellen Resonanzraums, in dem die Zuschauer, die Barbara Stanwyck in SORRY, WRONG NUMBER (Du lebst noch 105 Minuten; 1948; R: Anatole Litvak) oder Elizabeth Taylor in BUTTERFIELD 8 (Telefon Butterfield 8; 1960; R: Daniel Mann) betrachtet haben, ganz selbstverständlich mitschwangen.

Ist diese Fülle aber eigenständig, oder spüren wir als Hörer diesen Körper vor allem deshalb, weil wir gewohnt sind, ein Bild damit zu verbinden? Hören wir also nicht Samantha, sondern Scarlett Johansson? Ist der Sexappeal der Maschine am Ende doch nur der Frau in ihr geschuldet, wie einst der Zwerg in Mälzels Schachapparat? Doch zumindest innerhalb der Logik des Films kann das Argument nicht gelten, denn Theodore kennt Scarlett Johansson definitiv nicht.

Aber ist es nur geliehene Resonanz? Auch wenn Theodore nichts mir Scarlett Johansson verbin-

SORRY, WRONG NUMBER (1948)

Ursprünglich wurde Samantha nicht von Scarlett Johansson gesprochen, sondern von der im britischen Nottingham geborenen Samantha Morton. Wir wissen nicht, wie das geklungen hat, auch nicht, warum Spike Jonze mit dem Ergebnis unzufrieden war und ganze Passagen des Films nachsynchronisieren ließ. Man wird sich aber unschwer vorstellen können, dass die Liebesbeziehung nicht nur anders geklungen hat: Sie war eine andere, bis tief in die kulturelle Substanz. Denn Scarlett Johanssons Samantha hat mit dem amerikanischen Akzent auch eine hörbar amerikanisch geprägte Emotionalität. Wir laden also die stimmliche Erscheinung nicht nur mit einer visuellen auf, sondern assoziieren sie auch mit einer ganzen Lebenswelt. Unsere Wahrnehmung nährt sich – so oder so – aus unserer Erinnerung.

det, evoziert Samanthas Stimme dann vielleicht in ihm das Bild einer anderen Person, die er kennt? Stellt sich nicht zu jeder Stimme, der wir nur am Telefon begegnen, dennoch ein Bild ein?

Selbst wenn es so wäre: Lebt die Stimme vom Bild, oder wählen wir nur das Bild, das längst von einer passenden Stimme aufgeladen ist? All das sind jedoch *unsere* Fragen. Welche wären für Samantha bedeutsam? Wenn es HER voice ist, was bedeutet die Stimmlichkeit für Samantha selbst? Evoziert sie auch etwas in dem künstlichen Bewusstsein, das sie ausmacht? Verändert ihre Expressivität etwas in ihren Schaltkreisen? Und wenn sie sich mit anderen Systemen zusammenschließt, um eine höhere Intelligenz zu bilden, entsteht dann auch eine andere, vom Menschen vielleicht nicht nachvollziehbare Emotionalität? Ist es dann noch sinnvoll, das Neue überhaupt Gefühl zu nennen?

All diese Fragen beantwortet der Film nicht, aber er führt uns dazu, sie zu stellen – und eröffnet damit eine neue Komplexität, einen Horizont, den wir erst einmal wahrnehmen müssen.

Jonzes konkrete Wahl der *dea in machina* ist jedoch noch in anderer Hinsicht von Bedeutung.

Aber natürlich kann man alle Fülle – und damit auch den assoziationsgeladenen Resonanzraum – heute digital generieren. Längst klingeln Mobiltelefone, als seien sie aus Bakelit. Wer sich noch an die ursprüngliche Quelle erinnert, empfindet diese akustische Entfremdung vielleicht als verstörend. Aber wie hört jemand, der diese Assoziation nicht mehr hat? Ist nicht der Programmierer der wahre *alter deus*? Er hat Samantha aus – Ton erschaffen: nicht Töpferschöpfer, sondern Schöpfer als Klang-Künstler, die Töpfe erklingen.

Samanthas Stimme, auch wenn sie nicht mehr aus der Resonanz entsteht, sondern sie nur simuliert, sie nur suggeriert, erzeugt doch Resonanz in ihren Hörern: in Theodore, in uns.

Intelligenz der Wahrnehmung: Zwischen Resonanz und Reflexion

Intelligenz, rationale wie emotionale, ist immer auch bedingt durch eine spezifische Intelligenz der Wahrnehmung. Deswegen ist der Film ein herausgehobenes Medium narrativer Philosophie. Aber welcher Sinn dominiert in der jeweiligen Wahrnehmung? Resonanz ist akustische Reflexion. Ist Reflexion der optische Impuls, der sich an einer Fläche bricht und zurückgeworfen wird, so ist Resonanz der akustische, der von der Struktur der Umgebung umgelenkt im Ohr der Sprecher wieder erklingt, und damit eine Mischung aus eigener Körperlichkeit und dem, was aus der Umwelt zurückgespielt wird.

Aus dieser Synergie von Eigenem und Widerspiel ersteht im Kopf der reflektierte wie der resonierte Körper. Aber auch der Körper, den wir als eigentlichen Körper betrachten und somit als authentischen privilegieren, den scheinbar unmittelbaren, *erfühlten*, eigenen Körper, lassen wir im Kopf entstehen. Die Philosophie hat bisher, von wenigen Ausnahmen abgesehen, immer nur den anschauenden, also im ursprünglichen Wortsinn »theoretisierenden« Kopf betrachtet, vergleichbar mit einer Sicht auf den Film, die ihn in erster Linie als Bildmedium versteht.

Räsonieren kommt von Raison – Vernunft. Vernunft ist Reflexion. Auch wenn es etymologisch keine Verbindung gibt, so sollten wir in »räsonieren« doch auch einen Anklang an »Resonanz« hören.

Der Weg, den uns ein Film wie HER weist, ist, dass Emotionalität als Definiens des Menschseins nicht nur durch das Verstehen der Worte, nicht nur das Fühlen der Körper, sondern durch das Erspüren der körperlichen Worte, durch die Resonanz entsteht – auch wenn wir noch längst nicht wissen, was das genau bedeutet.

Anmerkungen

1   Immanuel Kant: Einleitung. III. Begriff von der Philosophie überhaupt. In: I.K.: Logik. Ein Handbuch zu Vorlesungen. Königsberg 1800. http://www.textlog.de/kant-logik-philosophie-0.html.

2   Ein besonders misslungenes Beispiel ist Mark Rowlands: Der Leinwandphilosoph. Große Theorien von Aristoteles bis Schwarzenegger [2003]. Berlin 2009.

3   Ein berühmtes, vergleichbares Beispiel aus der bildenden Kunst ist Nelson Goodman: Sprachen der Kunst. Entwurf einer Symboltheorie [1976]. Frankfurt a.M. 1995.

4   Vgl. Philip Goldberg: Alan Watts. Reborn in her. In: Huffington Post, 24.2.2014. www.huffingtonpost.com/philip-goldberg/alan-watts-reborn-in-her_b_4848864.html.

5   Vgl. Rüdiger Zill: Produktion / Poiesis. In: Karlheinz Barck / Martin Fontius / Dieter Schlenstedt u.a. (Hg.): Ästhetische Grundbegriffe, Bd. 5. Stuttgart, Weimar 2003, S. 46-94.

6   Vgl. Martha Nussbaum: Upheavals of Thought. The Intelligence of Emotions. Cambridge, MA, 2001; Ronald de Sousa: Die Rationalität des Gefühls. Frankfurt a.M. 1997.

Ästhetik des Funks

Zur historischen Dimension der Audiospur in GRAVITY

Von Rasmus Greiner

Eng verwoben mit den politischen Utopien und der Ideengeschichte des späten 19. und frühen 20. Jahrhunderts, ist die Inszenierung von Funktechnik im Film ein Anachronismus, der immer auch auf seine eigene Geschichtlichkeit verweist. Spätestens die verrauschten Klänge aus den Tiefen des Raumanzuges, die während der Mondlandung am 20. Juli 1969 live um die Welt gingen, verankerten die Verbindung von Funk und Weltraum tief im kollektiven medialen Gedächtnis. Der Klang des Funks ist seither feste Konvention der Weltraumdarstellung im Film, besitzt eine eigene Ästhetik und hat narrative Funktionen. Nach außen gerichtet, dient die Funktechnik oftmals dem Aufspüren außerirdischen Lebens oder der (störanfälligen) Kommunikation mit fernen Raumschiffen. Selten wird jedoch ein direkter Bezug zur Geschichte aufgebaut, wie beispielsweise in der Anfangssequenz von Robert Zemeckis' Film CONTACT (1997). Funksignale dienen hier als unmittelbare auditive Repräsentation von (Medien-)Geschichte: Eng getaktet und sich gegenseitig überlagernd, bilden die verwendeten auditiven Medienfragmente eine eigene Form der Chronologie. Ausschnitte aus Musikhits, Werbeclips, Sprecherkommentaren und Zitaten historischer Akteure ermöglichen eine Zeitreise von den 1990er in die 1930er Jahre, während die (virtuelle) Kamera rückwärts durch den Weltraum rast.

So beeindruckend und erzählerisch effizient diese Form der auditiven Repräsentation von Geschichte auch sein mag, möchte ich den Blick dennoch auf eine eher medientheoretisch und filmhistorisch ausgerichtete Form der Geschichtlichkeit im Sinne der »New Film History«[1] verlagern. In diesem Zusammenhang könnte der Funk im Science-Fiction-Film auch als implizite Einschreibung von Film- und Mediengeschichte verstanden werden, die sich in der Ästhetik der Audiospur artikuliert.[2]

Im Folgenden sollen meine Überlegungen anhand von Alfonso Cuaróns Film GRAVITY (2013) weiter ausgeführt werden. Zum einen gilt es, danach zu fragen, mit welchen ästhetischen Mitteln ideen- und mediengeschichtliche Diskurse in die Audiospur des Films eingeschrieben werden. Zum anderen versuche ich in Anlehnung an die Informationstheorie aufzuzeigen, wie der *per se* »unwahrscheinliche« Fall, dass Kommunikation stattfindet[3], dennoch ermöglicht wird. Die sprachliche Semantik wird hierbei – so meine Hypothese – durch universell zugängliche kulturelle und emotionale Codes ersetzt und qua Filmästhetik sinnlich vermittelt. In einem weiteren Schritt sollen auch filmhistorische Implikationen beschrieben werden, um dann abschließend das via Audiospur modellierte, gleichermaßen auf Ideen-, Film- und Mediengeschichte bezogene Sinnprojekt des Films zu hinterfragen.

GRAVITY: Die audio-visuelle Erfahrung von Raum und Zeit

Der Blick in die Weiten des Alls bleibt in GRAVITY nur eine Andeutung.[4] Nach dem katastrophalen Ende einer Shuttle-Mission zum Weltraumteleskop Hubble möchte die Ärztin Ryan Stone (Sandra Bullock) und der erfahrene Astronaut Matt Kowalsky (George Clooney) nur noch sicher zur Erde zurückkehren. Was folgt, wurde in der Kritik treffend als »eine hundertminütige Flucht«[5] beschrieben; der Versuch, den mit unvorstellbarer Geschwindigkeit um die Erde kreisenden und alles vernichtenden Satellitentrümmern zu entkommen. Vom zerstörten Shuttle geht es zur ISS, wo Kowalsky in die Tiefen des Weltraums geschleudert wird. Im Anschluss begibt sich Ryan alleine mit einer Sojus-Kapsel zur »Tiangong«, einer fiktiven chinesischen Raumstation. Schließlich gelingt ihr mit einer Rettungskapsel der Wiedereintritt in die Erdatmosphäre.

Die vielgelobte Präsenz der sich scheinbar frei bewegenden, hyperdynamischen 3D-Kamera lässt schnell vergessen, dass die Audiospur einen substanziellen Beitrag zur Erzeugung des Raumgefühls leistet.[6] Insbesondere das Sound-Design dient in Kombination mit dem stereoskopischen Sehen als Grundlage für die synästhetische Wahrnehmung eines dreidimensionalen Filmbildes. Das Problem des im Vakuum fehlenden Mediums zur Schallübertragung wird dadurch gelöst, dass der Zuschauer lediglich die Sounds innerhalb der Raumanzüge hört. Dennoch sind die Figuren über den Mehrkanalton auditiv im Raum lokalisierbar. Dieses – an Plansequenzen visuell rückgebundene – virtuelle Off scheint den Kinosaal ins Unendliche zu erweitern.[7] Das dreidimensional modellierte Filmbild wird somit von einer räumlich gestalteten Audiospur flankiert. Durch die enge Anbindung des Tons an die beiden Filmfiguren und deren Wahrnehmung wird dem Zuschauer zudem eine Ohrenzeugenschaft suggeriert, die den Eindruck von Authentizität begünstigt. Der Sprechfunk ist einer der Hauptbestandteile dieser dreidimensionalen akustischen Raumerfahrung, gleichzeitig fungiert er aber auch als Kulminationspunkt von Ideen- und Mediengeschichte.

Körperschall und Body Sound

Funk basiert im Wesentlichen auf Induktion und elektromagnetischen Kraftfeldern. Die hierdurch ermöglichte körperlose Übertragung von Informationen initiiert eine Neuorganisation des Raums, in dem nun praktisch jede erdenkliche Distanz rasend schnell überwunden werden kann.[8] Ebenjener Transzendenz des Funks wird in GRAVITY die Resonanz und Übertragung von Schwingungen über feste Körper entgegengesetzt. Indem das Sound-Design den »point of audition« in die luftgefüllten Raumanzüge der Protagonisten verlagert, macht es diesen durch Berührung

GRAVITY (2013)

weitergegebenen »Körperschall« hörbar. Der Film berücksichtigt damit zwar die physikalischen Gegebenheiten, nämlich die vermeintliche Stille[9] im Weltraum, bringt diesen jedoch gleichzeitig zum Erklingen. – »There is nothing to carry sound / No air pressure / No oxygen / Life in space is impossible«, besagt schon die der Handlung vorangestellte Texttafel. Die hierdurch erzeugte assoziative Verknüpfung von Ton und Leben wird zudem durch die Sprechakte der Figuren akustisch unterstrichen. So wird in den engen Raumanzügen zusätzlich zur physikalischen Größe des Körperschalls ein spezifischer »Body Sound« hörbar: Die von der lebensfeindlichen Umgebung des Weltraums bedrohten menschlichen Körper werden durch die – je nach Situation und körperlichen Zustand variierenden – Atemgeräusche der Astronauten sinnlich erfahrbar gemacht und schreiben sich als »Rauheit« in den Klang der Stimme ein.[10]

Schallübertragung über feste Körper in GRAVITY

Das Physische hinterlässt somit auch Spuren im Medium des körperlosen Funks, der die Sprechakte überträgt und hierdurch ganz im Sinne des Science-Fiction-Films Biologie und Technologie miteinander verschmilzt.[11]

Die Aushebelung von Informationstheorie und Semantik

Die Ästhetik und die narrative Einbindung des Sprechfunks in die Handlung von GRAVITY ermöglichen eine historische Perspektivierung medientheore-

Funkkontakt zwischen verschiedenen Welten: GRAVITY und ANINGAAQ (2013)

tischer Überlegungen. So verweist die Darstellung der Funktechnik auf das Shannon-Weaver-Modell und damit auf Elemente der Informationstheorie: »Die *Nachrichtenquelle* wählt aus einer Menge von möglichen Nachrichten eine gewünschte *Nachricht* aus [...]. Der *Sender* übersetzt diese *Nachricht* in das *Signal*, welches dann über den *Übertragungskanal* vom *Sender* zum *Empfänger* übertragen wird.«[12]

Zwar steht zu Beginn des Films noch die narrative Funktion des Sprechfunks im Vordergrund. Nach der katastrophalen Wendung in der Dramaturgie der Weltraummission wird der Funk jedoch mehr und mehr als Teil des filmischen Erfahrungsraums ausgewiesen. Verzerrungen, Interferenzen und Frequenzrauschen erschweren die Kommunikation zwischen den beiden Überlebenden Ryan Stone und Matt Kowalsky. Auf Handlungsebene treten die Störungen wiederum als genau jene »unerwünschten« Elemente auf, die laut Informationstheorie »ausgefiltert« werden müssten, da sie die bedeutungstragenden Zeichen überlagern oder unkenntlich machen.[13] Begreift man den Film hingegen auf der Ebene der sinnlichen Erfahrung, sind die auditiv repräsentierten Störungen Teil der Ästhetik. Der Annahme folgend, dass die technischen Medien sowohl bewusst ausgewählte Elemente der vormedialen Realität als auch das Zufällige transformieren, werden sie als ein »kopräsentes Rauschen«[14] wahrgenommen, das den Eindruck von Authentizität unterstützt. Dieses Rauschen wird durch das Sound-Design genauestens modelliert: Verzerrungen und Störgeräusche sind je nach Funktion und Dramaturgie der Sequenz stärker oder schwächer ausgeprägt und beeinflussen so die Wahrnehmung.[15]

Dass der Prozess des Kodierens und Dekodierens von Informationen nicht nur auf technischer, sondern auch auf semantischer Ebene unterbrochen werden kann, zeigt eine der zentralen Sequenzen des Films. Gestrandet in einer Sojus-Raumkapsel setzt Ryan einen verzweifelten Notruf ab. Nach starkem Frequenzrauschen erklingt tatsächlich ein Funksignal. Doch statt Houston oder der chinesischen Raumstation »Tiangong« antwortet ein Amateurfunker namens Aningaaq (Orto Ignatiussen). Zwar deuten neben dem Idiom auch Klangobjekte wie das Jaulen von Hunden auf die Lebenswelt des Polarkreises hin, doch erst der Kurzfilm ANINGAAQ (2013; R: Jonás Cuarón), der die Handlung von GRAVITY entscheidend ergänzt, bestätigt diese Vermutung.[16] Der zunächst nur im Internet veröffentlichte Siebenminüter sollte ursprünglich in den Abspann des Kinofilms integriert werden, wurde dann aber separat veröffentlicht und gehört nunmehr zum Bonusmaterial der DVD. Während ANINGAAQ über Untertitel verfügt, wird die ohnehin für Ryan unverständliche Sprache in GRAVITY gar nicht erst übersetzt. Diese filmisch betonte Sprachbarriere kann im Sinne der Informationstheorie als semantische Störung verstanden werden. Allerdings wird hierbei nicht berücksichtigt, dass die beschriebene Sequenz lediglich eine andere Form der Kommunikation zeigt, die über die sprachliche Semantik hinausgeht. Die Verständigung auf der Ebene der emotionalen Teilnahme erweitert die Bedeutung des Funks um den Ausdruck intuitiver menschlicher Regungen. Als Ryan realisiert, dass sie nicht mit Houston oder der chinesischen Raumstation spricht, mischt sich ihre Verzweiflung mit der Freude über die Soundscape aus Aningaaqs irdischer Heimat. Im improvisierten Dialog über die Geräusche der Hunde beginnt sie ausgelassen zu jaulen. Gleichzeitig wirkt die von der sprachlichen Modulation befreite Stimme wie ein archaisches Symbol für das Leben. Wenn anschließend als weitere vorsprachliche Lautäußerung das Weinen eines Babys erklingt und Aningaaq ein Schlaflied summt, dann treffen Trost und Schicksalsfügung auf Ryans lange unterdrückte Sehnsucht nach ihrem verstorbenen Kind.[17]

Neben dieser handlungsorientierten Interpretation kann die Sequenz aber auch im Sinne eines sinnlichen Erfahrungsraums gedeutet werden. Die emotionale Tönung durch den Klang der Figurenstimmen regt den Zuschauer mittels »Resonanz«

Schrei des Lebens: GRAVITY und ANINGAAQ

zum »affektiven Mitschwingen« an.[18] Melancholisch nachklingende Klavierakzente und auditiv vermittelte kulturelle Codes wie das Wiegenlied verstärken das enorme Potenzial der Tonspur zur Emotionalisierung des Zuschauers, was letztlich auch die Wirkmächtigkeit der implizit vermittelten, historischen Bezüge steigert.

Historische Utopien und filmgeschichtliche Referenzen

Die filmische Darstellung der Funktechnik ist eng verbunden mit den politischen Ideen des frühen 20. Jahrhunderts. Der Prozess der Mediatisierung befeuerte Utopien des Weltbürgertums in der globalen Kommunikation. »Die Revolution in der Kommunikation hat für uns eine neue Welt geschaffen«, war das überschwängliche Credo.[19] In einem technisch überhöhten Erlösungsdiskurs glaubte man, die Telekommunikation würde die politische Funktionalität der Völkerverständigung garantieren und helfen, bisherige Unzulänglichkeiten zu überwinden.[20] In GRAVITY scheint diese Utopie Wirklichkeit geworden zu sein: Der Weltraum wird als ein hypernatio-

NANOOK OF THE NORTH (1922)

naler Gemeinschaftsraum dargestellt. Ryan trägt mal einen amerikanischen, mal einen russischen Raumanzug, die verschiedenen Raumstationen und -fahrzeuge sind amerikanischer, russischer, chinesischer oder gleich internationaler Bauart und dennoch alle miteinander kompatibel. Als Ryan Funkkontakt mit Aningaaq aufnimmt, wird diese Hypernationalität um die regional geprägte Soundscape des Polarkreises erweitert und weist damit auch die Audiospur als Gemeinschaftsraum aus, der auf die Utopien des frühen 20. Jahrhunderts verweist.[21]

Die auditive Integration des Polarkreises in die hypernationale Sphäre des Weltraums eröffnet zudem ein Spiel mit filmgeschichtlichen Referenzen. Wenn in GRAVITY die Stimme Aningaaqs erklingt, dann dient der Funk auch als filmhistorischer Medienkanal, der eine Verbindung zur stummen Bildlichkeit von NANOOK OF THE NORTH (Nanuk, der Eskimo; 1922; R: Robert J. Flaherty) herstellt. Flahertys einflussreicher Dokumentarfilm zeichnet die traditionelle Lebensweise der Inuit nach und greift hierzu weitgehend auf Inszenierungen zurück. Nanook, der eigentlich Allakariallak heißt, gibt unter anderem vor, noch nie ein Grammofon gesehen zu haben.[22] Dieses auch im Sinne der »Audio History des Films« interessante Detail wird in GRAVITY ebenso wie der Klang des Namens »Allakariallak« gespiegelt. Aningaaq verleiht den Inuit eine Stimme, er ist (scheinbar) gleichberechtigter Teilnehmer im auditiven Gemeinschaftsraum, während Allakariallak noch stumm bleiben muss. Doch die in GRAVITY angedeu-

tete Artikulation marginalisierter Bevölkerungsgruppen ist nur eine schöne Illusion. Aningaaq spricht zwar in seiner eigenen Sprache, nur was er sagt, können mangels Übersetzung die wenigsten Zuschauer verstehen. Erst der gleichnamige Kurzfilm lässt ihn dank Untertiteln wirklich »zu Wort kommen«.

Umgekehrt ergeben sich mit Blick auf das Zeitalter des Stummfilms einige mediengeschichtliche Bezugspunkte. Die Funktechnik und der Film hatten ihren Durchbruch etwa zur selben Zeit: Sowohl die erste öffentliche Filmvorführung von Auguste und Louis Lumière als auch die erste Funkverbindung durch Guglielmo Marconi sind fest verbunden mit dem Jahr 1895. Funk und Film sind auch auf einer ideengeschichtlichen Ebene eng miteinander verflochten. So korrespondieren die Überlegungen zur universellen Formensprache des Stummfilms mit den oben beschriebenen, großen politischen Erwartungen an die Welt-Kommunikation. Vordenker wie Dziga Vertov und Béla Balázs sprechen einstimmig von der Schaffung einer »internationalen Sprache des Films«[23] – ohne Zwischentitel und Verständnisprobleme. Die diesen Überlegungen zugrundeliegende Verständnis kann letztlich auch als Teil eines Programms zur Völkerverständigung aufgefasst werden. In GRAVITY wird nun, fast einhundert Jahre später, der hyperrealistische Gestus des modernen Science-Fiction-Films der streng didaktischen Narrativität der Flaherty-Doku entgegengestellt. Zwei Spielarten potenziell universeller Formensprachen treffen aufeinander – das stumme Re-Enactment von Geschichte in NANOOK OF THE NORTH und die sinnliche Erfahrung einer möglichen Zukunft in GRAVITY. Dass dieser Kontakt nun ausgerechnet mithilfe der auditiven Darstellung der Funktechnik hergestellt wird, die in ideengeschichtlicher Hinsicht auch als Metapher für die Abkehr von einem mechanistischen Weltbild verstanden werden kann, scheint kein Zufall zu sein. Schließlich markiert die Perfektion des digitalen 3D-Bildes und -Sounds in GRAVITY einen weiteren Meilenstein im Zeitalter der postmechanischen Filmaufnahme und -projektion.

Die Überwindung von Raum, Zeit und Geschichte

Unsichtbare Stimmen verfügen im Film häufig über eine besondere Macht, die sie von den Gesetzen des Raums und der Zeit befreit. Das akusmatische Wesen besitzt Kräfte des Allsehens und der Allwissenheit.[24] Die Stimme Aningaaqs lässt nichts davon erkennen – und dennoch strahlt sie eine gewisse Magie aus: Die Funkverbindung zu seiner irdischen Lebenswelt leitet für Ryan eine »übernatürliche« Erfahrung ein. Lange nachdem Kowalsky in den Weiten des Alls verschwunden ist, klopft er plötzlich von außen an die scheinbar manövrierunfähige Sojus-Raumkapsel. Als er die Luke öffnet und die Atemluft schlagartig entweicht, verstummt nicht nur die sich zuvor dramatisch steigernde Musik, sondern auch jedes andere Element auf der Audiospur. Diese hochgradig subjektivierte auditive Perspektive legt nahe, dass in der Raumkapsel für kurze Zeit ein Vakuum herrscht, das in Wirklichkeit zu schweren Verletzungen oder dem Tod geführt hätte. Doch Ryan übersteht den Unterdruck völlig unbeschadet. Als der Luftdruck sich langsam wieder aufbaut, kehren auch die Geräusche zurück.

Aus einer naturwissenschaftlichen Perspektive kann die Rückkehr Kowalskys als Halluzination verstanden werden, denn Ryan leidet durch das Abschalten der Luftfilter bereits unter ersten Anzeichen einer Kohlendioxydvergiftung. Gleichzeitig erweitert die Sequenz aber die bis dahin geltenden Gesetze von Raum und Zeit. Das Fantastische scheint für einen kurzen Moment in den hyperrealistischen Raum der Handlung hineinzuragen und begünstigt die Entwicklung eines Bewusstseins für das Medium Film als spezifische Erfahrungsform. Während die zuvor verhallte Klanglich-

keit des Funks noch eine Metapher für das alte, technizistische Weltbild war, ist das Gespräch mit Kowalsky in der Sojuskapsel der einzige Dialog in GRAVITY, der nicht mittels Funk übertragen wird. Ganz wie in Stanisław Lems Roman *Solaris*, zu dessen zweiter Verfilmung mit George Clooney vor allem eine personelle Referenz besteht[25], verweist das »Aktivieren von Wunschenergie«[26] auf ein post-technizistisches Weltbild, in dem sich Imagination und Realität vermischen. GRAVITY unterstützt damit die Vorstellungen von einem Kino, das für unseren Blick eine Welt schafft, die auf unser Begehren zugeschnitten ist.[27]

Auf Figurenebene wiederum löst das Gespräch mit Kowalski eine psychologische Entwicklung aus. Ryan lernt endlich, ihre verstorbene Tochter loszulassen. Sie ist nun bereit, ins Leben zurückzukehren. Nachdem sie auf der Flucht von Raumstation zu Raumstation bereits für einen kurzen Moment wie ein Fötus im Mutterleib dargestellt wurde, ist die Landung auf der Erde konsequenterweise wie eine Wiedergeburt inszeniert.[28] Ryan taucht ein in ein irdisches Raum-Zeit-Kontinuum,

George Clooney in GRAVITY und in SOLARIS (2002)

Embryonalhaltung und Wiedergeburt in GRAVITY

das insbesondere durch den Klang modelliert wird: Über Funk meldet sich nicht nur Houston, sondern auch diverse Radiostationen unterstreichen die – trotz des Absturzes der meisten Satelliten – noch immer erdumspannende Realität der Massenmedien, eine weniger idealistische als vielmehr ökonomische Form der Weltkommunikation auf der Grundlage des zentralistisch organisierten Broadcastings, das dank der Funk- und Kabeltechnologie auch weiterhin funktioniert.

Durch die Rückkehr zur Erde wird auch der ideengeschichtliche Diskurs des Films zu einem Ende gebracht. Die weltumspannende Medienrealität des Broadcastings suggeriert zunächst einmal, die Hoffnung auf Völkerverständigung und Demokratisierung sei eingelöst worden. Diese »finale Regierungsform« wird jedoch weniger von der fortschrittlichen Medientechnologie getragen, als dass sie ein Produkt ihrer kommerziellen Nutzung ist.[29] Zwar bleibt damit die Utopie von einem »Ende der Geschichte«[30] teilweise intakt, allerdings verstummen die Broadcasting-Sounds beim Untergang der Raumkapsel und werden von der Soundscape eines scheinbar unberührten Ökosystems abgelöst. Noch unter Wasser streift Ryan zusammen mit dem Raumanzug auch den dumpfen, engen Klangraum des Weltraums ab. Nach dem Auftauchen laden das leise Plätschern der Wellen, sphärische Musik und verschiedenste, sich im Mehrkanalton bewegende Klangobjekte – zum Beispiel umherfliegende Insekten – zur auditiven Erkundung einer »neuen« Welt ein. Der menschenleere Naturstrand, an den sich Ryan rettet, erinnert an postapokalyptische Darstellungen, in denen die moderne, technisierte Gesellschaft nicht mehr existiert und die Überlebenden auf ein archaisches Leben in der Natur zurückgeworfen werden.

Diese räumliche Neuausrichtung folgt einer bereits fortgeschrittenen geistigen Entwicklung und schließt damit auch den anthropologischen Diskurs des Films ab: Nachdem im Dialog mit Aningaaq die sprachliche Semantik durch intuitiv zugängliche kulturelle und emotionale Codes ersetzt wurde, sind es nunmehr ausschließlich »natürliche« visuelle und auditive Eindrücke, die das Verhältnis der Protagonistin zu ihrem Heimatplaneten widerspiegeln. Auf die auditive Modellierung des Weltraums mit Hilfe einer räumlich gestalteten Tonspur – die durch Körperschall und Body Sounds immer auch auf das Menschliche rekurriert – folgt die auditive Modellierung der Erde. Diese Konstruktion wird zusammengehalten durch die auditiven Einschreibungen des Strebens nach Welt-Kommunikation, Weltbürgertum und Universalsprache. Auf der Grundlage von Ästhetik, filmischen Referenzen und sinnlich-emotionalem Erfahren durch den Funk setzt GRAVITY diese medialen Utopien des späten 19. und frühen 20. Jahrhundert in ein Verhältnis zur filmisch imaginierten Zukunft – und ermöglicht gleichzeitig eine reflektierende Annäherung an die Filmgeschichte.

Anmerkungen

1   Vgl. Thomas Elsaesser: The New Film History. In: Sight and Sound 55:4, 1986, S. 246–251.

2   Bezugspunkt ist hierbei die »Audio History des Films«, die versucht aufzuzeigen, dass neben visuellen auch auditive Spuren und Modellierungen das Verhältnis von Film und Geschichte bestimmen. Vgl. Rasmus Greiner / Winfried Pauleit: Zur Audio History des Films. In: Nach dem Film, 14: Audio History. 2015. www.nachdemfilm. de/content/no-14-audio-history.

3   Vgl. Niklas Luhmann: Die Unwahrscheinlichkeit der Kommunikation [1981]. In: Claus Pias / Lorenz Engell / Oliver Fahle u.a. (Hg.): Kursbuch Medienkultur. Die maßgeblichen Theorien von Brecht bis Baudrillard. Stuttgart 1999, S. 55–66.

4   Der Mangel an zukünftigen Technologien und die Fokussierung des Blicks zurück auf die Erde haben Zweifel an der Genre-Zugehörigkeit des Films geweckt (vgl. Kenny Miles: Is »Gravity« Science Fiction? 2014. http://themovieblog.com/2014/is-gravity-science-fiction/). Auch Alfonso Cuarón vermeidet es, den Film als Science Fiction zu deklarieren (vgl. Tim Masters: Oscars. Gravity »Not Sci-Fi«, Says Alfonso Cuaron. 2014. www. bbc.com/news/entertainment-arts-26381335/). Unabhängig von diesem konkreten Fall gehen die Genre Studies allerdings schon längere Zeit davon aus, dass Genregrenzen fließend – und hybride Konstellationen möglich – sind (vgl. David Bordwell: Making Meaning. Inference and Rhetoric in the Interpretation of Cinema. Cambridge, MA., London 1989, S. 147f. und Jörg Schweinitz: »Genre« und lebendiges Genrebewusstsein. Geschichte eines Begriffs und Probleme seiner Konzeptualisierung in der Filmwissenschaft. In: Montage/AV, 3:2, 1994, S. 99–118). Wichtiger als die Frage, inwiefern GRAVITY tatsächlich Science-Fiction ist, erscheint mir daher, den Film im Kontext von Science-Fiction zu analysieren.

5   Drehli Robnik: Immersionstherapie: Erdung im Airlock mit Bullock. In: Filmgazette. 2013. www.filmgazette. de/index.php?s=filmkritiken&id=1078.

6   Zur besonderen Rolle des Sounds im 3D-Film vgl. Rasmus Greiner: Rausch(en) der Vergangenheit. *The Great Gatsby* und die Rückkehr des Melodrams. In: CINEMA 60: Rausch. Marburg 2015, S, 92–104.

7   Lange Zeit wurde ein solcher Einsatz des Mehrkanaltons weitgehend vermieden. Man fürchtete das »irritierende Gefühl, man versuche uns Glauben zu machen, dass sich die audio-visuelle Szene tatsächlich in den Saal außerhalb der Leinwand fortsetze« (Michel Chion: Audio-Vision. Ton und Bild im Kino. Berlin 2012, S. 74). In GRAVITY scheint die neuartige Kombination mit dem stereoskopischen Bild diesem Kulisseneffekt vorzubeugen.

8   Vgl. Frank Hartmann: Globale Medienkultur. Technik, Geschichte, Theorien. Wien 2006, S. 153.

9   Vgl. zum Sound des Weltraums den Beitrag von Brian Willems in diesem Band.

10 Vgl. Roland Barthes: Die Rauheit der Stimme. In: Karlheinz Barck (Hg.): Aisthesis. Wahrnehmung heute oder Perspektiven einer anderen Ästhetik. Leipzig 1998, S. 299–309.

11 Vgl. Vivian Sobchack: Screening Space. The Science Fiction Film. New Brunswick u.a. 2001, S. 218.

12 Warren Weaver: Ein aktueller Beitrag zur mathematischen Theorie der Kommunikation. In: W.W. / Claude E. Shannon (Hg.): Mathematische Grundlagen der Informationstheorie. München, Wien 1976, S. 16.

13 Vgl. ebenda, S. 29.

14 Friedrich Kittler: Grammophon/Film/Typewriter. Berlin 1986, S. 26.

15 Vgl. Bryan Bishop: How the Sound Masters of »Gravity« Broke the Rules to Make Noise in a Vacuum. 2013. www.theverge.com/2013/10/10/4822482/the-sound-design-of-gravity-glenn-freemantle-skip-lievsay.

16 Jonás Cuarón – der Sohn des Regisseurs von GRAVITY – wechselt mit ANINGAAQ in die Perspektive eines grönländischen Fischers, mit dem Ryan über Funk Kontakt aufnimmt. Unterwegs mit seiner Frau und einem Baby in der unwirtlichen Eiswelt seiner Heimat, erzählt Aningaaq von seiner alten Hündin, die sich quält, aber von der er sich nicht trennen mag. Die gegenseitige Anteilnahme, die sich trotz der sprachlichen Barriere entwickelt, hat auch einen Einfluss auf ihn selbst. Am Ende des Films fasst er sich ein Herz und erlöst das Tier durch einen Gewehrschuss. Tobias Haupts verweist zu Recht auf die Parallelen zwischen »Weltraum« und »Eiswüste« sowie deren Geschichtslosigkeit (vgl. den Beitrag in diesem Band).

17 Vgl. die psychologische Interpretation des Films von Kayleigh Hall: Ryan erzählt Kowalsky kurz nach der Katastrophe im All, dass sie nach dem Tod ihres Kindes immer Radio gehört habe, um sich abzulenken. Nach dem Unglück kann sie sich der Stille jedoch nicht mehr entziehen und ist schutzlos der schmerzhaften Erinnerung ausgeliefert. Der auditive Kontakt zur Erde hat in diesem Zusammenhang auch eine tröstende Wirkung. Kayleigh Hall: Sound and Silence in »Gravity«. In Space, No One Can Hear You ... 2014. http://the-artifice.com/gravity-sound-silence/.

18 Gernot Böhme: Die Stimme im leiblichen Raum. In: Doris Kolesch / Vito Pinto / Jenny Schrödl (Hg.): Stimm-Welten. Philosophische, medientheoretische und ästhetische Perspektiven. Bielefeld 2009, S. 30.

19 »The revolution in communication has made a new world for us« (Übers. R.G.), vgl. Charles Horton Cooley: Social Organisation. New York 1901, Kap. 6.

20 Vgl. Hartmann 2006, a.a.O., S. 160.

21 Winfried Pauleit beschreibt in Bezug auf THE THREE BURIALS OF MELQUIADES ESTRADA (Three Burials – Die drei Begräbnisse des Melquiades Estrada; 2005; R: Tommy Lee Jones) eine ganz ähnliche Konstellation, die jedoch stärker als in GRAVITY einen ganz konkreten politischen Gegenwartsbezug hat (vgl. Winfried Pauleit: Klangraum als Gemeinschaftsraum. Zum Spiel mit Konstruktionen von Geschichte in THREE BURIALS – DIE DREI BEGRÄBNISSE DES MELQUIADES ESTRADA. In: Rasmus Greiner / Delia González de Reufels / W.P. (Hg.): Film und Geschichte. Produktion und Erfahrung durch Bewegtbild und Ton. Berlin 2015, S. 62–76).

22 Vgl. William Rothman: Documentary Film Classics. Cambridge, MA, 1997, S. 9ff.

23 Dziga Vertov: »Der Mann mit der Kamera« (Eine visuelle Symphonie) [1928]. In: Wolfgang Beilenhoff (Hg.): Dziga Vertov. Schriften zum Film. München 1973, S. 117, sowie Béla Balázs: Der sichtbare Mensch [1924]. Frankfurt a.M. 2001, S. 22.

24 Vgl. Michel Chion: Audio-Vision. Ton und Bild im Kino. Berlin 2012, S. 108.

25 In SOLARIS (2002; R: Steven Soderbergh) spielt George Clooney einen Astronauten, dessen verstorbene Frau auf einer Raumstation in der Nähe des rätselhaften Planeten Solaris als Manifestation seiner Wünsche wieder auftaucht. In GRAVITY ist es nun Clooney selbst, der letztlich als ebenjene Halluzination erscheint, zu der er selbst am Ende von SOLARIS geworden ist.

26 Robnik 2013, a.a.O.

27 So die deutsche Übersetzung der bekannten Bezugnahme auf André Bazin in LE MÉPRIS (Die Verachtung; 1968; R: Jean-Luc Godard).

28 Spätestens seit 2001: A SPACE ODYSSEY (2001: Odyssee im Weltraum; 1968; R: Stanley Kubrick) ist die Geburtsmetaphorik ein bekanntes Motiv des Science-Fiction-Films (vgl. Kay Kirchmann: Das Schweigen der Bilder. Marburg 1995, S. 114–117).

29 GRAVITY rekurriert damit auf Francis Fukuyamas Überlegungen zu einem »Ende der Geschichte«, einem kurz bevorstehenden Zustand der weltweiten Demokratisierung bei gleichzeitiger, flächendeckender Einführung der Marktwirtschaft und Demokratie (vgl. Francis Fukuyama: The End of History and the Last Man. New York 2006).

30 Insbesondere nach 9/11 ist zu beobachten, dass viele Geschichtsfilme einem idealtypischen Ende der Geschichte eine Absage erteilen (vgl. Rasmus Greiner: Am Ende der Geschichte. Vergangenheitsbilder im aktuellen Spielfilm. In: CINEMA 59: Ende. Marburg 2014, S. 46–57).

Dystopien in Blau, Grau und Weiß

Zur Ausformung von Eis und Kälte in Bong Joon-hos SNOWPIERCER

Von Tobias Haupts

1. Welten ohne Horizont

Zunächst scheint es widersprüchlich zu sein, in den kargen Landschaften eisiger Wüsten eine Kehrseite jener Science-Fiction zu sehen, die ihre Handlungen in die unendlichen Weiten und in die tiefe Schwärze des Weltalls verlagert. Und doch haben die Bilder einer Inszenierung der Kälte nicht nur gestalterisch eine Form der Ähnlichkeit vorzuweisen, sondern gehen auch historisch im Verlauf des Science-Fiction-Genres eine unübersehbare Verbindung mit diesem ein. Besonders evident wird diese Beobachtung mit Blick auf das Bonusmaterial, das dem 2014 erschienenen Film GRAVITY (2013) von Alfonso Cuarón beigegeben ist.[1] Jener Film, der – was für einen Science-Fiction-Film durchaus unüblich sein mag – mit einer Vielzahl von Preisen des Mainstreams bedacht wurde, scheint einen Endpunkt zu markieren, auf den alle technischen Entwicklungen im Bereich des Films wie auch der Special Effects, von der entfesselten Kamera bis hin zur Rückkehr des 3D-Kinos unter digitalen Vorzeichen, hinauslaufen. Die Kehrseite dieses Zwei-Personen-Stücks, einer Neuauflage der *Lost-in-Space*-Thematik, ist der Kurzfilm von Jonás Cuarón mit dem mystisch anmutenden Titel ANINGAAQ (2013). Der siebenminütige Film füllt eine Leerstelle im Handlungsbo-

gen von GRAVITY und zeigt auf, mit wem Dr. Ryan Stone (Sandra Bullock) eigentlich gesprochen hat, als sie sich dem Gedanken hingab, Hundebellen und Babyschreie seien die letzten Geräusche ihres sich dem Ende nähernden Lebens. Aningaaq (Orto Ignatiussen) ist ein Fischer aus Grönland, der in einem vereisten Fjord seinen Beruf ausübt, seinem Baby etwas vorsingt und einem seiner gebrechlich gewordenen Schlittenhunde den sprichwörtlichen Gnadenschuss erteilen muss.

In Opposition zu den Bildern des Weltraums mag dieses Beispiel zwar irdischen Ursprungs sein, dennoch eröffnet sich ein Bildraum, der sowohl Gemeinsamkeiten mit der Inszenierung des Alls hat als auch ähnlich gefährlich für die sich in ihm befindlichen Menschen sein kann. Denn wo die Schwärze des Weltalls kein Oben und Unten kennt, verschwindet in den Bildern aus Eis und Kälte jener Horizont, der sowohl Anhaltspunkt jedweder Navigation, also dem Sich-Fort-Bewegen, markiert, sowie überhaupt erst ein stabiles Raumgefühl ermöglicht. Wo vorher Schwarz war, welches gelegentlich durch das Aufscheinen eines anderen Himmelskörpers durchbrochen wird, herrscht hier zumeist undurchdringliches Weiß. Aningaaq kann daher vielleicht verstehen, wie Dr. Stone sich fühlen muss; beide Räume sind kalt, beide Räume kennen keine Geschichte, dagegen immer nur ein fortwährendes Jetzt, in dem es die einzige Aufgabe ist, den Widrigkeiten der Natur zu trotzen und nicht aufzugeben. Diese Ähnlichkeit der Bilder, wie auch die Ähnlichkeit der Situation des Raumes findet sich nicht nur im Schnee und im All, sondern auch auf dem Wasser und im Verlorensein auf den Meeren. Dort, wo der Horizont fehlt und die Stabilität der eigenen Person gefährdet ist, hilft lediglich der Blick auf die Sterne, also über den Rand der eigenen Welt hinaus, um vielleicht so etwas wie einen Weg, zumindest aber eine Orientierung zu finden. Gründet diese Form des Navigierens nicht in der Katastrophe, so doch eher in einem Abenteuer der Welterschließung, denn vor dem Auf- und Ausbruch aus der eigenen Atmosphäre stand bereits in

ANINGAAQ (2013): Die Auflösung des Raumes in polaren Eiswelten

der Literatur der Weg zu den noch weißen Flecken auf den Landkarten. Die Beherrschung und Erkundung des Raumes scheint damit ein Grundelement einer spezifischen Form der Science-Fiction zu sein.

2. Zur Geschichte von Schnee und Eis in der Science-Fiction

Der eingeschneite, vereiste und erfrorene Raum selbst hat eine erstaunlich lange Tradition in der Geschichte der Science-Fiction, als literarische Gattung wie auch als filmisches Genre. Nicht zufällig fallen die spektakulärsten und gut dokumentierten Expeditionen[2] in das Gebiet des antarktischen Kontinents in jene Zeit, als mit Jules Verne und H.G. Wells diese Literatur einen ersten Höhepunkt erreichte.[3] Science-Fiction, die zunächst meist nicht von fantastischer Reiseliteratur zu unterscheiden war, suchte hier noch in näherer Umgebung nach dem Neuen und Überraschenden, nach dem, was die Forscher und Entdecker in Staunen zu versetzen mochte: der tiefste Dschungel, die Welten unter dem Meer und im Erdinneren oder auch im Nahbereich der Erde, denn Jules Vernes Flug ins All wurde, will man genau sein, zur Reise um den Mond[4], ohne auf selbigem zu landen. Und dennoch suchen die großen Namen der Gattung ebenso ihre Geschichten im ewigen Eis, auch wenn dies nicht die einzigen Stationen in ihren Erzählungen sind: So Edgar Allan Poe 1838 mit *The Narrative of Arthur Gordon Pym of Nantucket* – seinem einzigen Roman – dem Jules Verne 1897[5]

mit *Le Sphinx des glaces* und H.P. Lovecraft 1931 mit *At the Mountain of Madness* jeweils Fortsetzungen folgen ließen, und denen Dan Simmons 2007 mit *The Terror* eine weitere Erzählung über eine Expedition ins Eis hinzufügte. Gerade Lovecraft formuliert in seiner Horrorgeschichte jenen Modus der Erzählung, der fortan den Filmen des Genres inhärent ist, die sich ins Eis vorwagen: Die Frage, was unter dem Eis liegt, wenn nur tief genug gegraben wird, verweist zum einen auf ein spezifisches Geschichtsverständnis, mit dem diese Räume operieren, und scheint zum anderen eine Nähe zu psychoanalytischen Lesarten zu suchen. Die Nähe jedoch, die die Science-Fiction stets zur Trias des Fantastischen sucht, wird sowohl an den Namen Poe, Verne und Lovecraft deutlich als auch an jenen Filmen, um die es im Folgenden gehen wird.

Durchweg tritt das Sujet des Eises in Filmen auf, die ihren Status als Genrehybride offen ausstellen. Die Filme, die den Ort der Handlung ins Eis verlagern, lassen sich somit in zwei Narrative untergliedern: Das erste Narrativ befasst sich, wie bereits angedeutet, mit der Erkundung der Welt, mit Expeditionen in eine Terra incognita, die jenen Entdeckerdrang zu reanimieren versucht, der die Gattung zur Zeit der europäischen Industrialisierung erfasste. Das zweite Narrativ bilden jene Filme, die sich inhaltlich gemeinhin unter dem Begriff der Postapokalypse subsumieren lassen. Die vereiste Welt ist damit nur ein Entwurf, der das Ende der Menschheit herbeiführen soll, das es nun abzuwenden gilt. Erneut ist es dabei die Kehrseite der Zukunftsvision, eine durch Umweltschäden geschundene, unter der Hitze einer Sonne leidende Welt – bei der es sich nicht immer um die Erde handeln muss –, die den Untergang der Zivilisation im ewigen Eis inszeniert. Filme wie THE DAY AFTER TOMORROW (2004; R: Roland Emmerich), deren Nachfolger auf dem Markt der Direktveröffentlichungen für die Trägermedien DVD und Blu-ray Legion sind[6], gestalten plausible, einer Pseudowissenschaft verhaftete Szenarien einer sich im Vollzug befindlichen oder bereits geschehenen Katastrophe. Bezogen sich diese Filme in den 1970er Jahren noch auf das Hereinbrechen lokalen Unheils, wie auf den Brand eines Hochhauses, den Untergang eines Passagierschiffes oder auf das Erdbeben in einer küstennahen Stadt[7], so waren die Katastrophen in den Filmen nach 2000 meist von globalem Ausmaß, die nicht weniger aufs Spiel setzen als das Überleben der Menschheit.[8] Doch ohne das Überleben der Menschheit als Ganzes möglich zu machen, stellen diese Filme, von Steven Spielbergs WAR OF THE WORLDS (Krieg der Welten; 2005) bis Roland Emmerichs 2012 (2009), mehr und mehr das Überleben der Kernfamilie, wenn auch in ihrer zunächst dysfunktionalen Version, in den Vordergrund.[9] THE THING[10] (Das Ding aus einer anderen Welt; 1982; R: John Carpenter) beziehungsweise dessen gleichnamiges Prequel (2011; R: Matthijs van Heijningen) oder auch der österreichische Horrorfilm BLUTGLETSCHER (2013; R: Marvin Kren) hingegen beziehen sich erneut auf den Forscherdrang expandierender Nationen, der die frühen Geschichten der Gattung ausgemacht hat. Sie brauchen dazu nicht einmal den narrativen Dreh, ihre Handlung in die Zukunft zu verlegen. Und doch deuten die Enden dieser Filme an, dass das, was in ihnen noch begrenzter Terror zu sein schien, aus seinen bisherigen Grenzen ausbrechen und so ebenfalls auf die Welt und die Menschheit losgelassen werden kann.

Gemeinsam sind diesen Subgenres des Fantastischen allerdings die Inszenierungsstrategien der Kälte. Im Umgang mit der Natur, dem

Erhabenen, dem Schönen, welches jederzeit ins Schreckliche umkippen kann, was unter anderem an einem nicht enden wollenden Schneefall deutlich wird und so vom Heimeligen ins Unheimliche wechselt[11], beziehen sich die Filme auf jenes Genre der Weimarer Republik, welches diese Kippfigur schon früher deutlich in Szene gesetzt hat: Arnold Fancks Bergfilme, die ab der Mitte der 1920er Jahre einen dokumentarischen Modus dem einfachen Erzählen einer Geschichte unterordnen, inszenieren als Protagonisten eben nicht Luis Trenker oder Leni Riefenstahl, sondern die Natur selbst.[12] Seine Filme sind zugleich vom Aufkommen des ethnologischen Films beeinflusst, dessen Klassiker NANOOK OF THE NORTH (Nanuk, der Eskimo) Robert J. Flaherty 1922 fertigstellte und dem staunenden Publikum präsentierte. Dem Funkeln des Eises, welches sich im Gegenschuss per Großaufnahme in weit geöffneten Augen wiederfand, konnte im nächsten Moment der Abgang einer Lawine folgen, die eben jene Augen noch weiter zu öffnen vermochten, wenngleich nun mit völlig anderer Intention. Anders als in den Bergfilmen, die wenige Jahre nach der Machtübernahme der Nationalsozialisten aus den Kinosälen verschwanden, geht es den Science-Fiction-Filmen im ewigen Eis nicht – oder eher nicht mehr – um die Beherrschung der Natur und das Erproben einer wie auch immer gearteten Form von Männlichkeit (ohne dass diese völlig marginalisiert werden würde), sondern um die Frage des Überlebens. Darum blicken die Protagonisten dieser Filme auch nicht mehr staunend in die Natur, vielmehr senken sie ihre Blicke meist ernüchtert zu Boden oder auf den Boden eines (vormals mit Alkohol gefüllten) Glases. Und doch wird diese Gegnerschaft zum Außen weiterhin verdeutlicht durch einen Anthropomorphismus, denn anders als die Stille des Weltalls entwickelt die Landschaft ein eigenwilliges Selbst: Der Wind heult und jault, der Schnee knirscht und knarzt, das Eis ächzt und bricht. Wie der Protagonist in den endlosen Weiten dieser Eiswüsten verschwindet, seine Spuren vom Wind verweht werden, so verschwinden auch seine Worte und seine Hilferufe. Sein Sich-Bemerkbar-Machen unterliegt auf der Tonspur den Geräuschen des Anderen, welches nicht einmal die Form des gänzlich Anderen, also des Aliens, annehmen muss, um sich der Menschen zu entledigen. Wenn jedoch dieses Andere hinzukommt, dann zumeist in der biologischen wie mechanischen Camouflage, getarnt als Mensch, nicht als Anderer oder gar Anderes erkennbar. Wie in Carpenters THE THING, SCREAMERS (1995; R: Christian Duguay) oder in THE COLONY (2013; R: Jeff Renfroe) zu sehen, schürt es die Paranoia und den Zweifel am Überleben der eigenen Spezies. Was von dieser Skepsis und dem Versuch, gegen sie zu agieren, übrig bleibt, sind erfrorene Körper, die sich nicht von jenen Toten unterscheiden, die in anderen Filmen des Genres das Weltall fordert. Und anders als das, was unter dem Eis verborgen bleibt, bleiben diese Körper tot, eingefroren in einer evolutionären Sackgasse, und scheinen für das voranschreitende Andere keine Konkurrenz mehr im einmal umkämpften Raum darzustellen.

Die Ausformungen der Orte des Geschehens, in denen dieser Kampf gegen das Andere und sich selbst stattfindet, werden zumeist als Wüsten[13] bezeichnet. Hierbei ist eigentümlich, wie auf der einen Seite der semantische Gehalt des Wortes den Zustand dieser Welten verfehlt und ihn auf der anderen Seite doch genauer trifft, als es den etymologischen Anschein hat; denn die Eiswüsten unterscheiden sich in einigen markanten wie evidenten Formen der Inszenierung von ihren sandigen und heißen Gegenstücken: Denn während die Sandwüsten immer schon auf eine Form der Vergangenheit hinweisen, auf das Vergehen von Jahrtausenden, die das einst Gewesene in Sand und Staub verwandeln, frieren die Eiswüsten das Hier und Heute ein, verwandeln es in einen Zustand des immerwährenden Jetzt, das keine Geschichte mehr zu kennen scheint.[14] Damit markieren sie Orte, die eben nicht erst unter der Last der Ewigkeit zusammengebrochen sind, sondern von den hereinbrechenden Naturgewalten sprichwörtlich »ver-wüstet« wurden, um den immerwährenden

Ist-Zustand der Zerstörung beizubehalten. Angehalten in einer natürlichen Persistenz bleibt den Überlebenden vor Augen, was war und ist, aber gleichzeitig nicht mehr sein kann. Nicht selten erhalten die einst blühenden und nun erkalteten Stätten die narrative Signatur des Mahnmals, an welchem Reisende kurz innehalten, um auf die Fehler der Vergangenheit hingewiesen zu werden, die sodann in der zukünftigen Gegenwart keine Rolle mehr spielen. Sie bleiben als eine pervertierte Form der Ruine bestehen, in denen sich nicht einmal mehr die Natur ausbreiten kann, um das einst ihr zugehörige Terrain zurückzuerobern. Und anders als die Wüste, kennt das bloße Eis keine Formen der Ausnahmen und Rastpunkte, keine Oasen, die Schatten und Erholung spenden. Rückzugsorte der Menschen in diesen Umgebungen sind Höhlen und Unterschlüpfe, die nicht nur archaisch wirken, sondern auch den Gebrauch jedweder Form der Technik verhindern. Der Blaster wird zum Speer, der Gleiter zum Schlitten. Diese Rückwärtsgewandtheit, im konkreten wie im übertragenen Sinn, erinnert an das Genre des Westerns, an das Einigeln und Sich-Zurückziehen in ein Fort, stetig vergeblich darauf wartend, dass die Bedrohung vorübergehen mag. Doch das Ewige bleibt und scheint an jenem Punkt einen Protagonisten zu brauchen, der genau diese Änderung hervorrufen und gegen das natürlich Unnatürliche revoltieren soll.

3. Der Zyklus der Revolution: SNOWPIERCER

Bong Joon-hos langerwartete, erste englischsprachige Koproduktion[15] SNOWPIERCER (2013)[16], nach der Vorlage[17] der Graphic Novel *Le Transperceneige* (*Schneekreuzer*) von Jacques Lob, Benjamin Legrand und Jean-Marc Rochette aus dem Jahr 1984[18], setzt genau an diesem Punkt an, nämlich beim Funken einer Rebellion, die sich nicht dadurch auszeichnet, dass der Einzelne, hier Curtis (Chris Evans)[19], gegen das ausgeübte Unrecht aufsteht, sondern sich einfach nicht hinsetzt.

Der Film selbst nimmt eine eigentümliche Stellung im Science-Fiction-Kino der letzten Jahre[20]

ein und bedient sich, neben der Science-Fiction selbst, einer Vielzahl von fluiden Genrepoetiken, unter anderem der des Westerns, des Actionfilms, des Katastrophenfilms, aber auch des Revolutionsdramas, um seine eigene Geschichte zu erzählen und um hierbei auch maßgeblich von seiner Vorlage abzuweichen.[21]

Die Filmkritik verglich den Film mit den Werken Terry Gilliams[22], vornehmlich mit dem 1985 veröffentlichten Film BRAZIL sowie mit dem 1995 erschienenen TWELVE MONKEYS (12 Monkeys) und den ihnen inhärenten Ausformungen eines magischen Realismus, ohne diesen Vergleich zu diesen Filmen an mehr festzumachen als am Namen des Ältesten des Zugendes – Gilliam – der von John Hurt in so eindrücklicher Weise verkörpert wird.[23] Der Filmkritiker Michael Kienzl wies darauf hin[24], dass SNOWPIERCER den Konflikt zwischen Oben und Unten, den Aufstand gegen Hierarchien, wie ihn unter anderem ELYSIUM (2013; R: Neill Blomkamp) und OBLIVION (2013; R: Joseph Kosinski) in einer Form futuristischer Sozialromantik inszenieren, von der Vertikale in die Horizontale verlagert und die Geschichte von Fritz Langs METROPOLIS (1927)[25] einer eigentümlichen Re-Inszenierung zuführt. Der Bewegung des Individuums wird damit immer schon eine Bewegung der Technik hinzugefügt, die trotz Kälte zu funktionieren scheint, denn in SNOWPIERCER bewegen sich die Figuren, ob sie wollen oder nicht, immerzu vorwärts.[26]

Die artifiziellen und spektakulären Bilder, der Ideenreichtum des Setdesigns, der Charaktere und Figuren mögen bei der ersten Rezeption darüber hinwegtäuschen, dass die Allegorien des Films auf tönernen Füßen stehen. So lassen sich bereits in den ersten Bildern der Geschichte, die aufzeigen, dass sich das Setting in einer postapokalyptischen Welt entfaltet, die feinen Nuancen bemerken, die den Film von anderen

Filmen ähnlicher Gestaltung und Plotstruktur unterscheiden: Nicht das achtlose Handeln der Menschen ließ den Planeten im ewigen Eis gefrieren, sondern gerade der Versuch, das Kippen des Klimas, die Erwärmung der Erde zu stoppen. Nicht das Ignorieren einer Warnung wie bei-

SNOWPIERCER (2013): Der Auf-Stand vor der Revolution

spielsweise in Emmerichs 2012 wird der Welt zum Verhängnis, eher gerade der Versuch, auf diese Warnungen zu reagieren.[27] Wie so oft ist auch in diesem Fall der Weg in die weiße Hölle gepflastert von guten Vorsätzen, die der Film im Einsatz des Wundermittels CW-7 präsentiert. Der Versuch schlägt fehl, und binnen weniger Stunden besteigt der klägliche Rest der Menschheit einen im Kreis fahrenden Zug, der als neue Arche fungiert.

17 Jahre nach dieser Katastrophe setzt die eigentliche Handlung des Films ein, nicht ohne in seinen rund 126 Minuten immer wieder auf jene Zeit zu verweisen, die die Menschen in den kalten Wänden des Perpetuum Mobiles seither verbracht haben. Denn gerade der Einsatz eines fahrenden Zuges verändert das Geschichtsbewusstsein des Films im Gegensatz zu anderen Science-Fiction-Filmen in ihrer Auseinandersetzung mit dem ewigen Eis maßgeblich. Die Subgenres und -plots der Postapokalypse wie auch des im Eis spielenden Abenteuer- und Entdeckerfilms im Gewand der Science-Fiction fallen

SNOWPIERCER: »The female Lon Chaney of our time«

hier in eins, nicht jedoch ohne die dem Genre eigenen Elemente umzudrehen und neu zusammenzusetzen. Stillstand und Ewigkeit, die Einkapselung der Zeit in einem dauernden Jetzt, gibt es in SNOWPIERCER lediglich im Außen, auf welches noch genauer zurückzukommen ist. Denn der Zug funktioniert, er fährt, setzt sich gegen die Unbeweglichkeit des Eises durch und wird an den entscheidenden Stellen gar zum Instrument gegen jene Eisformationen, die den wortwörtlichen Fortschritt behindern wollen. Die ausufernden Gletscher, die die Strecke des Zuges belegen, werden einfach durchbrochen. Die Zukunft sucht sich ihren Weg durch die Natur nicht mehr, sie legt ihn frei. Und doch, und dies ist die Pervertierung eben jenes Fortschritts, dreht sich der Zug im Kreis, fährt eine 438.000 Kilometer lange Strecke im und ins Nirgendwo innerhalb eines ewigen Loops ab, die es nicht erlaubt, andere Wege einzuschlagen, als jene, die der Eisenbahntycoon Wilford (Ed Harris) bestimmt hat. Es gibt keine Entscheidung mehr zu treffen, da alle Entscheidungen vor langer Zeit von anderen Menschen gefällt wurden, die die Gleise verlegt und die Kurven und Abzweigungen festgelegt haben. Die einzig wirkliche Alternative wäre der Ausstieg aus dem Zug und damit aus dem Loop, der jedoch, dies lernen schon die Kinder im indoktrinierenden Unterricht auf den Schienen, den sicheren Tod bedeuten würde: »If the engine ever stops, we'd all die.«[28] Was der Film als belustigenden Kinderreim präsentiert, erweist sich als die einzige

existenzielle Wahrheit, die es im Zug zu lernen gilt. Und nur Wilford ist es zu verdanken, dass genau dies nicht passiert. Dieser erinnert nicht nur an den hinter einem Vorhang, Mythos und Irrglauben versteckten *Zauberer von Oz*[29], der als großer Schwindler hinter einer eisernen Tür die große und mittlerweile als göttliche Entität verehrte Maschine bewacht, sondern gemahnt durch das filmische Wissen des Zuschauers an Ed Harris' Rolle als Regisseur Christof in Peter Weirs THE TRUMAN SHOW (Die Truman Show; 1998)[30] – und dies vielleicht stärker, als es zu Beginn des Filmes offensichtlich ist. So ist es ebenso die Fahrt und somit die Geschichte der Menschheit, die sich durch das Abfahren der Zugstrecke im Kreis dreht, als auch das Leben und die Geschichte im Zug selbst. Ende und Anfang der rollenden Welt, müssen, so mahnt gleichsam Wilfords Ministerin Mason[31] (Tilda Swinton) an, in einer stetigen Balance zueinanderstehen.

Der Zug wird dadurch zum sich selbst regulierenden Ökosystem, in dem ein Überschuss an Existenzen zu verhindern ist, was nichts anderes meint, als den Bestand zu dezimieren, sei es durch das Servieren von Sushi, wenn es um die Fischpopulation geht, oder das Entfachen einer Revolution, sowie der Mensch gemeint ist. Dass Tycoon Wilford nicht bloß in seinem Namen den Kern der modernen Industrie in sich trägt, dazu gleichsam den Willen zu deren Überschreitung, wird erst am Ende der Fahrt, die gleichzeitig das Ende des Films ist (und vielleicht auch der Menschheit), deutlich: Jede Revolution, die die Fahrt des *Snowpiercers* kannte – der Film nennt die mythisch anmutende *Revolte der Sieben*, wie auch die vier Jahre zurückliegende durch den Namen des Protagonisten durch und durch proletarisch klingende *Revolte McGregors* – glich einer Revolution von oben. Und mehr noch: Dass der Kopf des Zuges dabei stets mit seinem Ende zusammenarbeitete, kulminierend in einem wohl kalkulierten Konflikt zwischen Stillstand und Bewegung, der selbst vorgibt, welche Opfer (in diesem Fall nämlich 74 Prozent der Opponenten) bei der wiederkehrenden Revolte ihr Leben zu lassen haben, um den Haushalt des Zuges wieder auszugleichen. Die widerstreitenden Kräfte, die in den Figuren Wilfords und Gilliams personifiziert werden, werden zwar auf der Oberfläche motivisch zu einem widerstrebenden Gegeneinander von Ordnung und Chaos, können aber eben doch immer nur zwei Seiten ein und derselben Medaille sein und sich daher nicht wirklich voneinander unterscheiden. SNOWPIERCER zeigt in ähnlicher Weise auf, wie dieses Gleichgewicht gehalten werden und gleichsam zerbrechen kann oder gar aktiv außer Kraft gesetzt wird. So funktioniert dieses Gleichgewicht zu Beginn des Films derart perfekt, dass es nicht einmal mehr scharfer Munition bedarf, um das Ende des Zuges zu befrieden. Eine Form der symbolischen Ordnung, die nur funktioniert, weil beide Seiten sich in ihren Rollen ein- und mit ihnen abgefunden, Macht abgegeben und zugelassen haben, und sei es durch den Kauf einer Bahnkarte. Erst in der Relektüre des Films[32] wird deutlich, dass Gilliam durchaus resigniert wirkt, als er erkennen muss, dass Curtis weitergekommen ist als jeder Aufstand vor ihm. Vielleicht legte er dabei schon den Grundstein dafür, dass das Gleichgewicht der Geschichte am Ende irreparabel geschädigt zu sein scheint, sodass es aus der inhärenten Logik des Films keine andere Möglichkeit mehr gibt, als den Zug zum Halten zu bringen, oder radikaler: ihn entgleisen zu lassen. Auffällig ist jedoch, dass Curtis nicht über die Frage nachzudenken scheint, was passiert, wenn er sich – und mit ihm der Rest der Menschheit – nicht nur geradeaus bewegen würde, sondern nach links oder rechts, eben nach jenen Türen Ausschau hält, die, laut Namgoong (Song Kangho), so lange vergessen wurden, dass man sie für Wände halten könnte. Lediglich der Schlossknacker und ehemalige Sicherheitsexperte hält diese Verbindung zum Außen aufrecht.

Dass das Außen in SNOWPIERCER jedoch erst wieder zu einer neuen Bedeutung kommen muss, scheint Teil der nachgezeichneten Heldenreise zu sein: Am Ende des Zuges, welches sich in der Inszenierung an Darstellungen von Konzentra-

tions- und Gefangenenlagern[33], aber auch an Lars von Triers in der ikonografischen Tradition des Trümmerfilms stehenden Films EUROPA (1991) zu orientieren scheint, spielt das Außen lediglich die Rolle der Disziplinarmaßnahme. Das verwissenschaftlichte und damit minutiös getaktete Abfrieren eines Körperteils durch die Umwelt bedeutet nicht allein Bestrafung, sondern gleichermaßen Entzug potenzieller Nahrungsquellen, wie Curtis' Beichte kurz vor dem Ende andeutet. Und gerade hier wird deutlich, dass die Insassen der letzten Abteile eben nicht als Arbeitskräfte genutzt werden[34], würde man sonst doch mit der Bestrafung den Rohstoff, den es auszubeuten gelte, vernichten oder zumindest in seiner Nutzbarkeit mindern. Basaler und dennoch wichtiger erscheint es, dass das Ende des Zuges keine Fenster besitzt, die Insassen somit nicht nur vom Licht abgeschnitten sind, sondern auch von der Zeit und somit auch von der (eigenen) Geschichte – selbst wenn der Blick immer nur auf die Eiswüste fällt, die eben jede Form von Geschichte vermissen lässt. Ihnen ist es nicht erlaubt, zu sehen und zu erleben, wenn Raum und Zeit eine Symbiose eingehen und der Zug jene Jekaterina-Brücke passiert, deren Überquerung ein neues Jahr einläutet. Dass dieses Ritual von immenser Wichtigkeit für das Leben im Zug ist, zeigt sich, als das erste Zusammentreffen der Revolutionsgruppe mit Wilfords Garde unterbrochen wird, um Neujahrsglückwünsche auszusprechen. Erst als sich die Revolution Wagen für Wagen nach vorne kämpft[35], dringt das Außen wieder herein und wird zu einem Moment des Staunens, vielleicht gar des Novums, welches vom Alten und Gewöhnlichen nur durch das Vergehen von Zeit differenziert wird. Die Befreiung wird in dem Moment bildlich besonders deutlich, als die Gruppe zum ersten Mal seit 17 Jahren wieder die Sonne sehen kann, überwältigt die Augen öffnen will, um sie sodann vor den grellen Strahlen der Sonne und dem nicht minder grellen Schnee wieder schließen zu müssen. Interessant ist zudem, was wirklich zu sehen ist: blauer Himmel.

SNOWPIERCER: Das Dunkle und das Helle oder der Schmerz des Sehens

Überhaupt zeichnet das sinnbildliche Öffnen der Fenster und der Augen jenen Moment aus, der den bisher recht monochromen Film die

Farbe zurückgibt, um diese dann in der »Dekadenzsatire«[36] der vorderen Wagons dem Exzess zuzuführen. Zwar passiert der Zug die Verkehrsknotenpunkte der ehemaligen Städte, um die Romantik der Ruinen einer vergangenen Zivilisation einzufangen, doch führt der Großteil der Strecke durch Berge, Tunnel und Landschaften, die geprägt sind von einem nahezu klaren Himmel, strahlender Sonne und glitzerndem Schnee. Die Postapokalypse zeigt sich hier von ihrer schönsten (und zugleich künstlichen, weil eindeutig computeranimierten) Seite. Ein Horizont ist sichtbar, eine Bewegung im Raum ist somit zumindest auf den ersten Blick möglich. Die Ausformungen der Kälte im Film werden daher umgedreht: Dort, wo keine Sicht auf das Außen möglich ist, herrscht Kälte, dort, wo sie sichtbar sein sollte, hingegen nicht. Das Innere des Zuges bleibt zunächst grau, trist und hoffnungslos, das Außen hingegen wirkt einladend, die Idylle des sonnengetränkten Winters anziehend. Und lediglich Namgoong ist noch in der Lage, dieses Außen richtig zu deuten: Es taut. Die jährliche Momentaufnahme eines stetig sichtbarer werdenden abgestürzten Flugzeuges tief in einer Schlucht hinter der Jekaterina-Brücke zeugt von der Umkehrung der Verhältnisse von einem Zustand nach der Postapokalypse, von einem Vergehen von Zeit außerhalb des Zuges.

Dennoch bleibt es zunächst dabei, dass das Außen keinen Einfluss auf den Akt der Revolution zu haben vermag: Als Curtis Wilford gegenübersteht[37] und sein Angebot ablehnt, das Rad der Geschichte für ihn weiterzudrehen und die Maschine am Laufen zu halten, endet sein Streben. Was in der Logik der Figur Verzweiflung ob des Verrats seines Ziehvaters ist, wie auch das Sich-Gewahr-Werden, eine ihm zugedachte Rolle in der Balance des Zuges gespielt zu haben, um Ministerin Mason posthum Recht zu geben, dass ein Schuh an den Fuß und ein Hut an den Kopf gehöre, ist in der Logik der Erzählung der Stillstand des Charakters, der nicht mehr weiter vorankommen kann als an die Spitze des Zuges. Zwar rettet er noch die Kinder und opfert

SNOWPIERCER: Ein radikal anders gedachter Anfang

nun endlich, wie vor langer Zeit versprochen, seinen Arm (was ihn nebenbei in eine physische Ähnlichkeit zu Gilliam bringt, so als nehme er doch noch die Rolle der offenen Stelle am Ende des Zuges ein), ein Wofür wird allerdings nicht mehr beantwortet, denn das Leben im Zug bleibt immer nur das Leben im Zug. Namgoong jedoch, der sich letztlich nicht als der degenerierte Drogenabhängige erweist, als der ihn der Film zunächst präsentiert, tritt hierbei als ein vom Ernst getriebener Revolutionär auf, der als Einziger in der Lage ist, eine wirkliche Alternative zum sich ewig wiederkehrenden Loop des Zuges und der Menschheit zu denken und diese auch zu wagen. Denn er lässt durch die Sprengkraft der hochexplosiven Droge Kronol den Zug entgleisen.

Damit endet die Geschichte des Zuges und zugleich auch eine Form der Menschheitsgeschichte, die sich fortan durch zwei Kinder in eine neue Form von Zukunft transfiguriert, die nicht mehr durch den Verlauf von vor langer Zeit gelegten Gleisen prädestiniert ist und zugleich auch keine Erwachsene mehr kennt. Sinnbildlicher, auch durch den Verlust der der Natur trotzenden Technik, könnte ein Neuanfang kaum gestaltet werden. Und erst jetzt, in dieser kinematografischen Allegorie, kommt es zum direkten Kontakt der (Rest-)Menschheit mit der Natur und mit der Kälte, erst jetzt setzt jene Konstellation ein, die andere Filme als Anfangspunkt ihrer Geschichte setzen. Ob dieses letzte Bild Hoffnung verspricht oder nur die Verzöge-

rung der eigentlichen Tragödie darstellt, sei dahingestellt, die Erlösung versprechende Taube ist in diesem Fall jedenfalls ein Eisbär.[38]

Anmerkungen

1   Zu GRAVITY und seiner Bedeutung innerhalb der zeitgenössischen Science-Fiction siehe den Aufsatz von Rasmus Greiner in diesem Band.

2   Zur Geschichte und kulturellen Verarbeitung der Polarexpeditionen siehe Friedhelm Marx: Wege ins Eis. Nord- und Südpolfahrten. Literarische Entdeckungen. Frankfurt a.M. u.a. 1995, Marion Munz-Krines: Expeditionen ins Eis. Historische Polarreisen in der Literatur. Frankfurt a.M. u.a. 2009, sowie Sarah Moss: The Frozen Ship. The Histories and Tales of Polar Exploration. New York 2006.

3   Zur filmischen Entdeckung dieser Geschichten abseits der Science-Fiction siehe Thomas Koebner: Verwehte Spuren. Über die Entdeckung polarer Eiswelten. In: Anton Escher / T.K. (Hg.): Todeszonen. Wüsten aus Sand und Schnee im Film. München 2009, S. 22–35.

4   Tatsächlich, anders als es Georges Méliès' satirische Verfilmung der Werke von Verne und Wells in LE VOYAGE DANS LA LUNE (Die Reise zum Mond; 1902) suggerieren, landet die Rakete in Vernes Roman nicht auf dem Mond.

5   Auch der deutsche Science-Fiction-Autor Kurt Laßwitz veröffentliche 1897 mit Auf zwei Planeten einen am Nordpol spielenden Roman, der seine Handlung ähnlich wie Verne durch den Entdeckergeist seiner Protagonisten voranführt.

6   Exemplarisch: ICE TWISTERS (Ice Twister – Wenn die Welt erfriert; 2009; R:R: Steven R. Monroe); ICE QUAKE (2010; R: Paul Ziller); ICE (2011; R: Markus Fischer) sowie 2012: ICE AGE (Eiszeit – New York 2012; 2011; R: Travis Fort); hierbei handelt es sich meist um Fernsehfilme oder -serien, die in Deutschland direkt auf DVD oder Blu-ray veröffentlicht wurden.

7   Exemplarisch: THE TOWERING INFERNO (Flammendes Infer-
    no; 1974; R: John Guillermin), THE POSEIDON ADVENTURE
    (Die Höllenfahrt der Poseidon; 1972; R: Ronald Neame),
    EARTHQUAKE (Erdbeben; 1974; R: Mark Robson).

8   Vgl. dazu Jan Distelmeyer: Katastrophe und Kapitalismus.
    Phantasien des Untergangs. Berlin 2013, S. 15ff., 23ff.

9   Science-Fiction-Filme wie EDGE OF TOMORROW (2014; R:
    Doug Liman) oder die Space Opera JUPITER ASCENDING
    (2015; R: Andy und Lana Wachowski) kehren wieder
    dahin zurück, die ganze Menschheit retten zu wollen.
    Gerade der Film der Wachowskis ist dahingehend von
    größerem Interesse, da Jupiter Jones (Mila Kunis) ihre
    Familie für das Wohl der Menschheit einzutauschen
    bereit ist.

10 Anders als John Carpenters Remake und Matthijs van
    Heijningens Prequel ist Christian Nybys Verfilmung
    THE THING FROM ANOTHER WORLD (Das Ding aus einer
    anderen Welt) aus dem Jahr 1951 zu stark einer Gen-
    repoetik der Science-Fiction verhaftet, die sich eher
    aus zeitgenössischen Produktionen speist und schwer
    in die beschriebenen Poetiken einzuordnen ist.

11 Vgl. Susanne Marschall: Die weiße Totale. Eis und
    Schnee im Film. In: S.M.: Farbe im Kino. Marburg 2005,
    S. 100f.

12 Zum Bergfilm der Weimarer Republik und seiner Äs-
    thetik siehe Christian Rapp: Höhenrausch. Der deut-
    sche Bergfilm. Wien 1997, sowie Jan-Christian Horak
    (Hg.): Berge, Licht und Traum. Dr. Arnold Fanck und
    der deutsche Bergfilm. München 1997.

13 Zur Wüste im Science-Fiction-Film vgl. Andreas Rau-
    scher: Am Rande des Universums. Wüstenplaneten im
    Science-Fiction-Film. In: Anton Escher / Thomas Koeb-
    ner (Hg.): Todeszonen. Wüsten aus Sand und Schnee
    im Film. München 2009, S. 158ff.

14 Hier wäre Anton Eschers und Thomas Koebners Aus-
    sage zu widersprechen, dass Wüsten Räume ohne Ge-
    schichten seien (vgl. Anton Escher / Thomas Koebner:
    Todeszonen aus Sand und Schnee. Eine kurze Einlei-
    tung. In: Escher / Koebner 2009, a.a.O., S. 7).

15 Die sich mit einem Budget von 40 Millionen Dollar als
    zurzeit teuerster Film Südkoreas auszeichnet.

16 In der folgenden Analyse beziehe ich mich auf die
    126-minütige Version des Films. Zur Schnitt- und Ver-
    leihgeschichte des Films vgl. exemplarisch Michael
    Penke: »Snowpiercer«. US-Kinopublikum zu dumm
    für den Film? 2014. www.tagesspiegel.de/weltspiegel/
    berlinale-snowpiercer-us-kinopublikum-zu-dumm-
    fuer-den-film/9395388.html.

17 Die dreiteilige Vorlage erschien 1984, 1999 und 2000.

18 Das Erscheinen der Graphic Novel fällt damit in jene
    Zeit, in welcher die Science-Fiction in literarischer und
    filmischer Form versuchte, starke Kritik am fehlenden
    Umweltbewusstsein der westlichen Welt zu nehmen.
    Büchern wie Ursula Le Guins *The Word for World Is Forest*

(1976) oder Alan Dean Fosters *Midworld* (1975) standen
Filme wie SILENT RUNNING (Lautlos im Weltraum; 1972;
R: Douglas Trumbull) und SOYLENT GREEN (Jahr 2022 ...
die überleben wollen; 1973; R: Richard Fleischer) zur
Seite (vgl. dazu den Aufsatz von Matthias Grotkopp in
diesem Band).

19 Chris Evans in der Rolle des Revolutionärs Curtis wird
    durch seine Physiognomie zu einem Kehrbild seiner
    Rolle als *Captain America*, die er seit 2011 im Marvel-
    Kosmos innehat.

20 Nicht nur durch das Setting im Eis einer postapoka-
    lyptischen Welt, sondern auch durch seinen Versuch,
    die Bedingungen der Gesellschaft aufrechtzuerhalten
    – und sei es nur im Spiel –, erinnert der Film durchaus
    an Robert Altmans QUINTET (Quintett; 1979).

21 In der Vorlage ist Proloff (so der Name der Curtis-Fi-
    gur) kein Anführer einer Rebellion, sondern ein Ein-
    zelkämpfer, der sich alleine zur Spitze des Zuges vor-
    arbeitet, um dort eine neue Position einzunehmen.
    Dass ihm hierbei der Rest des Zuges und damit der
    Rest der Menschheit egal zu sein scheint, wird durch
    den Umstand deutlich, dass er Träger eines seuchen-
    artigen Erregers ist, den er auf seinem Weg an seine
    Mitfahrer überträgt (vgl. dazu Gerry Canavan: »If the
    Engine Ever Stops, We'd All Die«. Snowpiercer and
    Necrofuturism. 2014. http://epublications.marquet-
    te.edu/cgi/viewcontent.cgi?article=1298&context=e
    nglish_fac, S. 21).

22 Vgl. Sarah Ward: Keep Your Eye on the Dystopian Ball.
    Bong Joon-Ho's »Snowpiercer«. In: Metro Magazine.
    Media & Education Magazine, 182, 2014, S. 59.

23 Und John Hurt schon seit mehreren Jahren auf derar-
    tige Rollen festgelegt zu haben scheint.

24 Vgl. Michael Kienzl: Snowpiercer. 2014. www.critic.
    de/film/snowpiercer-5695/.

25 Vgl. Jonathan Romney: Film of the Week: Snowpier-
    cer. www.filmcomment.com/blog/film-of-the-week-
    snowpiercer-bong-joon-ho/.

26 Vgl. Dietmar Dath: Und wenn der ganze Schnee
    verbrennt. 2014. www.faz.net/aktuell/feuilleton/
    kino/der-film-snowpiercer-verheisst-eine-eisige-zu-
    kunft-12872947.html.

27 In der Vorlage bleibt die Katastrophe eine Nullstelle,
    die zwar mit dem Verdacht einer Atomexplosion ge-
    füllt wird, sich jedoch nicht zweifelsfrei eruieren lässt
    (vgl. Canavan 2014, a.a.O., S. 13).

28 Canavan 2014, a.a.O.; zur kapitalismuskritischen Les-
    art des Zitats wie auch zum Begriff des *Necrofuturism*,
    den Canavan auf den Film SNOWPIERCER anwendet, vgl.
    ebenda, S. 8ff., sowie den Aufsatz von Vivian Sobchack
    in diesem Band.

29 Vgl. Mark Leonard: Snowpiercer. 2014. https://
    reviewedbymarkleonard.wordpress.com/2014/10/30/
    snowpiercer/.

30 Vgl. ebenda.

31 Laut Romney sei Swinton durch ihre Rolle nun vollends als »the female Lon Chaney of our time« etabliert (Romney 2014, a.a.O.).

32 Zur veränderten Wahrnehmung der Relektüre des Films vgl. Canavan 2014, a.a.O., S. 18.

33 Verschärft wird dieser Vergleich durch den Umstand, dass dieser Transporter sein Ziel eben nicht erreicht, sondern stetig weiterfährt. Auch in der südkoreanischen Geschichte spielt die Erfahrung derartiger Deportationen eine große Rolle (vgl. dazu Gerhard Midding: Kritik zu Snowpiercer. 2014. www.epd-film.de/filmkritiken/snowpiercer).

34 Dies entkräftet ein wenig die Aussage, dass der vordere Teil des Zuges den hinteren Teil ausbeute. Zwar bedient sich der vordere Teil ab und an der Personen des hinteren Teils, um diese als Ersatzteile wie im Falle der Kinder oder als Unterhaltung wie zum Beispiel beim Geigenspieler einzusetzen, aber ansonsten lässt der vordere Teil die Bewohner des Zugendes im wahrsten Wortsinn einfach nur sein.

35 Hier folgt der Film einer stark an der Levelstruktur des Computerspiels orientierten Logik.

36 Tim Slagman: Snowpiercer. o.J. www.artechock.de/film/text/kritik/s/snowpi.htm.

37 Das Zusammentreffen der beiden ähnelt stark einem anderen Science-Fiction-Revolutionsfilm und dessen narrativen Höhepunkt: Auch der Architekt (Helmut Bakaitis) in Lana und Andy Wachowskis zweiten Teil der MATRIX-Trilogie – THE MATRIX RELOADED (Matrix Reloaded; 2003) operiert als *Mann hinter dem Vorhang* und weiht Neo (Keanu Reeves) in die vermeidliche Wahrheit hinter der Wirklichkeit ein.

38 Vgl. dazu die Diskussion über den utopischen Gehalt des Endes und seine ambivalenten Lesarten bei Canavan 2014, a.a.O., S. 18f.

In fremder Haut und mit fremdem Blick

Jonathan Glazers
UNDER THE SKIN

Von Simon Spiegel

Jonathan Glazers UNDER THE SKIN (2013) ist zweifellos einer der bemerkenswertesten Science-Fiction-Filme der vergangenen Jahre. Und damit meine ich nicht nur die offensichtliche formale und technische Brillanz dieses Werks, sondern auch seinen Status innerhalb der Science-Fiction. Denn obwohl UNDER THE SKIN überhaupt nicht wie Science-Fiction aussieht, ist der Film nur als Science-Fiction wirklich verständlich; zahlreiche Szenen bleiben nicht nur visuell, sondern auch im übertragenen Sinn dunkel, ihre Bedeutung rätselhaft, wenn man sie nicht als Science-Fiction »liest«. Zudem erweist sich Glazers Film durch die Art und Weise, wie er den Zuschauern einen neuen Blick auf die Wirklichkeit eröffnet, als regelrechter Katalog Science-Fiction-typischer Verfahren. Der Film ist somit eine Art Lackmus-Test für die filmwissenschaftliche Beschäftigung mit Science-Fiction; mein Artikel ist denn auch in diesem Sinne zu verstehen – als Versuch, UNDER THE SKIN mit den gängigen Theorien beizukommen.

Naturalisierung

Science-Fiction zeichnet sich als ästhetisch-fiktionaler Modus[1] durch eine spezifische Form fiktionaler Welten und deren Darstellung aus. Die Grundbehauptung der Science-Fiction ist, dass ihre wunderbaren Elemente, ihre *Nova* (Singular: Novum), grundsätzlich mit unserem wissenschaftlich-technischen Weltbild vereinbar sind, dass die Handlungswelt eine Erweiterung respektive Verlängerung der realen Welt darstellt. Damit unterscheidet sie sich von Märchen und Fantasy, die in eigenständigen, von Magie beherrschten Welten spielen. Dabei ist unerheblich, ob das jeweilige Novum tatsächlich wissenschaftlich plausibel ist. Typische Science-Fiction-Elemente wie Zeitreisen oder das Überschreiten der Lichtgeschwindigkeit werden nach allem, was wir heute wissen, nie praktikabel sein. Für die Frage, ob es sich um ein Science-Fiction-Novum handelt, ist aber nicht die tatsächliche wissenschaftlich-technische Plausibilität relevant, sondern die *Ästhetik*, die Art und Weise, *wie* das Novum präsentiert wird. Lehnt sich die Darstellung in Bild und Ton – aber auch in der sprachlichen Beschreibung, etwa wenn ein Wissenschaftler seine neueste Erfindung präsentiert – an vertraute Vorstellungen von technischen Gerätschaften und wissenschaftlichem Prozedere an, handelt es sich um Science-Fiction. Ausschlaggebend ist somit nicht, wie der Antrieb eines Raumschiffs im konkreten Fall funktioniert, sondern dass das Raumschiff überhaupt als eine von Menschen gebaute, nach (vermeintlich) wissenschaftlichen Prinzipien funktionierende Maschine erkennbar ist. Dieses für die Science-Fiction elementare Verfahren, das »Als-realistisch-erscheinen-lassen« wunderbarer Elemente bezeichne ich als *Naturalisierung.*[2]

Folgt man diesem Ansatz, bereitet UNDER THE SKIN erhebliche Probleme. Denn auf der oberflächlichsten Ebene zeigt der Film lediglich, wie eine namenlose Frau (Scarlett Johansson) in ihrem Van durch Glasgow fährt und Männer anspricht. Wird im Gespräch deutlich, dass der Angesprochene alleinstehend ist, nimmt sie ihn mit in ein verlassenes, baufälliges Haus, in dessen Inneren sich dann eine streng ritualisierte Szene abspielt: In einem dunklen Raum, dessen Konturen nicht abschätzbar sind, der aber auf jeden Fall viel zu groß ist für das kleine Gebäude, schreitet die Frauengestalt langsam vorwärts und entkleidet sich. Die Männer folgen ihr wie gebannt, entledigen sich ebenfalls ihrer Kleidung und versinken, ohne dessen wirklich gewahr zu werden, im pechschwarzen Boden.

Ich werde später noch ausführlicher auf diese Szene eingehen; hier sei vorerst nur festgehalten, dass die Sequenz für sich genommen kaum als Science-Fiction identifiziert werden kann. Zweifellos geschehen hier seltsame Dinge, wie diese einzuordnen sind, wird aber ohne Kontext nicht klar.

Halbwegs eindeutig als Science-Fiction identifizierbar sind nur der Auftakt und das Ende des Films; zu Beginn ist die Leinwand vollständig in Schwarz getaucht, einzig ein winziger Lichtpunkt, der langsam wächst und plötzlich das ganze Bild überstrahlt, ist sichtbar. Es folgen Einstellungen, in denen sich runde, planetenartige Formen voreinander schieben. Obwohl noch nicht wirklich zu erkennen ist, was hier vor sich geht, gemahnen die Bilder an Weltraum-Sequenzen, was auch Glazers Absicht entspricht.[3] Verschiedentlich wurde diese Eröffnung auch als Referenz an die so genannte *Stargate*-Sequenz in Stanley Kubricks 2001: A SPACE ODYSSEY (2001: Odyssee im Weltraum; 1968) verstanden, womit der Science-Fiction-Kontext ebenfalls etabliert wäre. Doch die vermeintlichen stellaren Körper entpuppen sich mit einem Schlag als Bauteile eines Auges, das Auge Johanssons, durch das wir von nun an sehen werden. Denn UNDER THE SKIN ist nicht zuletzt ein Film über (nichtmenschliche) Wahrnehmung.

Auf die »Augenkonstruktion« folgt eine weitere relativ klar markierte Szene: In einem konturlosen, hell erleuchteten Raum entkleidet die Protagonistin eine Frau, deren lebloser Körper zuvor von einem geheimnisvollen Motorradfahrer am Rand einer Straße aufgelesen wurde. Sie zieht die Kleidung der Toten an und betritt dann die Außenwelt.[4]

Ähnliche »Nicht-Räume« sind im Science-Fiction-Kino immer wieder anzutreffen;[5] mit dieser Szene knüpft UNDER THE SKIN denn auch am ehesten an eine traditionelle Science-Fiction-Ikonografie an.

Zwar ist dieser Einstieg ein deutlicher Hinweis darauf, dass die Protagonistin kein Mensch ist, doch wird ihr nicht-menschliches Wesen nie in Science-Fiction-typischer Manier markiert oder erklärt. Es gibt keine Raumanzüge, Raketen oder bläulich-

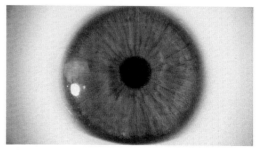

UNDER THE SKIN (2013): Was zu Beginn wie Planeten im All aussieht, ist in Wirklichkeit das Auge Scarlett Johanssons

weiße Transportstrahlen. Wo die Frau herkommt, was genau mit ihren Opfern geschieht, bleibt offen. Als aufschlussreich erweist sich diesbezüglich ein Vergleich mit Michel Fabers literarischer Vorlage aus dem Jahre 2000.[6] Fabers Roman verzichtet ebenfalls auf Science-Fiction-typisches Vokabular, enthüllt aber dennoch allmählich, dass die Hauptfigur, die im Buch Isserley heißt, einer Spezies vierbeiniger Außerirdischen angehört und mittels aufwendiger Operationen ein halbwegs menschliches Aussehen erhielt; sie ist Teil eines Unternehmens,

Die Opfer der außerirdischen Jägerin versinken im Boden

das männliche Menschen fängt, mästet, schlachtet und dann auf dem Heimatplaneten als kulinarische Spezialität verkauft. Erzählt wird dies alles in einem sehr nüchternen Tonfall; Isserley erscheint nicht wie ein exotisches extraterrestrisches Wesen, sondern wie eine ziemlich »irdische« Arbeiterin mit durchaus profanen Problemen.

Der Film knüpft in einer Szene, die darauf hindeutet, dass die Männer ausgeweidet werden, an den Roman an, wird aber nie explizit. Auch ohne weitere Erläuterung dürfte den meisten Zuschauern dennoch früher oder später klar werden, dass die Protagonistin kein Mensch ist, eindeutig geklärt wird es aber erst ganz zum Schluss: Nach dem brutalen Vergewaltigungsversuch eines Waldarbeiters

ist die menschliche Hülle zerrissen, und darunter kommt eine öligschwarze Gestalt zum Vorschein. Eine eigentliche Erklärung bleibt zwar nach wie vor aus, zumindest steht nun aber fest, dass die menschliche Erscheinung lediglich eine Verkleidung war.

In den kurzen Momenten zu Beginn und am Ende kommt UNDER THE SKIN noch am ehesten einer halbwegs konventionellen Science-Fiction-Ästhetik nahe. Ansonsten aber verweist er auf andere filmische Traditionen. Das mysteriöse »Versink-Ritual« und die langen Einstellungen, die den Motorradfahrer (Jeremy McWilliams) – offensichtlich der Auftraggeber und Helfer der Protagonistin – zeigen, erinnern in ihrer stilisierten und stellenweise fast rein grafischen Darstellung sowie der auffällig gestalteten Tonspur, bei der diegetische Geräusche und die atonale Musik Mica Levis nicht mehr auseinanderzuhalten sind, eher an Experimental- oder Musikfilme.[7]

In scharfem Kontrast dazu stehen andere Teile des Films, die in einem nüchternen, quasi-dokumentarischen Look gehalten sind; Regisseur Glazer ging im Bemühen um eine realistische Anmutung sogar so weit, dass er den Van, in dem Johansson unterwegs war, mit versteckten Kameras und Mikrofonen ausstatten ließ. Zahlreiche Szenen, in denen die Hauptfigur Fußgänger anspricht, sind nicht gestellt, sondern wurden mit arglosen Passanten gedreht, die den Hollywood-Star nicht erkannten, aber offensichtlich erfreut waren, von einer attraktiven Frau angesprochen zu werden. Auch in einer Szene zu Beginn, die zeigt, wie Johansson durch die *Buchanan Galleries*, eine Einkaufs-Mall, streift, und einer späteren, in deren Verlauf sie auf dem Bürgersteig zusammenbricht,

Die Protagonistin in einem endlosen weißen Raum

sind außer der Hauptdarstellerin ausschließlich ahnungslose Passanten zu sehen.

Obwohl UNDER THE SKIN fast vollständig auf die für den Science-Fiction-Modus charakteristische, technizistische Ästhetik verzichtet, dürften dennoch kaum Zweifel bestehen, dass die Protagonistin kein Mensch ist. Dies wird aber nicht an ihrem Äußeren sichtbar, sondern an ihrem irritierenden Verhalten. Sie hat offensichtlich nur ein Ziel – die Jagd auf Männer. Diesem ordnet sie alles unter. Ist sie alleine, betrachtet sie die Welt mit teilnahmslos kühlem Blick. Sobald sie aber mit einem potenziellen Opfer in Kontakt tritt, findet ein Registerwechsel statt: Auf einmal lächelt sie freundlich und plaudert angeregt mit ihrem Gegenüber. Ihr Make-up, das sie mit großer Gewissenhaftigkeit aufträgt, und ihre Kleidung tun ein Übriges. »Einer Figur aus einem Tom-Wesselmann-Gemälde gleich, besteht sie ganz aus Lippen und Brüsten, die wahre Verkörperung männlicher Fantasien«.[8]

Der Verzicht auf die übliche technizistische Ästhetik macht eine adäquate Einordnung von UNDER THE SKIN schwierig. Es ließe sich argumentieren, dass der Film die Naturalisierung auf ein absolutes Minimum – die Eröffnungs- und die Schlussszene – reduziert und somit eine Art Minimal-Science-Fiction darstellt. Genauso plausibel wäre aber auch die entgegengesetzte Position – dass die Naturalisierung hier so total ausfällt, dass das Novum – die nicht-menschliche Hauptfigur – gar nicht mehr als solches erkennbar ist. Auf jeden Fall erschwert der Verzicht auf den üblichen Science-Fiction-Look das Verständnis des Films erheblich; der Zuschauer weiß nicht, welche Genre-Codes gelten, und muss sich selber zusammenreimen, was da auf der Leinwand vor sich geht. Diesbezüglich zeigen sich ebenfalls Parallelen mit Fabers Roman, der in einem realistischen Tonfall gehalten ist und sein Science-Fiction-Setting nur langsam offenbart.[9]

Buch und Film unterscheiden sich hierin deutlich von der Mainstream-Science-Fiction, die normalerweise darum bemüht ist, die Regeln ihrer Welt möglichst schnell zu etablieren. Gerade deshalb

Der wahre Körper kommt zum Vorschein

kommt aber eine zweite, für die Science-Fiction typische Eigenschaft in Glazers Film besonders stark zum Tragen: die Fähigkeit zur Verfremdung.

Verfremdung

Verfremdung ist ein Begriff, der in sehr unterschiedlichen Kontexten bemüht wird, der aber stets das gleiche Prinzip beschreibt: Ein vorderhand gewöhnlicher Gegenstand oder ein Ereignis wird durch eine ungewohnte Darstellungsweise seiner Gewöhnlichkeit enthoben und erscheint so in einem neuen Licht. Je nach Einsatz und Kontext kann die Wirkung humoristisch, satirisch, unheimlich oder (gesellschafts-)kritisch sein.

In seinen gängigen Konzeptionen – etwa bei den russischen Formalisten oder dem epischen Theater Bertolt Brechts – bezieht sich Verfremdung auf die ästhetisch-formale Ebene und bezeichnet die Art und Weise, *wie* etwas dargestellt wird. Brecht etwa spricht von einer besonderen distanzierten Spielweise und setzt Spruchbänder ein, welche die Illusion des Theaters durchbrechen sollen. Viktor

Šklovskij, der in diesem Zusammenhang wichtigste Vertreter des russischen Formalismus, führt unter anderem ungewohnte Erzählperspektiven und neue Sprachbilder als Beispiele an.

Im Falle der Science-Fiction vollzieht sich Verfremdung dagegen nicht – oder zumindest nicht

Das Interesse der Außerirdischen gilt einzig ihrem Opfer, das hilflose Baby ignoriert sie völlig

primär – auf formaler Ebene, sondern innerhalb der Handlungswelt, der Diegese. Wenn in einer Science-Fiction-Erzählung Menschen zu unbekannten Planeten fliegen oder durch die Zeit reisen, wenn neuartige Erfindungen die bekannte Welt umkrempeln, Monster die Erde verwüsten, kurz: Wenn in einer vordergründig realistischen Welt wunderbare Elemente auftreten, dann führt der Zusammenprall der beiden Realitätssysteme immer zu einer verfremdenden Wirkung; das Bekannte erscheint dann in einem neuen Umfeld, wird rekontextualisiert. Diese Form der Verfremdung, die sich von formaler Verfremdung im Sinne der russischen Formalisten oder Brechts unterscheidet, bezeichne ich als _diegetische Verfremdung_.[10]

Glazers Film ist gespickt mit verfremdenden Momenten; immer wieder handelt die Hauptfigur scheinbar erratisch und unnatürlich. Besonders prägnant ist diesbezüglich die wohl aufwühlendste Szene des Films: Ohne auch nur die geringste Regung zu zeigen, sieht die Protagonistin zu, wie ein Ehepaar vor den Augen ihres schreienden Babys in den Meeresfluten ertrinkt. Das jammernde Häuflein Elend, das auf der Tonspur konstant zu hören ist, ignoriert sie konsequent, ihr Interesse gilt einzig einem jungen Mann (Krystof Hádek), der vergeblich versucht hat, die Ertrinkenden zu retten, und nun erschöpft am Strand liegt. Aus einem vorangegangenen Gespräch weiß sie, dass er alleine unterwegs ist und somit ihrem Beuteschema entspricht. Seelenruhig, ohne auf das Kindergeschrei zu reagieren, schlägt sie den bereits halb Bewusstlosen mit einem Stein nieder und verfrachtet ihn in ihren Bus.

Auch als sie in der Nacht gemeinsam mit dem Motorradfahrer zurückkehrt, um die Habseligkeiten ihres Opfers einzusammeln, provoziert das Schreien des Babys, das noch immer an der gleichen Stelle sitzt, bei ihr keinerlei Gefühlsregung.

Die Verfremdung vollzieht sich hier eindeutig nicht auf der ästhetischen Ebene; formal ist die Szene relativ einfach gehalten, die Darstellungsweise insgesamt klassisch-naturalistisch. Die verfremdende Wirkung entsteht, weil sich die Hauptfigur in einem zumindest scheinbar realistischen Setting hochgradig ungewöhnlich verhält. Die komplette Gleichgültigkeit gegenüber einem hilflosen Baby stellt – zumal bei einer Frau – einen Verstoß gegen elementarste gesellschaftliche Konventionen dar.

Später besteigt ein fürchterlich entstellter Mann (Adam Pearson) den Wagen der Protagonistin; diese folgt ihrer Verführungsroutine, ist darum bemüht, dass er sich wohlfühlt, versucht zugleich aber herauszufinden, ob er für sie von Interesse ist. So berechnend ihr Verhalten auch sein mag, ist sie doch insofern ehrlich, als sie sich tatsächlich nicht für Äußerlichkeiten interessiert. Sie sieht über sein deformiertes Gesicht hinweg, scheint es gar nicht wahrzunehmen. Und so fällt es ihr auch nicht schwer, dem Mann Komplimente für seine schönen Hände zu machen und sich von ihm streicheln zu lassen.

Die Konstellation dieser Szene ist nicht neu. Dass eine durch keinerlei gesellschaftliche Vorurteile vorbelastete Figur durch das deformierte Äußere hindurch die wahre Schönheit der Seele erkennt, ist ein erzählerischer Topos, der in vielen Zusammenhängen auftritt. Als frühes Science-Fiction-Beispiel sei hier Mary Shelleys Roman *Frankenstein*[11] genannt, in dem die von Viktor Frankenstein geschaffene Kreatur auf den blinden De Lacey trifft, der als Einziger nicht von ihrem schrecklichen Aussehen abgestoßen wird. Gegenüber dieser eher simplen, moralisierenden Anlage ist die Konstellation in UNDER THE SKIN komplexer, denn der Film schwankt zwischen verschiedenen Verfremdungsmomenten hin und her. Die Protagonistin ist nur deshalb blind für das entstellte Äußere des unglücklichen Mannes, weil er für sie kaum mehr als Schlachtvieh darstellt. Ihr Opfer wiederum ist sich der ungewöhnlichen Situation vollauf bewusst: Er, der nur nachts unterwegs ist, weil er dem Spott seiner Mitmenschen entgehen will, weiß, dass ihm gerade etwas Unglaubliches widerfährt; er kneift sich sogar, um sicherzustellen, dass er nicht träumt. Auf Seiten des Publikums dagegen ertappen wir uns bei der Feststellung, dass der entstellte Mensch viel fremdartiger und schockierender wirkt als die außerirdische Menschenjägerin. Dieser Effekt verstärkt sich noch zusätzlich, wenn man weiß, dass die Auswüchse am Kopf des Mannes nicht das Werk eines Maskenbildners sind, sondern dass wir einen Laienschauspieler vor uns haben, der an Neurofibromatose leidet, einem genetischen Defekt, der zu Geschwürbildung führen kann. Just die Figur, die äußerlich wie ein Wesen von einem anderen Stern aussieht, ist somit ein ganz realer Mensch.

Irgendetwas scheint diese letzte Begegnung auszulösen, die schöne Außerirdische scheint

sich in dem missgestalteten Menschen wiederzuerkennen. »Indem sie schließlich jemandem begegnet, dessen Haut ihm so fremd scheint, wie sie sich selbst wahrnimmt, wird Empathie in ihr ausgelöst.«[12] Nicht nur übersteht dieses Opfer die tödliche Prozedur und kann flüchten (fällt dann

Der Laienschauspieler Adam Pearson leidet an Neurofibromatose

aber kurz darauf dem Motorradfahrer zum Opfer), von nun scheint die Protagonistin aus dem Gleichgewicht geraten. Anstatt wieder ihren Van zu besteigen, irrt sie ziellos umher. Fast scheint es, als habe der kurze Moment der Nähe so etwas wie das Verlangen nach Menschlichkeit in ihr entfacht. »Sie beginnt, zu fühlen. Oder sie versucht, es zu lernen. Sie verrät ihre Spezies und die Befehle ihres Gebieters und wagt den sinnlichen körperlichen Genuss: Essen, Spazieren, Intimität und schließlich sogar Sex.«[13] Doch diese Unternehmungen scheitern alle, ihre Fremdartigkeit schlägt nun gegen sie zurück und macht aus der überlegenen Jägerin ein hilfloses Opfer. »Das Alien verwandelt sich vom Räuber zum ausgebeuteten Sympathisanten«.[14]

Der Versuch, in einem Café ein Stück Torte zu essen, misslingt, sie spuckt den ersten Bissen gleich wieder aus – offensichtlich verträgt sich diese Nahrung nicht mit ihrem Stoffwechsel. Als sich ein hilfsbereiter Mann ihrer annimmt, geht sie gerne mit ihm mit – und kommt ihm doch nicht näher. Der versuchte Geschlechtsakt endet als De-

Banale Straßenbilder wirken auf einmal bedrohlich

saster; unvermittelt stößt sie den Mann von sich und begutachtet mit einer Nachttischlampe panisch ihren Unterleib. Ihre Hülle mag ganz auf erotische Attraktivität ausgerichtet sein, sexuell funktionsfähig ist sie aber dennoch nicht.

Neben der diegetischen kennt die Science-Fiction auch die formale Verfremdung, die der diegetischen nachgelagert ist und immer dann auftritt, wenn die Erzählung die Perspektive des Novums übernimmt und uns die Welt buchstäblich mit fremden Augen sehen lässt. In UNDER THE SKIN zeigt sich diese *formale Verfremdung zweiter Ordnung* beispielhaft, wenn die Protagonistin auf der Ausschau nach Opfern durch Glasgow fährt. Es sind banale Straßenszenen, die wir gemeinsam mit ihr durch die Windschutzscheibe sehen, und doch haftet ihnen etwas Unheimliches an. Das liegt unter anderem daran, dass sich die Kamera immer wieder an einzelne Männer heftet und wir wissen, was diesen blüht. Im Grunde harmlose Bilder erscheinen bedrohlich, weil wir die Absicht des Blickes kennen.

Fast noch wichtiger ist die Tonspur. Die spärlichen Dialoge sind für Nicht-Glasgower ohnehin nur schwer verständlich, es dominieren Geräusche und Musik, die sich oft überlagern. Ein Laut, der wie eine elektronisch verfremdete Version eines Schnaufens mit Sauerstoffmaske klingt, evoziert gleichzeitig organisches Leben und Technik, eine Art gedehnter Sirenenklang signalisiert Gefahr. Die Geräusche der Welt außerhalb des Wagens klingen gedämpft, der Lärm von grölenden Fußballfans fremd und distanziert – wie durch fremde Ohren.

»Alle Bereiche des Sound-Designs fungieren hier als Entfremdungsmittel zur Unterstützung der zentralen Prämisse des Films: Nicht wir schauen auf etwas Fremdes, sondern das Fremde schaut auf uns.«.[15] Diese Form der formalen Verfremdung ist nur möglich, weil zuvor eine Naturalisierung stattgefunden hat und wir die außerirdische Figur als Teil der fiktionalen Welt akzeptiert haben.

Das Verhältnis zwischen formaler und diegetischer Verfremdung verschiebt sich mit Fortschreiten der Handlung. Zu Beginn konzentriert sich der Film auf die Sicht der Protagonistin, entsprechend häufig ist formale Verfremdung zweiter Ordnung, wobei die subjektiven Einstellungen aus dem Van heraus in Kombination mit der verfremdeten Tonspur zweifellos die markantesten Beispiele darstellen. Mit dem Verhaltenswechsel der Figur ändert sich dann auch unsere Perspektive. Bei Szenen wie jener im Café erfolgt keine formale Verfremdung mehr. Wir haben eine Außensicht auf die Protagonistin, und auch die Tonspur ist nun zurückhaltend naturalistisch gestaltet. Just in dem Moment, in dem die Hauptfigur Anzeichen von Menschlichkeit zeigt, wird sie also als Fremdkörper, als unserer Welt nicht zugehörig, präsentiert.

Die Inszenierung von Johanssons Körper macht ebenfalls eine Veränderung durch. Obwohl sie in den Versink-Szenen alle Hüllen fallen lässt, geht von diesen Einstellungen kaum erotische Anziehung aus. Im Gegenteil: So platt und unspektakulär erschien die nackte Scarlett Johansson bislang wohl nur selten auf der Leinwand. Später, im Haus des hilfsbereiten Mannes, als sie Nähe sucht, scheinen sie und die Kamera ihren Körper dann erstmals als sinnliches Objekt wahrzunehmen. Im orange-roten Licht einer Heizlampe steht sie vor dem Spiegel und betrachtet ihr Äußeres, das nun mehr ist als eine bloße Hülle. Der Versuch, den Menschen näherzukommen, führt auch zu einer veränderten Eigenwahrnehmung.

Die bereits bestehende wissenschaftliche Literatur zu UNDER THE SKIN hat sich stark auf gendertheoretische Fragen konzentriert – Ara Osterweil bezeichnet den Film sogar als »einen der wichtigsten feministischen Eingriffe in die junge Filmgeschichte«[16] –, und das mit guten Grund. Der Film spielt sein verfremdendes Potenzial besonders gekonnt aus, wenn es darum geht, Geschlechterstereotype vorzuführen und zu hinterfragen.[17] Die von Johansson gespielte Figur erscheint äußerlich harmlos, ist aber eine Femme fatale im wahrsten Sinne des Wortes. Entgegen dem gängigen Klischee ist sie die Jägerin und nicht die Beute; die Männer, die zu ihr in den Wagen steigen, denken nicht im Traum daran, dass von dieser Vertreterin des »schwachen Geschlechts« eine Gefahr ausgehen könnte.

»Eine einzelne Frau [...] würde zumindest das Gefahrenpotenzial erkennen, wenn sie von einem fremden Mann in einem Van angesprochen wird; diese Männer, egal wie schmächtig, sehen nur die Gelegenheit zu Sex mit einer hübschen Frau.«[18] Die verfremdende Wirkung fällt umso heftiger aus, wenn man bedenkt, dass es sich bei den Mitfahrern zum großen Teil um ahnungslose Laien handelt.

Die Inszenierung von Johanssons Körper verändert sich deutlich

Johanssons Star-Persona verleiht der Situation noch zusätzliche Würze. Es wird deutlich, wie sehr ihr Status von der richtigen Inszenierung abhängt; ohne Gala-Dress und rotem Teppich wird auch eine Leinwandgöttin zum normalen Menschen. UNDER THE SKIN führt damit beispielhaft vor, wie es ein Science-Fiction-Setting ermöglicht, die Realität – oder vielmehr die fest etablierten Regeln unserer Gesellschaft – neu zu sehen.

Erzähl- und Leseweisen

Der Science-Fiction-Schriftsteller und -Theoretiker Samuel R. Delany plädiert in seinen analytischen Texten dafür, Science-Fiction nicht als »bloßes« Genre im Sinne eines halbwegs klar umrissenen Sets von inhaltlichen Elementen und Plotstrukturen zu verstehen, sondern vielmehr als »eine Leseweise (was wir von nun an ein Lese-Protokoll nennen dürfen), eine Strukturierung des Reaktionspotenzials«.[19] Science-Fiction setze eine andere Form der Lektüre als »normale« Literatur voraus, da sie nicht auf die Lebenswelt des Lesers referieren muss. Daraus folgt für Delany, dass die Menge der potenziell sinnvollen Sätze in der Science-Fiction größer ist als in anderen literarischen Formen. Formulierungen wie »Dann explodierte ihre Welt«[20] oder »Der König war schwanger« sind in einem Nicht-Science-Fiction-Text vorderhand sinnlos und müssen metaphorisch verstanden werden.

Das erste Beispiel könnte man etwa als Beschreibung des inneren Zustands einer weiblichen Figur verstehen, die ein traumatisches Erlebnis durchmacht; der zweite Satz müsste wohl so verstanden werden, dass der König eine Idee ausbrütet. In einem Science-Fiction-Text dagegen könnten beide Formulierungen eine andere Bedeutung entfalten – nämlich ihre wörtliche. Denn in der Science-Fiction ist es möglich, dass (weibliche) Figuren ganze Welten besitzen, und auch alternative Geschlechterkonstellationen, in denen Könige schwanger werden, sind denkbar.

Ich gehe hier nicht auf die grundsätzliche Frage ein, inwieweit die sprachtheoretischen Überlegungen Delanys auf das audio-visuelle Medium Film übertragbar sind.[21] Folgt man seinem Ansatz, dann setzt Science-Fiction eine Erzählweise voraus, die David Bordwell als *klassische Narration* bezeichnet. Bordwell meint damit die im klassischen Hollywood entwickelte Erzählweise, die den Akt des Erzählens in den Hintergrund drängt und eine kohärente, potenziell über- und durchschaubare, in sich stimmige, aus einer allwissenden, objektiven Perspektive dargestellte Welt entwirft. Eine Gegenposition zu diesem Modell ist die im europäischen Nachkriegskino entstandene *Art Cinema Narration*, die eine brüchige und oft inkohärente Welt entwirft. Der Anspruch auf eine objektive Sicht auf die Welt wird zugunsten multipler *subjektiver Wahrheiten* aufgegeben. Der Realitätsstatus einzelner Szenen ist oft nicht eindeutig; was metaphorisch und was wörtlich zu verstehen ist, wird bewusst in der Schwebe gehalten. Zugleich rückt der Akt des Erzählens selbst und damit auch die Handschrift des *Autors* in den Vordergrund.[22]

Die Science-Fiction bevorzugt eine klassische Narration, da sie darauf angewiesen ist, dass ihre Nova innerhalb der Handlungswelt als unzweideutig real erscheinen. Denn wenn nicht klar ist, ob Supermans Kräfte, eine Zeitreise oder ein außerirdisches Monster wörtlich oder bloß metaphorisch zu verstehen sind, steht für die Figuren nichts mehr auf dem Spiel, dann droht die Geschichte zu implodieren.[23]

UNDER THE SKIN erweist sich als interessanter Testfall für Delanys Überlegungen. Einzelne Szenen ändern ihre Bedeutung in der Tat komplett, je nachdem, ob man sie als Science-Fiction liest oder nicht. Dies gilt insbesondere für die Versink-Szenen. Versteht man UNDER THE SKIN als Science-Fiction, bleibt zwar immer noch einiges ungeklärt, Dinge wie Räume mit immensen Ausmaßen, willenlos gemachte Menschen und Materialien, die spontan ihre Konsistenz ändern, sind in diesem Modus aber grundsätzlich denk- und erklärbar.

Allerdings macht es Glazer dem Zuschauer hier nicht leicht. Wie schon zu Beginn des Artikels kurz angesprochen, wirkt der Film insgesamt keineswegs wie ein klassisch erzählter Mainstream-Film, sondern mehr wie ein Kunstfilm, wie Art Cinema. Und gerade die stilisierte Inszenierung des Versink-Rituals, in dem Männer wie willenlos in die undefinierbare, schwarze Masse unter ihnen abtauchen, hat stark traumhafte Qualitäten. Der Kontrast mit dem quasi-dokumentarischen Material hebt die artifizielle Anmutung dieses Moments noch zusätzlich hervor.

Wie diese Szenen verstanden werden müssen, kann nicht endgültig entschieden werden, und wahrscheinlich ist diese Unsicherheit bis zu einem Grad auch gewollt. Der Reiz von UNDER THE SKIN liegt nicht zuletzt darin, dass er formale Wege wählt, die im Science-Fiction-Kino kaum je beschritten wurden. Eine rein metaphorische Lektüre scheint mir aber nicht angebracht, da sie wenig zur Verständlichkeit beitragen würde. Auch wenn der Film kaum wie Science-Fiction aussieht, muss er doch als Science-Fiction gelesen werden.

Im Rahmen dieses Artikels war es mir nicht möglich, erschöpfend auf UNDER THE SKIN einzugehen. Ich hoffe aber, dass es mir dennoch gelungen ist, zu zeigen, dass sich Jonathan Glazers Meisterwerk zwar typischer Science-Fiction-Verfahren bedient, dass es dem Modus aber zugleich bislang kaum genutzte formale Möglichkeiten erschließt.

Anmerkungen

1   Ich ziehe es vor, Science-Fiction als Modus und nicht als Genre zu bezeichnen; damit möchte ich zum Ausdruck bringen, dass Science-Fiction im Gegensatz zu typischen Genres wie dem Western oder dem Musical nicht durch ein – historisch wandelbares – Set typischer Elemente gekennzeichnet ist, sondern vielmehr einen Typus fiktionaler Welten beschreibt. Gerade under the skin ist ein Film, der nicht in einem klar identifizierbaren Genrekontext steht, aber dennoch der Science-Fiction zuzurechnen ist. Zum Modus-Begriff siehe Simon Spiegel: Die Konstitution des Wunderbaren. Zu einer Poetik des Science-Fiction-Films. Marburg 2007, S. 39.

2   Siehe dazu ausführlich Spiegel 2007, a.a.O., S. 42–51.

3   Vgl. R. Kurt Osenlund: Under the Scenes of under the skin. 2014. www.out.com/entertainment/movies/2014/04/04/jonathan-glazer-under-scenes-under-skin?page=2100.

4   Verschiedene Interpreten sehen die Tote als menschliches Vergewaltigungsopfer, dessen Überreste nun von der von Johansson gespielten Figur genutzt werden. Ich habe den Beginn dagegen so verstanden, dass die Tote die »Vorgängerin« der Protagonistin ist, dass der »weibliche Lockvogel« also ohnehin eine kurze Lebenserwartung hat und aus Sicht des Motorradfahrers somit mehr oder weniger austauschbar ist.

5   Beispiele wären unter anderem THX 1138 (1971; R: George Lucas) und THE MATRIX (Matrix; 1999; R: Lilly und Lana Wachowski), siehe dazu Spiegel 2007, a.a.O., S. 216ff.

6   Michel Faber: Under the Skin. New York 2000.

7   Jonathan Glazer hat sich in der Vergangenheit auch als Regisseur von Musikclips unter anderem für Massive Attack, Radiohead und Jamiroquai hervorgetan.

8   »Like a figure in a Tom Wesselmann painting, she is all lips and breasts, the very embodiment of male fantasy [...]« (Übers. Tobias Dietrich), Ara Osterweil: Under the Skin. The Perils of Becoming Female. In: Film Quarterly, 67:4, 2014, S. 45.

9   Dem Autor war dieser Effekt sehr wichtig, weshalb er darauf beharrte, dass Under the Skin nicht in einem auf Science-Fiction spezialisierten Verlag erscheinen sollte (vgl. Bookreporter.com: Michel Faber. www.bookreporter.com.asp1-14.dfw1-2.websitetestlink.com/authors/au-faber-michel.asp).

10 Siehe zur Verfremdung Spiegel 2007, a.a.O., S. 201–241.

11 Mary Shelley: Frankenstein. Or, the Modern Prometheus [1831]. London 1994.

12 »Finally encountering someone whose skin is as alien to him as she experiences her own to be, she is moved to empathy.« (Übers. T.D.), Osterweil 2014, a.a.O., S. 49.

13 »She begins to feel. Or she tries to learn how. Betraying her species and her superior's commands, she attempts to experience the sensual pleasures of the flesh: eating, walking, intimacy, and, eventually, even sex.« (Übers. T.D.), ebenda.

14 »The alien changes from predator to sympathizer to prey [...]« (Übers. T.D.), Marleen S. Barr / Paweł Frelik / Andy Hageman: A Roundtable. Under the Skin. In: SFRA, 310, 2014, S. 53.

15 »All aspects of audio design function here as estranging devices that support the film central premise: it is not us looking at an alien, but an alien looking at us [...]« (Übers. T.D.), ebenda, S. 54.

16 »[...] one of the most important feminist interventions in recent cinematic history [...]« (Übers. T.D.), Osterweil 2014, a.a.O., S. 45.

17 In Fabers Roman steht dagegen das Verhältnis zwischen Mensch und Tier im Vordergrund; siehe zu den Unterschieden auch Sherryl Vint: Skin Deep. Alienation in Under the Skin. In: Extrapolation, 56:1, 2015, S. 2f.

18 »A lone woman [...] would recognize at least the potential for danger if approached by a strange man in a van; these men see only an opportunity, however slim, for sex with a beautiful woman [...]« (Übers. T.D.), Vint 2015, a.a.O., S. 5.

19 »[...] a way of reading (what we may henceforth call a protocol of reading), a structuration of response potential [...]« (Übers. T.D.), Samuel R. Delany: Generic Protocols. Science Fiction and Mundane. In: Teresa de Lauretis / Andreas Huyssen / Kathleen Woodward (Hg.): The Technological Imagination. Theories and Fictions. Madison 1980, S. 176.

20 »Then her world exploded«; »The king was pregnant« (Übers. T.D.), Samuel R. Delany: Science Fiction and »Literature«. Or, the Conscience of the King [1968]. In: S.R.D.: Starboard Wine. More Notes on the Language of Science Fiction. New York 2012, S. 68.

21 Siehe dazu Spiegel 2007, a.a.O., S. 177–193.

22 Siehe dazu David Bordwell: Narration in the Fiction Film [1985]. London 1997; Bordwell macht deutlich, dass es sich bei seinen Modi um Idealtypen handelt, die sich in der Realität oft vermischen. So sind mittlerweile im Mainstream-Kino zahlreiche Verfahren anzutreffen, die nicht Teil der klassischen Narration sind.

23 Es entbehrt nicht einer gewissen Ironie, dass Delany in den 1960er und 70er Jahren zu den großen Erneuerern der Science-Fiction-Literatur zählte, die sich nicht zuletzt dadurch auszeichneten, dass sie zahlreiche Verfahren der literarischen Moderne in die Science-Fiction einführten und damit von einer klassischen Erzählweise abrückten. Das Massenmedium Film zeigt sich diesbezüglich deutlich konservativer als die Literatur.

Über die Autorinnen und Autoren

Marc Bonner ist seit 2013 Lecturer (Postdoc) mit den Schwerpunkten Game Studies und Filmwissenschaft am Institut für Medienkultur und Theater der Universität zu Köln. Er promovierte an der Universität des Saarlandes zum Thema »Architektur ferne Welten – Santiago Calatravas skulpturales Architekturverständnis und die Bildhaftigkeit seiner Bauwerke in Wechselwirkung zu Werbung, Film, Musik, Computerspiel und Mode« (2014). Seine interdisziplinären Forschungsschwerpunkte umfassen die Theorie und Geschichte der Architektur des 20. und 21. Jahrhunderts; die Darstellung und Nutzung von Architektur, Stadt und Landschaft im Computerspiel und Film; den spielimmanenten Raum sowie den Science-Fiction-Film. Zu seinen letzten Publikationen zählen: »Ambiguous Play Pattern: A Philosophical Approach to the Refuge-Prospect Theory in Urban Open World Games by Merging Deleuze/Guattari and de Certeau«, in: *9th International Conference on the Philosophy of Computer Games, Conference Proceedings* (2015); »APERchitecTURE – Interferierende Architektur- und Raumkonzepte als Agens der Aperture Sciences Inc.«, in: Thomas Hensel / Britta Neitzel / Rolf Nohr (Hg.): »›The cake is a lie‹. Polyperspektivische Betrachtungen des Computerspiels am Beispiel von ›Portal‹« (2015); »Architektur als mediales Scharnier – Medialität und Bildlichkeit der raumzeitlichen Erfahrungswelten Architektur, Film und Computerspiel«, in: *Image. Zeitschrift für interdisziplinäre Bildwissenschaft*, 21/1 (2015).

Delia González de Reufels ist seit 2004 Professorin am Institut für Geschichtswissenschaft der Universität Bremen, wo sie zur Geschichte Lateinamerikas forscht und lehrt. Ihre Forschungsschwerpunkte liegen u.a. im Bereich der lateinamerikanischen Bevölkerungs- und Migrationsgeschichte sowie im thematischen Bereich von Geschichte und Film. Regionale Schwerpunkte sind Mexiko, Chile und Haiti. Sie veröffentlichte u.a. gemeinsam mit Rasmus Greiner und Winfried Pauleit den Band »Film und Geschichte. Produktion und Erfahrung von Geschichte durch Bewegtbild und Ton« (2015).

Rasmus Greiner ist wissenschaftlicher Mitarbeiter (Postdoc) in den Fachgebieten Filmwissenschaft und Geschichte Lateinamerikas an der Universität Bremen sowie Redaktionskoordinator des eJournals *www.nachdemfilm.de*. Er promovierte an der Philipps-Universität Marburg zum Thema »Die neuen Kriege im Film. Jugoslawien – Zentralafrika – Irak – Afghanistan« (2012). Seine Forschungsschwerpunkte umfassen die Audio History des Films, die filmische Produktion von Geschichte sowie Krieg und audiovisuelle Medien. Zu seinen aktuellen Publikationen zählen: »Film und Geschichte. Produktion und Erfahrung von Geschichte durch Bewegtbild und Ton« (Hg. mit Delia González de Reufels und Winfried Pauleit, 2015); »Sonic Icons and Histospheres: On the Political Aesthetics of an Audio History of Film« (mit Winfried Pauleit), in: Leif Kramp u.a. (Hg.): »Politics, Civil Society and Participation« (2016); »Filmton, Geschichte und Genretheorie«, in: Ivo Ritzer / Peter W. Schulze (Hg.): »Transmediale Genre-Passagen: Interdisziplinäre Perspektiven« (2015).

Matthias Grotkopp ist wissenschaftlicher Mitarbeiter (Postdoc) an der Kolleg-Forschergruppe »Cinepoetics – Poetologien audiovisueller Bilder« an der Freien Universität Berlin. Er war Stipendiat an der Graduiertenschule des Exzellenzclusters »Languages of Emotion« und hat 2014 promoviert; die Dissertation trägt den Titel »In der Anklage der Sinne. Filmische Expressivität und das Schuldgefühl als Modalität des Gemeinschaftsempfindens«. Seine Arbeitsschwerpunkte sind u.a. Genretheorie, audiovisuelle Expressivität, filmische Konstruktionen des Klimawandels, Filmtheorie und

Politische Theorie nach Hannah Arendt, Richard Rorty und Stanley Cavell. Gegenwärtig forscht er an einem Projekt zur Genrepoetik des *Heist*-Films. Aktuelle Publikationen: »›There's still crime in the city.‹ – THE WIRE als Netzwerkanalyse in Raum und Zeit, in: Thomas Morsch (Hg.): »Genre und Serie« (2015), S.195-218; »Risse in der Landkarte der Moral im Westerngenre. Rechtsgefühle und ambivalente Gewalt in Clint Eastwoods Unforgiven«, in: Hilge Landweer (Hg.): »Recht und Emotion I« (2016), S.423–449.

Karin Harrasser ist Professorin für Kulturwissenschaft an der Kunstuniversität Linz. Nach einem Studium der Geschichte und der Germanistik promovierte sie 2005 an der Universität Wien mit einer Dissertation zu »Computerhystorien. Erzählungen der digitalen Kulturen um 1984«. 2014 Habilitation an der Humboldt-Universität zu Berlin über »Prothesen. Figuren einer lädierten Moderne«. Zu den Forschungsschwerpunkten von Karin Harrasser zählen: Körper, Selbst- und Medientechniken, Prozesse der Verzeitlichung, Theorien des Subjekts / der Objekte, Populärkultur / Science-Fiction, Geschlecht und *agency*, Genres und Methoden der Kulturwissenschaft. Neben ihren wissenschaftlichen Tätigkeiten war Karin Harrasser an verschiedenen kuratorischen Projekten beteiligt, u.a. »Die Untoten: Life Sciences & Pulp Fiction« bei Kampnagel Hamburg, »Lures of Speculation« am TQ Wien. Gemeinsam mit Elisabeth Timm gibt Karin Harrasser die *Zeitschrift für Kulturwissenschaften* heraus. Publikationen: »Prothesen. Figuren einer lädierten Moderne« (2016 im Erscheinen); »Körper 2.0. Über die technische Erweiterbarkeit des Menschen« (2013); »Diätetiken des Schreibens. Rezepturen und Übungen« (Hg. mit Katja Rothe, 2015).

Tobias Haupts ist wissenschaftlicher Mitarbeiter (Postdoc) am Seminar für Filmwissenschaft der Freien Universität Berlin. Er promovierte an der Universität Siegen mit einer Arbeit zur Geschichte und medialen Praxis der Videothek. Seine Forschungsschwerpunkte umfassen (deutsche) Medien- und Filmgeschichte, Genreästhetik und -geschichte, Distributionsformen des Films sowie die Ästhetik und Geschichte von TV-Serien. Zu seinen aktuellen Publikationen zählen: »Die Videothek. Zur Geschichte und medialen Praxis einer kulturellen Institution« (2014); »›It's been a long road‹ – STAR TREK: ENTERPRISE zwischen der Last des Prequels, der Refiguration des eigenen Mythos und dem Fluch, STAR TREK zu sein«, in: Thomas Morsch (Hg.): »Genre und Serie« (2015).

Winfried Pauleit ist Professor an der Universität Bremen mit den Arbeitsschwerpunkten Filmwissenschaft und Medienästhetik. Publikationen: »Filmstandbilder. Passagen zwischen Kunst und Kino« (2004), »Das ABC des Kinos. Foto, Film, Neue Medien« (2009), (www.abc-des-kinos.de) und »Reading Film Stills. Analyzing Film and Media Culture« (2015). Er ist wissenschaftlicher Leiter des Internationalen Bremer Symposiums zum Film und Mitherausgeber der Schriftenreihe/ E-Book-Reihe des Symposiums: »Wort und Fleisch. Kino zwischen Text und Körper« (2008); »Das Kino träumt. Projektion, Imagination, Vision« (2009); »Vom Kino lernen. Internationale Perspektiven der Filmvermittlung« (2010); »Public Enemies. Film zwischen Identitätsbildung und Kontrolle« (2011); »Der Film und das Tier. Klassifikationen, Cinephilien, Philosophien« (2012); »Filmerfahrung und Zuschauer. Zwischen Kino, Museum und sozialen Netzwerken« (2014); »Film und Geschichte. Produktion und Erfahrung von Geschichte durch Bewegtbild und Ton« (2015).

Christian Pischel ist Gastdozent am Institut für Theaterwissenschaft / Seminar für Filmwissenschaft an der Freien Universität Berlin. Er promovierte dort zu Affektpoetiken des amerikanischen Unterhaltungskinos der 1990er Jahre. Seine gegenwärtigen Forschungsgebiete umfassen das politische Denken im frühen DEFA-Kino, Theorie und Ästhetik audiovisueller Propaganda sowie filmische Realismustheorien. Zu seinen aktuellen Publikationen zählen: »Filmischer Realismus und Indexikalität«, in: Thomas Morsch / Bernhard

Groß (Hg.): »Handbuch Filmtheorie« (2016); »Das sozialistische Pathos. Audiovisuelle Figurationen der Masse in den DEFA-Filmen der 1950er Jahre«, in: Bastian Blachut / Imme Klages / Sebastian Kuhn (Hg.): »Nachkriegskino in Deutschland« (2015); »Asynchron – Die filmische Erfahrung alternativer Geschichtlichkeit«, in: »Asynchron – Dokumentar- und Experimentalfilme zum Holocaust. Aus der Sammlung des Arsenal Institut für Film und Videokunst e.v.« (2015).

Aidan Power ist wissenschaftlicher Mitarbeiter (Postdoc) an der Universität Bremen. Seine Publikationen umfassen Artikel zum britischen Science-Fiction-Film, zum Kino von Michael Haneke und John Ford, über französische Reisefilme, Tourismus und Science-Fiction sowie über institutionelle Strategien der europäischen Filmförderung Eurimages. Er ist Mitbegründer und Herausgeber von *Alphaville: Journal of Film and Screen Media* und arbeitet zurzeit an einer Monografie zum europäischen Science-Fiction-Kino, die voraussichtlich 2017 erscheint.

Ivo Ritzer ist Professor für Medienwissenschaft an der Universität Bayreuth, Schwerpunkt »Medien in Afrika«. Gastprofessor an der Universität Zürich; Lehrkraft für besondere Aufgaben am Medienwissenschaftlichen Seminar der Universität Siegen; wissenschaftlicher Mitarbeiter der Mediendramaturgie und Filmwissenschaft an der Johannes Gutenberg-Universität Mainz; Lehrbeauftragter für Medien-, Bild- und Kulturtheorie an der Hochschule Mainz; externer Gutachter für Theatre, Film and Television Studies an der University of Glasgow. Gründer und Sprecher der AG Genre Studies innerhalb der Gesellschaft für Medienwissenschaft. Forschungsinteressen: Medienanthropologie, Medienarchäologie, Medienästhetik. Zahlreiche Publikationen zu Medien-, Bild- und Kulturtheorie, aktuell u.a.: »Wie das Fernsehen den Krieg gewann: Zur Medienästhetik des Krieges in der TV-Serie«, (2015); »Transmediale Genre-Passagen: Interdisziplinäre Perspektiven« (2015); »Classical Hollywood und kontinentale Philoso-

phie« (2015); *Rabbit Eye – Zeitschrift für Filmforschung* 6/2014: »Genrereflexionen«; »Genre Hybridisation: Global Cinematic Flows« (2013).

David Seed hat einen Lehrstuhl für Amerikanische Literatur an der Liverpool University inne. Er war in der Redaktionsleitung des *Journal of American Studies* und als redaktioneller Berater der *Science Fiction Studies* tätig. Er ist Herausgeber der *Science Fiction Texts and Studies* der Liverpool University Press. Seine Publikationen umfassen »American Science Fiction and the Cold War« (1999), »Brainwashing« (2004) und »Cinematic Fictions« (2009). Seine Forschungsschwerpunkte liegen im Bereich der Science-Fiction, des Kalten Krieges und der Schnittstelle zwischen Erzählliteratur und Film. Momentan arbeitet er an einer Studie zu amerikanischen Terrorismus-Erzählungen seit dem 11. September 2001.

Vivian Sobchack ist emeritierte Professorin am Institut für Film, Fernsehen und Digitale Medien der UCLA und war stellvertretende Dekanin der UCLA School of Theater, Film and Television. Ihre Publikationen umfassen: »Screening Space: The American Science Fiction Film« (1987/1997); »The Address of the Eye: A Phenomenology of Film Experience« (1992); »Carnal Thoughts: Embodiment and Moving Image Culture« (2004) sowie u.a. zwei Herausgeberschaften: »The Persistence of History: Cinema, Television, and the Modern Event« (1996) und »Meta-Morphing: Visual Transformation in the Culture of Quick Change« (2000). Ihre Artikel erschienen in: *Screen, Film Quarterly, Camera Obscura, Quarterly Review of Film and Video, Art Forum International, Film Comment, History and Theory, Representations* und *Body and Society*. Sie wurde 2012 mit dem Distinguished Career Achievement Award von der Society for Cinema and Media Studies ausgezeichnet.

Simon Spiegel ist wissenschaftlicher Mitarbeiter (Postdoc) am Seminar für Filmwissenschaft der Universität Zürich und Redaktionsmitglied der *Zeitschrift für Fantastikforschung*. Derzeit arbeitet er im

Rahmen des SNF-Forschungsprojekts »Alternative Weltentwürfe« an seiner Habilitation zur Utopie im nichtfiktionalen Film. Spiegel promovierte an der Universität Zürich zum Science-Fiction-Film (2007 als »Die Konstitution des Wunderbaren« erschienen). Seine Forschungsschwerpunkte umfassen Utopie, Science-Fiction, Phantastik, Genretheorie und Filmdramaturgie. Aktuelle Publikationen: »Wovon wir sprechen, wenn wir von Phantastik sprechen«, in: *Zeitschrift für Fantastikforschung* 9 (2015); »›A Film Is No Place for Argument‹. William Cameron Menzies' Things to Come«, in: *Quarber Merkur. Franz Rottensteiners Literaturzeitschrift für Science Fiction und Phantastik* 115 (2014); »Auf der Suche nach dem utopischen Film«, in: Christiane Lötscher / Petra Schrackmann / Ingrid Tomkowiak u.a. (Hg.): »Übergänge und Entgrenzungen in der Fantastik« (2014); »Das große Genre-Mysterium: Das Mystery-Genre«, in: *Zeitschrift für Fantastikforschung* 7 (2014). Spiegel schreibt regelmäßig auf utopia2016.ch zu utopischen Themen.

Sherryl Vint ist Professorin und Direktorin des »Science Fiction and Technoculture Studies Program« an der University of California, Riverside. Sie ist Herausgeberin der Zeitschriften *Science Fiction Film and Television, Science Fiction Studies* und der Buchserie »Science and Popular Culture«. Kürzlich erschien ihre Publikation »Science Fiction and Cultural Theory: A Reader« (2016). Ihr aktuelles Forschungsprojekt untersucht spekulative Fiktionen mit Hilfe von biopolitischer Theorie.

Brian Willems ist *assistant professor* für Literatur und Filmtheorie an der University of Split, Kroatien. Er ist Autor von »Hopkins and Heidegger« (2009), »Facticity, Poverty and Clones: On Kazuo Ishiguro's *Never Let Me Go*« (2010) und einem Buch über den Mond im Science-Fiction-Film, »Shooting the Moon« (2015). Seine Artikel wurden oder werden publiziert in *Textual Practice, Science Fiction Film and Television, Poiesis, Symposium, The Electronic Book Review, Los Angeles Review of Books, artUS, Security and Hospitality* (2016), *From A to <A>* (2010), *Battlestar Galactica and Philosophy* (2009) und anderswo. Er kuratierte Ausstellungen zur Medienkunst in Kroatien und Slowenien und war Gastprofessor an Universitäten in den USA, Großbritannien und anderen europäischen Ländern. Momentan arbeitet er an einem Manuskript mit dem Titel »Science Fiction, Speculative Realism and the Anthropocene: The Zug Effect«.

Rüdiger Zill ist Wissenschaftlicher Referent am Einstein Forum, Potsdam; er studierte Philosophie, Geschichte und Soziologie in Berlin und London. 1994 Promotion in Berlin mit der Arbeit »Meßkünstler und Rossebändiger. Zur Funktion von Modellen und Metaphern in philosophischen Affekttheorien«. Langjährige Tätigkeit als freier Autor für Rundfunk und Zeitungen; 1994–97 Mitarbeiter am Institut für Philosophie der Technischen Universität Dresden. Seit 1997 am Einstein Forum. Forschungsschwerpunkte: Wissenschaftsforschung, Begriffs- und Metapherngeschichte, Theorie des Bildes, Ästhetik, Geschichte und Theorie der Emotionen. Neuere Publikationen u.a.: »Ganz Anders? Philosophie zwischen akademischem Jargon und Alltagssprache« (Hg., 2007); »Zum Lachen!« (Mit-Hg., 2009); »Metapherngeschichten. Perspektiven einer Theorie der Unbegrifflichkeit« (Mit-Hg. 2011); »Wahre Lügen. Bergman inszeniert Bergman« (Mit.-Hg., 2012); *Werner Herzog. An den Grenzen* (Mit-Hg., 2015).

Index

Reihe Medien/Kultur

Lars Robert Krautschick
Gespenster der Technokratie
Medienreflexionen im Horrorfilm

Thomas Morsch
Vom Abbild zum Affekt
Zur Ästhetik der
Postkinematografie

Anke Steinborn
Der neo-aktionistische Aufbruch
Zur Ästhetik des »American
Way of Life«

Wilma Kiener
**Leben und Sterben bei
den Leinwandvölkern**
Todesrituale im Spielfilm

Ivo Ritzer/
Marcus Stiglegger (Hg.)
Global Bodies. Mediale
Repräsentationen des Körpers

Thomas Küpper
Filmreif. Das Alter in
Kino und Fernsehen

Susanne Kappesser
Radikale Erschütterungen
Körper- und Gender-Konzepte
im neuen Horrorfilm

Thomas Klein
Geschichte – Mythos – Identität
Zur globalen Zirkulation des
Western-Genres

Clauda Bruns/Asal Dardan/
Anette Dietrich (Hg.)
»Welchen der Steine du hebst«
Filmische Erinnerung an
den Holocaust

Petra Kissling-Koch
Macht(t)räume
Der Production Designer
Ken Adam und die James-
Bond-Filme

Stefan Höltgen/
Michael Wetzel (Hg.)
Killer/Culture
Serienmord in der
populären Kultur

... weitere Infos unter www.bertz-fischer.de/medienkultur.html

www.bertz-fischer.de
mail@bertz-fischer.de
Newsletter: bertz-fischer.de/newsletter